The Ethics of What We Eat
Copyright © 2006 by Peter Singer and Jim Mason
All rights reserved.

Korean Translation Copyright © 2008 by Woongjin Think Big Co., Ltd.
Korean translation rights arranged with The Robbins Office, Inc.
through EYA(Eric Yang Agency)

농장에서 식탁까지,
그 길고 잔인한 여정에 대한
논쟁적 탐험

죽음의 밥상

The Ethics of
What we Eat

피터 싱어 · 짐 메이슨 지음
함규진 옮김

The Ethics of What we Eat

저자서문1 · 8 | 저자서문2 · 12

들어가는 글 먹을거리와 윤리학

　먹을거리에 대한 새로운 인식 · 17 | 마트에서 투표하기 · 18 | 세 가족 · 21 | 아는 것이 힘이다 · 22

제1부 전형적인 현대식 식단

힐러드-니어스티머 가족, 현대인의 보통 식단
누구나 다 먹는 것이 비윤리적이라구요? 30

1. 싸게 먹는 닭, 사실은 비싸다 | 39

　닭을 다루는 윤리적 방법? · 40 | 닭장 속으로 · 43 | 칠면조 번식장에서의 하루 · 48 | 환경에 전가되는 비용 · 51 | 노동자들에게 전가되는 비용 · 55 | 그 무엇보다 큰 비용? · 58 | 미리 내놓는 결론 · 60

2. '동물보호 조치 보증' 달걀의 숨겨진 실상 | 61

　대체 뭘 '보증'한다고? · 66

3. 고기와 우유 생산 공장 | 68

　돼지에 관한 진실 · 69 | 돼지의 슬픈 일생 · 72 | '웨인 브래들리', 아이오와 주의 양돈업자 · 76 | 베이컨 만들기 · 78 | 수익성과 동물복지 · 86 | 제이크의 우유는 어떻게 만들어졌을까 · 88 | 닭장 쓰레기를 먹는 소 · 95 | 곡물을 먹는 오스트레일리아산 소고기 · 102 | 도살장의 살풍경 · 104

4. 맥도날드와 월마트의 양심 | 107

좀 덜 잔인한 빅맥? • 110 | 건강과 환경을 더 생각하는 빅맥? • 113 | 작은 것이 아름다운가? • 115 | 월마트, '언제나 낮은 가격', 그러면 비용은? • 116

제2부 양심적인 잡식 주의자

매서렉-모타밸리 가족, 채식 위주의 잡식 식단
채소가 좋아, 생선이 좋아? 124

5. 상표는 얼마나 양심적인가 — 니만 목장 베이컨의 경우 | 138

클로버밭의 돼지들 • 142 | 니만 목장을 움직이는 사나이 • 146

6. 상표의 진실 — '유기농 인증' 및 '인도적 사육 인증' 달걀 | 150

인도적 사육 인증의 진실 • 155 | 더 나은 대안이란? • 158 | 좋은 달걀은 얼마나 나가나? • 161

7. 해산물은 안전한가? | 164

'공유재산의 비극'과 대구 이야기 • 165 | 지속 가능한 방식으로 잡힌 고기인가? • 169 | 호라이즌 시푸드 • 171 | 수확이 가져오는 피해 • 189 | 물고기는 아플까? • 194 | 먹을 것이냐, 말 것이냐? • 197

8. 토산품 먹을거리만 먹는다? | 199

점점 늘어나는 새로운 움직임 • 201 | 토산 음식만 먹는 데 따르는 윤리적 문제 • 205 | 항공 수송과 해상 수송 • 216 | 자신의 에너지 사용량을 줄이는 법 • 218

The Ethics of What we Eat

9. 무역, 공정 무역, 노동자의 권리 | 222
   공정 무역 · 230 | 미국 내 불공정 무역 사례 · 240

10. 외식과 가정식, 윤리적 선택은? | 246
    식당에서 – 카페 '화이트독' · 247 | 패스트푸드점에서 – 치폴레 · 252 | 대형 마트에서 – 홀푸드마켓 · 257

[
제3부 완전 채식주의자들

조앤과 조 파브 가족, 완전 채식주의자
비건은 건강하다 266
]

11. 유기농으로 가자 | 280
    유기농 식품이란 무엇인가? · 281 | 어째서 유기농인가? · 284 | 유전자로 장난치기 · 292 | GM은 빈곤자들의 복음인가? · 303 | 유기농 운동과 유기농 식품 산업 · 305 | 유제품을 둘러싼 논쟁 · 307 | 유기농의 윤리학 · 312

12. 아이들을 비건으로 키우는 일은 비윤리적일까? | 314
    비건 식단은 건강하다 · 319

13. 비건은 환경에 더 유익한가? | 325
    물의 소비 · 329 | 토지의 황폐화 · 334

14. 육식의 윤리학 | 339

공장식 농업에 대한 잘못된 옹호론 • 342 | 인간은 동물보다 우월한가? • 346 | 동물과 인간을 동등하게? • 348 | 최상의 육식 옹호론 • 349 | 최상의 육식 옹호론에 대한 반론 • 353 | 논쟁의 결론 • 356 | 자기 손으로 죽이기 • 362 | 쓰레기통 다이빙 - 가장 윤리적이고 가장 싼 식사 • 365 | 비동물성 고기는 가능할까? • 376

15. 무엇을 먹을 것인가? | 379

공장식 농장의 먹을거리 • 381 | 물고기와 기타 해양 동물들 • 385 | 유기농, 로컬 푸드, 공정 무역 • 388 | 인도적 사육 동물인가, 채식주의인가, 베건인가? • 390 | 비만의 윤리학 • 393 | 먹을거리는 윤리 문제이다. 하지만 광신은 필요 없다 • 394

감사의 글 399
옮긴이의 말 406
미주 411

저자 서문 1

 1980년, 짐과 내가 처음으로 같이 쓴 『동물 공장(Animal Factories)』은 일시에 공장식 농업에 대한 주요 언론들의 주목을 불러왔다. 우리는 CNN과 NBC의 〈투데이〉에 출연했다. 공장식 농업의 폐해에 대한 그 책의 경고 이후 환경 문제, 농촌 문제, 동물보호 문제에 대해 많은 다른 논의들이 나왔다. 그러나 『동물 공장』이 불러일으켰던 관심은 별로 큰 변화를 주지 못한 채 잦아들고 말았다.
 비록 나의 더 이전 저작인 『동물 해방(Animal Liberation)』으로 촉진된 새로운 동물권리 운동이 어느 정도 영향을 미쳤지만, 미국에서는 아직도 동물 실험과 가죽 채취, 서커스에서 희생되는 동물에 더 중점을 두고 있다. 그러나 그런 동물들의 수를 생각해보면, 제대로 된 우선순위라고 할 수 없다. 미국에서는 매년 대략 2,000~4,000만 마리의 새와 포유동물이 실험용으로 희생된다. 많은 숫자라고 여겨질 수 있다. 그리고 그것은 가죽을 위해 희생되는 동물의 수를 훨씬 뛰어넘고, 서커스용 동물의 수는 거의 비교도 안 된다. 그러나 4,000만이라는 숫자는 미국의 도살장에서 단 이틀 동안 살육되는 동물의 숫자일 뿐이며, 매년 도살되는 동물의 수는 100억 마리에 달한다.

『동물 공장』을 공동 집필하게 되기까지, 미주리 주의 농장에서 5대째 농사를 지어왔던 짐은 동물의 가축화 과정에 대해 호기심을 갖게 되었다. 그는 특히 농장 가축의 탄생과 인류 문명의 초기에 가축화가 미친 영향을 탐구했다. 12년 동안 참고문헌을 섭렵하고 자신의 생각을 다듬은 그는 『비자연적 질서(An Unnatural Order)』를 썼으며, 그 책은 《퍼블리셔스 위클리(Publishers Weekly)》의 "이것은 아주 강력한 선언이다"라는 서평을 통해 한껏 주목을 받았다. 그 책은 동물을 농업에 이용함으로써 선사시대인들이 가졌던 동물과의, 그리고 생태계와의 연대감이 사라졌으며 그 대신 지배의 정당성에 대한 믿음(가령 하느님이 인간에게 동물을 지배할 권리를 부여했다는)과 자연과 인간의 구별 의식이 생겨났다고 주장한다. 짐은 그러한 의식의 전환이야말로 우리가 겪고 있는 많은 사회적 · 생태적 위기의 불씨라고 본다.

  짐이 그 책을 쓰는 동안, 나는 오스트레일리아에서 가족과 함께 지구촌의 빈곤, 새로운 재생 기술, 안락사, 그리고 물론 동물보호 같은 여러 윤리적 문제에 대해 가르치거나 글을 쓰고 있었다. 나는 헨리 스피라(Henry Spira)에게 장시간의 국제전화를 통해 조언을 해주는 친밀한 사이가 되었다. 그는 비범한 생태운동가로서 메이저 화장품 회사들이 상품 실험에 동물을 쓰지 않도록 대안을 제시해주는 일을 성공적으로 전개했으며, 당시는 맥도날드와 같은 기업들이 농장 동물을 다루는 방식에 주된 관심을 돌리던 중이었다. 짐과 나는 계속 접촉을 유지했고, 내가 미국에 갈 때마다 종종 만남을 가졌다.

  그러다가 1999년에 내가 프린스턴 대학교의 생물윤리학 교수로 임용되었다. 그사이에 미국에서는 공장식 농업에 대한 관심이 급증된 상태였다. '동물의 윤리적 대우를 위한 모임', '미국 인도주의협회', '인도적 농장을 위한 모임', '농장동물보호협회'를 비롯한 대규모 동물권리 운동 단체들이 농장 동물들의 현실을 바꾸기 위해 노력하고 있었다. 《워싱턴 포스트》는 이 나라의 도축장 실태를 파헤친 충격적인 기사를 연재하고 있었다. 2001년에는 미국 상원의 원로이며 영향력이 상당한 로버트 버드(Robert Byrd) 상원의원이 '이익에 눈이 먼 공장식 농장'들의 '추악한 잔혹성'을 비난하는 열정적 연설을 했다.[1] 이는 이 문제가 제기된 지 수십 년 만에 처음으로 의회에서 공식 거론되는 순간이었다. 그 다음 해에는 동물보호 단체들의 단결된 노력 끝에 플로리다 주 헌법을 수정할 것인가를 놓고 주민투표를 시행하게 되었다. 그 수정 사항은 농장에서 사육되는 모든 돼지는 주변을 돌아다니기에 충분한 공간을 부여 받아야 한다는 것이었다. 이것이 주 헌법 수정 사항으로 적절치 않다는 반대에도 불구하고(플로리다 주에서는 주 헌법 수정 외에는 주민투표로 법을 바꿀 방법이 없다), 플로리다 주민은 그 사안을 하위법이 아니라 주 헌법의 수정사항으로 받아들여 투표했으며, 압도적인 다수표로 수정에 지지를 보냈다.

 미국 역사상 처음으로, 대중의 요구에 따라 공장식 농장의 대표적인 운영 방식 중의 하나가 불법화된 것이다. 그러한 농장이 유발하는 대기오염 및 수질오염 문제 역시 뉴스에서 다루어졌고, 그것은 부분적으로 로버트 케네디(Robert F. Kennedy Jr.) 상원의원의 의회 활동과 '천연자원보호위원회', '수질보호연맹', '시에라클럽' 등의 노력에 힘입은 것이었다. 몇몇 농민과 어민 단체의 지원을 받은 케네디는 거의 모든 미국의 공장식 농장들이 청정수질법을 어기고 있다는 점을 지적함으로써 스미스필드푸드에 대승을 거두었다(이후 부시 행정부는 환경보호국을 움직여, 그 규정을 완화하고 공장식 농장에 대한 사찰 수준을 낮추도록 만들었다).[2]

  내가 미국에 돌아오면서 나와 짐은 자연히 다시 만났고, 우리가 앞서 쓴 책에 따라 촉발된 이 새로운 관심에 대해 이야기했다. 우리는 그 책을 1990년에 수정·증보했고 다시 증보할 생각을 했다. 하지만 우리는 차차 공장식 농장에서 더 넓은 쟁점들에 대해 시선을 옮기기 시작했다―가령 유기농 열풍, 공정 무역(fair trade) 운동, 그리고 여러 윤리적 소비주의(ethical consumerism) 등등. 따라서 우리는 어떤 식품을 소비할 것인지에 대해 윤리학적 접근을 취하고자 하는 대중의 관심에 부응하는 책을 쓰기로 결정했다. 이 책은 그 결정의 산물이다.

― 피터 싱어, 뉴저지 주 프린스턴에서

저자 서문 2

나는 피터의 미국 귀국이 반가웠다. 식품, 농업, 어업에 대한 쟁점들을 함께 탐구하는 일을 계속할 수 있게 되었기 때문이다. 식품, 농업, 어업, 이는 나의 영혼에 새겨진 주제이다. 나는 1940년대와 1950년대에 미주리 주 서남부 오작스에 있는 우리 가족의 160에이커짜리 농장에서 자라났다. 나는 그곳에서 아버지, 할아버지와 할머니, 윌마 고모, 그리고 형 두 명과 함께 일했다. 우리 가족은 과수원과 큰 채소밭, 그리고 여기저기 아스파라거스, 감자, 딸기 등을 심어둔 텃밭을 관리했다. 또 밀과 콩을 키워서 팔았고, 옥수수와 건초는 닭과 젖소, 고기소, 돼지로 이루어진 가축들 몫으로 키웠다. 또 지역 장터에는 달걀과 우유를 내놓았다. 모두가 일을 했다. 그만큼 해야 할 일이 많았다. 담장 세우기, 장작 패기, 밭 갈기(그리고 다시 가서 손수레에 돌멩이들을 실어 나르기), 잡초 제거하기, 수확하기, 우리 청소하기, 거름 나르기, 도축하기, 그리고 그 밖의 잡다한 일거리들로 가축들에게 물과 사료 주기, 달걀 거두기, 소젖 짜기 등. 나는 12년 동안 손으로 소젖을 짰다. 8,700번 정도 짰을 것이다. 그러자 나는 대학에 다니고, 로스쿨에 진학할 마음을 먹었다.

우리 가족은 대부분의 이웃처럼 농장을 떠났다. 이유는 아버지의 말씀처럼 '돈이 되지 않아서'였다. 그렇게 될 수밖에 없었던 까닭은 32세가 되어서야 알 수 있었다. 공장식 농업이 소리 소문 없이 농업을 삼켜버린 것이다. 나는 충격을 받았다. 나는 '동물의 친구들'에 가입해서 이 문제에 대해 더 많은 것을 배웠다. 그리하여 나는 당시 뉴욕에 살고 있던 피터와 알게 되었다. 1975년에 그의 책 『동물 해방』이 나오자마자, 나는 그에게 함께 공장식 농업에 대한 책을 쓰자고 제안했다. 피터는 찬성했고, 사진 자료도 넣자고 했다. 공장식 농장의 믿지 못할 축산 환경을 생생하게 보여줄 수 있다는 것이었다. 나는 전문 사진작가 조 켈러(Joe Keller)와 밴에 올라타고 1만 마일 이상을 다니며 공장식 농장들을 방문했다. 우리는 하루 종일 달걀과 새끼돼지를 생산해내는 공장에서 보냈고, 그 악취는 며칠 동안 우리 몸에서 사라지지 않았다. 몸과 옷을 아무리 벅벅 닦아보아도 소용이 없었다.

피터의 말처럼, 『동물 공장』에 대한 반응은 처음에는 대단했으나 차차 잦아들었다. 그 개정판이 나왔을 무렵, 나는 『비자연적 질서』를 집필하는 한편 여러 잡지에 기사와 사진을 제공하고 있었다. 《오듀본(Audubon)》지에 기고한 나의 글 '고잉, 고잉, 곤!'은 (1993년 7~8월호) 가축 시장에서 희귀 동물과 멸종 위기 동물들이 널리 거래되고 있는 상황을 고발했으며, 이 기사 덕분에 나는 CBS의 〈디스 모닝(This Morning)〉 시간에 출연해 진행자 해리 스미스(Harry Smith)에게 그 내용을 설명할 기회를 얻었다. 나의 생태 운동은 지금도 동물과 농업에 대한 연구, 저술, 강연의 형태로 계속되고 있다.

피터와 나는 기묘한 짝이다. 철학자와 농부라니! 하지만 우리는 좋은 팀이다. 우리는 출신 지역, 인종, 교육 수준, 집안의 내력 등에서 서로에게 없는 부분을 채워준다. 그리고 우리는 손발이 잘 맞는다. 피터는 우리의 윤리적 판단을 검증할 추상적인 철학 이론을 마련한다. 한편 나는 미주리 주 출신의 촌놈이며, 뼛속까지 실천적인 사람이다. 나는 사람과 장소, 또 추구하는 과제 등에 대해 거칠고 극단적인 생각을 갖는 경향이 있다. 내가 궤도를 벗어날 때마다, 피터는 나를 붙잡아서 우리의 책의 틀에 되돌려놓곤 했다.

독자의 혼란을 피하고자, 우리는 이 책을 1인칭 복수형으로 서술한다. 농장 방문이나 인터뷰 등에서 우리 두 사람이 항상 함께했던 것은 아니지만 말이다. 따라서 '우리'라고 할 때, 그것은 정말 우리 두 사람을 의미할 수도 있고, 우리 중 한 사람을 의미할 수도 있다.

─ 짐 메이슨, 버지니아 주 익스모어에서

들어가는 글

먹을거리와 윤리학

우리는 대개 먹는 것을 놓고 윤리를 따지지는 않는다. 도둑질이라거나, 거짓말이라거나, 남을 해친다거나 하는 행동은 확실히 도덕적인 문제에 속한다. 또한 지역사회 활동에 참여하는 문제, 힘든 처지의 이웃을 돕는 문제, 또(이것이 참 중요하다!) 성생활 문제도 대부분 도덕적 문제라고 여길 것이다. 하지만 뭔가를 먹는 행위에 대해서는(사실 성생활보다 절실한 문제이고, 남녀노소 전부 참여하는 행위이건만) 시각이 달라진다. 어떤 정치인의 식생활이 폭로되었다고 치자. 그 결과 그의 정치 생명이 끝장나는 일이 있을까?

언제나 그랬던 것은 아니다. 토착 수렵-채집인들을 보면 대개 누가 언제 어떤 동물을 죽일지에 대해 정교한 규칙 체계를 갖추고 있다. 일부는 사냥에 앞서 사냥할 동물에게 용서를 구하는 의식을 치르기도 한다. 고대 그리스와 로마에서는 음식에 대한 윤리 문제가 적어도 섹스에 대한 윤리 문제만큼 중요시되었다.[1] 생활의 다른 부분에서도 그렇듯이, 절제와 극기는 식생활의 미덕이었다. 플라톤의 『공화국(Republic)』에서 소크라테스는 빵과 치즈, 채소, 올리브유로 된 단출한 식사에 무화과 디저트와 약간의 포도주를 곁들이는 식단을 지지한다.[2] 전통 유대교, 이슬람교, 힌두교, 불교 윤리에서는 무엇을 먹고 무엇을 먹지 않을지가 매우 중요한 문제였다. 하지만 기독교 시대에는 무엇을 먹을지에 대해서는 관심이 줄어들고, 과식을 피하는 것이 주된 윤리 문제가 되었다. 과식은 가톨릭에서 '7대 죄악' 중의 하나에 포함되었다.

식품의 판매와 광고 방식은 별로 볼 것이 없다. 최근 농산물 직거래 시장이 급성장했지만, 아직도 미국의 식품은 대부분 대형 마트에서 구입된다. 구매자들에게 구입 식품의 윤리적 문제에 관한 정보는 전혀 제공되지 않는다. 대신 식품산업은 매년 110억 달러를 구매 욕구 증대를 위해 쏟아 붓는다.[3] 그 결과 우리는 식품 광고의 홍수에 빠져죽을 정도이지만, 그런 광고에는 광고주가 들려주고 싶은 정보만 담겨 있을 뿐이다. 미국 농무부에서 일했으며 『보건 영양에 관한 공중위생국 장관 보고서(Surgeon General's Report on Nutrition and Health)』(1988) 작성에 참여한 매리언 네슬(Marion Nestle)은 중립적이고 과학적이어야 할 미국 정부의 식품 영양 관련 자문에 식품산업이 정치적 압력을 넣어 윤리 문제를 교묘하게 피해가는 방식을 묘사해주었다.[4] 모건 스펄록(Morgan Spurlock)의 『슈퍼사이즈 미(Supersize Me)』는 맥도날드 같은 패스트푸드 체인점이 미국의 고질병, 비만 증세에 미치는 영향을 들면서 그것이 심각한 윤리적 문제를 아우르고 있음을 지적했다.[5] 그러나 우리는 이런 문제들보다 다른 쪽에 중점을 두려고 한다. 그런 문제들에 대해서는 이미 충분히 많은 정보가 나와 있기 때문이다. 우리는 건강하지 못한 식품을 즐기며 병이나 때 이른 죽음에 직면할 위험을 감수할 수 있다. 하지만 그것은 기본적으로 자신이 알아서 결정할 일이다(담배를 피우거나 히말라야를 등반하기로 결정하는 것처럼). 우리는 우리의 음식 선택이 우리 아닌 타자(他者)에 미치는 영향에 중점을 둔다.

먹을거리에 대한 새로운 인식

지난 30년 동안, 우리는 먹을거리에 대한 새로운 관심이 싹을 틔우는 것을 볼 수 있었다. 많은 사람이 송아지고기 먹는 것을 그만두었는데, 송아지가 태어나자마자 어미에게서 떨어져, 단지 고기 맛을 좋게 하려는 이유로, 섬유소가 함유된 먹이(풀)를 먹거나 자유롭게 뛰어다니거나 하지 못하며 그저 좁은 우리(몸을 한 바퀴 돌릴 수도 없을 만큼 좁은)에 가둬진 채 사육된다는 사실이 알려진 이후였다. 미국에서 송아지고기 수요는 1975년 당시의 4분의 1 이하로 떨어졌다.[6] 또한 소비자들은 갈수록 유기농법에 따른 농산물을 찾고 있다. 환경에 미치는 영향을 고려하는 윤리적인 것에서부터, 농약을 섭취하지 않으려는 것, 그리고 재래식 농산물보다 유기농산물의 맛이 더 좋다는 확신 등에 이르기까지 그 이유는 다양하다. 오늘날 유기농산물은 대형 마트에서 쉽게 찾을 수 있고, 식품산업에서 차지하는 비중이 빠르게 늘고 있다.[7]

그러나 전 세계의 수백만 명에 달하는 채식주의자들, 즉 고기나 생선을 먹는 것을 거부하는 사람들에게는 유기농산물의 구입만으로 충분하지 않다. 2003년에 실시된 해리스 여론조사 결과를 볼 때, 미국에서는 약 3퍼센트에 달하는 인구가 길짐승이나 날짐승의 고기, 생선, 그 밖의 해산물을 아예 먹지 않고 있다.[8] 고기와 생선을 거부하는 추세는 지금 전에 없던 수준까지 이르러 있다. 이제는 채식주의자 중에서도 베건(vegan), 즉 동물성 음식을 일체 거부하는 사람들이 일반적인 채식주의자(vegetarian)만큼 흔하다. 사실 해리스 조사만 보아도 길짐승과 날짐승 고기, 생선, 해산물을 먹지 않는 사람들의 절반이 유제품이나 달걀, 벌꿀 역시 먹지 않는다고 답하고 있다. 미국만이 아니라 모든 선진국 국민들은 자신들이 먹는 음식이 어디서 왔으며, 어떻게 만들어졌는지에 대해 심각한 질문을 던지는 법을 배우는 중이다. 이것은 농약과 제초제 없이 길러진 농산물인가? 농장 노동자들이 생계유지에 필요한 이상의 임금을 받고 있는가? 도축 과정에서 불필요한 고통이 주어지지는 않았는가?

이러한 식의 질문들은 '윤리적인 식품 소비'를 향한 점점 도도해지는 흐름의 일환이다. 2005년, 미국의 2대 대형 마트 체인인 홀푸드마켓과 와일드오츠는 닭장 시스템에 따라 생산된 달걀을 판매하지 않는다고 선언했다. 또한 트레이더조스는 닭장 달걀을 취급 품목에서 제외하기로 했다. 홀푸드마켓의 CEO인 존 매키(John Mackey)의 말처럼, 이러한 변화는 고객 수요의 변화에 따른 것이다.[9] 이러한 인식은 상위 소득층-고학력 계층에 국한되지 않는다. 이는 모든 형태의 식품 소비에 공통된 인식으로, 최근에는 맥도날드나 버거킹, 그리고 심지어 월마트까지 자신들의 상품에 쏟아지는 윤리적 비판론에 대응하여 조치를 취하고 있음을 보이려고 노력 중이다.

소득수준이 얼마이건, 어느 누구든지 이 흐름에 의미 있는 기여를 할 수 있다. 더 나은 먹을거리를 선택하는 일은 몇 시간 동안 식품 포장지 라벨을 읽거나 특정한 음식만 고집할 것을 요구하지 않는다. 다만 이 책에서 우리가 제공하는 정보에만 관심을 가지면 된다. 우리는 이로써 먹을거리 선택이 얼마나 중요한 문제인지에 대한 인식이 조금이라도 향상되기를 희망한다.

마트에서 투표하기

자신의 먹을거리 선택 행위를 정치 행위의 하나로 여기는 사람들이 늘고 있다. 이 책에서 우리가 인터뷰한 어느 '양심적 소비자'는 이렇게 말했다. "나는 돈을 냄으로써 투표를 합니다. 세상을 해치는 인간들을 더 부유해지지 않도록 하는 거죠."[10]

유럽에서는 윤리적 식품 소비가 미국에서보다 더 발전되어 있다.

1980년대 이래, 비정부기구(NGO)들은 공정 무역을 통한 제품만을 내놓고, 유전자 조작 식품(GMO)은 제외하며, 동물성 식품에서는 가장 가혹한 형태의 가축 감금을 하지 않는 농장의 제품만을 채택하도록 대형 마트들을 상대로 운동을 벌여왔다. 유럽의 메이저 대형 마트들은 대부분 풀어놓고 기른 닭의 달걀, 다양한 비(非)유전자 조작 농산물, 공정 무역 커피와 차, 초콜릿, 바나나 등을 취급한다. 맥도날드 영국 체인점은 2003년부터 유기농 방식의 우유를 쓴다.[11] 영국의 대표적인 대형 마트인 코오프는 공정 기준에 부합하는 재배 농가로부터 자체 브랜드의 초콜릿을 확보하고 있다. 가나의 코코아 재배 농가들은 공정 무역 코코아에 고가를 매기기 때문에, 코오프의 자체 브랜드 초콜릿 가격도 상승했다. 보수적인 《데일리 텔레그래프(Daily Telegraph)》 지는 소비자들이 공정 기준 농산물에 높은 가격을 지불하기를 꺼려할 것이라고 예측했다. 그러나 코오프 초콜릿의 매상은 두 배로 뛰었으며, 다른 상표의 초콜릿 매상은 줄어들었다. 2003년, 코오프는 자체 브랜드 커피 역시 공정 기준 상품으로 바꾸었고, 그 다음 해에 20퍼센트의 매상 상승을 기록했다. 그리고 그사이에 다른 상표 제품 매상은 14퍼센트 줄었다.[12]

영국 소비자들이 먹을거리 구매 때 얼마나 윤리적 기준을 중시하는지는 미국의 경우와 비교해보면 놀라울 정도이다. 영국에서 풀어놓고 기른 닭(즉 단지 닭장에 가두어져 사육되지 않을 뿐만 아니라, 자유롭게 돌아다닐 수 있는 닭)의 달걀의 판매량은 닭장 달걀의 판매량을 상회한다.[13] 2002년부터, 영국의 유명한 두 대형 마트(막스앤드스펜서와 웨이트로즈)는 풀어놓고 기른 닭의 달걀만 팔고 있다. 미국의 경우에는 그런 기준에 도달한 업체가 전혀 없다. 즉 영국의 일반 대형 마트 고객들에 비해 생태 문제에 더 관심이 있고 부유한 고객을 상대하는 홀푸드마켓과 와일드오츠조차 아직 그 정도는 아니다. 막스앤드스펜서는 아예 달걀을 사용하는 식품조차 닭장 달걀을 쓴 식품을 모두 거부했으며, 입점 가공식품 업체들이 승인을 받고 사찰을 허용하는 농가의 달걀만 받아서 제품을 만들도록 했다. 이제는 테스코 역시 닭장 달걀을 매장에서 치우고 있다. 또한 영국 월마트인 ASDA는 자체 브랜드 달걀에 닭장 달걀을 쓰지 않는다. 반면 미국에서는 아직도 유통되는 달걀의 98퍼센트가 닭장에서 생산된 것들이다. 그리고 앞으로 살펴보겠지만, 남은 2퍼센트조차도 대개 완전히 풀어놓고 기르는 닭에서 나온 것들이 아니다.[14]

영국인들이 이처럼 윤리적 식품 소비에 대한 관심이 높은 것을 볼 때, 캔터베리 대주교 로완 윌리엄스(Rowan Williams)가 먹을거리 선택에 윤리적 기준을 갖도록 공언한 최초의 주요 기독교계 지도자가 되었음도 이상한 일이 아니다. 그의 지도 아래 영국 국교회는 『하느님이 지으신 별에서 나누어 살기(Sharing God's Planet)』라는 보고서를 간행했다. 이 보고서는 지속 가능한 소비 행태를 권유하면서, 모든 기독교인은 "하느님의 모든 피조물을 돌볼 의무"가 있다고 지적했다. 영국 국교회는 사제들 스스로 환경친화적인 소비를 할 것이며, 교회의 축일에 공정 기준에 부합하는 식품을 팔며, 성체배령 때도 유기농 빵과 포도주를 쓰도록 권고한다.[15]

우리는 이 책에서 미국 소비자들이 자신이 무엇을 먹느냐에 대해 보다 양심적이 될 수 있는 몇 가지 방법을 소개할 것이다. 또한 우리는 그런 방법이 영국과 대부분의 유럽에서보다 미국에서 더 쓰기 힘들다는 사실도 밝힐 것이다. 여러 가지 실망스러운 수단을 쓰며, 미국의 식품업체들은 미국인들이 먹을거리를 선택할 때 윤리 문제에 계속 어둡도록 만들려고 한다.

세 가족

이제 우리가 만나볼 세 가족은 먹을거리 선택의 이슈에 대해 잘 보여준다. 먼저 아칸소 주 메이블베일에 사는 힐러드-니어스티머 가족부터 살펴보자. 이 가족은 리 니어스티머(Lee Nierstheimer)와 그의 아내 제이크 힐러드(Jake Hillard), 그리고 그들의 자녀인 케이티(Katie)와 맥스(Max)로 이루어진다. 그들의 먹을거리 선택은 전형적인 미국식이다. 가족의 먹을거리 쇼핑을 담당하는 제이크는 대개 인근 월마트를 이용하는데, 무엇보다 비교적 싼 가격이 큰 이유다. 그리고 한 번 쇼핑으로 모든 먹을거리를 구매할 수 있다는 점도 작용한다. 외식을 할 때는 동네에 들어와 있는 여러 패스트푸드 체인점 중 하나에 간다.

여기서 미국을 쭉 횡단한다. 약 반쯤 가서, 코네티컷 주 페어필드에서 멈춘다. 매서렉-모타밸리 가족과의 저녁식사가 기다리고 있다. 짐 모타밸리(Jim Motavalli), 그의 아내 메리 앤 매서렉(Mary Ann Masarech), 그리고 두 딸인 마야(Maya)와 델리아(Delia)가 맞이해줄 것이다. 짐과 메리 앤은 가족의 건강 문제에 관심이 많으며, 그들의 식습관이 환경에 미치는 영향에도 주의하고 있다. 그들이 구입하는 식품의 대부분은 유기농 식품이며, 그것은 그들이 알기에 유기농 식품은 상대적으로 농약이 덜 함유되었고 합성비료로 길러지지 않았기 때문이다. 여름과 가을이면 메리 앤은 인근 농장에 가서 신선한 현지 재배 채소를 구입하기를 즐긴다. 그러나 짐과 메리는 바쁘게 살고 있고, 편리함도 무시할 수 없기 때문에, 그들의 이상에 늘 걸맞은 먹을거리 구매를 하지는 못한다.

그리고 캔자스시티 외곽의 올레이서에서는 파브(Farb) 가족을 만날 수 있다. 조(Joe)와 그의 아내 조앤(JoAnn), 그리고 딸들인 사리나(Sarina)와 사만타(Samantha)로 이루어진 가족이다. 파브 가족은 세 가족 중에서 가장 엄격하게 윤리적 기준을 지키며 산다. 그들은 베건 가족이며, 오직 채소류만을 먹을 뿐 동물에게서 나온 것은 전혀 먹지 않는다. 그들은 또한 가능하면 언제든 유기농 식품을 구입하려고 한다.

이 세 가족과 알게 되면서, 우리는 우리 개개인이 무엇을 사고 무엇을 먹을지 선택하는 개별적 상황을 고려해야 한다는 것을 알게 되었다. 또한 그런 선택에는 개인적·사회적·경제적 요인이 복합적으로 작용한다는 것을 알게 되었다. 이미 말했듯이 우리는 이런 선택이 윤리적으로 중요하다고 생각한다. 그리고 앞으로 이 윤리적 기준에 비추어, 이 가족들의 먹을거리 선택을 일부 비판해볼 것이다. 하지만 먹을거리 선택은 인간 행동의 일부일 뿐이며, 그것만으로 그들이 도덕적 인간인지 아닌지를 판단할 수는 없음은 당연하다. 사실 음식 윤리가 우리 문화에서는 그토록 무시되고 있기에, 다른 면에서는 도덕적으로 흠잡을 데 없는 사람들이 먹을거리 선택만큼은 비윤리적일 가능성은 충분하다. 그것은 그들의 주의 부족 때문, 또는 올바른 선택에 필요한 정보 부족 때문이다.

아는 것이 힘이다

우리는 이 세 가족이 선택한 먹을거리를 살펴본 다음, 그 생산 과정을 거슬러 오르며 어떤 윤리적 문제가 있는지 보려고 한다. 세 가족의 식단을 전부 따져보면, 총 87개의 식품업체가 이들 가족이 선택한 식품 중 최소 한 가지 이상을 만들었음을 알 수 있다. 우리는 그 업체 모두에 우리의 프로젝트를 알리고, 그들의 식품 재료가 나오는 농장들을 알려줄 것, 그리고 우리가 그곳들에 방문하도록 알선해줄 것을 요청했다. 그러나 이에 응해준 회사는 극소수였다. 그래서 다시 협조를 구하면서, 우리는 업체 측의 입장을 반영하기를 바라고 있음을 덧붙였다. 결국 14개 업체만이 어떤 식으로든 협조할 의사를 비쳤다. 대부분

비교적 소규모이고, 유기농 식품업체였다.

우리는 실망했지만 경악하지는 않았다. 1970년대쯤에는 식품업체들이 자신들의 농장을 자랑스레 공개했었다. 이제는 천만의 말씀이다. 불과 얼마 전, 오스트레일리아의 시사 문제 프로그램 PD가 피터와 동물 문제를 주제로 하는 인터뷰를 기획했다. 뉴저지 주의 프린스턴에서 멀지 않은 곳에서 인터뷰를 갖자는 제안이었다. 피터는 수락하며 이렇게 말했다. "좋습니다. 다만 대형 농장 한 곳에 가서 합시다. 시청자들이 자신들이 먹는 음식이 어떻게 만들어지는지 볼 수 있게 말이죠." 그 PD는 알겠다면서 장소는 자신이 섭외하겠다고 했다. 며칠 뒤, 그는 아무래도 안 되겠다며 전화를 해왔다. 몇 군데 대형 농장과 접촉을 시도했지만 한결같이 TV 촬영을 거부했다는 것이었다. 그 PD는 심지어 '축산업자협회'의 협조까지 구해보았다. 스티브 코퍼러드(Steve Kopperud)가 협회장으로 있는 그 단체는 아마도 미국 최고의 축산업자 이익단체일 것이다.

코퍼러드는 미국 각지를 돌아다니며 축산업자들의 모임에서 연설하고 있었다. 동물권리 운동에 공세적으로 맞서야 하며, 그러기 위해서는 일반 대중과 소비자들에게 그들이 어떻게 가축을 다루는지 바른 정보를 제공해야 한다는 내용이었다. 《플로리다 농업(Florida Agriculture)》에 기고한 칼럼에서, 코퍼러드는 언론이 농촌의 실상을 왜곡하고 있다고 비판했다. "CBS 간부들은 전용 비행기를 타고 저 꼭대기에서만 날아다닐 게 아니라, 미국의 농촌에 잠시 내려서 둘러보아야 한다."[16] "한 번이라도 일하는 농부를 따라서 다녀보라. 아니면 도시민들로 팀을 짜서, 씨 뿌리고 추수하는 일이 얼마나 힘든지 직접 체험해보라. 그래야 진실을 알게 될 것이다!" 그러나 농부는 CBS 간부가 따라다니도록 놓아두지 않았다. 심지어 농장 문조차 열어주지 않았던 것이다. 코퍼러드는 그 PD가 달걀 하나라도, 닭이든 송아지든 돼지든, 뭐든 하나라도 카메라에 담을 수 있게 도와줄 수 없었다—아니면, 도와

줄 마음이 없었다.

우리는 이 책을 쓰는 중에 다시 코퍼러드와 접촉했다. 우리가 보낸 이메일 내용은 다음과 같았다.

친애하는 스티브 코퍼러드 씨에게

아마도 제 이름을 기억하시리라고 봅니다. 『동물 공장』을 쓴 피터 싱어의 이름과 함께 말이죠. 지금 우리는 새 책을 쓰고 있습니다. 오늘날 농업과 식품업에 대하여 소비자들이 마주치는 광범위한 윤리적 문제에 관한 책입니다. 그것은 오늘날 농장 농업에 대한 당면 문제들도 다루게 될 것입니다. 노동, 환경, 공정 무역, 기업의 책임 등등이죠……. 우리 책을 위하여 공개 인터뷰에 응해주시겠습니까? 응할 의사가 있으시다면, 워싱턴 외곽에서 한두 시간쯤 내주시면 되겠습니다. 형식은 개인적인 만남의 자리로 하면 좋겠지요.

2005년 1월 24일, 짐 메이슨

코퍼러드는 곧바로 답장을 보냈다. 스케줄이 어떻게 될지 모르겠다면서, 한 1주일 뒤쯤 다시 연락을 달라는 것이었다. 짐은 그렇게 했지만, 이번에는 아무 대답이 없었다. 짐이 네 번째로 이메일을 보냈을 때에야 답장이 왔다. 하지만 자신은 지금 1년 중에 제일 바쁜 때이며 곧 출국할 예정이라, 차라리 자기와 견해가 비슷한 누군가를 찾아보는 게 낫겠다는 내용이었다. 짐은 답장에서 그 누구보다 코퍼러드와 이야기하고 싶다고 못 박으며, 코퍼러드가 《플로리다 농업》에 쓴 칼럼에서 언론이 농촌의 실생활을 접해야 한다고 밝힌 사실을 거론했다. 코퍼러드는 묵묵부답이었다. 이후 6주일 동안 네 번의 이메일을 더 보냈어도, 마찬가지였다.

코퍼러드와의 대화를 모색하고 있던 때쯤, 우리는 농업 잡지인 《피드스터프스(Feedstuffs)》에서 전국돈육가공업협회 측이 200명 이상의 업자에게 홍보 교육을 시키고 있다는 기사를 읽었다. 그들은 교육을 마친 뒤 지역사회에서 현대식 돼지고기 가공업에 대해 홍보하는 역할을 맡게 된다는 것이었다. 그 기사에는 전국돈육가공업협회 부회장이자 그 자신 가공업자인 대니타 로다이보(Danita Rodibaugh)의 이름이 나와 있었다. 그녀는 다음과 같은 말을 남겼다. "우리 업체의 실상을 알리는 방법은 실제적 지식으로 무장한 업자들을 확보하는 것입니다. 사정을 잘 모르는 사람들이 우리를 비판할 때, 거기에 정면으로 맞서면서 우리의 진실을 알린다면, 우리에 대한 부정적인 견해가 존립하기 힘들 것입니다."[17] 좋았어! 우리는 생각했다. 여기 돼지를 어떻게 키우는지 보여주고 싶어 안달 난 돈육업자가 있다는 말씀이렷다. 하지만 우리가 그녀와 접촉하자, 그녀는 우리가 자기 농장을 방문할 수 없을 것이라고 말했다. 우리가 자기 돼지들에게 병을 옮길까 봐 그런다나. 그녀는 대신 우리에게 『돈육업계 현황(Pork Facts)』이라는 책을 보내주겠다고 했다. 우리는 그 제안을 사절하고, 살균 처리된 전신 방역복과 부츠, 모자, 그리고 수술용 마스크를 구입해서 착용하고 농장을 방문하겠다고 제의했다. 그리고 그녀가 자신의 고용인들, 출장 수의사들, 기타 등등 자신의 농장을 출입하는 사람들에게 요구하고 있는 방역 조치라면 뭐든지, 필요 수준 이상으로 취할 용의가 있다고 밝혔다. 이 메시지에 대한 답변은 없었다. 두 차례 더 보내봤지만, 소용없었다.

우리만 이런 일을 당한 것이 아니다. 언론에서는 우리가 먹는 음식이 도대체 어떻게 만들어지는지 알기 위해 여러 차례 농장 문을 두들겼지만, 그 문은 언제나 그들 코앞에서 쾅 하고 닫힐 뿐이었다. 이 나라 최고의 달걀 판매업체라고 자부하는 모아크가 캔자스 주 체로키 카운티에 260만 마리의 닭을 수용할 달걀 생산시설을 짓겠다고 발표하자, 지역 주민들은 반발했다. 그 지역 신문인《조플린 글로브(Joplin Globe)》의 필자인 로저 매키니(Roger McKinney)는 모아크에 연락을 취하여 기존의 농장 중 한 곳을 살펴보고 싶다고 요청했다. 매키니는 허락을 받아냈으나, 사진기자는 동행할 수 없다는 단서가 붙은 허락이었다. 매키니의 말로는, 그 회사 사람 하나가 자기에게 이렇게 말했다고 한다. "우리는 농장에 사진기자를 들일 수 없소. 왜 닭들이 우리에 갇혀 있는지 이해하지 못할 사람이 많을 테니까."

미주리 주의 세인트루이스에서는 KSDK-TV 방송국이 똑같은 문제에 부딪혔다. 국내 굴지의 돈육업체들인 카길포크와 프리미엄스탠더드팜스는 미주리 주 법이 기업체의 농장 소유를 금지하고 있었음에도 미주리 주에 돼지 농장을 만들고자 했다. KSDK-TV는 그들의 농장을 취재하려고 했지만 거부당했다. 카길포크와 프리미엄스탠더드팜스 모두 그들의 실상을 있는 그대로 보여줄 수 없다고 버텼다. 카길포크의 대변인은 이렇게 말했다. "텔레비전은 우리가 실상을 알리기에 적합한 수단이 아닙니다." 미주리 주의 돈육업 동업자가 되는 미주리포크어소시에이션에서는 KSDK-TV 기자의 전화 연락에 사흘 동안 답변을 미루다가, 끝내 "도움을 드릴 수 없을 것 같다"고 통보했다.[18] 돈육업계의 월간지《푸드 시스템스 인사이더(Food Systems Insider)》를 펴내는 밴스 출판사의 부사장인 케빈 머피(Kevin Murphy) 역시 생산자에서 소비자로 이어지는 라인에 그러한 비밀주의가 도사리고 있음을 확인했다. "이렇게 말하는 사람들을 얼마나 많이 만났는지 모릅니다. '글쎄요. 우리는 그저 침묵을 지키려고 합니다. 대중의 눈을 최대한 빨리 피하려고 할 뿐이죠.'"[19]

드문 예외는 있다. 아이오와 주의 돈육업체 잡지에는 동물권리론자들의 공장식 농업 공격에 대항할 유일한 방법은 "대중 앞에 서서 우리의 진솔한 모습을 보이는 것이다. 그들의 터무니없는 날조를 집어치울 수 있도록"이라고 발언한 업자 이야기가 실렸다. 우리는 그에게 전화를 넣으며 역시 또 거절당하겠지 하고 생각했다. 그러나 두 차례의 조심스러운 전화 통화 끝에, 그는 농장 방문을 허락했다. "방역 조치는요?" 하고 우리가 묻자, 그는 "다른 농장에서 오는 길이 아니라면 상관없소"라고 대답했다. 우리는 그의 농장에 가기 전에 돼지 근처에도 못 가봤다고 말해주었고, 그것은 꾸밈없는 진실이었다. 직접 만나보니, 그는 자신의 일을 전혀 숨길 생각이 없는 괄괄한 성미의 소유자였다. 그는 자신이 소유한 농장의 공장식 돼지 사육 시스템을 하나하나 설명해주며, 자신의 직업을 열정적으로 변호했다. 누구나 먹을 수 있는 가격으로 돼지고기를 판매할 수 있다는 것, 그리고 돼지들의 안락을 보장한다는 것이 그가 내세우는 근거였다.

  축산업자들 중에 왜 그 업계가 그토록 비밀주의로 가는지 솔직히 말해주는 사람은 별로 없다. 피터 치키(Peter Cheeke)는 동물학과 교수이며, 교과서로 널리 채택된 『축산업의 최근 쟁점들(Contemporary Issues in Animal Agriculture)』을 쓴 사람이다. 그 책에서 치키는 이렇게 말한다. "현대 축산업을 위해서는, 고기가 접시에 오르기 전에 어떤 과정을 거쳤는지 소비자들이 적게 알수록 좋다. ……현대 축산업의 가장 큰 행운 중 하나는 산업화된 국가들의 국민은 몇 세대 동안 농촌과 동떨어져 살아왔고, 따라서 가축들이 어떻게 길러지고 처리되는지 제대로 모른다는 사실이다." 치키는 이어서 더 구체적인 이야기를 한다. 그는 도시의 고기 소비자들이 공장식 닭의 사육과 처리 과정을 알게 된 결과 "강렬한 인상을 받았다"는 점을 통계 수치를 들어 보여준다. 그들 중 다수는 심지어 "앞으로 닭고기를 절대 먹지 않겠다고, 내지는 고기는 아예 끊겠다고 맹세했다."[20] 또 한 사람의 농과대학 교수인 웨스 재마이슨(Wes Jamison)은 다음과 같은 점에 동의한다. "육고기 생산 공정의 실제와 미국의 비농업 인구의 그 공정에 대한 인식 사이에는 커다란 갭이 있다." 그러나 아이오와 주의 수족 보호구역 내에 있는 도트 대학에서 교편을 잡고 있는 재마이슨은 그러한 갭이 결코 메워질 수 없으리라고 여긴다. "소고기를 만들어내는 공장의 내부를 우리는 결코 투명하게 들여다볼 수 없다. 그것은 차마 못할 일이다. 보통 사람이라면 너무나 큰 충격을 받고 말 테니까."[21]

축산업은 생산 방식에 대한 대중의 무지(無知) 덕을 보고 있다는 점을 제시하고 나서, 치키 교수는 자기 교과서의 독자들(주로 축산과 대학생들)에게 한 가지 중요한 질문을 자문해보기를 권한다. "이것은 윤리적으로 옳은 상황일까?" 치키의 질문을 고려하기를 거부하는 축산업자들이라면, 액튼(Acton) 경의 경구에는 귀를 기울여야 하리라. "모든 비밀스러운 것은 부패한다. ……공개되어 공론에 붙여지지 않는 것, 그것은 무엇이든 안전하지 않다."

식품산업은 식품 생산 과정에 대한 정보를 공개하기를 거부하고 있으며, 따라서 우리가 모니터한 세 가족 역시 그들이 구입한 식품에 대한 정보를 제공 받지 못했다. 그러나 설령 업체의 협력이 없더라도, 그들 가족의 먹을거리가 어떻게 생산되는지에 대한 정보는 많이 얻을 수가 있다. 그리고 이는 식품 소비자들(다시 말해서, 우리 모두)이 그 자신과 각자의 가족을 위해 더 나은, 더 윤리적인 먹을거리 선택을 할 수 있게 도움을 주리라.

제1부

전형적인 현대식 식단

힐러드-니어스티머 가족,
현대인의 보통 식단

누구나 다 먹는 것이 비윤리적이라구요?

아칸소 주 메이블베일. 그곳에는 번화한 중심가도, 벅적거리는 광장도, 고색창연한 옛날 거리도 없다. 그곳 사람들이 '큰길'이라고 부르는 길은 베이스라인 로라고 하는데, 4차선 도로를 사이에 두고 주유소들, 편의점들, 스트립몰들이 늘어서 있다. 여러 가지 면에서 그 풍경은 이 도시가 1980년에 병합된 리틀록의 남서부 자락의 특징을 잘 나타내고 있다. 메이블베일의 주민 5,000명 중 60퍼센트가 백인이며, 25퍼센트는 아프리카계 미국인(흑인), 10퍼센트는 라틴계이다. 그들은 평균 잡아 약 7만 5,000달러짜리 집에 살며, 연간 3만 달러의 소득을 올리고 있다.

메이블베일 주민 중 36세의 제이크 힐러드와 26세의 리 니어스티머는 한 가족을 이루고 있다. 우리는 그들을 고기와 감자 중심의 식단, 때때로 SAD(Standard American Diet, 미국 표준 식단)로 불리는 식단의 대표 케이스로 선택했다. 이런 표현은 세밀한 정의(定義)라고 할 수 없지만, 미국에서 가장 널리 통용되는 식단임은 분명하다. SAD는 고기, 달걀, 유제품의 비중이 높다. 빵, 설탕, 쌀 등의 탄수화물 식품은 보통 정백 과정을 거친 것들로, 여기에 과일과 채소의 비중이 낮다는 것은 결국 섬유질 섭취가 낮음을 의미한다. 튀긴 음식의 빈도가 높은데, 따라서 지방 섭취율이 높다. 섭취하는 칼로리 중에 무려 35퍼센트가 지방에서 나오며, 그 지방은 대부분 포화 지방, 그리고 동물성 지방이다. 둥근 빵을 사용한 햄버거에다 프렌치프라이를 먹고, 디저트로 선데이 아이스크림을 먹은 뒤 캔 콜라로 입가심을 한다. 이것이 미국의 보통 식단이라고 할 수 있다. 이런 식사법은 빠르게 배를 채우고, 포만감을 줄 수 있다. 미국에서는 고기, 달걀, 유제품 값이 싸기 때문에, 이런 식단은 돈도 별로 들지 않는다.

우리는 리 니어스티머를 그의 직장에서 만났다. 대형 공장들을 상대로 핸들링 및 컨베이어 시스템을 주문 제작하는 지방 중소업체였다. 중키에 체격이 좋은 그는 동안이었고, 갈색머리를 스트레이트로 단정하게 정돈하고 있었다. 그는 우리가 불과 몇 달 전에 왔더라면 공장에서 고객의 주문에 맞는 형태로 금속을 용접하고 구부리고 있는 자신을 만났을 것이라고 했다. 하지만 그는 최근 승진을 했고, 이제는 엔지니어로서 자신의 회사가 제작하는 장비의 디자인과 설계도 작성을 책임지고 있다. 우리가 그를 만났을 때는 근무 시간이 막 끝날 무렵이었고, 그는 우리를 집으로 초대했다. 집에는 아내 제이크와 두 자녀, 즉 두 살짜리 케이티와 6개월 된 맥스가 있었다. 그들의 집은 1950년대와 1960년대에 지어진 낡은 집들 중 하나로, 비슷한 집들이 옹기종기 모여 있는 거리의 맨 끝 쪽에 있었다. 그들의 집 옆으로는 흰색 비닐 벽널로 덧댄 조그마한 낡은 집이 있고, 그다음 집은 꾀죄죄한 푸른색 이동식 주택, 그다음은 깔끔한 소형 벽돌집, 그리고 또 비닐 벽널 집이 한 채, 두 채…… 이런 식으로 이어지고 있는 모습이었다. 그들의 집 대문에서 우리는 아주 친근하게 달라붙는 개 두 마리를 만났다. 하나는 마치 중간 크기의 세인트버나드처럼 덩치가 크고, 털이 북슬북슬하고, 갈색과 흰색 얼룩이 있었다. "배기라고 합니다." 리가 말했다. 다른 한 마리의 이름은 애니이며, 콜리 종처럼 보이지만 아마도 오스트레일리아 셰퍼드의 피가 조금 섞인 듯했다. 애니는 얼마 전부터 이웃들 사이에 영웅 대접을 받는다고 했다. 강도가 창문을 부수고 어느 집에 침입하려는 것을, 맹렬히 짖어대 사람들을 깨움으로써 막아냈다는 것이다.

  문을 들어서 보니 마당, 진입로, 현관 툇마루 등에는 밝은 원색으로 칠해진 플라스틱 세발자전거, 장난감 자동차, 작은 의자, 공, 장난감 따위가 가득했다. 집 안 역시 대충 비슷했다. 제이크는 안락의자에 편안한 자세로 몸을 가라앉히고 있었고, 맥스가 그녀의 가슴에 안겨 젖을 먹는 중이었다. 그녀의 발치에는 케이티가 앉아서 비디오 영화 〈니모를 찾아서(Finding Nemo)〉를 정신없이 보고 있었다. 검은색과 흰색 무늬의 고양이 한 마리가 여기저기 널린 장난감들과 소파 사이에서 꾸벅꾸벅 졸고 있었다. 리는 곧장 케이티에게 가서 뽀뽀를 하고, 제이크에게도 한 뒤, 아기를 팔에 안아들었다.

  제이크는 일어서며 집 안이 '난장판'인 점을 사과했다. 그리고 자신은 밤이고 낮이고 맥스를 돌보느라고 아주 녹초가 되었다고 했다. 맥스는 이가 막 나려는데다 알레르기까지 있어 항상 칭얼댄다면서. 그녀는 리와 키가 비슷했고, 둥글고 예쁜 얼굴이었다. 그녀는 다갈색 생머리를 길게 길러 늘어뜨리고, 숱이 많은 앞머리는 컬을 해서 눈까지 내려뜨렸다. 그들은 아이들 방을 비롯해 집 안을 두루 구경시켜주었는데, 아이들 방은 그들이 직접 칠하고 장식했다고 했다. 그러다 보니 저녁식사 시간이 되었다. 제이크는 케이티가 가장 좋아하는 음식을 차렸다. 치즈 마카로니, 완두콩, 그리고 얇게 썬 버터 바른 빵. 리는 맥스를 유아용 의자에 앉히고 시금치 퓌레 라자냐와 완두콩 감자를 스푼으로 조금씩 떠먹여주었다. 그러는 동안 제이크는 자신과 남편 몫의 식사를 내왔다. 오늘 요리는 바비큐 닭가슴살, 양상추와 토마토 샐러드, 그리고 케이티 역시 먹고 있는 완두콩 요리(다만 남부식으로 간을 맞추고, 베이컨과 양파 조각을 곁들였다)였다.

  식탁에는 파프리카를 흩뿌린 달걀겨자구이가 담긴 작은 접시가 놓였다. 리가 냉장고에서 꺼낸 큰 접시에서 덜어낸 것이었다. 제이크는 브로일러에서 닭고기를 손보고 있었다. 제이크는 닭다리 하나를 집어 들고는 리에게 내일 가족 피크닉에는 친정 부모님도 함께 가시기로 했다고 자못 애교 섞인 목소리로 말했다. 그리고 닭다리를 한 입 뜯으니, 케이티는 그 모습이 우스운지 깔깔대었다.

리는 새뮤얼애덤스 맥주를 들이켜고, 제이크는 다이어트 콜라를 마셨다.

저녁식사 후, 리는 식탁을 치우고 설거지를 했으며, 제이크는 맥스를 돌보았다.

"아이스크림 먹어도 돼요?" 케이티가 재잘거렸다. 그리고 엄마 눈치를 슬쩍 보며, "으응, 엄마?"

"딸기 아이스크림이 남아 있다면." 제이크가 말했다.

"초콜릿 소스도 있어야 해." 설거지를 하던 리가 한마디 했다.

"오, 저런." 제이크가 눈동자를 굴리며 말했다. "초콜릿은 초콜릿인데, 초콜릿 칩인걸."

리는 냉장고에서 아이스크림 박스를 꺼내 식탁에 내려놓았다. "딸기는 아래쪽 선반에 있어." 제이크는 이렇게 말하고, 2초쯤 뒤에 이렇게 덧붙였다. "초콜릿 소스 찾더니만, 당신 농담한 거지?"

월마트에서 먹을거리 쇼핑하기

다음 날 제이크는 육아 도우미를 부른 다음 우리와 함께 베이스라인 로에 있는 월마트로 쇼핑을 나갔다. 우리는 그곳에 들어서자마자 점장을 찾아서 우리 일에 대해 설명했다. 우리가 비디오카메라로 제이크의 쇼핑을 찍으려고 한다고 밝히자, 그는 곤란해하면서 그것은 회사 규율에 어긋난다고 말했다. 정 찍고 싶다면 "벤턴빌에서 허락을 받으라"는 것이었다. 벤턴빌은 월마트 본점을 말하는데, 그는 그곳에서 촬영 허락이 떨어지는 일은 대단히 드물다는 점도 은근히 암시했다. 우리는 그에게 비디오카메라를 놓고 들어가겠다고 확인해준 다음, 소형 녹음기는 어떠냐고 물어보았다. 그러자 그는 더욱 곤란해하더니만, 매장에 관한 어떤 기록도 불허하는 것이 회사 방침이라고 힘주어 말했다. 결국 두 손을 들고 만 우리는 제이크의 차로 돌아가 장비를 집어넣고는 펜과 노트를 달랑 들고 그녀와 함께 쇼핑을 시작했다.

시작은 유제품 코너였다. 제이크는 반 갤런들이 우유 한 통을 샀다. "어머니가 드실 유지방 제거 우유예요. '그레이트밸류', 월마트 자체 브랜드 제품이죠. 케이티가 마실 우유로는 콜먼데어리 우유를 사요. 여기 지역 브랜드인데, 베이츠빌 쪽에 가게가 있죠." 다음 순서로 그녀는 '컨트리크릭' 표 달걀 한 판을 집었다. 상표명은 다음과 같았다. '모아크 프로덕션. 1100 Blair Avenue, Neosho, MO.' 그리고 반원 모양으로 '동물보호 조치 보증'이라는 문구가 인쇄되어 있고, 반원 가운데에는 큼직한 체크 마크가 있었다. 제이크는 유제품 코너를 돌아다니며 이것저것을 집어 들어 쇼핑 카트에 넣었다. 오스카메이어 베이컨, 데이지사워 크림, 그레이트밸류 체다 치즈, 크래프트 100퍼센트 파마산 치즈. 그리고 식육 코너에서는 아무르 페페로니, 프티진 후추 조미 베이컨, 지미딘 소시지, 그리고 이런저런 군소업체의 가죽 제거 닭가슴살, 상표가 붙어 있지 않은 '소고기 허리살 고급 스테이크', 볼파크 개먹이용 옥수수, 어드밴스브랜드 육포 등이 그녀의 카트로 들어갔다. 그녀는 또한 오렌지주스랑 채소도 좀 샀는데, 냉동 양상추와 토마토 등이었다. 그녀는 계속해서 코너에서 코너로 다니며, 네 식구가 2주일 동안 먹을 식품을 모두 구입했다.

우리는 도우미에게서 아이들을 넘겨받고는 제이크네 집으로 돌아갔다. 리는 퇴근하여 집에 와 있었다. 우리는 그날 장을 본 내용물을 풀고 정리하면서, 마트와 식당에서의 그 가족의 먹을거리 선택에 대해 이야기를 나누었다. 가족 모두 외식을 할 때는 엘치코에서 멕시코나 피자였다.

제이크는 플로리다 주와 워싱턴 D.C.에서 자랐다. 그녀의 어머니는 포장해 파는 음식을 싫어했고, 대부분 하나부터 열까지 직접 요리하곤 했다. 식탁에는 대개 어떤 종류의 고기가 채소 및 감자와 올라왔으나, 제이크의 어머니는 스파게티도, 또 여러 가지 중국식 튀김 요리(대개 닭고기, 소고기, 새우를 썼다)도 만들었다. 지금 제이크와 리는 어릴 때보다 채소를 많이 먹는 편이지만, 리는 고기 소비를 크게 줄이고 싶어 하지 않았다. "제 철학은요. 우리는 잡식동물로 진화했다는 것이죠. 인류는 잡식동물이 됨으로써 생존할 수 있었고, 그래서 현생 인류가 있게 된 것입니다. 우리는 기나긴 겨울이나 가뭄 따위에 맞서 살아남을 수 있어요. 고기를 먹으니까요. 그리고 무엇이든 먹으니까 말이죠. 그것은 마치 자연의 질서와 같다는 게 제 생각입니다."

그러자 제이크가 말했다. "글쎄, 나는 조금 떨떠름한 부분이 있어. 내 안에 이런 목소리가 들리거든. '좋아, 우리는 고기를 먹을 수 있도록 적응했어. 하지만 이제는 반드시 먹을 필요가 없는데도, 꼭 먹어야 할까?' 고기가 꼭 필요한가? 이건 다른 문제라구. 말하자면 우리가 동굴에 갇혀서 굶어죽을 지경에 처했다면, 나는 당신의 다리를 잘라서 뜯어 먹을걸. 무슨 말인지 알겠어?"

"이 사람하고는 야외로 놀러 가지 마십시오." 리는 껄껄 웃었.

우리는 결혼 생활과 육아에 따르는 어쩔 수 없는 부분들, 그리고 먹을거리 선택에 영향을 주는 다른 요인들에 대해 이야기를 계속했다. 그들의 음식이 어떻게 만들어지는지 더 많은 정보를 얻는다면, 그들은 다른 선택을 할 것인가? 아마도 그렇지 않을 것이다. 다른 대안은 불편하고 비싸니까. 제이크는 말했다. "물론 우리의 게으름 때문이기도 해요……. 모든 제품이 유기농이며 고기는 전부 방목 목장에서 나온 것이 확실한 가게가 하나 있기는 하죠. 모든 게 '윤리적인 식육자', '조심스러운 육식주의자'에게는 정치적으로 올바르죠. 하지만 여기서 그 가게에 가려면 25분은 차를 타고 가야 해요……. 꽉 막히는 도로를 감안해야 하고요. 그리고 그곳 고기는 뭐든지 월마트의 것보다 두 배 내지 세 배는 비싸거든요. 월마트는 겨우 5분 거리에 있는데 말이죠." 그리고 그녀는 말을 잠시 끊었다가 이렇게 말했다. "우리의 도덕이라는 것이 이처럼 편의에 좌우된다니, 슬픈 일이겠죠?"

나중에 메이블베일을 떠나며, 우리는 그녀의 말을 곱씹어보았다. 제이크와 리가 그러한 먹을거리를 선택한 이유를 쉽게 이해할 수 있었다. 그들은 리의 말처럼 가족의 생활에 빠져서 여념이 없다. 그리고 리는 직장 일에도 빠져 있다. 다른 먹을거리를 찾는다? 그것은 더 많은 시간을 쓰도록 하고, 더 많은 식비를 요구할 것이다. 그런 상황에 처해 있는 부부라면 먹을거리에 더 많은 지출을 할 거라는 생각에 주춤할 것이다. 특히 유기농 식품과 방목 목장 고기를 사려면 더 많은 시간이 필요하니 거부감도 더 커질 것이다. 유기농 식품, 그것은 정말 우리에게 좋은가, 아니면 환경에 좋은 것인가? 어떻게 판단할지 곤란한 부분이다. 그들이 접하는 신문과 방송에는 그들이 내린 먹을거리 선택에 비윤리적인 부분이 있다는 지적이 하나도 없다. 미국인이라면 누구나 월마트에서 쇼핑하지 않는가? 누구나 다 하는 일이 뭐가 비윤리적이란 말인가?

1
싸게 먹는 닭, 사실은 비싸다

제이크가 먹을거리 쇼핑에 포함시킨 항목 중에는 현대 미국 식품업을 상징한다고 할 수 있는 것이 하나 있다. 바로 닭고기다. 미국인들은 다른 어떤 고기보다도 닭고기를 많이 먹는다. 지금 50이 넘은 사람이라면 닭고기가 소고기보다 비쌌던 시절, 그래서 아주 특별하게 취급되던 시절을 기억하리라. 오늘날 닭고기는 가장 싼 고기이며, 그 소비량은 1970년 이래 두 배로 늘어났다.[1] 공장식 농업의 옹호자들은 자기들의 기술 덕분에 노동자들도 닭고기를 부담 없이 사 먹게 되었다고 뻐긴다.

제이크가 구입한 닭고기 가슴살은 타이슨푸드의 제품이다. 이 회사는 스스로 '지구 최대의 단백질 공급자' 이자 '소고기, 돼지고기, 닭고기 생산과 유통 면에서 세계적인 선구자' 라고 한다.[2] 오늘날 타이슨푸드는 매년 20억 개 이상의 닭고기 상품을 생산한다. 그리고 보통의 미국 슈퍼마켓이라면, 선반에 진열된 닭고기 중 4분의 1은 타이슨푸드 제품일 것이다.[3] 이 회사가 자체 농장과 닭장을 갖춘 '독립' 양계업자들과 계약을 맺고 있기는 하지만, 타이슨푸드가 그 생산 과정의 일체를 통제한다. 병아리 까기, 병아리들을 양계업자에게 배송하기, 양계업자들에게 양계 방식을 정확하게 일러주기, 다 자란 닭들을 다시 사들이기, 그리고 도살하고 육가공 과정을 거치기.

미국에서 팔리고 있는 거의 모든 닭고기(99퍼센트 이상)는 타이슨푸드와 비슷한 방식의 생산 공정에 따르는 공장식 농장에서 나온다고 전국닭고기협회 부회장인 빌 로닉(Bill Roenigk)은 말한다.[4] 따라서 닭고기 생산 과정에 대한 윤리적인 문제 제기는 현대식 닭고기 생산업 일반의 문제를 대표한다. 우리는 그 문제들을 세 개의 범주로 나눠보았다. 그것이 닭들에게, 환경에, 그리고 인간에 미치는 영향에 따르는 분류이다.

닭을 다루는 윤리적 방법?

누군가를 '새대가리'라고 부른다면 그를 대책 없는 바보라고 놀리는 것이리라. 그러나 닭은 다른 닭들을 90마리까지 구분할 수 있고, 그에 따라 누가 '쪼는 순서'에서 밑인지 위인지를 구분한다. 연구자들은 닭이 색깔 있는 버튼을 바로 쪼면 소량의 모이를 주고 22초간 기다렸다가 쪼면 더 많은 모이를 주는 실험을 해본 결과, 닭들이 기다렸다 쪼기를 학습했음을 보여주었다.[5] 뿐만 아니라 수천 세대 동안 가금으로 길들여져온 닭이지만 아직도 멀리 있는 위험을 위쪽과 아래쪽으로 구분해서 인식할 줄 안다(위쪽 위험이란 가령 매, 또한 아래쪽 위험이란 너구리 같은 것이다). 과학자들이 '위쪽 위험' 신호를 녹음해서 들려주자, 닭들은 '아래쪽 위험' 신호를 들을 때와 다르게 행동했다.[6]

이런 연구 결과가 흥미롭기는 하지만, 윤리적으로 정말 중요한 문제는 닭이 얼마나 똑똑한지가 아니라 닭이 고통을 느낄 수 있느냐이다. 그리고 그 사실은 의심할 여지가 별로 없다. 닭은 인간의 신경계와 비슷한 신경계를 가지고 있으며, 감수성 있는 동물을 해치려고 할 때는 항상 그렇듯이, 닭들은 자신을 해치려는 상대에게 인간과 흡사한 행태적·심리적 반응을 보인다. 스트레스를 받거나 따분할 때, 닭들은 과학자들이 '정형 행동(stereotypical behavior)'이라고 부르는 행동, 말하자면 반복적이고 무익한 행동을 한다. 우리에 갇힌 동물이 보통 그렇게 하듯, 하릴없이 앞뒤로 왔다 갔다 하는 등의 행동이다. 닭이 두 가지의 서로 다른 보금자리를 발견하고 그중 하나가 더 안락하다는 것을 알게 되면, 안락한 쪽을 차지하기 위해 무진 노력을 한다. 병든 닭은 진통제 성분이 포함된 모이를 고른다. 진통제는 분명 닭의 고통을 해소하고, 더 활발하게 움직이도록 만든다.[7]

동물에게 불필요한 고통을 주지는 말아야 한다는 것, 이 점에 대해서는 대부분 동의할 것이다. 잉글랜드의 브리스틀 대학교에서 동물복지를 연구하고 있는 크리스틴 니콜(Christine Nicol)은 닭과 그 밖의 가축들의 정신적 생태에 대한 최근의 연구 결과를 요약하여 이렇게 말한다. "우리가 먹거나 이용하려고 하는 모든 동물은 복잡한 개체라는 사실, 그리고 그에 따라 우리의 축산 방식을 조정할 필요가 있음을 다른 사람들에게 주지시키는 것이 우리의 과제입니다."[8] 우리는 그 과제를 달성하려면 지금의 축산 방식이 대체 얼마나 바뀌어야 하는지를 지금부터 살펴보려고 한다.

마트에서 팔리는 거의 모든 닭고기, 업계에서 '브로일러 닭고기'라고 부르는 닭고기는 아주 큰 닭장에서 키운 것이다. 보통의 닭장은 가로 490피트(약 1,470미터-옮긴이), 세로 45피트(약 145미터-옮긴이) 크기에 3만 마리 이상의 닭을 수용할 수 있다. 미국 닭고기 생산업계의 동업자조합인 '전국닭고기협회'에서 발표한 『동물복지 지침(Animal Welfare Guidlines)』에 따르면 평균 시장 거래 체중을 가진 닭 한 마리당 96평방인치의 몸을 움직일 공간이 주어져야 한다.[9] 그것은 가로 8.5인치, 세로 11인치의 종이(미국에서 보통 쓰이는 복사 용지) 크기와 대략 비슷하다. 닭이 아직 어릴 때는 그렇게 심하지 않지만, 일단 평균 시장 거래 체중이 될 만큼 자라면 닭장 바닥이 꽉꽉 들어차고 만다. 한눈에 봐도 마치 흰색 카펫을 깐 것처럼 된다. 다른 닭들을 밀치지 않는 한 움직이지 못하며, 날개를 마음대로 펼 수도 없다. 그리고 더 힘이 세고 사나운 닭을 피해 달아날 수도 없다. 이런 밀집 상태는 스트레스를 유발한다. 더 자연스러운 생태에서 닭들은 '쪼는 순서'를 만들고, 그에 따라 각자의 행동반경을 마련하기 때문이다.

닭고기 생산업자들이 닭들에게 더 넓은 공간을 주면 닭들은 더 체중이 늘고, 더 쉽게 죽지 않을 것이다. 그러나 그것은 채산이 맞지 않는다(닭의 입장에서의 채산은 물론 아니다). 업계의 요람을 한번 살펴보자. "개별적인 닭을 기준으로 할 때 닭장 바닥 공간을 제한하면 부정적인 결과가 나온다. 그러나 문제는 항상 다음과 같으며, 계속해서 그럴 것이다. 닭 한 마리당 최소한의 필요 공간을 부여하여 최대한의 투자 효과를 낼 수 있는 공간은 얼마인가?"[10]

영국에서는 1997년에 이런 식으로 닭들을 밀집 사육하는 것은 잔인하다는 판결이 나왔다. 영국 환경운동가인 헬렌 스틸(Helen Steel)과 데이비드 모리스(David Morris)가 어떤 팸플릿에서 자사의 명예를 훼손했다고 맥도날드가 제기한 소송 건이었는데, 무엇보다도 맥도날드가 닭들의 잔인한 처우에 책임이 있다는 내용이 문제가 되었다. 스틸과 모리스는 이 거대기업에 맞서 자신들을 변호할 변호인을 구할 돈이 없었으므로, 그들 스스로 변호인이 되면서 전문가들에게 도움이 될 자료를 요청했다. 이른바 '맥리벨(맥도날드 명예훼손)' 사건은 영국 사법사에서 가장 오래 계속된 소송 사건으로 남게 된다. 여러 전문가의 증언을 들은 로저 벨(Rodger Bell) 판사는 비록 스틸과 모리스의 일부 주장에 오류가 있기는 해도 그들이 맥도날드의 '잔인함'을 지적한 것은 옳다는 판결을 내렸다. "보통 맥도날드에 공급되는 브로일러 닭들은…… 생의 마지막 며칠 동안을 거의 움직이지 못하며 보낸다. 그 마지막 며칠 동안의 잔혹한 행동의 자유 박탈 상태는 잔인하다고 표현할 수 있다. 그리고 맥도날드는 그러한 잔인한 조치에 책임이 있다." 그의 판결이었다.[11]

음식을 먹거나, 스모키조 바비큐, 아니면 래리스 피자로 간다고 했다. 제이크와 리가 각자 따로 밖에서, 그것도 서둘러서 식사를 때울 때면 리는 소닉 또는 파파이스로 가고, 제이크는 맥도날드, 버거킹, 아비스를 선호한다. 제이크는 아비스의 칠면조 샌드위치를 특히 좋아한다고 말했다.

아이들을 재운 뒤, 우리는 맥주를 마시며 이야기를 계속했다. 그들 부부의 머리에서 늘 떠나지 않는 것은 리의 직장 생활과 두 어린애를 돌보는 일이었다. 제이크는 아이를 낳기 전에는 어느 보험 및 재정 자문 회사에서 로비스트이자 관리자로 바쁘게 생활했다. 리는 지역 로큰롤 밴드에서 기타를 연주하곤 했다. 이제 그들은 더 이상 예전처럼 보트, 스키, 캠핑 등을 즐길 시간을 내지 못한다. 그러나 그들은 더 여유로웠던 생활을 그리워하는 기색이 없다. 두 아이가 새로운 기쁨과 책임감을 주고 있기 때문이다. 아주 간단한 이야기였다.

마침내 우리는 그들의 먹을거리 선택에서 무엇이 고려되는지 묻기 시작했다.

"아무래도 가격, 그리고 편리함이겠죠. 무엇보다 이제는 애들 돌보는 게 큰일이니까요." 제이크가 말했다. 그녀는 계속해서 임신 이후로 달라진 식성에 대해 이야기했다. 임신 중에 그녀는 달걀을 싫어하게 되었으며, 고기도 별로였지만 쿠키는 아주 좋아했다. 이제 그녀는 다시 고기를 많이 먹을 생각이 들기 시작한다는데, 단지 소시지는 아직도 별로라고 했다. "돼지고기는 어쩐지 싫다는 느낌을 지울 수 없어요." 그녀는 말했다. 그러자 리가 "당신, 베이컨은 잘 먹지 않느냐"고 한마디 했고, 그녀도 "그건 그렇다"고 인정했다. 우리는 그들이 먹는 고기가 어떻게 만들어지는지 알고 있느냐, 소나 돼지, 닭을 기르는 현대식 축산법을 얼마나 아느냐고 물어보았다.

리는 현대식 양계장에 대해서는 어느 정도 알고 있었다. "닭들이 꽉 꽉 들어찬 커다란 집이죠 뭐. 이 주(州)를 차 타고 여기저기 다니다 보면 자연히 알게 되죠." 아칸소 주는 세계 최대의 닭고기 생산업체인 타이슨푸드의 본거지이다. 하지만 돼지나 육우 사육장에 대해서는 두 사람 모두 아무것도 몰랐다. "여기 주변에서는 그런 것을 별로 볼 수 없죠. 이곳에서 소비되는 대부분의 소고기는 방목하는 목장에서 온 것으로 알고 있습니다만." 리가 말했다.

제이크의 경우에는 식육용 송아지를 둘러싸고 벌어졌던 논쟁을 떠올렸다. "내가 어른이 된 뒤 처음 듣는 논쟁이었죠. 그 이후부터는 송아지고기를 먹지 않게 되었어요. 말하자면, 송아지가 움직이지도 못한 채로 길러진다는 게 언론에서 얼마나 통렬히 다루어졌던지. 그걸 먹는 것은 죄받을 일처럼 여겨졌죠……. 그리고 무서운 일처럼요." 그녀는 자신이 돼지 사육 방식을 둘러싸고 벌어진 논쟁에 대해서는 잘 모른다는 사실을 인정했다. "하지만 양계는 좀 달라요. 여기 아칸소 주에 사는 사람으로서 그 문제를 모를 수는 없죠. 그러나 문제점이 있답니다. 영양학자들은 육고기보다 닭고기를 먹는 게 건강에 좋다고 하잖아요."

제이크는 뭔가 골똘히 생각하는 듯 잠시 말을 멈추었다. "완전히 솔직하게 말하면, 나는 동물들 사이에 계급이 있다고 생각해요. 나는 조류보다 포유류를 좋아하죠. 말하자면 닭보다는 소의 죽음을 더 안됐다고 여긴다고 할까요."

리도 한마디 했다. "솔직히 그런 생각은 별로 안 해봤습니다. 나는 나와 내 가족의 생활에 빠져서 여념이 없죠. 그래서 내가 먹는 고기가 얼마나 잘 살다가 잘 죽었는지는 그리 신경 쓰지 않았어요." 리는 리틀록 가까이에서 자랐으며, 가족의 식사에 고기는 언제나 빠지지 않았다. "프라이드치킨이든가, 으깬 감자라든가, 오크라 튀긴 것, 새콤달콤한 미트볼, 또는 엉덩이살 로스트, 돼지 허리살 구이 등등이 늘 식탁에 올랐죠. 채소도 항상 곁들여져 있었어요. 하지만 우리 식탁의 메인은 늘 고기였습니다." 그리고 학교의 점심 메뉴로는 보통 햄버거

닭장 속으로

(주의: 일부 독자들에게는 불쾌감을 줄 수 있습니다.)

흔히 볼 수 있는 닭장 속으로 한 걸음을 옮겨놓으면, 별안간 눈과 폐가 확 타오르는 듯한 느낌이 든다. 그것은 닭똥 더미에서 풍기는 암모니아 냄새 때문이다. 닭똥은 바닥에 떨어져 무더기가 된 채 치워지지 않는다. 병아리를 닭으로 키우는 기간은 물론이고, 다 자란 닭이 된 후에도 1년 내내, 때로는 몇 년 동안이나 그대로 내버려둔다.[12] 공기 중 암모니아 비율이 높으면 닭들이 호흡기 질환에 계속 걸리고, 발과 무릎에 통증이 오며, 가슴에 물집이 생긴다. 눈에서는 진물이 나오며, 심할 때는 아예 시력을 잃기까지 한다.[13] 매우 빠른 속도로 성장하게 되어 있는 닭들은 몸무게가 늘면서 잘 서지 못한다. 대부분의 시간을 오물이 가득한 깔짚 위에 앉아서 보내야 하기 때문이다. 그러다 보면 가슴에 물집이 잡힌다.

닭은 여러 세대 동안 최소한의 시간 내에 최대한의 고기를 제공할 수 있게끔 개량되어왔다. 이제 닭들은 1950년대의 조상들보다 세 배나 빠르게 성장하면서 먹이는 3분의 1밖에 먹지 않는다.[14] 그러나 이 끊임없는 효율성 추구는 그만한 대가를 치르고 있다. 닭의 근육과 지방의 증가 속도를 뼈 성장 속도가 따라잡지 못하는 것이다. 어떤 연구에 따르면 브로일러 닭의 90퍼센트가 다리를 절고 있으며, 26퍼센트가 고질적인 뼈 관련 질환으로 고통을 받고 있다.[15] 브리스틀 대학교의 수의학과 교수인 존 웹스터(John Webster)는 이렇게 말한다. "브로일러 닭들은 죽기 전까지 삶의 20퍼센트를 만성적인 고통 속에서 보내는 유일한 가축이다. 닭들은 돌아다니지 않는데, 너무 밀집된 상태로 사육되고 있기 때문이 아니다. 걸을 때 관절이 너무 쑤시기 때문이다."[16] 때로는 척추가 부러지며, 따라서 마비가 온다. 마비 상태에 빠진 닭이나 다리가 망가진 닭은 모이나 물을 먹고 마시지 못하며, 굶주림 또는 갈증으로 죽게 된다(양계업자들이 신경 쓰지 않거나, 신경을 쓸 겨를이 없기 때문에). 이런 열악한 사육 실태와 그러한 열악함이 얼마나 많은 닭에게 해당되는지(미국에서는 거

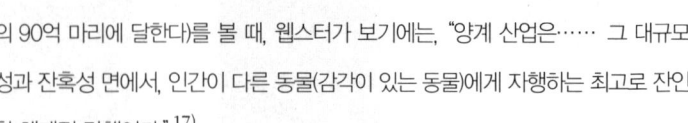

의 90억 마리에 달한다)를 볼 때, 웹스터가 보기에는, "양계 산업은…… 그 대규모성과 잔혹성 면에서, 인간이 다른 동물(감각이 있는 동물)에게 자행하는 최고로 잔인한 체계적 만행이다."[17]

산업적 농업을 비판할 때면, 그 대변자들은 자신들의 가축이 탈 없이 잘 자라는 게 분명 자신들의 이익에 부합된다고 답변하곤 한다. 상업적 양계의 실태는 그런 주장을 확실히 무너뜨린다. 일찍 죽어버린 닭들은 분명 양계업자에게 손해일 것이다. 그러나 문제가 되는 것은 닭장의 전체 생산성이다. 아칸소 대학교에서 브로일러 닭에 대한 연구를 맡고 있는 톰 테이블러(G. Tom Tabler)와 같은 대학에서 가금학을 가르치는 멘덴홀(A. M. Mendenhall)은 이 문제를 다음과 같이 정리한다. "몸집이 큰 닭을 만들어내서 그 때문에 심장마비나 폐질환(지나치게 빠른 성장 때문에 생기는 또 다른 질병이다), 다리 질환 등으로 사망률이 높아지게 하는 것이 이득일까요. 아니면 더 느리고 더 작게 키움으로써 심장이나 폐, 뼈에 문제가 덜 생기게 하는 것이 이득일까요?" 그들은 이 질문에 이렇게 답한다. '아주 간단한 계산'만 해보면, 여러 가지 비용을 다 따져보아도, 대부분의 경우 "사망률은 무시하고 무조건 체중을 불리는 편이 더 이득"이라고.[18]

닭을 빠르게 자라도록 만드는 일은 식육용 닭을 낳는 종계(種鷄)들에게 또 다른 문제를 가져온다. 종계들은 그 병아리들과 마찬가지의 유전형질을 가지며, 그 중에는 과다한 식욕도 포함되어 있다. 그러나 종계는 최대한 오래 살아서 최대한 오래 새끼를 쳐야 한다. 그런데 그들의 식욕을 충족시킬 만큼 많은 모이를 먹는다면 곧 무섭게 살이 찔 것이고, 짝짓기를 할 만큼 성숙하기도 전에 죽어버릴지 모른다. 설사 번식 연령이 될 만큼 오래 살아도, 그런 몸으로는 번식이 불가능하다. 따라서 양계업자들은 종계들에게는 식육용 닭에게 주는 모이의 60퍼센트 내지 80퍼센트를 적게 준다.[19] 전국닭고기협회의 『동물복지 지침』에는 '무사료일'이라는 말이 나오는데, 배고픈 닭들에게 모이를 전혀 주지 않는 날을 뜻한다. 모이를 먹지 못하는 닭은 '과다한' 물을 마시려고 할 것이므로, 그런 날에는 물 역시 공급이 제한된다. 그래서 굶주린 종계들은 아무것도 없는 땅바닥을 미친 듯이 쪼아댄다. 스트레스를 해소하기 위한 몸부림, 또는 뭔가 먹을 게 있지 않을까 하는 절망적인 행동이다. '맥리벨 사건' 당시 닭의 이런 행동을 조사했던 벨 판사는 이렇게 말했다. "나의 결론은 종계에게 과도한 식욕을 부여해놓고서 언제나 배고픔에 시달리게끔 하는 것은 잔혹한 처사라는 것이다. 그것은 이익을 얻기 위해 닭에게 고통을 가하는, 주도면밀한 방법이다."

이 종계들의 빨리 성장하는 자손들은 겨우 6주일밖에 생존하지 못한다. 6주일이 되면 잡혀서 우리에 넣어지고, 트럭에 태워져 도살장으로 끌려간다. 《워싱턴 포스트》지의 기자 한 사람은 닭 붙잡는 사람의 일을 이렇게 기록하고 있다. "그들은 닭의 다리를 잡아채서, 마치 빨랫감을 쑤셔 넣듯 우리에 넣는다. 때로는 발로 콱콱 밟아서 밀어 넣기도 한다." 일을 더 빨리 하기 위해, 닭 붙잡는 사람은 닭의 한쪽 다리만 붙잡는다. 그리하여 한 손에 네댓 마리의 닭을 붙잡아 옮길 수 있다(경제적으로 유리한 방법은 하나라도 줄이지 않도록 애를 써서 작성된 전국닭고기협회의 『동물복지 지침』은 "한 손에 잡을 수 있는 닭은 최대 다섯 마리다"라고 규정한다). 한쪽 다리를 잡혀 대롱대롱 매달린 닭들은 공포에 질려 필사적으로 푸득대고 꿈틀대며, 종종 엉덩이뼈가 어긋나거나, 날개가 꺾이거나, 내출혈을 일으킨다.[20]

우리 속에 억지로 우겨 넣어진 닭들은 이제 도살장으로 간다. 몇 시간이 걸릴 수 있는 길이다. 그들이 우리에서 풀려나는 때가 오면, 그 순간 발이 차꼬에 채워져 컨베이어 벨트에 거꾸로 매달린다. 그리하여 도살실로 차례차례 움직여 들어간다. 빠른 속도가 관건이다. 도살장은 도살되어 나오는 닭의 몸무게에 따라 비용을 물리기 때문이다. 오늘날 닭 도살 라인은 대체로 분당 90마리를 죽이는 속도로 움직이며, 최고 속도로 돌리면 1분에 120마리, 한 시간이면 7,200마리의 닭을 죽일 수 있다. 최저 속도로 돌린다고 해도 20년 전에 비하면 두 배나 빠른 속도이다. 그런 속도로 움직이는 이상, 도살 담당자들이 닭들이 더 편안하게 죽도록 배려하고 싶더라도 그럴 도리가 없다.

다른 선진국들과 달리, 미국에는 닭(또는 오리, 칠면조)을 도살하기 전에 무의식 상태로 만들어야 한다는 법률이 없다. 닭들은 거꾸로 매달린 채 도살 라인을 지나면서 전기가 흐르는 수조에 머리가 처박히게 되며, 업계에서는 이를 '전기 충격 기절기'라고 부른다. 하지만 그 명칭은 잘못되었다. 잉글랜드 브리스틀 대학교에서 수의학을 가르치는 모한 라지(Mohan Raj) 박사는 여러 종류의 전기 충격을 받은 후의 닭의 두뇌 활동을 연구하여 《세계 가금학 저널(World's Poultry Science Journal)》에 결과를 발표했다. 우리는 그에게 이런 질문을 했다. "미국 소비자들이 마트에서 구입한 브로일러 닭이 적절한 전기 충격을 통해 목이 잘리기 직전, 기절 상태에 있었다고 확신할 수 있습니까?" 그의 대답은 명쾌했다. "아닙니다. 지금의 전기 충격 시스템으로는 브로일러 닭이 대부분 의식을 유지하며, 따라서 도살 당시 고통과 스트레스를 느낄 수밖에 없습니다." 그는 계속해서 전기 충격 과정에서 사용되는 전류는 닭을 곧바로 기절시키기에 적절한 전류가 아니라는 설명을 했다. 그러나 곧바로 기절시키는 전류를 쓰면 고기 맛이 떨어질 우려가 있다. 따라서 전기 충격에 대한 법규가 없는 이상, 업계가 그런 선택을 할 리가 없다는 것이다. 지금 쓰이는 전류는 닭을 마비시키기는 한다. 하지만 의식을 없애지는 않는다. 도살장 운영자의 입장에서 보면, 마비만 시킬 수 있다면 무의식은 굳이 필요가 없다. 닭이 몸부림을 치지 못하게 되어, 쉽게 목을 자를 수 있으니까.

도살 라인의 속도가 너무 빠르다 보니, 전기 수조에 이은 자동 목 절단기도 미처 전부 처리하지 못하고 약간의 닭을 살려 보내게 된다. 그런 닭들은 의식이 남아 있는 채로 다음 단계로 간다. 펄펄 끓는 물이 담긴 탱크에 빠지는 것이다. 얼마나 많은 닭이 산 채로 튀겨지는지는 정확히 알 수 없다. 그러나 정보자유법에 따라 입수된 문건에 따르면, 그 숫자는 미국에서만 매년 300만 마리에 달한다고 한다.[21] 그런 비율로 보면, 독자가 이 페이지를 읽고 있는 동안 11마리의 닭이 산 채로 튀겨지는 셈이다. 그러나 실제로는 그보다 훨씬 많은 숫자일 것이다. 앨라배마 주 헤플린에 있는 타이슨푸드 사의 도살장에서 나온 한 비공개 비디오를 보면, 수백 마리의 닭이 목 절단 기계의 오류 탓으로 날개나 다리 등이 절단되는 모습, 일꾼들이 돌아다니며 목 절단 기계가 놓친 닭들의 목을 따는 모습 등이 적나라하게 나온다. 또한 의식이 멀쩡한 닭들이 끓는 물에 빠지는 장면도 있다. 비디오에 등장하는 일꾼 한 사람은 기계를 한 번 돌릴 때마다 산 채로 튀겨지는 닭이 40마리까지는 무방하다(기계를 손보지 않아도 된다)고 말한다.[22]

이제까지의 몇 단락이 읽기가 껄끄럽던가? 그러면 버질 버틀러(Virgil Butler)의 말을 들어보라. 그는 아칸소 주 그래니스에 있는 타이슨푸드 사 도살장에서 여러 해를 일하며, 매일 밤마다 8만 마리의 닭을 죽여왔다(대부분 켄터키 프라이드치킨용으로). 그의 말로는 우리가 이제껏 묘사한 내용은 "내가 본 공포의 발끝에도 못 미칩니다." 그는 보통 도살되는 닭의 셋 중 하나꼴로 살아서 끓는 물탱크에 들어간다고 말한다. 버틀러는 그 닭들이 "산 채로 튀겨지면서…… 퍼덕거리고, 비명을 지르고, 발버둥치고, 눈알이 문자 그대로 머리에서 튀어나와 떨어집니다"라고 한다. 종종 꺼내 보면 그런 닭들은 "뼈가 아스러지고, 몸의 부위가 군데군데 없어져 있습니다. 물탱크 속에서 얼마나 절망적으로 몸부림쳤으면 그럴까요?"[23] 기계가 오작동을 해도, 감독관은 라인을 멈추지 않는다. 닭들이 하나같이 산 채로 끓는 물속에 들어가거나 말거나, 목 절단 기계가 목이 아니라 닭의 다리를 자르거나 말거나이다.

2003년 1월, 버틀러는 일꾼들이 닭을 잡아 찢고, 밟아 뭉개고, 때리고, 고의로 지게차를 닭떼 사이로 몰아서 깔아버리고, 심지어 드라이아이스 '폭탄'으로 날려버리기까지 한다는 사실을 공식석상에서 털어놓았다. 타이슨푸드 사는 그를 해고하고는, 그 발언이 일자리를 잃은 근로자가 홧김에 꾸며낸 '터무니없는' 이야기일 뿐이라고 발표했다. 버틀러가 절도 전과가 있으며 그 밖에 몇 가지 법적 문제가 있는 건 사실이다. 그러나 버틀러가 이처럼 터무니없다는 이야기를 하고 난 뒤 18개월 후, KFC에 납품하는 웨스트버지니아 주 무어필드 도살장에서 찍힌 비디오테이프가 나타나면서 그의 주장은 신빙성을 갖게 되었다. 미국 제2의 닭고기 생산업체인 필그림스프라이드 소유의 그 도살장은 KFC의 '올해의 우수 공급업소'에 선정되기도 했다. '동물의 윤리적 대우를 위한 모임' 소속 사람이 비밀리에 촬영한 그 비디오테이프는 버틀러가 말한 것과 흡사한 행태를 여실히 보여준다. 살아 있는 닭을 벽에다 메치기, 닭들 위에서 펄쩍펄쩍 뛰며 깔아뭉개기, 살아 있는 닭을 뻥뻥 차며 축구하기 등등. 촬영자는 자신이 미처 다 찍지 못했던 수많은 가혹 행위를 보았다고 언급했다. 도살장 일꾼들은 닭의 머리를 뜯어내어 그것으로 벽에다 피칠을 하며 낙서를 했다. 살아 있는 닭의 깃털을 뽑아 '가짜 눈'을 만들었다. 야구 글러브로 닭의 머리를 죄어서 질식시켰다. 닭이 마치 물풍선인 양 힘껏 쥐어짜서, 다른 닭들에게 오물을 흩뿌리도록 했다. 분명 그들의 일은 동물의 고통에 대한 감수성을 무디게 만드는 것이었다.

무어필드 일꾼들의 행태와 버틀러가 말한 그래니스 일꾼들의 행태 중 유일하게 큰 차이를 보인 것은 무어필드 일꾼들의 행태는 비디오로 찍혔다는 것이다. 이 가혹 행위의 증거를 무시할 수 없었던 필그림스프라이드 측은 그 내용이 '경악스럽다'고 논평했다.[24] 그러나 미국 닭고기 업체의 양대 산맥인 필그림스프라이드도 타이슨푸드도 문제의 근본에 대해서는 아무런 시정 노력을 하지 않고 있다. 즉 저임금 미숙련 노동자들이 지저분하고 피를 봐야 하는 작업을, 보통 지독한 고온 속에서 도살 라인을 계속 돌려야 한다는 압력을 받으며 수행하고 있다는 사실—한 번 돌릴 때마다 9만 마리의 닭을 죽여야만 하는 과제를 달성해야만 한다는 사실을 두 회사는 철저히 외면하고 있다.

칠면조 번식장에서의 하루

제이크가 아비스에서 사 먹는 샌드위치에 들어가는 칠면조 고기는 공장식 칠면조 농장에서 온 것이며, 그런 농장의 칠면조 사육 방식은 대체로 브로일러 닭 사육 방식과 같다. 주된 차이는 칠면조들이 지나치게 비대한 가슴살을 갖도록 사육되므로, 자연적으로는 교접이 불가능하다는 점이다. 몇 년 전에 우리는 농업 재벌인 콘아그라 사의 계열사인 버터볼터키 사에서 미주리 주 카티지에 있는 농장에서 인공 수정 작업을 할 일꾼을 모집하는 걸 알게 되었다. 우리는 호기심에 못 이겨, 우리 스스로 그 작업에 지원해서 실제 일의 진행 과정을 보기로 했다. 그 일자리의 유일한 자격 요건은 마약 복용 여부 테스트였고, 우리는 고용되었다.

우리는 한동안 그 작업의 두 가지 부분, 즉 정액 채취와 정액을 암컷에게 주입하는 일 모두를 맡게 되었다. 정액은 수컷들이 사육되는 '톰 하우스'에서 채취된다. 우리가 해야 했던 일은 톰(수컷 칠면조) 한 놈의 다리를 붙잡아 자빠뜨린 다음, 다리와 한쪽 날개를 잡고 들어 올려, 가슴과 목이 닿도록 벤치에 밀어붙여 꼼짝 못하게 만들고 정액 사출구를 들어 올려 다른 직원이 정액을 채취하도록 하는 것이었다. 그는 칠면조의 똥구멍을 마사지해서, 마침내 그것이 열리고 흰 거품 같은 정액을 쏟아내게 했다. 그리고 진공 펌프를 써서 그것을 주사기 속으로 주입했다. 그것은 우유와 크림을 섞은 음료처럼 하얗고 찐득거렸다. 우리는 그 일을 되풀이하여, 한 마리 한 마리 정액을 짜내 마침내 주사기에 충분한 양이 차도록 계속했다. 그리고 가득 찬 주사기는 암컷 칠면조 축사로 넘겨졌다.

암컷 축사에서 우리가 할 일은 암컷의 '엉덩이를 까는' 것이었다. 암컷의 다리를 붙잡고, '무릎'을 교차시켜 한 팔로 그 발과 다리를 붙들 수 있게 한다. 암컷 칠면조는 20파운드 내지 30파운드(약 10킬로그램 내지 13킬로그램-옮긴이) 나가는데, 공포에 질려 날개를 마구 퍼덕이고 급기야 패닉에 빠진다. 그 암컷들은 이 절대적으로 불쾌한 일을 매주 치러야 한다. 1년 이상을 말이다. 우리는 일단 한 손으로 암컷을 붙들고는 구멍이 난 상자 속에 처넣는다. 머리는 한쪽 구멍으로, 꼬리는 반대쪽 구멍으로 삐져나오게 한다. 다음은 다른 손으로 꼬리 쪽을 붙잡아 똥구멍을 잡아당기고, 꼬리털을 위로 치켜세운다. 그리고 그와 동시에 다리를 잡고 있던 손을 아래로 콱 내림으로써 암컷의 엉덩이를 추켜올려 까고, 똥구멍이 벌어지도록 만든다. 그러면 정액 주입자는 엄지손가락으로 똥구멍 아래를 꾹꾹 누른다. 그래서 똥구멍이 더욱 벌어져 수란관이 드러나도록 한다. 그렇게 하고 나서 끝에 공기 압축기가 달린 튜브에 연결된 대롱을 암컷의 똥구멍에 꽂는다. 그리고 방아쇠를 당기면 공기 압축의 힘으로 정액이 수란관에 주입된다. 주입이 끝나면 암컷을 놓아주고, 그 칠면조는 퍼덕거리며 도망친다.

일은 끊임없이, 똑같은 형태로 반복된다. 엉덩이 까는 역의 일꾼과 주입하는 역의 일꾼은 똑같은 일을 한 마리 한 마리 계속하여, 시간당 600마리, 달리 말하면 1분에 10마리꼴로 인공 수정 작업을 한다. 까발리는 일 담당자는 1분에 다섯 마리의 암컷 칠면조 엉덩이를 '깐다.' 달리 말하면 12초당 한 마리꼴이다. 이 속도를 유지하려면, 칠면조들을 빠르고 거칠게 다룰 수밖에 없다. 우리가 태어나서 해본 일 중에 가장 힘들고, 가장 바쁘고, 가장 지저분하고, 가장 불쾌하고, 가장 보수가 형편없는 일이었다. 우리는 10시간 동안 칠면조들을 붙잡고 씨름했다. 그들을 자빠뜨리고, 엉덩이를 추켜올려 똥구멍이 훤히 보이도록 까고, 그 순간 푸드득 튀어 오르는 새똥을 피한다. 그러는 동안 들이쉬는 공기는 패닉에 빠진 칠면조들이 잔뜩 일으킨 먼지와 깃털로 오염되어 있다. 이 모든 일을 하면서, 우리는 십장과 다른 일꾼들에게서 온갖 욕을 바가지로 먹고 또 먹었다. 우리는 하루 만에 그만두었다.

환경에 전가되는 비용

델라웨어와 메릴랜드, 버지니아 세 개 주에 걸쳐 있어서 그런 이름이 붙은, 델마바(Delmarva) 반도는 천혜의 비경을 간직한 곳이다. 녹색의 대지, 강어귀, 해변이 그림처럼 펼쳐져 있다. 또한 동쪽으로 대서양을, 서쪽으로는 광활한 체사피크 만을 끼고 있다. 겉보기로는, 체사피크 만의 일부와 그 지역 주변의 농촌 지대는 미국 동해안에서 얼마 남지 않은 청정 지역처럼 보인다. 그러나 한 꺼풀 벗겨보면, 체사피크 만은 심각한 위기에 처해 있다. 존 스미스(John Smith) 대령이 1608년 처음 체사피크에 들어왔을 때 그곳은 생태계의 보고였으며, 스미스는 프라이팬으로 물고기를 잡을 수 있을 정도라는 농담을 했다. 20세기에도 여전히 풍요로웠던 체사피크는 대합과 굴이 마치 융단처럼 밑바닥에 깔려 있었다. 이 조개들은 물을 깨끗이 해주는 살아 있는 정수기 역할을 했다. 그러나 지금 남아 있는 얼마 안 되는 굴에는 그런 역할을 기대할 수 없다.[25] 굴이 남획되고 이 지역 거주 인구가 늘면서 함께 늘어난 오염이 다른 몇 가지 원인과 함께 문제의 원인으로 여겨졌다. 그러나 최근에는 이 반도에 들어선 닭고기 업체가 주된 원인이라는 시각이 늘고 있다.

델마바 반도에서는 매년 6억 마리 이상의 닭이 생산된다. 이 닭들은 400만 명이 거주하는 도시보다 더 많은 오물을 배출한다. 그리고 인분은 따로 처리 과정을 거치지만, 닭똥은 그대로 땅에 뿌려질 뿐이다. 그러나 델마바의 대지는 그처럼 많은 질소와 인 성분을 처리하지 못한다. 델라웨어 주에 속한 서섹스 카운티에서는 매년 2억 3,200만 마리의 닭을 생산하며, 이는 지역 최대 규모이다. 그러나 델라웨어 대학교에서 행한 한 연구 결과, 해당 카운티는 겨우 400만 마리의 닭에서 나오는 닭똥만을 처리할 수 있음이 밝혀졌다. 닭똥에 함유된 영양소의 약 절반은 물에 녹아서 강물에 흘러들거나, 지하수에 스민다. 델마바 반도 내의 낮은 우물들은, 식수용으로 대수층에 판 우물을 포함하여, 3분의 1이 연방정부가 정한 안전 식수 기준 질소 함유량 이상의 질소를 품고 있다고 연방정부의 지리 조사 결과 드러났다. 이 지역의 강과 해역은 이 과잉 영양소들 때문에 조류(藻類)로 뒤덮이고 있다. 조류는 썩으면서 수중의 산소를 흡입하고, 그 결과 물고기와 그 밖의 수중생물들은 죽어간다. 이제 체사피크 만은 물고기나 게, 굴, 그리고 다른 생태적 대표 종들이 생존할 수 없는 '죽음의 바다'가 되고 말았다. 2003년 7월, 이 죽음의 바다는 체사피크 만의 중심에서 반경 100마일에 달하는 구역에 미치고 있다.[26]

서부 켄터키 매디슨빌의 지역 신문인 《메신저(The Messenger)》의 발행인 난에는 '세상에서 가장 좋은 도시'라는 슬로건이 적혀 있다. 그러나 2000년 6월 29일 저녁에 매디슨빌 테크놀로지 센터에서 개최된 공청회에 참석한 사람이라면 그 문구에 의구심을 품지 않을 수 없었으리라. 그 공청회는 켄터키 주정부의 환경보호부에 속한 천연자원 및 환경보호 특별위원회에서 밀집식 가축 사육 체제, 다시 말해서 공장식 농장에 대한 일반의 의견을 청취하려고 마련한 자리였다. 오랜 시간에 걸쳐 여러 시민이 각자의 의견을 밝혔는데, 다음은 그 중에서 뽑은 것들이다.[27]

타이슨푸드 사에서 축사를 운영하고부터, 종종 지독한 냄새가 진동하곤 합니다. 파리떼도 우글우글해졌죠. 우리 환경을 유지하기가 거의 어려운 실정입니다.[28]

아무 조치 없이 내버려지는 닭똥이 산을 이루고 있습니다. 그것들은 수많은 파리와 쥐떼를 불러 모으고요……. 학교에 다니는 아이들을 포함한 우리 동네 사람들은 상쾌한 아침 공기라는 것을 맛본 지 오래되었습니다. 그 지독한 냄새 때문에, 항상 캑캑거리고 기침을 하게 되죠.[29]

우리 가족은 양계장 옆에 살아요. 우리 집에서 하루에 잡는 쥐가 80마리는 된답니다. 냄새는 토할 것 같고요……. 나하고 우리 아들은 복통, 설사, 구역질에 시달리고 있죠. 또 항상 입 안이 아픕니다. 의사한테 가 보니 우리 아들은 기생충까지 생겼다는군요. 대체 아동의 권리라는 건 어디 있는 거죠? 저 사람들의 이익을 챙겨주기 위해, 우리 가족이 안전하고 건강한 환경을 빼앗겨야만 하는 건가요?[30]

이 공청회 후, 서부 켄터키 주민들은 '시에라클럽'의 후원 아래 타이슨푸드 사를 고발했다. 그 회사가 소유한 네 곳의 양계장이 법에 정해진 암모니아 배출 보고서 제출 의무를 어겼다는 이유였다. 타이슨푸드 측에서는 그 양계장들이 자사가 아닌 각 양계업자 소유이며, 자신들은 다만 거기서 기르는 닭들을 타이슨푸드에 납품하기로 계약을 맺었을 뿐이라고, 따라서 환경오염에 대해 책임이 없다고 항변했다. 2003년, 연방법원은 그 항변을 기각했다. 타이슨푸드 측은 닭의 사육 방법, 모이의 종류, 의료 처치 등에 대한 사항을 통제하고 있으며, 양계로 인해 창출된 이익의 대부분을 향유하고 있다는 점이 근거였다. 또한 환경오염에 대한 타이슨푸드 사의 책임 역시 인정되었다.[31] 마침내 타이슨푸드 사는 2005년에 주민들과 합의를 보고, 유해물 배출 현황 조사와 보고서 제출, 그리고 배출된 암모니아의 중화에 50만 달러를 제공하기로 했다. 또한 타이슨푸드는 주민들이 재판 과정에서 부담한 비용을 배상하고, 양계장과 주택지 사이에 나무를 심어서 악취를 차단하기로 했다. 시에라클럽의 변호사인 바클리 로저스(Barclay Rogers)는 이 결과를 '기념비적인 결정'이라고 찬양했다. 이로써 공장식 농장들이 '자신들이 저지른 결과를 스스로 치우고, 더 이상 지역사회를 위협하지 않을' 책임이 확인되었다는 것이었다.[32]

델마바 반도와 서부 켄터키는 이 나라 전역에 만연된 문제의 일부 예에 불과하다. 북부 뉴저지 주 워런 카운티에 사는 마이클 파트리스코(Michael Patrisko)도 공장식 달걀 생산 농장 인근에 사는데, 그는 지역 신문과의 인터뷰에서 파리떼가 하도 엄청나서 "집을 흘깃 보면 그 색깔을 착각할 정도"라고 말했다.[33] 오하이오 주에 있는 버크아이 달걀 생산 농장은 퇴비를 적절하게 처리하지 않은 죄로 36만 6,000달러의 벌금을 물었다. 인근 주민들은 여러 해 동안 이 농장에서 사육되는 1,400만 마리의 암탉 때문에 들끓는 쥐떼와 파리떼, 그리고 악취와 폐수 때문에 고통을 받아왔다.[34] 이와 같은 시기에, 오클라호마 주 대법원장인 드류 에드먼슨(Drew Edmondson)은 타이슨푸드를 포함한 아칸소 주의 가금업자들에게 그들이 배출하는 폐기물이 오클라호마의 호수와 하천을 오염시키고 있다면서(특히 그 북동부 지역의), 특단의 조치를 취하지 않는다면 소송에 들어갈 것이라고 경고했다.[35]

2002년에 시에라클럽이 선정한 '최악의 동물공장 운영업체 10개소'에 포함된 타이슨푸드는 오랫동안 환경오염의 주범이라는 의심을 사왔다.[36] 2002년 보고서에서 시에라클럽에게 물을 먹은 타이슨푸드는 2003년에 다시 불명예의 주인공이 된다. 그 회사가 미주리 주 세달리아 소재 가금농장에서 래마인 강의 지류로 계속해서 폐수를 무단 방류해왔다는 사실을 시인했던 것이다. 1,000에이커에 달하는 면적에 매주 약 100만 마리의 닭을 생산해내는 이 농장은 매일 배출하는 폐수도 수십만 갤런에 달한다. 미주리 주정부와 연방정부는 지난 10년 동안 타이슨푸드가 오·폐수 방류 문제로 그 회사에 부과한 범칙금, 주정부의 시정 명령, 그리고 그 밖의 수많은 경고를 계속해서 무시해 왔다고 불만을 터뜨린다. 타이슨푸드는 그 농장의 고용인들이 오·폐수 문제를 인지했으며, 750만 달러의 벌금을 납부하기로 동의했다고 밝혔다.[37]

타이슨푸드가 싼 치킨을 내놓을 수 있는 이유는 많은 비용을 남들에게 전가했기 때문이다. 그 비용 중 일부는 파리떼 때문에 뒤뜰에 나갈 수도 없고, 악취 때문에 창문도 꼭꼭 닫고 살아야 하는 사람들에게 전가되어 있다. 또한 동네의 냇물에서 수영할 수 없는 아이들, 그냥 물은 오염되었기 때문에 생수를 사 먹는 소비자들, 자연을 자연 그대로, 그 본연의 아름다움과 풍요로운 생태계를 즐기고 싶지만 그럴 수가 없는 사람들도 타이슨푸드가 치러야 할 비용을 대신 치러주고 있다. 이런 비용들은 경제학 용어로 '외부 효과'라고 한다. 생산자와 소비자 관계 외부에 있는 제3자가 비용을 지불하기 때문이다.

소비자들은 타이슨푸드 치킨을 살지 안 살지 선택할 수 있다. 그러나 집중식 양계법의 외부 효과를 치러야 하는 사람들은 선택권이 없다. 이동식 주택(그 자체로 비용이 많이 드는)에 살지 않는 한, 거주민이 외부 효과에 대해 어떻게 해볼 수 있는 방법은 별로 없다. 경제학자들은, 심지어 자유 시장의 미덕을 소리 높여 외치는 경제학자라고 해도, 외부 효과의 존재를 시장 실패의 한 증거로 받아들인다. 이론상으로는 이 시장 실패를 없애기 위해 타이슨푸드가 오염 피해를 일체 보상해야 마땅하다. 그런데 그렇게 된다면 그들의 치킨은 더 이상 값이 싸지 않을 것이다.

노동자들에게 전가되는 비용

타이슨푸드 사 노동자들의 임금은 아주 적고, 근무 환경도 열악하다. 그래서 이직률이 높은데, 일부 농장의 보고서를 보면 연간 이직률이 100퍼센트를 넘는다고 한다. 그것은 그 일꾼들이 평균 1년도 재직하지 않는다는 뜻이다. 비록 타이슨푸드에서는 그 사실을 일반에 공표하고 있지는 않지만 말이다.[38] 일거리 중 일부는 위험하기까지 하다. 1999년, 타이슨푸드는 『기업 범죄 보고서(Corporate Crime Reporter)』에서 '올해의 10대 최악 기업' 중 하나로 선정되었다. 그 해에 타이슨푸드 사 노동자 일곱 명이 산재사고로 죽었던 것이다. 그중 한 사람은 아칸소 주에서 닭 붙잡는 일을 맡았던 15세의 소년이었다. 같은 해에 또 다른 15세 소년이 미주리 주의 타이슨푸드 사 농장에서 사고를 당해 심각한 부상을 입었다. 그런 산재 사고의 결과로, 미주리 주 농장에 14세 소년이 둘, 또 부상자 말고도 15세 소년이 하나 더 근무하고 있었음이 밝혀졌다. 타이슨푸드 사는 공정노동기준법상 아동노동 금지 조항을 위반했음이 드러나 노동부에서 벌금을 추징당했다.[39] 이 회사는 직업보건위원회로부터도 벌금을 추징당했는데, 몇 개 주의 농장에서 보건법을 어겼기 때문이다.[40]

타이슨푸드 사는 전례 없는 성장을 하며 수십억 달러의 이익을 챙기는 와중에서조차 임금을 낮추고 노동자의 복지 혜택을 줄이기 위해 고심했다는 기록이 있다. 타이슨푸드가 대형 소고기 생산업체인 IBP를 인수했을 때, 그들은 자사의 노동자들보다 IBP 노동자들이 더 나은 임금과 복지 혜택을 받고 있음을 알았다. 그리고 그 차이를 없애려는 조치에 들어갔다. 타이슨푸드는 위스콘신 주 제퍼슨의 옛 IBP 농장 노동자들에게 임금 삭감, 신규 채용자들의 연금 혜택 박탈 및 구 노동자들의 연금 수령액 동결, 휴가 단축, 더 열악한 건강보험 패키지로 옮기면서 노동자들의 보험 부담액 증가 등을 내용으로 하는 새 계약서를 들이밀었다. IBP가 운영하던 당시 그 농장은 흑자를 보고 있었고, 타이슨푸드 사에도 계속해서 이익을 안겨주는 중이었다. 그러나 타이슨푸드 사로서는 성이 차지 않는 이익이었다. 그 회사 사람 하나는 2만 5,000달러에서 3만 달러에 이르는 연봉에다 복지 혜택까지 노동자들에게 주는 것은 그 농장이 '특별 대우'를 받는다는 뜻이 되며, 그 노동자들은 "우리 관점에서 보면…… 호사를 누리고 있습니다"라고 했다.[41] 결국 길고 격렬한 파업이 이어졌다. 그러나 타이슨푸드 사가 대체 인력을 끌어들이자, 노동자들은 마침내 파업 이전에 제시된 조건과 거의 비슷한 조건을 받아들이고 말았다.

닭들을 돌볼 책임을 맡고 있는 납품업자들, 이 업계에서 '사육자'라고 부르는 사람들은 노동자들보다는 자유로워 보인다. 하지만 일단 타이슨푸드와 납품 계약을 맺고 나면, 타이슨푸드가 정한 기준을 따르는 수밖에 없다. 사육자들은 자신들의 돈으로 닭장과 장비를 마련해야 하며, 종종 그 때문에 많은 빚을 진다. 그러면 갚을 돈을 마련하기 위해 타이슨푸드와 같은 기업과 계속 계약을 갱신하지 않을 수 없다. 계약 갱신을 하지 못하면, 그들의 닭장에는 더 이상 병아리가 들어오지 않을 것이다. 그리고 닭장이란 닭을 키우는 용도 외에는 쓸모가 없으므로, 계약 갱신에 실패한 사육업자들은 투자 자금만 잃을 뿐만 아니라 땅마저 잃게 된다. 보통 한 기업은 25마일 반경의 구역에서 영업을 하며, 같은 지역에 두 개의 기업이 있다고 하더라도 한 기업은 다른 기업과 계약했던 사육업자와는 거래하지 않는 것이 불문율이다. 따라서 어떤 사육업자가 타이슨푸드가 제시하는 계약 조건이 마음에 들지 않더라도, 달리 어찌할 방법이 없는 것이다. 그들의 독립성은 사라지고, 사육업자들은 그들 중 한 사람의 표현대로 "기업의 머슴과 같이 일하며, 기업의 배만 불려준다."[42]

  기업들은 낮은 임금을 주는 이유를 종종 이렇게 변명한다. 사람들이 그 임금에 만족하지 않았다면, 계약에 응하지 않았을 것이라고. 가끔 도살장의 일꾼들은 다른 데서 일자리를 구하면 되고, 사육업자들은 자기들끼리 닭을 길러서 팔면 될 것 아니냐, 아니 애초에 양계업을 하지 않았으면 되지 않았느냐고. 그것이 자유 시장의 법이고, 소비자들은 자신들 덕분에 싼 가격에 닭을 살 수 있는 것이라고. 그러나 기술 숙련도가 낮은 많은 사육업자가 일을 얻을 수 있는 범위는 크지 않다. 그리고 어떤 경우에든, 그런 변명은 닭을 잔인하게 다루는 데는 통하지 않는다. 일꾼들과는 달리, 닭들에게는 선택권이 없기 때문이다. 결국 선택권은 소비자에게 주어져 있다. 소비자들이 기업이 그 노동자들과 납품업자들을 다루는 방식, 또 환경과 가축들에게 미치는 영향이 마음에 들지 않는다면, 그들은 그 기업에게 갈 돈을 다른 곳에

줄 수 있다.

그 무엇보다 큰 비용?

2005년, 공장식 농업으로 생산되는 싼 닭고기가 가장 급진적인 동물권리 옹호자들조차도 상상을 못 했던 엄청난 비용을 초래할 수도 있다는 가능성이 드러나기 시작했다. 과학자들이 조류 인플루엔자 전염병(대체로 조류독감이라고 알려진)이 인간에게 퍼질 가능성, 그리고 수천만, 혹은 수억의 생명을 앗아갈 가능성에 대해 대비하라고 각국의 지도자들에게 경고하기 시작했던 것이다. 공장식 농업의 지지자들은 조류독감의 위협이 밖에서 기르는 닭에만 해당되는 경우라면서, 그런 닭들은 철새로부터 바이러스를 옮기 때문이라고 주장해왔다.[43] 그러나 이제 진짜 위험은 집약적 닭고기 생산법에 있음이 과학자들에 의해 드러난 것이다.

   2005년 10월, 유엔 특별조사단은 조류독감 유행의 근본 원인 중 하나가 '다수의 동물들을 좁은 지역에 몰아넣고 기르는 축산 방법'에 있음을 밝혀냈다.[44] 다른 전문가들도 이 점에 동의했는데, 그중 한 사람인 오타와 대학교의 바이러스 학자 얼 브라운(Earl Brown)은 캐나다에서 조류독감이 유행한 직후 이렇게 말했다. "……고밀도로 닭을 기르는 방식은 조류독감 바이러스가 폭발적으로 발생하기 위한 이상적인 조건이다."[45] 비록 야생 조류에서 놓아기르는 닭들로 바이러스가 퍼졌을 가능성을 배제할 수는 없으나, 브라운 박사의 지적처럼, 야생 조류가 가지고 있는 바이러스는 대부분 별로 위험하지 않다. 하지만 그런 바이러스가 집약적 가금 운영 체제와 접촉했을 경우에는 그보다 악성인 바이러스로 변이될 수 있다. 더욱이 전통적인 방식대로 길러지는 닭들은 스트레스가 심하고 유전적으로 동질적인 닭들이 좁은 공간에 갇힌 채로 살아가는 시스템의 닭들보다 저항력이 훨씬 높다. 그리고 어떤 경우에라도, 놓아기르는 닭들이 전혀 없다고 해도, 공장식 농장은 생물학적으로 안전지대가 아니다. 병균을 전염시킬 쥐, 들쥐, 작은 새들 따위는 얼마든지 있다.

이 책을 쓰는 시점에서, H5N1로 알려진 조류독감 인플루엔자로 사망한 사람의 수는 상대적으로 적다. 그리고 그들은 모두 감염된 닭들과 접촉했던 것으로 보인다. 그러나 그 바이러스가 사람에서 사람으로 옮겨질 수 있는 형태로 변이하는 날에는(전문가들은 그런 가능성을 주장한다), 사망자의 수는 1918년 스페인 독감의 유행 당시 나온 2억 명이라는 숫자를 넘어설 수도 있다. 정부는 당연히 이런 위협에 대비하고 나섰다. 2005년, 미 상원은 조류독감 유행 가능성에 대비하여 백신과 여타 약품을 확보해두는 일에 80억 달러를 지출하기로 동의했다. 다른 나라의 정부들은 그런 일이나 또 다른 대응책에 이미 수천만 달러를 지출하고 있다.

그러한 정부 지출은 사실상 가금산업에 대한 보조금이라고 볼 수 있으며, 대부분의 보조금처럼, 비경제를 초래한다. 공장식 농법은 전통식 농법보다 싸게 먹힌다는 이유에서 널리 퍼진 것이다. 우리는 실제로 그것이 소비자에게 싼 상품을 제공하는 것을 보았다. 그러나 그것은 오직 그것이 그 비용의 일부를 남들에게 전가시키기 때문에 가능한 일이다. 예를 들어 공장식 농장 쪽에서 물이 흘러내리는 곳, 또는 바람이 불어오는 곳에 사는 사람들은 더 이상 깨끗한 물과 공기를 누릴 수 없다. 또한 그곳에서 일하는 노동자들은 위험한 작업장에서 부상의 위험을 안고 일한다. 이제 우리는 그것이 단지 하찮은 일이라는 사실을 알게 되었다. 공장식 농업은 더 큰 비용(그리고 위험)을 우리 모두에게 전가하고 있다. 지금 정부가 조류독감 대책을 위해 쓰는 비용에 맞먹는 액수의 세금을 닭고기 업체들의 조건 개선을 위해 징수한다면, 우리는 공장식 농업으로 만들어진 닭고기가 결코 싸지 않다는 사실을 확인할 수 있으리라.

미리 내놓는 결론

모한다스 간디는 어떤 나라의 위대함과 도덕적 발전 정도는 그 나라에서 동물을 어떻게 다루느냐에 따라 가늠된다고 말했다. 우리가 이 기준을 산업적 닭고기 생산업자들에게 적용해본다면, 전혀 바람직한 결과가 나오지 않으리라. 닭고기 생산업자들은 닭 한 마리당 불과 몇 센트의 비용을 더 들임으로써 닭들을 붙잡고, 도살장으로 수송하고, 도살하는 전 과정에서 더 부드러운 방식을 취할 수 있다. 그러나 그들은 그렇게 하지 않는다.[46] 그러기는커녕, 오로지 생산 속도를 더 늘리고 비용을 더 절감하기에 여념이 없다. 이와 같은 윤리 문제에 대한 노골적 무시는 이들 업계가 환경을 대하는 태도, 그들이 닭장 인근에 사는 주민들, 그들의 일꾼들, 그리고 납품업자들을 대하는 태도에서 똑같이 나타난다. 우리는 그처럼 가축들을, 환경을, 일꾼들을 고약하게 다루는 기업의 물건을 보이콧해야 할 것이다. 제3부에서 보겠지만, 집약적 농법은 세계 식량 문제에조차 도움이 안 된다. 그것은 실제로 인류가 소비할 수 있는 식품의 총량을 줄이고 있을 뿐이다. 우리는 또한 공장식 농업이 내놓는 식품보다 더 건강에 좋고, 맛있고, 값이 싼 식품을 구하는 일이 전혀 어렵지 않다는 사실도 알게 될 것이다.

2
'동물보호 조치 보증' 달걀의 숨겨진 실상

제이크 힐러드가 컨트리크릭 골판지 상자에 담긴 채로 월마트에서 구입한 달걀에는 미국의 최대 달걀 제조업체 중 하나인 모아크 프로덕션의 상표가 붙어 있다. 또 그 달걀에는 '동물보호 조치 보증'이라는 딱지가 붙어 있다. 우리는 제이크에게 그 딱지가 그녀의 구입 결정에 뭔가 영향을 주었는지 물어보았다. "뭐, 그것을 보면 제조회사가 인도적으로 가축을 대했는지를 보는 어떤 기준에 합격했음을 알 수 있잖아요. 말하자면 어떤 회사는 다른 회사보다 닭들을 더 잘 대우하고, 뭐 그러겠죠. 잘은 모르겠어요."

동물보호 조치 보증 딱지에 대해 제이크가 잘 모르고 있다는 점은 놀랄 일이 아니다. 대부분의 미국 사람이 자신들이 먹는 달걀이 어떻게 만들어지는지 잘 모르고 있다. 그들은 미국 달걀 제조업체들이 보통 암탉들을 철사로 된 우리에 가둬두며, 여덟 마리 내지 아홉 마리의 닭을 우리에 우겨넣기 때문에 닭들은 날개 두 쪽은 고사하고 한쪽도 펼 공간이 없다는 사실을 모른다. 실제로 닭 한 마리당 배정된 공간은 브로일러 닭보다 작은 48평방인치 내지 72평방인치(약 0.3평방미터 내지 0.4평방미터-옮긴이)다. 이는 미국에서 쓰이는 표준 복사 용지보다 더 작은 크기다. 그처럼 좁은 공간에 몰려 있는 상태에서는, 스트레스를 못 이긴 닭들은 서로를 쪼아대게 마련이다. 그리고 날카로운 닭 부리는 도망칠 수 없는 약한 닭들을 계속 공격할 경우 치명적인 무기가 될 수 있다. 업체에서는 이를 방지하려고 정기적으로 닭 부리 끝을 불에 달군 칼로 잘라버리고 있다. 마취제는 쓰지 않고서.[1)]

철사 우리 자체를 보면, 긴 시렁의 형태를 가지고 있으며, 때로는 3~4층으로 이어져 있다. 그 경우 한 층마다 수만 마리의 닭이 갇혀서 모이와 물을 먹으며, 달걀을 낳으면 기계로 수집된다. 인공조명은 가장 해가 긴 여름철을 흉내 내는 데 쓰이며, 암탉들이 1년 내내 가장 많은 달걀을 낳도록 한다. 이런 식으로 1년만 지나면 닭들은 지쳐버리며, 낳는 달걀 수가 적어지기 시작한다. 그러면 대부분의 미국 달걀 제조업자들은 닭들에게 주는 모이를 줄이고, 길게는 2주일 동안이나 모이를 주지 않는다. 그러면 그 닭들은 털갈이를 하게 되는데, 그것은 털이 차차 빠지면서 알을 낳지 않게 된다는 뜻이다. 일부는 이 기간 중 죽어버리며, 나머지는 체중이 30퍼센트 정도 줄어든 채로 살아남는다. 그러면 다시 모이가 주어진다. 그리고 몇 달 동안 다시 알을 낳다가, 마침내 도살된다.

동물보호론자들이 이러한 상태를 폭로한 것은 이미 1970년대부터였으나, 아주 최근까지 미국 언론은 이를 외면해왔다. 이제는 상황이 나아졌는데, 대체로 '죽이기 전에 동정을(Compassion Over Killing, COK)'이라는 단체를 운영하던 젊은 동물권리 운동가인 폴 샤피로(Paul Shapiro)와 박미연의 덕분이다. 폴은 14세가 되던 때부터 공장식 농장에 대해 알았으며, 고등학교에서 학내 서클의 형태로 COK를 시작했다. 이 서클은 고교 서클의 범위를 넘어 커졌고, 여러 자원봉사자를 끌어들였다. 그 중에 박미연도 있었으며, 그녀는 1년 뒤에 모임의 회장이 되었다. 이 두 사람은 모피 반대 운동, 연좌 농성, 그리고 여러 차례의 가두시위를 주도했다.

그들이 살고 있는 반경 100마일 안에 수백만 마리의 닭이 닭장에 갇혀 고통을 받고 있다는 사실, 그런데 그 닭들이 낳은 달걀을 사 먹는 사람은 그 사실을 모른다는 점을 견딜 수 없었던 샤피로와 박미연은 다른 전술을 썼다. 2001년, 그들은 낮이면 메릴랜드의 시골에 있는 공장식 달걀 농장 주변을 차로 돌다가, 밤이면 비디오카메라를 들고 그곳에 잠입하는 일을 시작했다. 그들은 비디오에 닭장 속에서 썩어가는 죽은 닭들, 철망에 목과 다리가 찢긴 닭들, 우리 아래쪽의 오물 구덩이에 빠진 닭들을 담았다.[2] 그들은 또 COK 회원들이 아프거나 다친 닭들을 조심스레 들고 수의사의 진료를 받게 데려가는 모습도 찍었다. 이는 대단한 효과를 내었으며, 덕분에 박미연과 샤피로는 《워싱턴 포스트》의 주목을 받게 되었다. 그 신문의 주목을 시작으로, COK의 '암탉 일병 구하기' 작전은 《뉴욕 타임스》와 여타 전국 언론들에서도 앞 다투어 다루게 된다.

이런 매스컴의 세례를 받는 가운데, 무단침입과 닭 절도로 고소당한 COK 회원들은 한 명도 없었다. 아마도 달걀 제조사들은 그 비디오가 정말로 자기네 닭장에서 촬영되었음을 부각시키고 싶지 않았으리라. 이러한 동물복지 활동에는 뭔가 특별한 것이 있었고, 언론의 공감을 얻어냈다. 샤피로는 그 이유를 이렇게 설명한다. "우리는 그처럼 지독한 잔혹 행위를 보고는 절대로 점잖게만 행동할 수 없는 보통 사람들입니다. 우리는 남의 재산을 침해한 게 아닙니다. 우리가 누군지 숨기지도 않았습니다. 우리는 단지 거기 있었고, 아프거나 다친 동물을 돕는 우리 모습을 찍었을 뿐입니다."

샤피로와 박미연이 이 문제를 이슈화한 후, 기자들은 어려움 없이 달걀 공장의 내부 상태를 확인해줄 믿을 만한 전문가를 구할 수 있었다. 맥도날드는 '탁월한 동물 행동 전문가' 템플 그랜딘(Temple Grandin) 박사를 초빙해 동물복지 문제에 대한 조언을 들었다.[3] 그녀는 특유의 건조한 말투로 달걀 제조업에 대해 이처럼 설명했다.

제가 대형 달걀 수집 공정을 견학했을 때, 저는 생산 가능 기간이 거의 끝난 암탉들을 보았고, 공포에 질렸습니다. 달걀 생산 공정은 최대한의 달걀을 생산하기 위한 것이며, 가장 효율적인 모이 지급법은 모이를 끊은 닭들을 신경 붕괴 상태에 이르게 했습니다. 그 닭들은 모이를 달라고 울짱에 대고 하도 몸부림친 나머지, 몸의 깃털이 반은 빠져 있더군요……. 달걀 생산업을 알면 알수록 저는 욕지기가 치밀었습니다. 이 업계에서 '보통'이라고 하는 행위 몇 가지는 노골적인 잔혹 행위 외의 아무것도 아니었습니다. 악행이 보통으로 통하고 있었죠. 달걀 생산업자들은 남의 고통에 무감각해져버렸습니다.[4]

이 나라의 달걀 생산업을 대부분 대표하고 있는 달걀생산연합(United Egg Producers, UEP)은 달걀 생산업계가 직면한 나쁜 평판을 우려하게 되었다. 그 소속 전문가들은 유럽연합 전체가(총 25개국으로, 합치면 미국보다 사람이든 암탉이든 더 많은) 철망 우리를 폐지하려 하고 있음도 알고 있었다. 유럽에서는 그 대신 모든 닭에게 앉을 횃대를 주고, 긁을 깔짚을 주며, 알을 낳을 둥지를 주려고 했으며, 뿐만 아니라 미국 암탉의 두 배나 되는 공간을 허용할 참이었다. 강제로 털갈이를 시키는 굶기기 수법의 경우는 유럽연합에서 불법화된 지 이미 오래였다. 그러나 UEP는 그 회원사들에게 유럽의 예를 따를 것을 권하지 않았다. 그 대신 아주 작은 변화만 주고, 대부분은 무시해버리도록 했다. 새로운 비강제적 가이드라인을 따르는 달걀 제조업자들은 달걀 상자에 '동물보호 조치 보증'이라는 뚜렷한 마크를 넣게 될 것이었다.

그러나 새로운 가이드라인은 기존 상황을 아주 약간만 개선하는 것이다. 이에 따르면 암탉 한 마리에게 67평방인치를 부여하는데, 2008년까지 그렇게 조치하도록 했다. 캘리포니아 대학교 데이비스 캠퍼스의 동물학 교수인 조이 멘치(Joy Mench) 박사는 UEP의 자문위원이기도 한데, 80평방인치라고 해도 "닭들에게는 너무 좁다. 몸을 돌리기도 어려우며, 보통의 행동을 하기에는 거의 불가능하다"고 공개적으로 밝혔다.5) UEP의 프로그램은 제조업자들이 계속해서 불에 달군 칼로 닭 부리를 잘라내는 일도(진통제 없이) 계속 허용했다.6) 닭의 부리는 땅을 쪼면서 식물의 씨앗이나 벌레를 잡아먹기 위한 중요한 기관이며, 그 끝에는 신경이 몰려 있다. 온타리오의 겔프 대학교 축산학과에서 동물복지 과목을 담당하는 아이언 던컨(Ian Duncan) 교수는 수십 년간 닭의 복지에 대해 연구해왔다. 그에 따르면 "부리 끝을 잘라버리면 오랫동안 심한 고통에 시달리게 됩니다."7) 내셔널 퍼블릭 라디오에서 그 과정에 대한 의견을 묻자, UEP의 고문을 맡고 있는 조이 멘치 교수는 닭의 부리는 닭이 사물을 찾고, 건드리고, 느끼는 주요 수단이라고 말했다. "그러면 그 부리를 잘라내는 것은 암탉에게는 엄청난 일이겠군요?" 인터뷰 담당자의 말에, 멘치는 이렇게 대답했다. "확실히 엄청난 일이죠."8)

제이크가 달걀을 사던 때, UEP의 '동물보호 조치 보증' 가이드라인은 털갈이를 위한 굶기기 수법도 용인하고 있었다. 그것이 닭에게 고통스러운 조치임을 증명하고자 전문가의 입을 빌릴 필요는 없다. 내셔널 퍼블릭 라디오와의 인터뷰에서, 멘치는 과학적 술어를 아예 팽개치고 직설적으로 말했다. "그 닭은 굶주립니다. 그렇습니다. 그 닭은 굶주립니다. 먹이를 얻지 못해 굶주리는 동물, 나는 그 꼴을 차마 볼 수 없어요."

마지막으로, 우리는 암탉이 낳는 달걀은 암평아리와 같은 수만큼 수평아리로도 부화된다는 사실을 잊지 말아야 한다. 그런데 수탉은 알을 낳지 못하므로, 부화업자는 수평아리를 원하지 않는다. 브로일러 업계에서도 수평아리는 필요 없어 한다. 그 병아리들은 급속도로 체중이 늘도록 개량된 종자가 아니기 때문이다. 템플 그랜딘은 그러면 대체 수평아리는 어떻게 되는지 조사해보고, 많은 업체에서 통용되는 방식을 알았다. "쓰레기통에 던져버리죠. 나는 처음에는 믿을 수가 없었어요. '뭐라고, 뭘 어떻게 한다고?' 살아 있는 송아지를 쓰레기통에 버리는 사람은 없죠. 이 인간들은 병아리가 살아 있는 동물이라는 사실을 잊고 있어요."[9)] UEP 가이드라인에는 달걀 제조업체가 이런 방식으로 수평아리를 처리하는 부화업체와는 거래하지 말라는 지침을 담겨 있지 않다.

대체 뭘 '보증' 한다고?

2002년, UEP가 일련의 동물복지 조치를 취하겠다고 발표했을 때, 폴 샤피로와 박미연은 희망에 부풀었다. "우리가 순진했던 거죠. 그들이 자발적으로 개혁을 하는구나 싶었어요. 그리고 가이드라인이라는 것을 읽어보았더니, 철창 우리, 부리 잘라내기, 굶주림으로 인한 강제 털갈이 따위를 고스란히 허용하고 있는 게 아니겠어요." 샤피로의 말이다. 이제 샤피로와 박미연은 전에 없이 분노하고 있다. "이것은 단지 동물학대 문제가 아닙니다. 소비자 기만입니다." 그래서 그들은 1년 정도쯤 전에 자기들이 닭들을 구해냈던 농장으로 돌아가보기로 했다. "우리는 당시의 환경이 달라졌는지 궁금했죠. 이제 그들은 '동물보호 조치 보증'을 내걸고 있더군요. 그래서 '좋아, 그럼 뭐가 얼마나 바뀌었나 보자구' 했죠. 전과 하나도 바뀐 게 없더군요. 2001년이나 2003년에나 완전히 똑같은 사진을 찍게 되었어요."

2003년 6월, COK는 UEP의 '동물보호 조치 보증' 마크를 사기 광고로 회사개선협회(Better Business Bureau)에 고발했다. UEP와 COK가 제출한 서류를 검토한 후, 회사개선협회는 '동물보호 조치 보증' 마크가 진실을 오도하고 있으며 중단되어야 한다고 판정했다. 달걀업계에서는 이에 이의신청을 제기했으나, 심사위원회의 판정은 그대로였다. 하지만 몇 달 뒤에도 UEP의 '동물보호 조치 보증' 프로그램은 바뀐 것이 없었다. 2004년 8월, 회사개선협회는 UEP가 판정에 불복하고 있다고 판단하고 이 문제를 연방정부 공정거래위원회에 제소하여 의법 조치를 취하도록 했다.

달걀업계에 대한 압력이 늘어나고 있었다. 2005년 5월, UEP는 달걀 제조업자들에게 닭을 굶기지 않는 털갈이 유도법으로 바꿀 것을 권고했다. 그리고 이 권고는 2006년 1월부로 새로 개정된 동물보호 조치 보증 요건에 포함되었다. 이제 UEP는 닭에게 모이를 아예 주지 않는 대신 단백질 함유량이 적은 모이를 주도록 규정하게 되었다.[10] 그리고 2005년 9월에는 공정거래위원회로부터 그 이상의 조치를 취할 것을 '권고' 받은 결과, '동물보호 조치 보증'이라는 마크를 없앴다. 그리고 대신에 '달걀생산연합 보증: UEP의 축산 지침에 부합하는 조건에서 제조했음'이라는 마크를 도입했다.[11] 이는 한층 더 정확한 문구라고 할 수 있다. 하지만 많은 소비자는 아직도 그것을 동물복지 수준이 양호하다는 보증으로 받아들이고 있다. 진실은 그것과 거리가 한참 먼데도 말이다.

3
고기와 우유 생산 공장

미국인은 평균 200파운드의 육고기, 새고기, 물고기를 먹는다. 그것은 1970년 당시에 비해 23파운드 늘어난 것인데, 1970년 당시 미국인에게는 그런 고기를 하루라도 충분히 먹지 않기란 힘들었을 것이다. 지난 35년간 소고기 소비량은 줄어들었으나, 닭고기 소비량이 거의 두 배나 늘어 가장 많이 소비하는 고기가 되면서 전체 고기 소비량은 증가했다. 돼지고기는 닭고기, 소고기에 이어 세 번째로 많이 소비되는데, 한 사람당 평균 51파운드 정도이다. 미국인이 먹는 돼지고기의 60퍼센트 이상이 베이컨, 햄, 런치미트, 핫도그, 소시지 같은 가공육이다.[1]

제이크가 구입한 오스카메이어 베이컨도 이 범주에 들어간다. 우리는 그 제조 과정을 거슬러올라 돼지 사육장을 방문하고 싶었으나, 불가능했다. 오스카메이어는 지금 북미 최대의 식품음료업체인 크래프트푸즈에 인수 합병되었다. 이 회사는 세계 규모로도 제2위이다(네슬레 다음이다).[2] 수없이 전화를 하며 거의 영원히 계속될 듯한 타 부서 연결, 연결을 반복한 끝에, 우리는 고객 서비스부의 레니 재허리(Renee Zahery)와 대화할 수 있었다. 그는 우리에게 "우리의 상품 획득 및 가공 과정에 대한 정보는 근본적으로 우리의 자산의 일부로 간주됩니다." 이렇게 말한 뒤 그와 관련된 정보를 '탁월한 소스', 즉 미국육류협회(American Meat Institute, AMI) 부회장인 재닛 라일리(Janet Riley)로부터 얻어보라고 충고해주었다.[3]

우리가 라일리에게 이야기해보니, 그녀는 오스카메이어가 타이슨 푸드, 스미스필드나 그 밖에 좀 덜 알려진 업체들의 공급업체(하나의 위계질서 아래 편성된 돼지고기 제조업체들)와 거래하고 있을 것이라고 말할 뿐이었다. 그래서 우리는 오스카메이어에 돼지고기를 공급하는 농장을 구체적으로는 하나도 모르기는 해도, 그 베이컨은 아마도 오늘날의 집약적 돼지고기 제조업체들의 산물일 것이라고 짐작해도 틀림없을 것이라고 보았다. 그러면 그런 업체들은 어떤 회사들인가?

돼지에 관한 진실

앞서 1975년에 피터가 미국의 공장식 농업에 대해 책을 쓰던 때는, 66만 개 돼지 사육장에서 매년 6,900만 마리 이하의 돼지를 길러내고 있었다.[4] 그리고 30년 사이에, 그 돼지 농장의 거의 90퍼센트가 사라졌다. 그래서 2004년의 통계로는 6만 9,000개소밖에 남지 않았다. 하지만 이 농장들은 매년 1억 300만 마리의 돼지를 길러낸다.[5] 전국적으로 가족끼리 경영하던 농장들이 스미스필드, 콘아그라, 콘티그룹, 시보드 등의 농장들로 바뀌었다. 오늘날에는 공장식 농장에서 더욱 많은 돼지들이 만들어진다.

대규모 돼지 생산업체들은 집약적 닭고기 생산업체들보다도 더 심각한 환경 문제를 일으킨다. 성장한 돼지 한 마리는 사람보다 네 배쯤 더 많은 배설물을 내놓는다. 그러므로 5만 마리나 되는 돼지를 한곳에 몰아넣고 기르는 축사에서는 매일 50만 파운드(약 227톤-옮긴이)에 달하는 돼지 똥오줌이 쏟아져 나온다. 그것은 중간 규모의 도시 하나에서 배출되는 오물과 맞먹는다. 하지만 인분의 경우는 환경으로 배출되기 전에 정밀한 정화 과정을 거치지만, 공장식 농장의 오물은 전혀 그렇지 않다는 점을 잊지 말자.

노스캐롤라이나 주의 1995년 여름은 평소보다 비가 많았다. 그때까지 15년 동안, 이 주에서는 돼지 사육업이 붐을 이루어, 노스캐롤라이나 주는 미국 제2의 돼지고기 생산 주(州)로 올라섰다. 노스캐롤라이나 주의 돼지들은 매년 1,900만 톤의 오물을 배출했는데, 그것을 환산해보면 노스캐롤라이나 주민 한 사람당 2.5톤의 돼지 똥오줌 부담이 있는 셈이었다.[6] 그리고 비가 많았던 1995년의 여름, 강물 등에 흘러든 오물은 노스캐롤라이나 주의 물고기 1,000만 마리를 죽이고 말았다. 가장 극적인 예로는 넓이가 8에이커나 되는 오물의 연못(이 업계에서는 이런 것을 '산호초'라고 부른다. 그러나 산호섬을 둘러싼 푸른 바다는커녕, 끝없이 펼쳐진 냄새 고약한 똥바다일 뿐이다)이 넘치면서, 2,500만 갤런의 돼지 똥오줌이 뉴리버 강으로 흘러들어 수천 마리의 물고기가 떼죽음을 당하고, 하류 몇 마일에 걸쳐 강물이 오염되어버린 사태를 들 수 있다. 노스캐롤라이나 주는 이에 규제를 강화했으나, 그 뒤로도 폐수 방류 사건은 주 전체에서 때마다 일어나곤 한다. 다량의 방류가 일어나지 않아도, 오물 연못에서 스며나온 폐수가 시냇물로 흘러들고, 그 물이 인근 농가에 살포되는 경우가 종종 있다.[7]

인근 주민들에게, 돼지 사육 공장식 농장들이 주는 피해는 우리가 앞서 묘사한 닭 농장들보다 더하면 더했지 덜하지 않다. 네브래스카 퍼블릭 라디오 네트워크의 캐롤라인 존슨(Carolyn Johnsen) 기자는 이 주에서 계속 늘고 있는 대규모 돼지 사육장 문제를 취재했다. 그녀가 방문한 공청회장은 격론이 오가고 있었는데, 새 업체들이 가져올 경제적 기회를 보자는 쪽과 공기와 물 오염에 분노하는 한편 가족 경영 농장들의 미래를 염려하는 쪽 사이에 오가는 격론이었다. 그녀는 네브래스카 주 임페리얼 남부에 살고 있는 재니 멀리넥스(Janie Mullinex) 같은 사람과 인터뷰를 해보았다. 멀리넥스가 사는 집 1마일

정도에는 4만 8,000마리의 돼지가 24개의 대형 축사에 수용되어 있었다. 그 농장의 주인은 축사를 짓기 전에 신기술을 사용했기 때문에 악취가 풍기지 않을 것이라고 말했다고 한다. 그러나 멀리넥스에 따르면 전혀 아니었다. "집 안으로 막 들어와요. 창문을 닫아도 소용없죠. 남부의 강한 바람을 타고 밀려드는 거죠. 덕분에 우리 일곱 살짜리 애는 설사증에 걸렸어요. 하루 종일 집 안에 있다 보면 나도 견디기 힘들죠. 나는 토하지는 않지만, 욕지기가 치미는데다 두통이 장난이 아니에요." 멀리넥스의 가족은 태풍 대비용 창문으로 바꾸고, 외벽을 새로 구축하여 집을 둘러쌌다. 그래도 악취가 스며드는 것은 막을 수가 없다고 한다.

존슨은 메이블 버나드(Mabel Bernard)와도 인터뷰했다. 그녀는 네브래스카 주의 엔더스 부근에 있는 집에서 1926년부터 살며 자녀를 키워왔다. 자기 집에 대해 그녀가 가지고 있던 자부심은 1마일쯤 북쪽에 3만 6,000마리의 돼지를 키우는 축사가 생기면서 엉망이 되어버렸다. 그쪽에서 바람이 불어올 때면, 악취 때문에 밤에도 잠을 잘 수가 없고, 눈이 타는 듯하고 머리가 깨질 것처럼 되고 만다.[8] 네브래스카 주의 돼지 사육업자 한 사람은 돼지 농장을 바라지 않는 사람들에게 은연중 도움을 주기는 했다. 자신의 집이 돼지 농장 가까이에 있다는 이유를 들어 재산세를 30퍼센트 깎는 데 성공했던 것이다. 그것은 바로 자신의 농장이었는데.[9]

하지만 대규모 돼지 농장은 단지 혐오 시설에 그치지 않는다. 공중보건의 위협요인이 되고 있다는 것이 미국 최대의 공중보건 전문가 집단인 미국 공중보건협회(American Public Health Association, APHA)의 주장이다. 2003년, 농장 동물들의 배설물과 항생제 사용으로 수많은 질병이 발생함을 들어, APHA는 정부가 신규 공장식 농장 건설을 유예하도록 조치를 취할 것을 건의했다.[10]

돼지의 슬픈 일생

돼지는 정이 많고 호기심도 많은 동물이다. 〈베이브(Babe)〉라는 영화의 주인공 돼지가 개처럼 양떼를 돌보는 모습은 엄연히 과학적으로 타당하며, 전혀 허구가 아니다. 사실, 스탠리 커티스(Stanley Curtis) 교수는 자신이 조사한 돼지들에게 양치기 개의 일 정도는 '식은 죽 먹기'일 것이라고 말한다. 커티스는 일리노이 대학교에서 오랫동안 동물학을 가르쳐온 과학자로서 자신의 일에 매우 엄격하며, 2001년에는 전국돼지고기생산협회로부터 특별공로상을 받았다. 그는 돼지들이 사육업자에게 자기들이 무엇을 더 좋아하는지 알리게 한다는 구상을 했다. 그리고 그 구상을 실현하고자 돼지들을 훈련시켰는데, 조이스틱을 쓰는 전자오락이 훈련 과정이었다. 돼지들은 금방 배웠고, 커티스는 "우리가 생각하던 것보다 이 돼지들의 사고력과 관찰력은 훨씬 뛰어나다는 사실"을 발견했다.[11] 하지만 사실 돼지 사육의 문제점은 돼지들이 자신들이 무엇을 좋아하는지 말하도록 하는 데 있는 게 아니고, 돼지들이 좋아하는 것을 사육사가 주게끔 하는 데 있다.

만약 개를 일생 동안 좁아터진 우리, 워낙 좁아서 몸을 돌리거나 한두 발짝 앞뒤로 걸을 수도 없는 우리에 가둬둔다면 잔인한 일이며, 불법이기도 하다. 그러나 돼지는? 미국에서 돼지가 어떻게 다루어지고 있는지에 대해 놀랍고도 중요한 사실 두 가지가 여기 있다.

> 1. 농장에서 사육되는 가축의 복지를 규정한 연방 법률은 없다. 문자 그대로 하나도 없는 것이다. 미국 연방법은 오직 동물이 도살장으로 옮겨지는 과정과 도살 과정에만 관심이 있다(그리고 심지어 그 경우에도, 닭이나 다른 가금류의 도살에 대한 법조문은 없다. 미국에서 행해지는 동물 도살의 95퍼센트가 가금류를 대상으로 하는데도). 이는 농장 동물의 복지를 방해하는 어떤 헌법

> 적 근거 따위가 있어서가 아니다. 단지 의회가 그런 법률을 만들 생각을 하지 않았기 때문이다.
>
> 2. 대규모 축산 시설이 있는 대부분의 주 법률은 잔혹행위금지법에서 '통상의 축산 영농 행위'에 대해서는 예외라고 규정한다. 따라서 대부분의 축산업자가 자행하는 잔혹 행위는 합법이다. 그러므로 누구도 그들의 행위를 고발할 수 없다.

이 두 가지 사실을 하나로 보면, 변호사인 데이비드 울프슨(David Wolfson)의 말대로, "농장 동물은 문자 그대로 법의 보호를 받지 못하며, 그들에게 행해지는 어떤 통상의 축산 영농 행위도, 제아무리 잔혹하더라도, 합법적이라는 뜻이다."[12]

오늘날 식육용으로 길러지는 돼지의 90퍼센트 이상이 콘크리트와 강철로 지은 좁아터진 축사 속에 갇혀 지낸다. 일생에 한 번도 바깥나들이를 못하며, 풀밭을 발로 밟아보지 못한다.[13] 심지어 밀짚더미 위에서 잘 수조차 없다. 가장 철저하게 갇혀 지내는 돼지는 번식용 암퇘지다. 공장식 농장의 엄격한 생산 일정상, 이 돼지들은 최대한 빨리 새끼를 낳고 또 낳아야 한다. 즉 살면서 대부분을 새끼를 밴 상태로 보내야 한다. 16주일 정도 지속되는 임신 기간에, 대부분의 암퇘지들(미국의 경우)은 '임신용 우리(gestation crate)'에 갇혀 지낸다. 그것은 철창으로 지은 상자형 또는 반원형 우리로, 돼지의 몸보다 기껏 1피트나 클까 말까이다. 그래서 그 속에 갇힌 암퇘지는 몸을 돌릴 수도 없다. 미국의 10대 양돈업체에서 사육하는 180만 마리의 번식용 암퇘지들 중 90퍼센트는 이런 식으로 사육된다. 그리고 업계 전체로 보면, 80퍼센트 정도이다.[14]

이런 조건에서, 사료를 먹는 아주 짧은 순간을 빼면, 이 감수성 있고, 지적이고, 사회성이 아주 높은 동물은 하루 종일 아무것도 하지 않고 시간을 보낸다. 주위를 돌아다닐 수도, 다른 암퇘지와 마주할 수도 없다. 오직 서 있기, 아니면 콘크리트 맨바닥에 드러눕기뿐이다. 그리고 새끼를 낳을 때가 되면, 이번에는 '출산용 우리(farrowing crate)'에 갇힌다〔'출산'에 giving birth 대신 farrowing을, '먹기'에 eating 대신 feeding을, '임신'에 being pregnant 대신 gestating을 사용하는 것은 우리가 우리 인간과 다른 동물 사이에 그어놓은 금의 일부일까?(영어에 있는 인간과 동물 사이의 차별적 표현을 꼬집고 있다. 우리말은 여기서 든 예의 경우 특별히 구분이 없지만, '머리'와 '대가리', '성교'와 '교미' 등 차별적 표현이 없지는 않다-옮긴이)〕. 출산용 우리는 돼지가 한 자세만을 계속 유지하도록 만든다. 젖꼭지가 항상 새끼돼지들에게 노출되도록 하는 것이다. 돌아누울 수가 없는데, 이 우리를 만든 지지자들은 암퇘지가 돌아눕다가 새끼들을 깔아 죽이기 때문이라고 했다.

유럽에서는 암퇘지를 좁은 공간에 가두어두는 것에 대해 우려가 높기 때문에, 유럽연합은 수의과학 자문위원회에 의뢰하여 임신용 우리(그곳에서는 '암퇘지 칸막이'라고 부른다)가 돼지의 복지에 어떤 영향을 주는지 알아보도록 했다. 조사 결과 암퇘지 칸막이가 복지에 '중대한 불이익'을 초래함이 밝혀졌다. 돼지는 자신이 처한 환경을 탐험하며 스스로 먹이 찾기를 좋아한다. 자연 상태에서는 깨어 있는 시간의 3분의 2를 그런 활동으로 보낸다. 하지만 칸막이에 갇혀 있는 이상 당연히 그럴 수가 없다. 처음으로 칸막이에 들어간 암퇘지는 보통 탈출하려고 하며, 쇠창살에 몸을 부딪치거나 덤빈다. 시간이 지나면 결국 포기하는데, 그 뒤로는 대개 움직임이 없어지고, 자극에 반응하지 않게 된다. 수의과학 자문위원회에 따르면, 이는 병리적 우울증을 나타낸다. 다른 돼지들은 칸막이 안에서 무의미한 행동을 반복한다. 쇠창살을 깨물거나, 허공을 깨물거나, 옆으로 고개를 흔들거나, 텅 빈 여물통에 코를 박고 빙글빙글 돌리거나……. 이 무의미한 행동들은 스트레스의 표시인데, 구식 동물원에서 옛날 방식의 무미건조한 우리에 갇힌 호랑이라든가 여타 대형 고양잇과 동물이 하릴없이 앞뒤로 왔다 갔다를 반복하는 것과 같다. 다행히도 이제는 많은 동물원이 좀 더 동물복지에 신경을 쓰며, 그런 살풍경한 우리에 동물을 수용하지 않는다. 일반 대중의 반감이 그것을 개선하게 했던 것이다. 하지만 공장식 농장의 암퇘지들은 구식 동물원의 대형 고양잇과 동물들보다 사정이 더 나쁘다. 앞뒤로 왔다 갔다 하는 일조차 불가능하니 말이다. 하지만 그들의 고충은 대중에게 알려져 있지 않다.

심리적 스트레스뿐만 아니라, 칸막이에 갇힌 돼지들은 돌아다닐 수 있는 돼지들보다 건강 상태도 좋지 않다(운동을 전혀 하지 않는 것이 과연 건강에 이로울지 생각해보면, 당연한 일이다). 칸막이 속의 돼지들은 다리를 절게 되기 쉽고, 발에 부상이 늘게 된다. 눕지 않을 때는 노상 콘크리트 바닥 위에 서서 지내기 때문이다. 또한 요도염에도 잘 걸린다.

요컨대, 수의과학 자문위원회는 이렇게 결론을 내렸다. "암퇘지들은 무리지어 사육되는 편이 더 좋으며, 그렇게 되어야 한다."[15] 이 보고서를 검토한 후, 유럽연합은 2012년 말까지 암퇘지 칸막이를 단계적으로 없애는 법률을 통과시켰다. 다만 교미 후 첫 4주일 동안은 그대로 쓰도록 했고, 한편으로 암퇘지에게 밀짚이나 그와 비슷한 물건을 주어 가지고 놀게 함으로써 스트레스를 줄이도록 하는 조건도 부가했다. 이 법률은 유럽연합의 25개 회원국 모두에 적용되는데, 이 국가들의 돼지 도살 건수는 미국의 두 배에 달하고 있다.[16] 이 새 법이 발효되기 이전에도, 이미 영국과 스웨덴은 암퇘지 칸막이를 불법화하는 조치를 취했다. 영국의 60만 마리에 달하는 암퇘지는 이제 적어도 몸을 돌리고 다른 돼지들과 접촉할 수 있게 되었다.

'웨인 브래들리', 아이오와 주의 양돈업자

앞서 말했다시피, 모든 공장식 농장 운영자들이 그들의 농장 운영 실태를 견학하고 싶다는 우리의 제의를 한사코 거절하던 가운데, 아이오와 주의 한 양돈업자만이 개방적인 태도를 보여주었다. 그의 견해로는, "축산업에 대한 동물보호론자들의 공격에 방어하기 위한 최선의 방어는 실상을 공개하는 것이다." 그는 주변 사람들에게 자신의 농장을 보여주는 것을 자신의 의무라고 생각한다고 우리에게 말했다. 몇 년 전에 그는 농장 운영에 대한 TV쇼 한 편을 보고 '돌아버렸기' 때문이다. 그의 아내는 그에게 이렇게 말했다. "이 따위 얘기, 못 들어주겠어요. 다음에 누가 여기 인터뷰에 부른다면 이렇게 말해줘요. 제대로 좀 하라고, 아니면 그냥 닥치라고." 그 이후 그는 입을 쉬지 않고 있다. 그는 우리와 여러 번 대화를 가졌는데, 전화로 몇 차례, 그리고 자신의 농장을 안내해주면서 직접 한 차례였다. 모든 게 잘 돌아갔다. 우리가 우리의 원고를 그에게 보내서 부정확한 점을 고쳐달라고 했을 때까지는. 그때 그는 갑자기 자신의 실명을 사용하지 말아달라고, 또한 자신의 농장임을 남이 알 수 있을 어떤 단서도 포함하지 말아달라고 부탁하기 시작했다. 그의 걱정인즉 "동물보호를 운운하는 인간들이 해코지를 할지 모른다"였다. 그에 따라 우리는 우리가 본 사실 그대로를 기록했으나, 그의 이름만은 가명을 썼다.

브래들리 농가와 농장 건물들은 두 지방도로의 교차점 부근에 있다. 아이오와 주의 농가가 대체로 그렇듯, 북쪽과 서쪽에 삼나무 숲을 울창하게 조성해둠으로써 겨울바람을 막고 있는 모습이다. 하얀색의 큰 집, 넓은 마당, 목초 저장고, 그리고 낡은 헛간. 그러나 이러한 구식 농법의 상징물들은 새로운 상징물들에 압도되고 만다. 진입로에 들어서면 트랙터, 트럭, 이런저런 기계장치들이 수두룩하며, 더 들어가 보면 저금속으로 지어진 돼지 축사들이 줄줄이 나타난다. '웨인 브래들리(Wayne Bradley)'는 우리를 진입로에서 맞이했다. 그는 몸집이 크고 뚱뚱하며, 50세쯤 되어 보이는 정력적이고 쾌활하며 말이 많은 남자였다. 우리는 돼지 축사 한쪽에 붙어 있는 작은 사무실로 들어가 앉았다. 처음에는 약간 긴장된 분위기였으나, 그가 자신의 가족과 농장 이야기를 꺼내기 시작하며 풀어져갔다. 그는 할아버지와 아버지의 뒤를 이어 농장을 운영하고 있었다. 브래들리 가문의 농장 사업은 1875년부터라고 했다. 그의 아들 알렉스(Alex)는 농장 일을 거드는 한편 자기 땅에서 소떼를 치고 있었다. 그의 말로는 이 농장은 가족 경영 농장이지만 동시에 기업농이기도 한데, 기업 방식으로 운영하는 편이 수입이 좋아서란다. 농장의 넓이는 2,600에이커에 달하는데, 대부분은 '대략 2마일 이내 사방에 흩어져 있는' 이웃에게서 임대한 땅이다. 브래들리 농장에는 500마리의 암퇘지가 있고, 매년 1만 마리 내지 1만 2,000마리의 돼지를 판매한다.

  그는 잡담을 하다가도 몇 가지 요점으로 곧바로 들어가는 식으로 이야기를 했다. 그는 돼지를 가두어 기르는 일이 동물 학대라는 생각에 노골적인 불만을 터뜨렸다. "영하 30도(섭씨 약 -34도-옮긴이)의 추위 속에, 우리 돼지들은 70도(섭씨 약 21도-옮긴이)가 유지되는 건물 안에서 편안하게 지냅니다. 뭐, 사실 침대까지 떡하니 있지는 않죠. 하지만 우리는 늘 청결한 상태를 유지해요. 그리고 밖에서는 눈보라가 치거나 말거나 그냥 누워서 꿀꿀거리고 있으면 된다는 말입니다. 우리가 녀석들을 개방형 축사에서 기른다고 해봐요. 종일 잠자리 마련하느라 시간 다 보낼 테고, 그러고도 녀석들의 귀와 꼬리가 얼어붙게 될 겁니다."

  웨인은 자신의 방식이 함축하는 경제적 의미를 이해해주기를 바랐다. "우리는 어느 정도까지는 전문화가 필요하죠." 그가 신경 쓰고 있는 또 하나의 중대 문제는 정부의 규제였는데, 그의 생각으로는 이 규제란 것은 근본적으로 돼먹지 못한 일이었다. 그는 자신의 농장이 "오만 가지 규제로 묶여 있고, 노상 조사를 받느라고 정신이 하나도 없다"고 주장했다. 그의 생각에 그런 조사는 불공정했다. 그는 비료와 오물을 콘크리트 배수지에 모으며, 그것은 기상 조건이 허락하는 한 야생의 분해 작용을 활용하는 것이므로. "폐기물 다루는 기술은 이제 그 어느 때보다 나아졌어요. 환경오염의 가능성도 그만큼 줄었죠. 우리는 그것을 주입 처리하니까요." 양돈업자들 대부분은 비료에다 물을 섞어서 밭에 뿌린다. 그러면 지표면에 그대로 남게 되고, 비만 오면 쉽게 냇물로 흘러든다. 웨인은 트랙터 뒤에다 달아서 쓰는 액체 비료 주입기를 가지고 있었다. 바퀴 달린 큰 탱크라고 보면 되는 그것은 땅속에 액체 비료를 주입하고, 그러면 트랙터의 원반써레가 그 위에 2인치 두께의 표토를 덮어나가게 되는 방식이었다.

웨인은 분명 중도적 입장에 서 있다고 할 수 있었다. 유기농법 또는 방목식으로 키운 돼지를 파는 사람들과, 지금 양돈업계를 주무르고 있는 대기업 사이에 끼어서. "나는 가두어서 기르기를 지지합니다. 하지만 스미스필드푸드는 지지할 수 없어요. 너무 지나치다고 생각하니까요. 그들은 원래 25만 마리의 암퇘지를 보유했는데 그러다가 50만 마리가 되었고, 이제는 70만 마리에 달합니다. 그런 것은 경제적으로 좋다고 볼 수 없어요……. 통조림 만드는 자들이 더 큰 힘을 가지고 있고, 필요 이상의 통제력을 행사하고 있지요."

베이컨 만들기

브래들리네 돼지들은 이른바 '완전 폐쇄식'으로 사육된다. 즉 누구도 바깥에 나가지 못한다. 그는 네 개의 출산실 중 한 곳을 보여주는 것으로 견학 안내를 시작했다. 이 출산실에서 그의 암퇘지들은 새끼를 낳고, 수유한다. 출산실은 1975년에 지었다는 가장 오래된 축사 건물에 있었다. 그는 이렇게 말했다. "여기 돼지들을 집어넣었을 때, 정말 행복했습니다. 돼지들은 그때부터 추위를 피할 수 있었죠." 그 방은 대략 20×40피트쯤 되는 큰 방이었다. 물론 냄새가 난다. 하지만 그때까지 몇 년 동안 우리가 다니며 맡아본 데에 비하면 훨씬 덜한 냄새였다. 가운데 세로로 난 콘크리트 복도를 사이에 두고 출산용 칸막이들이 두 줄로 늘어서 있었다. 암퇘지와 새끼돼지들이 수용되어 있는 칸막이들은 두 부분으로 이루어져 있었다. 큰 암퇘지를 가두기 위한 높이가 더 높은 철제 칸막이, 그리고 그보다 낮은, 어미젖을 먹지 않을 때 새끼돼지들이 들어가 자는 '임시 처치' 구역. 암퇘지 구역은 가로 2피트에 세로 6피트 정도로, 돼지가 들어가면 거의 꽉 차는 수준이었다. 암퇘지는 서 있거나, 몸을 굽혀 자거나 자기 새끼를 돌보거나 할 수 있었다. 하지만 몸을 돌리거나 그 밖의 행동을 할 수는 없었다. 어떤 칸막이에서는 '바닥'이 철판이었고, 다른 곳은 구멍이 큰 플라스틱 코팅 철망으로 되어 있었다. 밀짚 또는 다른 깔개용 물건은 보이지 않았다. 돼지의 배설물은 구멍으로 떨어져서 아래의 얕은 배수구로 흐르게 되어 있었다. 케이블과 스크레이퍼로 이루어진 시스템이 주기적으로 배설물을 파이프로 흘려보내며, 흘려진 배설물은 다시 건물 외부의 방수 처리 배수지로 유입된다.

　암퇘지는 약 20일간 출산용 칸막이에 들어간다. 웨인의 말로는 칸막이 덕분에 어미돼지가 자거나 젖을 먹이려고 누울 때 새끼가 깔려 죽는 일이 없다고 한다. 우리는 암퇘지 한 마리에 새끼돼지들이 강아지처럼 주렁주렁 매달려 있는 모습을 들여다보았다. 그 암퇘지는 곧바로 잠이 들었고, 우리는 그 새끼들이 정말 귀엽다는 이야기를 했다. "이 녀석들이 학대받고 있는 것 같습니까?" 그가 물었다. 아니오, 분명 아니죠. 우리는 대답했다. 하지만 우리가 들었던 무수한 신체 절단 이야기, 즉 돼지들을 계속 가둔 채 사육하느라고 그들의 꼬리를 자르고 '송곳니'를 베어내며 마취제도 없이 거세한다는 이야기는? 웨인은 그게 다 이유가 있어서라고 했다. 새끼돼지의 송곳니는 어미돼지의 젖꼭지를 잘라낼 수도 있고, 서로 싸우다가 상처를 입힐 수도 있다는 것이다. 또 '꼬리 자르기'는 돼지들이 서로의 꼬리를 물고 씹는 일을 방지한다는 것이다. 우리는 계속 그를 밀어붙였다. 서로의 꼬리를 물어뜯는 경우는 갇혀 사육되는 돼지들뿐 아닌가? 하루 종일 살풍경한 환경에서 꽉꽉 들어찬 상태로 하릴없이 보내다 보니, 지루함을 견디다 못해 벌이는 행동이 아닌가? "그건 어쩌면 동의할 수도 있을 것 같군요. 하지만 돼지를 소떼처럼 커다란 축사에서도 키워보았는데, 그 경우에도 역시 물어뜯더라고요. 그래서 꽤 오래전부터 꼬리를 자르고 있습니다." 그래서 우리는 소 축사도 보았는데, 돼지들이 거기서도 지루함을 느끼는 게 당연하다 싶었다. 하지만 그 생각은 우리 마음속에만 묻어두었다.

  웨인은 태어난 지 열흘 만에 수퇘지를 거세한다. 웨인은 소비자가 원하기 때문이라고 한다. 고환이 남아 있는 수퇘지 고기는 '웅취(雄臭)'라고 불리는 독특한 풍미가 있으며, 그것은 보통 소비자들이 싫어하는 풍미라는 것이다. 일부 외국에서처럼 수퇘지를 어린 새끼 때 도살하면 그런 문제가 없다. 하지만 미국 소비자들은 성숙한 돼지에게서만 얻을 수 있는 크게 베어낸 고깃덩이를 선호한다. 그리고 그런 고기라면 수퇘지의 웅취는 더욱 선명해질 수밖에 없다.

  왜 이런 고통스러운 조치를 마취제 없이 진행하는가? 웨인은 다시 한 번 솔직한 태도를 보였다. "그 점에 대해서는 뾰족한 답변을 찾지 못하겠군요." 우리는 비용 문제가 있느냐고 물어보았다. "뭐, 비용도 있겠죠. 그렇게 하면 당연히 돈이 더 들겠죠. 모르겠습니다. 떡하니 앉아서 '까짓것, 돼지 한 마리에 1달러만 쓰면 되는데 뭘.' 이렇게는 말 못하겠어요. 왜냐하면 돼지 한 마리당 1달러라면 도저히 그냥 넘어갈 수 없는 비용이니까요. 1니켈(5센트), 1페니, 그쯤 된다면 우리가 못할 이유도 없죠. 하지만 그 비용이 과연 부담이 되지 않을지, 그건 말씀 못 드리겠습니다." 우리는 어디선가 이를 위해 자체적으로 개발한 마취제를 쓰고 있다는 말을 못 들어보았는지 물어보았다. "금시초문인데요. 한번 알아봐야겠군요." 그는 잠시 망설이다가 말을 이었다. "이런 말을 해도 될지 모르겠는데…… 사실 말이죠. 그 뭣이냐, 시골 사람들은 고통이라는 문제에 둔감한 편이에요. 무슨 말인가 하면, 나는 스물두 살이 될 때까지 노보카인(국소 마취제) 없이 치과에 다녔어요. 치과 의자에 앉아서 팔걸이를 꽉 쥐고, 그러면 치과의사가 이빨에 구멍을 뚫고, 그게 다였죠."

우리는 이렇게 생각했다. 우리 같으면 그러지 않았을 것이라고. 그리고 아마 돼지들도 그럴 것이라고—스스로 선택할 수만 있다면. 그때 웨인은 화제를 다시 출산용 칸막이 속의 암돼지와 그 새끼들에게로 돌렸다. "이런 방식이 들판에서 새끼를 놓아기르는 방식보다 유익한 또 한 가지는 암돼지가 새끼를 해치지나 않는지 살피기가 더 쉽다는 거죠. 문제가 생기면 곧바로 달려갈 수 있거든요. 암돼지가 성깔을 부린다 싶으면 곧바로 마취 총을 쏠 수 있죠."

웨인의 새끼돼지들은 2주일하고 조금 더 되었을 때 젖을 뗀다. 더 자연에 가까운 환경에서라면, 적어도 9주일 동안 어미젖을 먹을 것이다(그보다 더 길 때도 있다).[17] 하지만 새끼에게 젖을 먹이는 암돼지는 임신을 하지 못하며, 따라서 생산성이 감소된다. 따라서 새끼들을 어미에게서 떨어뜨려 어미는 다시 임신 구역으로 돌아가고, 새끼들은 인근 농장의 '새끼 사육' 건물에 다른 새끼들과 수용된다. 임신 구역은 임신용 우리들로 들어차 있는데, 웨인이 다음으로 안내한 곳이 거기였다. 한쪽 끝에는 털이 많은 수돼지들이 세 마리 서 있었고, 우리에는 한 마리가 들어가 있었다. 웨인은 이곳의 돼지들이 하루의 절반 정도를 임신용 우리 속에 들어가 보내며, 나머지 반은 휴식처에서 이리저리 돌아다닐 수 있다고 설명했다. 그들은 수돼지들을 계속 순환시켰는데, '과용'된 돼지의 정액이 묽어지는 것을 막기 위해서였다.

그 수퇘지들은 사납고 거칠어 보였다.

　암퇘지는 발정기가 되자마자 다시 임신하게 된다. 웨인은 '자연 교접', 즉 수퇘지가 암퇘지와 교미하는 방식과 'AI', 즉 인공수정 방식을 함께 쓰고 있었다. 좁은 칸막이 대신 집단 수용실에서 자연 교접하는 경우는 대기업 양돈업체에서는 보기 어려운 일이다. 웨인의 농장에서는 세 개의 집단수용실마다 40마리의 암퇘지가 수용되어 있었다. 각각의 수용실에는 중앙에 자동식 사료 지급기가 설치되어 있었으며, 그것은 언뜻 또 하나의 칸막이처럼 보였으나 양쪽에 드나드는 문이 있었다. 한 번에 한 마리의 암퇘지가 이용하는 구조였다. 웨인은 그 작동 방식을 이렇게 설명했다. "모든 돼지의 몸에는 전자 칩이 부착되어 있죠. 한 마리가 이 안에 들어가면, 기계가 칩을 읽고 그 놈이 오늘 사료를 먹었는지 식별합니다. 이놈들은 근수가 많이 나가도 괜찮죠. 그날의 정량을 먹을 때까지 몇 번이고 왕복하며 출입할 수 있습니다." 이 장치의 목적은 각각의 돼지가 자기 나름의 속도로 사료를 먹을 수 있도록 하는 것이라고 했다.

　우리는 임신한 암퇘지들의 방을 지나서 복도를 걸었다. 그리고 작은 창문이 있는 철제 문 앞에서 멈추었다. 웨인은 우리에게 한번 둘러보라는 몸짓을 했다. 그곳은 양돈장 직원이 수퇘지에게서 정액을 채취하는 방이었다. "수퇘지 정액을 어떻게 모으죠?" 웨인은 아무렇지도 않은 얼굴로 말했다. "철제 가짜 암퇘지를 쓰죠." 그는 우리를 몇 걸음 앞으로 인도하여 복도에 바로 붙어 있는 먼지가 많고 창문도 없는 좁은 방으로 안내했다. 7평방피트 내지 8평방피트 정도인 그 방은 고무 매트 위에 올린 낮은 철제 벤치가 하나 달랑 있을 뿐, 텅 비어 있었다. "이건 가짜 암퇘지입니다. 어떤 수퇘지들은 이 위에 올라타고 사정하죠. 다른 수퇘지들은 그러지 않고요. 그러면 진짜 암퇘지를 쓸 수밖에요. 우리 직원은 장갑 낀 손으로 보온병에 정액을 받아냅니다. 남김없이 받아야 해요. 한 번의 사정으로 스무 차례의 인공수정에 쓸 정액이 모이거든요. 여기서도 경제성이 문제가 돼요. 정액을 알뜰히 모으면 여러 수퇘지를 기르는 것보다 한 마리의 수퇘지에게서 충분한 성과를 얻을 수 있죠. 그리고 그 이상의 문제가 있습니다. 스무 마리 내지 스물다섯 마리의 수퇘지들을 쓰다 보면 우리가 통제할 수 있는 것보다 더 빨리 유전자 조합이 바뀔 수 있거든요. 진짜 좋은 놈으로 한 마리만 수퇘지를 기르고, 그놈의 정액만 받아 쓰는 게 낫죠."

다음 차례는 새끼 사육실이었다. '사육실', 일찍 젖을 뗀 새끼돼지들이 어미에게서 떨어지고 젖도 먹지 못하는 스트레스를 달랠 수 있게 특별한 음식을 먹는 곳을 이 업계에서는 그렇게 불렀다. 우리마다 10여 마리의 작은 새끼돼지가 있었다. 우리는 새끼들이 젖을 뗀 스트레스를 어떻게 표현하는지 물어보았다. "아, 실제로는 별로 그런 것 없습니다. 첫째 날은 그냥 이리저리 뒹굴죠. 그리고 여기 와 보면 노상 꿀꿀대고, 시끄럽게 굴죠. 주변에 어미가 있었던 기억 때문이죠."

우리는 트럭으로 돌아가서 웨인의 또 다른 건물로 향했다. 돼지들이 판매 체중에 달할 때까지 충분히 자라는 최종 사육동이었다. 그곳으로 가면서, 우리는 지난 여러 해 동안 목격해온 농업 방식의 변화에 대해 이야기했다. 그는 자기 주변의 농촌 사람들 중에 중산층이 없어지고 있다고 했다. 그리고 이제는, "사는 데 한 달 동안 150달러가 드는 집을 찾는 인간들이 늘고 있어요. 그들은 '메트(meth)'를 제조해요. 그리고 문제를 일으키죠. 농촌은 지금 눈 튀어나오게 바뀌고 있습니다."〔메트암페타민(마약으로 사용되는 진정성 약재-옮긴이)을 제조한다고? 아이오와 주에서? 그때만 해도 우리는 웨인이 과장을 한다고 생각했다. 그러나 조사해보니, 아이오와 주에는 미국에서 두 번째로 많은 메트 제조장이 있으며 그 사용 빈도는 네 번째임을 알게 되었다.[18] 그것 역시 가족 경영농의 붕괴에 따른 결과인 걸까? 우리는 확신할 수 없었다.〕

우리의 대화는 옥수수 가격과 보조금 문제로 넘어갔다. 웨인은 여러 해 동안 정부보조금이 주어진 결과 축산업자들은 비정상적으로 싼 사료를 얻어왔다고 말했다. "우리는 오랫동안 생산 원가보다 낮은 가격으로 사료를 구입하면서 그것을 당연하다고 여겨왔죠. 만약 제 가격 주고 사료를 사야 했다면, 이런 축산업 번창은 꿈도 못 꿨을 거예요. 싸구려 사료가 축산업을 지탱해온 거죠. 이제 어떻게 되려는지 모르겠어요."

우리는 최종 사육동에 다다랐다. 양편이 열려 있는 건물이었다. 건물 양편에 온통 쳐져 있는 플라스틱 커튼은 걷고 닫음으로써 온도 조절과 환기 기능을 해주고 있었다. "이제 문을 열어 봅시다. 안의 공기가 어떤지 직접 맛보세요." 우리는 축사 안으로 들어섰다. 온화한 봄날, 돼지들로 가득 찬 우리 위로 미풍이 불고 있었다. 확실히 완전 폐쇄식 사육이었지만, 공기는 상당히 깨끗했다. "바깥이 지금 영하 30도라고 합시다. 그러면 이 커튼을 내리고 난방 수준을 올리죠. 여기 있는 나이 먹은 돼지들은 마치 바하마에서 놀고 있듯 마음 놓고 활개 치며 지낼 수 있는 거죠."

우리는 그에게 이 돼지들한테 사용하는 약물을 물어보았다. 그것은 "종종 오해를 주곤 해요. 우리가 항생제를 남용한다고 생각하는 사람들이 많아요. 우리는 경비를 줄이자고 그것을 잔뜩 쓰거나 하지 않습니다." 그는 최종 사육동에 처음 돼지를 넣을 때 사료에 항생제 테트라사이클린을 섞는다고 했다. 그 이유는 "그곳으로 옮겨진 뒤 스트레스를 덜어주기 위해서일 뿐입니다"라고 했다. 그다음으로는 "BMD라고, 그러니까 바시트라신하고, 뭐하고, 뭐인데, 하여튼 성장촉진제를 쓰죠. 돼지들이 쑥쑥 자라게 해주는 약이고, 이게 사실 중요한 거죠." (그가 언급한 약은 바시트라신 메틸렌 다이살리실레이트라고 하는 항생제였다.) 돼지에게 설사 증세가 있거나 '기침 따위를 하거나 하면', 역시 항생제나 그 비슷한 약물을 준다. 보통 물에 섞여서 먹인다고 했다. "돼지는 식욕이 없으면 물만 마시거든요."

견학은 끝났고, 떠날 때가 되었다. 우리는 그의 트럭에 타고 웨인의 집으로 돌아가고 있었다. 그는 우리가 그곳의 실상을 분명히 밝혀주기를 바란다고 다시 한 번 강조했다. "우리가 정말 염려하는 게 뭐냐 하면, 우리가 몸 바쳐온 축산업이 무슨 범죄처럼 취급당하는 일입니다. 우리는 품질 좋은 상품을 내놓기 위해 땀 흘려 일하고 있어요. 그런 우리를 마치…… 뭐랄까, 악당 보듯 하니 말입니다. 그것은 우리 축산업계를 곡해하는 겁니다."

우리는 그가 악당이라고 생각하지 않는다. 그는 그의 아버지와 형제들이 가꿔온 농장을 번창케 하고자 땀 흘려 일했다. 그것은 그의 가족이 100년 동안 일군 농장이었으며, 그는 다른 가족농들이 파산하는 가운데 그 농장을 지킬 방법을 찾아냈던 것이다. 우리는 그가 임신한 암퇘지들을 칸막이에 가두지 않는 점이 좋았다. 그것은 아마 미국의 보통 폐쇄식 돼지 사육장에서 최소한의 바람직한 점이리라. 또한 우리는 그가 보여준 솔직함을 높이 평가하며, 우리가 접촉해본 다른 집약적 돼지 농장들에 비해 돼지들에게 신선한 공기를 공급한다는 점도 긍정한다. 그의 거름 처리 방법은 다른 대형 양돈업체들에 비해 훨씬 양심적이다. 또한 혹독한 아이오와 주의 겨울 날씨를 생각하면, 그의 건물이 돼지들을 따뜻하게 해준다는 점도 평가할 만하다. 하지만 그의 황량하고 억압적인 완전 폐쇄식 사육동 말고는 그 돼지들을 따뜻하게 할 방법이 없는 걸까? 더 나은 방법은 없을까?

우리가 우리의 방문에 대해 쓴 원고를 웨인에게 보내면서 그의 실명을 숨기는 문제하고 몇 가지 사소한 문제를 거론했을 때, 웨인과 그의 부인은 우리 글의 마지막 부분(독자가 방금 읽은 그 부분)은 "말도 안 된다"고 생각한다는 답장을 보내왔다. 그들은 우리의 농장 방문기를 다른 내용으로 마쳤으면 좋겠다는 제의도 했다. 다음과 같은 내용인데, 줄 쳐진 부분은 그들이 원래 강조한 그대로다. 어떤 게 더 나을지는 독자의 판단에 맡긴다.

오늘날 돼지 기르는 데에는 우리 증조할아버지 때 쓰던 방법에 비하면 훨씬 개선된 방법을 쓴다. 그리고 <u>우리가 소비하는 돼지고기도 전보다 훨씬 맛이 좋아졌고 건강에도 좋다!</u> '또 다른 백색육'은 21세기 미국 돈육업계의 목표이다(white meat, 즉 백색육은 조리하기 전에 흰색을 띠는 닭 등의 고기로, 소고기나 돼지고기 등 적색육보다 건강에 좋다고 한다. 또한 white meat는 '손쉽게 얻을 수 있는 것'이라는 의미도 있다. 즉 이 모토는 돼지고기를 건강에도 좋고 쉽게 살 수 있는 고기로 만든다는 의미를 품고 있다-옮긴이). 반드시 과학에 근거해서 일을 처리하며, 동물복지와 환경친화에도 빈틈이 없는 미국 농부들에게 감사하는 마음을 갖자. 그릴에서 막 구워낸 포크찹을, 아니면 감자와 당근을 곁들인 돼지고기 로스를 마음껏 즐겨보자. 미국이나 미국 고기를 수입하는 외국인 소비자들에게, <u>미국산 돼지고기만큼 안전한 식품은 없다는 사실을 알리자!</u>

수익성과 동물복지

사실 공장식 농업에서 동물을 다루는 방식이 갖는 윤리적 문제는 업자가 선량한 사람인가, 아니면 악당이냐가 아니다. 문제는 그 시스템이 동물의 고통을 오직 수익성에 관련해서만 고려한다는 점이다. 동물 산업체들은 언제나 자신들의 동물을 잘 돌보고 있다고 말한다. 왜냐하면 동물에게 좋은 것은 업자들에게도 좋으니까. 콜로라도 주립대학교에서 거의 30년간 수의학을 가르쳐온 버나드 롤린(Bernard Rollin)은 수익성과 동물복지가 엇갈렸던 극적인 예를 들어준다. 어느 수의사가 양돈장을 방문했는데, 그곳은 세 사람의 정규직 노동자와 관리직 한 사람이 500마리의 암퇘지로 '출산에서 최종 사육까지'의 과정을 진행하는 곳이었다. 그는 임신용 칸막이에 있던 돼지 한 마리가 다리를 이상한 모양으로 절고 있음을 보았다. 그가 이유를 묻자,

"어제 다리가 부러졌어요. 그리고 다음 주면 출산실로 가야 하기 때문에, 우리는 여기서 씨를 받도록 했죠. 출산이 끝나면 이 녀석을 치료한 다음 새끼들을 낳게 할 거예요." 그 수의사는 다리를 다친 암퇘지를 1주일 동안 내버려둔다는 말에 불편해했으며, 재료값만 받고 부목을 대주겠다고 제안했다. 그러자 그런 일을 하느라고 암퇘지들을 옮기고 돌보는 인력을 허비할 수 없다는 대답을 들었다. 돼지들이 저마다 이름을 가지고 있고 마치 가족의 일원처럼 여겨지던 가족 경영농 출신인 그 수의사는 그때 깨달았다고 한다. "폐쇄식 농축 산업이 갈 데까지 갔구나."[19]

이것은 하나의 극단적 사례일 뿐일까, 아니면 노상 있는 일일까? 웨인이 자체 제조 마취제를 써서 거세 등에 따르는 고통을 줄여주느냐를 놓고 비용을 계산하던 일을 떠올려보자. "한 마리당 1달러라면 도저히 그냥 넘어갈 수 없는 비용이니까요." 그것은 바로 집약적 축산 영농의 사고방식이다. 돼지의 고통을 줄이는 일에 시장이 인센티브를 주지 않는 한, 양돈업자는 그 일에 1페니 이상을(아니면 1니켈 이상을?) 쓸 수가 없다. 만약 그 이상을 쓴다면, 돼지 고통을 더느라고 쓸데없는 비용 낭비를 하지 않은 경쟁자들이 더 싼 돼지고기를 내놓을 것이며, 그를 시장에서 내쫓을 것이다. 이것이 바로 공장식 농업의 동물 다루는 방식이 불필요한 잔인함이나 사디즘의 문제라고 할 수 없는 이유이다. 그리고 개별적으로 벌어지고 있는 동물 학대를 방지하는 방법이야말로 주된 문제인 것이다. 문제의 핵심은 경쟁적인 시장 체제에서 동물들을 재산의 일부로 취급하게끔 만드는 경제적 압력이며, 그러한 상황이 연방정부나 주(州)의 동물복지법으로 통제되지 않고 있다는 사실이다.

제이크의 우유는 어떻게 만들어졌을까

제이크는 자신이 지방 농장산 우유를 구입한다고 생각하고 있다. 월마트에서 구입한 콜먼데어리 브랜드는 아칸소 주의 토박이 업체이기 때문이다. 그러나 우리가 전화를 해서 그들 소유의 젖소들을 좀 볼 수 있겠느냐고 하자, 월트 콜먼(Walt Coleman)은 1935년 이래 소를 한 마리도 가지고 있지 않다고 대답했다. 그들은 대형 낙농업체인 데어리파머스로부터 우유를 구입하며, 그 일부는 아칸소 주산이지만 텍사스 주나 뉴멕시코 주에서 난 우유도 있다는 것이었다. 콜먼은 제이크의 우유가 어떻게 만들어졌는지에 대한 우리의 추적에 더 이상 힘을 보태주지 않으려고 했다.

우유와 치즈 제조업체들은 다른 집약적 농업 기업들에 비해 평판이 좋다. 그리고 낙농업계는 그런 평판을 유지하는 일에 관심이 아주 많다. 낙농 상품 광고에는 하나같이 넓은 목장에서 한가로이 풀을 뜯는 소들의 모습이 나오곤 한다. 그리고 대개 송아지들도 옆에서 뛰어놀고 있다. 대부분의 사람은 그런 광고에서 해당 낙농업체의 젖소들이 자연친화적으로 생활하고 있으며, 우리는 송아지들이 실컷 먹고도 남아도는 우유를 사용하고 있을 뿐이라는 인상을 받는다. 또한 흔히들 생각하기를, 젖소는 워낙 순한 동물이라 감정을 거스르지 않으려고 별로 노력할 필요가 없다고 여긴다. 하지만 둘 다 아니다! 젖소들은 아주 감성적인 동물이다. 그들은 둘, 셋, 넷씩 짝을 지어 다니며, 여건이 허락한다면 거의 온종일 서로하고만 시간을 보낸다. 서로를 핥거나 털을 손질해주면서 말이다. 한편 싫은 젖소가 있다면 서로 몇 달이고 몇 년이고 으르렁댄다.

더 놀라운 사실은 젖소들이 지적인 성취를 통해 희열을 느낀다는 것이다. 케임브리지 대학교의 동물복지학 교수인 도널드 브룸(Donald Broom)은 젖소들에게 문제를 내주고는(어떻게 문을 열고 먹이를 얻느냐

등의) 그 소들의 뇌파 패턴을 조사했다. 브룸에 따르면 문제를 해결한 젖소는 이런 반응을 보였다고 한다. "뇌파가 뚜렷한 흥분을 나타냈습니다. 심장 박동도 상승했으며, 심지어 껑충 뛰어오르는 놈들도 있었죠. 우리는 그것을 '유레카 모멘트(eureka moment)'라고 부릅니다."[20]

피터 로벤하임(Peter Lovenheim)은 뉴욕 로체스터에 사는 작가이다. 그는 어느 날 맥도날드 앞에서 줄을 서서 기다리다가, 햄버거가 과연 어떻게 만들어지는지 좀 더 알아보기로 결심했다. 그는 갓 태어난 송아지 세 마리를 사서, 도살될 때까지 보통 방식으로 길러지도록 했다. 로체스터는 뉴욕의 여러 젖소 농장들과 가까이 있기 때문에(뉴욕 주는 위스콘신 주와 캘리포니아 주에 이어 미국에서 세 번째로 낙농업이 발달한 지방이다), 로벤하임은 인근 농장에서 수송아지들을 살 수 있었다. 젖소 농장에서 수송아지가 태어나면 대부분 송아지고기를 얻기 위해 한동안 길러지든지, 애완동물 사료용으로 곧바로 도살되든지 한다. 그 중에서 아주 소수의 튼튼한 놈들만 소고기용으로 오래 길러진다. 자신들의 일이 공개되는 데 놀랄 만큼 개방적이었던 앤드루 스미스(Andrew Smith)와 수 스미스(Sue Smith) 부부 덕분에, 로벤하임은 로넬 농장에서 많은 시간을 보낼 수 있었다. 다음의 내용은 그가 2000년에 로넬에서 지낸 결과를 쓴 것을 토대로 한 것이다.[21]

젖을 짜는 젖소가 900두(여기에는 아직 우유를 내지 못하는 어린 젖소, 또는 일시적으로 젖이 끊긴 젖소가 포함되지 않는다)인 로넬 농장은 중간 규모의 젖소 농장으로, 우리가 제2부에서 소개할 유기농 농장보다는 크지만 대기업 농장보다는 작다. 가령 오클라호마 주의 터틀 인근에 있는 빌 브라움(Bill Braum)의 농장은 1만 두의 젖소를 보유하며, 오리건 주의 스리마일캐니언에는 1만 8,000두가 있다.[22] 코넬 대학교의 연구 결과에 따르면 미국 내 젖소 농장의 수는 2000년의 10만 5,000개에서 2020년에는 1만 6,000개까지 감소할 것이지만, 농장당 보유 젖소 수는 오히려 증가하면서 결국 전체 우유 생산량은 늘어나게 될 것

이라고 한다.[23]

로넬 농장에서는 젖소들이 실내에서, 다시 말해 외양간에서 사육된다. 많은 젖소 농장과는 달리, 여기서는 소들이 자유롭게 축사 밖으로 나다닐 수 있다. 살면서 대부분을 외양간의 한 칸에 묶여서 여물을 먹고 우유를 내놓는 '한 칸 묶이기'를 당하지는 않는 것이다. 미국 서부의 젖소들은 방목되는 경우가 많다. 하지만 그 경우에도 나돌아 다닐 수 있는 땅은 쓰레기장일 뿐이다. 미국의 젖소들 중에 소위 낙농업체 광고에서 보이는 것처럼 푸른 들판에서 한가로이 풀을 뜯는 젖소는 거의 없다. 그 거의 없는 예외는 대개 '유기농' 농장의 젖소들이다. 하지만 앞으로 보겠지만, 그들조차 초원을 허락받지 못하는 경우가 꽤 된다.

현대식 농장의 젖소들은 최대한의 우유를 생산하도록 개량된 종자이며, 그들은 이제 50년 전의 젖소들보다 세 배 이상의 우유를 낸다.[24] 그 결과 젖소들의 몸에는 막대한 부담이 주어지고 있다. 그래도 더욱 우유 생산량을 늘리기 위하여, 스미스 부부는 자기 젖소들에게 2주일마다 BST를 주사하고 있었다. BST(bovine somatotrophin)란 유전공학적 성장호르몬의 하나이다. BST는 캐나다와 유럽연합에서는 젖소들의 건강과 복지 때문에 금지되어 있다. 하지만 미국에서는 널리 사용된다. 그것은 젖소들의 우유 분비량을 10퍼센트 정도 늘리지만, 주사한 부위는 부풀어 오르고 약해진다. BST는 또한 유선염을 유발할 수 있다. 젖에 생기는 이 고통스러운 질병에 미국 젖소들은 여섯 마리에 하나꼴로 걸려 있다.[25] 수 스미스는 그 주사를 놓는 것이 싫다고 한다. 하지만 "우리가 더 많은 우유를 생산해야 적자를 면한다면, 어쩔 수가 없는 거죠."[26]

인간 여성과 마찬가지로, 농장 젖소들도 출산 때까지는 젖을 내지 않는다. 그리고 그 분비량은 출산 후 6개월 정도쯤부터 감소하기 시작한다. 그렇기 때문에 암소가 성숙한 뒤부터는 거의 매년 인공수정으로 임신을 시킨다. 보통 송아지가 어미젖을 빠는 기간은 생후 6개월 동안이며, 그동안 어미와 새끼의 유대 관계는 매우 끈끈히 유지된다. 그러나 젖소 농장이란 우유를 파는 게 일이지, 송아지를 키우는 게 일이 아니다. 로넬 농장에서 로벤하임은 암소가 새끼를 낳고 그 새끼를 막 핥기 시작하는 장면을 보았다. 그러나 40분이 지나자 농장 직원이 와서 송아지를 데려가버렸다. 어미는 방금까지 새끼가 있던 짚더미를 쿵쿵거리고, 슬픈 울음소리를 내고, 이리저리 돌아다니기 시작했다. 몇 시간 뒤, 그 어미소는 자신이 갇혀 있는 농장 문 아래쪽에 코를 부딪치면서 끊임없이 울부짖고 있었다. 그러는 동안 그 새끼는 농장의 다른 곳에서, 콘크리트 바닥에 내팽개쳐진 채 바들바들 떨고 있었다. 며칠 지나지 않아서 새끼는 죽었으며, 그 시체는 농장의 퇴비더미 위에 던져졌다.[27]

신경병리 환자들에 대해 주로 글을 쓰는 작가인 올리버 색스(Oliver Sacks)는 템플 그랜딘과 한동안 함께 행동한 적이 있다. 당시는 맥도날드가 동물복지 문제를 놓고 자문을 구하려고 그녀를 고용하고 있었다. 색스는 그랜딘의 동물 연구 결과보다 그녀의 지나칠 정도의 과묵함에 더 관심이 갔지만, 그녀와 함께 어느 젖소 농장을 방문했다. 다음은 색스의 글이다. "우리는 한 어미 젖소가 울타리 밖에서 자기 새끼를 찾아 헤매는 모습을 보았다. '저건 행복한 젖소가 아니지요.' 템플이 말했다. '슬픔에 겨운, 불행에 빠진, 혼이 나간 젖소예요. 자기 새끼를 찾는 거지요. 끊임없이 울면서, 찾고 또 찾아요. 잠깐 잊어버렸다가도, 금방 다시 찾기 시작하죠. 사람이 사람을 잃었을 때 하는 비탄, 애도와 비슷해요……. 그에 대해서는 별로 들은 바가 없겠지만요. 인간은 젖소들에게도 감정과 마음이 있다는 사실을 인정하고 싶어 하지 않거든요."[28] 영국 동물학대방지협회(RSPCA) 농장동물분과의 선임 과학자인 존 애비지니어스(John Avizienius)는 이렇게 말했다. "나는 자기 새끼를 잃고 적어도 6주일 동안 깊은 슬픔에 빠진 것처럼 보였던 암소를 기억하고 있다. 새끼를 처음 떼어냈을 때, 그 암소는 격렬한 비통함에 사로잡혔다. 새끼를 마지막으로 본 외양간 바깥에 서서, 몇 시간이고 새끼를 부르는 울음소리를 내고 있었다. 사람들이 억지로 밀어야만 그 자리에서 떼어놓을 수 있었다. 6주일이 지난 뒤에도 그 어미는 새끼를 떠나보낸 외양간을 하염없이 응시하고 있었으며, 때로는 그 축사 문 앞에 서서 새끼가 돌아오기를 기다리는 듯했다. 그 암소는 마치 넋이 나간 듯했으며, 새끼가 혹시 돌아왔는가 보려는 행동 말고는 아무것도 하지 못했다."[29]

암컷 송아지라면 도살로 '정리' 된 형제들 대신 농장에서 자랄 수도 있다. 자연적인 젖소의 수명이 대략 20년 정도인 데 비해, 농장 젖소들은 보통 5세에서 7세 사이에 죽는다. 자연적인 수준을 훨씬 뛰어넘은 우유 생산에 몸이 오래 못 버티는 것이다. 도살을 면한 수송아지는 겨우 걸을 만한 나이에 경매장으로 보내진다. 템플 그랜딘은 이 점에 대해서도 견해가 확고하다. "울어대는 젖먹이를 트레일러에 싣다니, 이건 최악입니다. 가장 무서운 처사예요."[30]

이미 말한 것처럼, 농장에서 태어난 수송아지들이 보통 맞게 될 운명이란 곧바로 도살되거나, 어느 정도 자란 다음 '밀킹 빌(아직 젖을 먹는 송아지의 고기라는 뜻으로, 육질이 연하기 때문에 특상품으로 취급된다-옮긴이)' 용으로 도살되거나 하는 것이다. 그런데 송아지의 입장에서 보면 곧바로 도살되는 편이 낫다. 16주일 동안 어두침침한 집 안에서, 몸을 돌릴 수도 없이 좁은 나무 칸막이 속에 갇혀 지내는 것보다는 낫지 않겠는가? 게다가 목까지 붙잡아 매어져서, 더더욱 움직이지 못한다. 어미와 떨어지고 다른 동무들과도 어울리지 못하는 스트레스도 대단한데, 주어지는 먹이도 '대체 우유' 뿐이다. 이것은 우유 분말에다 녹말, 기름, 설탕, 항생제 따위를 섞어 만든 액체이다. 여기에는 일부러 철분을 적게 넣으므로, 송아지는 준임상적 빈혈증에 걸리게 된다. 그것은 소고기 생산업자들의 요구에 따른 것이다. 철분 부족과 그것에 따른 빈혈증은 그 송아지의 고기가, 건강하고 자유롭게 자란 16주일짜리 송아지의 고기와는 달리, 태어날 때의 연분홍색과 부드러운 육질을 유지할 수 있게 한다. 그래서 '최고급 밀킹 빌'의 조건에 맞게 되는 것이다. 식도락가들을 위한 고급 레스토랑에서 주로 구입하는 이 밀킹 빌은 소고기 중에서 가장 비싼 고기이다. 같은 이유로, 그 송아지에게는 잠자리용 밀짚도 주어지지 않는다. 그렇게 한다면 섬유소 없는 식사에 질린데다 뭔가를 씹고 싶은 욕구가 있는 송아지는 밀짚을 씹을 것이고, 그러면 밀짚에 함유된 철분이 육질을 망칠 것이기 때문이다. 우리를 나무로 만들고, 목에 족쇄를 채우는 것도 같은 이유이다. 만약 철제 우리에 넣는다면, 철분 부족에 시달리는 송아지가 핥을 수 있다. 또 송아지가 몸을 돌릴 공간이 있으면, 자기 자신의 소변을 핥게 될 것이다.

갓 태어난 새끼를 어미에게서 떼어놓는 일과 갓 태어난 수송아지를 처리하는 방식을 제외하고, 로벤하임의 로넬 농장 이야기에서 가장 읽기 거북한 부분은 '다우너(downer)' 처치에 관한 부분이다. 이 다우너란 병이나 사고로 더 이상 제 발로 설 수 없는 소를 말한다. 로벤하임은 우연히 수 스미스가 다우너 한 마리를 일으켜 세우려고 하는 장면을 보았다. '4482번'이라는 꼬리표가 붙은 소였다. 그녀는 처음에는 부드러운 말로 그 소를 일으키려고 했지만, 소용이 없자 꼬리를 비틀고, 무릎으로 소를 치고, 소귀를 붙잡고 소리를 질렀다. 그래도 소용이 없자 이번에는 소귀를 비틀고, 전자봉을 가져와 가슴팍을 몇 차례 찔렀다. 역시 효과는 없었다. 다우너가 결국 일어날 수 없어 보이면, 그녀는 포기한다. 그리고 치우기 담당인 빌(Bill)을 불러서 그 소를 끌고 가라고 한다. 로벤하임은 그다음에 어떻게 되는지 이렇게 썼다. "앤드루는 작은 트랙터에 올라타, 후진하여 축사 문 안으로 들어왔다. 그동안 빌은 4482번의 오른쪽 앞다리에 올가미를 매었다. 올가미가 트랙터에 걸리자, 앤드루는 방향을 되돌려 그 다우너 젖소를 축사 밖으로 30피트 내지 40피트쯤 끌고 나갔다. 그 소의 쓸모없어진 뒷다리는 쩍 벌어지고, 왼쪽 앞다리는 끌려가면서 발버둥을 쳤다." (이러는 동안 앤드루와 빌은 이번에 어떤 농작물을 심었나 하는 얘기를 주고받고 있었다.) 다시 축사 밖으로 나간 빌은 가파르게 기울어진 비탈길로 그 소를 끌어올려서 트럭에 실었다. 도살장으로 가는 트럭이었다. 이 광경을 지켜본 로벤하임은 수 스미스에게 농장에서 다우너들을 안락사시킬 생각은 안 해보았는지 물어보았다. 그녀는 전에는 그랬다고 했지만 비용이 너무 들어 그만두었다고 대답했다.[31]

젖소 농장에서 나오는 오물도 양계장이나 양돈장에서와 마찬가지다. 강물을 오염시키고, 물고기들을 죽이고, 인근 거주민들의 생활을 망친다. 그리고 젖소들에게만 있는 또 다른 공해 문제가 있는데, 흔히 농담처럼 이야기되는 문제이다. 소가 되새김질을 할 때는 '휘발성 유기화합물'이라고 불리는 가스를 배출한다(더 생물학적인 설명을 원하는 독자라면, 방귀보다 트림에서 많이 나오는 거라고 이해하시라). 젖소가 많이 모여 있다면 그런 가스도 대량으로 배출될 것이고, 그러면 더 이상 농담이 아니게 될 것이다. 캘리포니아 주 센트럴밸리의 일부이며 세계에서 가장 농업이 발달된 지역 중 하나인 샌와킨밸리는 휴스턴, 로스앤젤레스와 함께 미국에서 가장 대기오염이 심각한 지역이기도 하다. 지난 6년 동안, 이 지역은 연방 정부가 정한 오존 스모그 기준을 넘긴 시간이 미국의 모든 지역 중 최장이었으며, 2위 지역에 비해 총 여덟 시간이나 더 넘겼다. 샌와킨밸리 대기오염 통제과에 근무하는 공무원에 따르면 이 지역에서 기르는 250만 마리의 젖소야말로 대기오염의 최대 원인이며, 따라서 뭔가 조치를 취하도록 농장들을 압박할 방침이라고 한다. 또 다른 가스도 있다. 젖소의 분뇨와 그 집적소에서 배출되는 가스이다. 그러나 낙농업체들은 변화를 거부하고 있다. 집 근처에 젖소 농장이 있는 통에 천식에 걸렸다는 톰 프란츠(Tom Frantz)는 '분노한 주민들의 모임'이라는 단체를 이끌며 당국의 규제 강화를 촉구하고 있다. 프란츠는 말한다. "과거에는 농업이 규제를 받지 않았습니다. 그러나 시대가 달라졌죠. 우리의 허파를 농업보조금으로 바칠 수는 없습니다."[32)]

이 문제는 지역 주민들만의 문제가 아니다. 농장에서 배출하는 가스에는 메탄이 포함되어 있으며, 그것은 지구온난화를 결정적으로 부채질한다. 그런 점에서 우리 모두는 농업에 보조금을 갖다 바치고 있는 셈이다.

닭장 쓰레기를 먹는 소

미묘한 우연이랄까. 피터 로벤하임이 송아지가 햄버거가 되는 과정을 살펴보기 위해 뉴욕에서 송아지를 사던 바로 그때, 또 다른 미국 작가 마이클 폴란(Michael Pollan)도 미국 중서부에서 거의 비슷한 일을 하고 있었다. 로벤하임의 송아지들은 낙농업의 부산물이라고 할 수 있고, 해당 농장주인 부부는 10여 마리의 송아지를 늘 기르고 있었다. 폴란은 사우스다코타의 목장에서 어린 거세소 한 마리를 사서는 다른 3만 7,000마리의 소와 함께 캔자스까지의 여정에 나서도록 했다. 로벤하임이 관찰한 낙농업은 제이크가 즐겨 들르는 패스트푸드 업소의 햄버거에 들어가는 고기의 약 절반 정도를 담당한다. 그리고 폴란이 살펴본 소고기 업계, 즉 미국에서 매년 길러지는 3,600만 마리의 고기소 중 대부분을 보유하고 있는 소고기 업계는 제이크가 월마트에서 구입한 포터하우스 스테이크 고기의 공급처일 가능성이 높다.

'534번'으로 불리던 폴란의 송아지는 그해 3월에 태어났다. 6개월 이상 어미와 떨어지지 않으며, 넓은 초원에서 다른 무리들과 풀을 뜯고 지냈다. 10월이 될 때까지 먹이를 제한받지도 않았다. 그러나 그다음부터는 모든 게 나빠져만 갔다. 이 어린 송아지는 트럭에 실려 500마일 떨어진 포키피더즈로 갔으며, 그곳은 폴란의 말로는 "소떼를 가두는 축사가 지평선까지 뻗어나간 곳이다. 축사 하나마다 150마리의 소들이 멍하니 서 있거나, 잿빛 진흙탕 속에서 뒹굴고 있다. 그리고 우리는 차차 깨닫게 된다. 그게 사실은 진흙이 아니라는 것을." 폴란이 그곳에 갔을 때, 그는 도착하기 1마일 전부터 '버스 정거장 남성 화장실 냄새'를 맡을 수 있었다. 이런 곳에서 534번은 8개월 동안 살다가 도살될 운명이었다.[33]

사육장에 도착한 534번은 귀 뒤쪽에 합성 호르몬 임플란트를 이식받았다. 이것은 운동선수들이 쓰는 근육 강화용 테스토스테론 대체제와 비슷한 것이다. 유럽에서는 이것을 소에게 투여하는 것이 불법인데, 약물이 건강에 미치는 위험 때문이다. 그리고 물론 미국 법에서도 사람이 스테로이드를 스스로에게 투여하는 일은 금지하고 있다. 하지만 미국에서 그것을 소에게 투여하는 일은 문제가 없다. 그 약물은 소에게 근육을 더 붙여주며, 그것은 사육업자에게 더 많은 수입을 의미한다. 폴란이 534번을 산 목장 주인인 리치 블레어(Rich Blair)에게 이 호르몬 임플란트에 대해 어떻게 생각하느냐고 물으니, 블레어는 이렇게 말했다. "그놈의 호르몬을 그만둘 수 있으면 정말 좋겠죠. 그게 없어지면 소들이 참 잘 지낼 수 있어요. 하지만 시장은 그런 데 신경을 쓰지 않죠. 그리고 우리 경쟁자들이 그것을 쓰는 한, 우리도 쓸 수밖에 없는 거죠."

이제 534번은 푸른 풀 대신 옥수숫대를 먹는다. 거기다 곁들여지는 것은 항생제로, 그 약물 덕분에 이 송아지는 그따위 식사로도 생명을 이어갈 수 있다. 포키피더즈의 전속 수의사인 멜 메첸(Mel Metzen) 박사는 폴란에게 그런 사료 때문에 자신과 그의 조수들이 씨름하지 않으면 안 되는 오만 가지 질병에 대해 이야기해주었다. "이 녀석들은 목초를 먹게끔 태어났어요. 그런데 우리는 곡식을 먹이고 있죠." 되새김질하는 동물은 풀을 분해하도록 진화된 소화 체계를 가지고 있다.

충분한 섬유소를 얻지 못하면, 이런 동물은 제1위(胃)에서 유산(乳酸)을 분비한다. 그것은 가스를 발생시키면서 이른바 '사육장 위확장증'을 일으킨다. 이렇게 위가 잔뜩 커진 소는 질식할 수 있다. 간염도 흔히 볼 수 있다. 소들이 옥수숫대 위주로 먹는 것은 마치 사람이 사탕만 먹고 사는 것과 같다. 한동안은 살지만, 곧 병에 걸리게 된다. 하지만 소고기 생산업자들은 별 관심이 없다. 그 소들이 도살되기 전까지 버텨주기만 한다면 말이다. 매일 항생제를 먹임으로써 소들이 일찍 병들어 죽을 가능성은 관리 가능한 범위 안으로 유지된다. 그리고 그 정도의 리스크는 감수할 만하다. 송아지는 14개월이면 시장 상품이 될 중량에 도달하기 때문이다. 다른 사료를 제공함으로써 기대 수명을 18개월 내지 2년으로 늘릴 필요가 없는 것이다. 메첸은 항생제 없이 소들을 옥수수로 살찌울 수는 없음을 인정한다. "제기랄, 이 녀석들에게 풀밭을 주자고요. 마음껏 먹고 마음껏 놀라고. 그리고 나는 실업자가 되고 말이죠." 그의 농담이었다.

  소들이 먹는 이상한 음식이 옥수수만은 아니다. 유럽에서 광우병이 중대 문제로 떠올랐을 때, 그것이 연관된 질병에 걸린 양의 골분(骨粉)을 소에게 먹인 결과임이 알려지자 대중은 경악했다. 대체 언제부터 소가 육식동물이 되었단 말인가? 그러나 사실 도살장에 남은 찌꺼기를 소의 사료로 사용한 것은 40년 전부터이다. 가격이 싸고, 단백질이 많기 때문이다. 광우병 사태의 여파로, 대부분의 나라에서는 소들에게 도살장의 찌꺼기를 주는 일을 금지했다. 그러나 미국에서는, 이 책을 쓰고 있는 지금조차도 소에게 젤라틴, '접시 쓰레기(레스토랑의 고기 요리 찌꺼기)', 닭고기와 돼지고기, 닭장 쓰레기(닭똥, 닭 시체, 닭털, 먹다 남은 모이 등등), 그리고 소의 피와 지방이 포함된 사료를 주는 것이 합법이다. 그리고 먹다 남은 모이 중에는 소에게 직접 주는 것은 불법이지만 닭에게 주는 것은 합법인 소고기와 뼈가 포함되어 있을 수 있다.

2004년 1월, 식품의약국은 피, 접시 쓰레기, 닭장 쓰레기를 금지하도록 하는 계획을 발표했다. 그리고 농무부 장관이 소집한 국제 패널 토론회에서는 도살장 찌꺼기를 일체 금지할 것을 권고했다. 그러나 2년이 지난 지금, 이런 금지안 중 아무것도 실행되지 못했다. 이런 지연에 대해 조바심이 난 과학자들과 맥도날드 사는 식품의약국에 광우병 방지를 위해서는 더 강력한 조치가 필요하다고 말했다. 연구자들의 주장에 따르면 광우병은 '보이지 않는 위험'이라는 것이었다. 맥도날드의 딕 크로퍼드(Dick Crawford) 부사장은 정부가 '이 위험을 줄이기 위해 추가 조치를 취할 것'을 주문했다.[34]

　식품의약국 수의학센터의 소장인 스티븐 선들로프(Stephen Sundlof)의 말로는, 이러한 지연의 이유 중 하나는 닭장 쓰레기를 소 사료에 사용하지 않도록 하는 조치에 대해 닭고기 업자들이 갖는 '지대한 관심'이라고 한다. 당연한 일이다. 매년 약 100만 톤에 달하는 닭장 쓰레기들이 소의 사료로 돌려짐으로써 처리되고 있으니까. 그것은 곧 미국에서 매년 새로 태어나는 3,600만 마리의 송아지가 두당 66파운드의 닭장 쓰레기를 먹는다는 뜻이다. 달리 말하면, 닭고기 업체가 유발하는 환경 문제 때문에 식품의약국이 미국산 소고기의 안정성을 확보하기 위해 권장되는 조치를 취하는 데 어려움을 겪고 있다는 뜻이다.

　사육장 시스템은 환경 재난이기도 하다. 목초를 뜯으며 살았던 되새김질 동물의 고기를 먹을 때, 우리는 사실상 태양이 방출한 부정형의 에너지를 흡수하는 것이다. 그러나 사육장이 번성하는 이유는 미국산 저품질 옥수수 가격이 1파운드에 4센트에 불과하기 때문이다. 이것은 그 생산비보다 낮은 가격인데, 미국 정부가 옥수수 재배업자들에게 주고 있는 수십억 달러의 보조금(국민의 세금) 덕분이다(대부분의 보조금이 이미 아주 부유하게 살고 있는 사람들의 주머니로 들어간다). 한편 옥수수에는 화학비료가 필요하다. 그리고 화학비료는 석유로 만든다. 그러므로 옥수수를 먹고 자란 사육장 소는, 폴란의 말처럼 "우리에게 가장 좋지 않은 것, 바로 화석연료 기계이다." 폴란은 코넬 대학교의 생리학 교수인 데이비드 피멘텔(David Pimentel)에게 534번을 도살 가능 중량인 1,250파운드까지 살찌우려면 얼마나 많은 석유가 필요할지 계산해달라고 부탁했다. 피멘텔의 답은 284갤런이었다.

그렇다면 만약 사육장 시스템을 버린다면 어떻게 될지 생각해보자. 네브래스카 주는 단연 대형 소 사육장이 가장 많은 곳이다. 1,000두 이상의 소를 기르는 사육장이 760개소나 된다. 그중 최대의 것은 브로큰보 인근의 사육장인데, 8만 5,000두가 사육되고 있다. 네브래스카 대학교의 생물학과 교수인 앨런 콜록(Alan Kolok)은 이 사육장들이 엘크혼 강으로 흘러드는 하천들에 미치는 영향을 연구 중이다. 우리는 그를 오마하에서 만났으며, 그의 차를 타고 네브래스카 주 최고의 소고기 생산 고장인 커밍 카운티로 갔다. 우리가 도착한 곳은 5,000여 마리의 소를 기르고 있는 니어웨스트포인트 사육장이었다. 흔히 보는 것처럼 담장으로 둘러싸인, 황량하고, 오물과 퇴비투성이인 사육장 마당에 따분함에 지친 듯한 소들이 멍하니 뙤약볕 아래 서 있었다. 당시는 6월이었고, 별로 더운 날씨는 아니었다. 하지만 그늘이 전혀 없는 점이 눈에 띄었고, 차양을 쳤더라면 소들이 대부분 그 아래로 들어가지 않았겠느냐고 앨런에게 물어보았다. 그는 날씨가 앞으로 더 더워질 것이라고 말했다. 정말로 7월 말이 되자 네브래스카의 대부분은 화씨 90도 이상으로 올라가는 날이 30일이나 되었다. 그리고 이따금은 100도 이상으로 올라갔다. 클리어워터에서 '죽은 소 치우기' 전문업체를 운영하는 록산 버그먼(Roxanne Bergman)은 자기 회사 한 곳에서만 날씨가 더웠던 며칠 동안 죽은 소 1,250마리를 치웠다고 말했다. 그리고 주문이 너무 밀려들어 전부 응하지도 못했다고.[35]

텍사스 공과대학교의 동물식품공학과에서는 사육장에 쓸 차양에 대해 연구 중이다. 연구자들은 소들을 그늘이 제공되는 집단과 제공되지 않는 집단으로 나누어보았다. 그늘을 제공 받은 소들은 오전 9시에서 오후 5시 반까지 '집중적으로 이용'했으며, 해의 움직임을 따라 변하는 그림자를 따라다녔다. 그늘이 없었던 소들은 있었던 소들에 비해 네 배나 더 공격적이었다. 하지만 연구자들은 한편으로 "서부 텍사스에서는 대규모 사육장에서 차양을 쓰는 일이 별로 없다. 수지 타산이 맞지 않는다고 여겨지기 때문이다"는 점도 지적했다.[36] 다시 한 번, 동물복지의 개선에 돈이 들 경우, 복지는 포기된다. 그리고 이는 결코 서부 텍사스 주에서만이 아니다.

앨런은 우리가 탐방 중이던 사육장이 피셔크릭의 북쪽 언저리를 따라 세워졌음을 보여주었다. 사육장의 유지를 위해 예의 '산호초'가 만들어졌으며, 그것은 흙으로 쌓은 제방에 의해 피셔크릭의 물길과 분리된, 갈색의 기분 나쁜 웅덩이였다. 앨런은 비가 많이 올 때는 그 오염된 물이 넘쳐서 피셔크릭으로 흘러든다고, 또는 제방에 삼투되어 피셔크릭에 스며든다고 설명해주었다. 우리는 다시 차를 타고 엘크혼강에서 그리 멀지 않은 경사지에 자리 잡은 또 하나의 사육장으로 갔다. 여기서 앨런은 그 지방 특산 물고기인 피라미들이 성(性)이 뒤바뀐 것을 보았다. 사육장이 없는 야생보호구역에서 잡힌 물고기들과 비교할 때, 수컷 피라미는 수컷의 외형이 두드러지지 않았으며 암컷역시 암컷의 신체 특징이 희미했다. 이 현상은 '내분비 장애'로 알려져 있다. 피라미들의 호르몬이 엉망이 되었다면, 베스나 메기같이 낚시의 대상이 되는 고기들도 비슷한 변화를 겪었을 수 있었다. 네브래스카 주정부의 체육여가부에서는 이 점을 염려하고 있다. 앨런과 그의 동료들은 사육장 소들에게 투여된 스테로이드가 이 사태의 가장 유력한 원인이라고 가정한 연구 결과를 발표했다. 소들의 배설물이 비가 올 때 하천에 흘러들며, 스테로이드는 물속에서 6개월 내지 12개월 만에 반감(半減)된다.[37]

네브래스카 주의 축산업자들이 이 주야말로 미국에서 가장 규제가 심한 주라고 말하고 있지만, 사육장에 대한 강제 집행 규정은 거의 없다. 네브래스카 주에는 4,560개의 소사육장이 있으며, 그뿐만 아니라 수천 개의 폐쇄식 양돈장과 역시 그 정도 되는 양계장이 있다. 1999년, 네브래스카 주정부 환경부는 이 주에 2만 5,000마리 내지 3만여 마리의 돼지 소사육장이 있으며, 그 대부분은 당국에 허가를 요청하지 않았다고(주법에 따르면 1972년부터 허가를 의무화하고 있는데도) 발표했다. 그리고 설령 돼지 농장들과 소 사육장들이 허가를 요청한 경우에도, 환경부는 그 중의 아주 일부밖에는 실사(實査)할 인력이 없다. 1997년, 환경부 국장 한 사람은 축산업소를 시찰하고 인가를 내줄 인원이 다섯 명뿐이라면서 그들이 225개의 대형 목장을 사찰했다고, 아니 '사찰하려 했다고' 증언했다.[38]

미국 주정부에 수질오염 실태 조사를 할 자원이 부족한 경우는 드문 일이 아니다. 아이다호 주의 경우는 네브래스카 주와 비슷한 처지에 놓인 것으로 보인다. 네브래스카 주정부 환경보호국 지역사무소 소장인 마이크 부셀(Mike Bussell)은 자기 사무소가 아이다호 주의 사육장들을 사찰하기 시작했다면서 아이다호 주정부 농무부가 "관할 지역을 도저히 전부 감당할 수가 없기 때문이죠. 우리는 그래도 얼마나 많은 일을 해야 하고, 누구에게 인가를 해주어야 하는지는 아니까요"라고 설명했다.[39] 미시간 주에서는, 지역 환경보호국 보고서에 따르면, 환경부에 "CAFO(Concentrated Animal Feeding Operations, 밀집식 가축사육업체)들의 자격 심사를 행하여 인가를 내주고 그 밖의 준법 절차를 밟도록 할 능력이 없다."[40]

사육장에서 처리되지 않은 오물이 하천으로 직접 흘러들지 않으면, 중앙집중식 관개 시스템을 통해 땅에 뿌려진다. 거름은 액체 상태이고 운반비가 많이 들기 때문에, 동물 사육장 근처의 땅에 뿌려지는 것이다. 그 양은 종종 흙에 전부 흡수되지 못한 만큼 많으며, 비가 많이 올 때는 근처 하천으로 흘러간다(아이오와 주의 웨인 브래들리가 쓰던 방식, 즉 오물을 땅에 주입하는 방식은 더 번거롭다는 이유로 널리 보급되지 않고 있다). 2002년, 네브래스카 주정부 환경부는 그 주의 총길이 1만 6,000마일의 하천에서 5,000개의 샘플을 채취, 그 71퍼센트에서 휴양, 수상생활, 농업, 음용 목적의 이용 기준을 초과하는 오염을 발견했다. 이는 2000년 당시의 58퍼센트에서 크게 증대한 것이다.[41] 엘크혼 강 상류 천연자원관리과를 맡고 있는 데니스 슈트(Dennis Schueth)는 네브래스카 퍼블릭 라디오의 기자이자 작가인 캐롤라인 존슨에게 이렇게 말했다. "우리가 더 많은 돈을 음식값으로 지불할 용의가 있다면, 더 좋은 환경을 가질 수 있습니다."[42] 맞는 말이다. 그러나 그렇게 하려면 어떤 메커니즘이 필요할까? 제이크와 리 부부가 네브래스카의 환경을 보호하기 위해 더 많은 돈을 내고 고기를 사 먹을 용의가 있다고 해도, 그들이 추가로 내는 돈이 과연 그런 효과를 내는지 어떻게 확신을(하다못해 희망을) 가질 수 있을까? 이후의 장들에서 우리는 몇 가지 가능성을 검토할 것이다.

우리가 웨스트포인트 근교의 루트 275 목장으로 돌아갔을 때, 앨런은 무수성 암모니아를 실은 수십 대의 대형 컨테이너를 가리켰다. 합성 질소비료를 만드는 것이었다. "참 괴상하지 않습니까? 여기 사육장에 저렇게 많은 합성 질소비료가 있다니 말입니다. 자연적으로 비료는 넘쳐날 텐데요."

곡물을 먹는 오스트레일리아산 소고기

소고기를 사 먹기 위해 이제까지 서술한 과정이 반드시 필요하지는 않다. 오스트레일리아를 방문했을 때, 우리는 패트릭 프랜시스(Patrick Francis)를 만났다. 그는 인기 있는 농업 전문지인 《오스트레일리아 농업 저널(Australian Farm Journal)》의 편집자이다. 패트릭은 우리가 윤리적 농업에 관심이 있음을 듣고는, 소규모 육우목장(미국에서라면 소목장이라고 불릴)을 방문하도록 초청했다. 그의 아내인 앤이 빅토리아 주 롬지 근교에서 운영하는 목장이었다. 그 목장은 걸어서 둘러보기에 즐거운 곳이었다. 그것은 부분적으로 패트릭과 앤의 부지의 20퍼센트를 녹화(綠化, 대부분 토종 유칼립투스였다)용으로 떼어두었기 때문이다. 가장 올곧게 자란 나무는 이따금 목재용으로 벌채되지만, 그동안은 탄소 동화 작용을 함으로써 지구온난화를 조금이나마 막아줄 것이다. 최근 대기 중 탄소 비중에 대한 계산 결과로는 이 농장이 매년 배출하는 이산화탄소보다 220톤만큼 더 많은 이산화탄소를 흡수한다는 사실을 보여준다. 이 플랜테이션들은 야생동물들의 보금자리도 제공하는데, 그 중에는 회색 캥거루떼도 있어서, 우리가 농장을 둘러보는 동안 여기저기서 뛰어다니고 있었다. 한편 너른 들판에서 한가롭게 지내는 소들, 그들의 모습은 먼지와 오물투성이가 된 네브래스카 주의 사육장 소들의 모습과 뚜렷이 대조되었다.

당시는 4월 중순으로, 남반구는 가을이었다. 그리고 몇 달 동안 비가 거의 내리지 않고 있었다. 그러나 패트릭은 자신의 소떼를 매주 또는 2주일마다 다른 목초지로 가도록 순환시켰으며, 그것은 목초가 회복할 시간을 주면서 토양의 비옥도와 풀밭의 온전함을 유지하는 기법이었다. 이 방법은 건초를 저장할 필요성이 없도록 했다. 오스트레일리아의 겨울은 그다지 춥지 않고 눈은 전혀 내리지 않으며, 소들은 뜯어 먹을 풀이 1년 내내 떨어지지 않는다. 이 순환 방목 기법은 목초지에 늘 풀이 풍부하도록 하여, 잡초를 솎아내거나 제초제를 뿌릴 필요성도 없애준다.

우리가 그곳을 방문한 날은 마침 그 순환 배치를 하는 날이었다. 우리는 패트릭이 소떼를 옆의 풀밭으로 몰고 가는 모습을 지켜보았다. 그는 소들을 자기에게 오도록 부르는 법이 따로 있었고, 소들은 그 뒤를 따라 움직였다. 그들 중 선두에 서 있던 특히 정이 많다는 일곱 살배기 수소였다. 패트릭은 그놈을 소떼의 지도자로서 목장에 두고 있었다. 새로 들어온 소에게 해야 할 바를 가르쳐주는 역할이었다(이제 그 소의 육질은 너무 거칠어져서 햄버거용 이외에는 달리 쓸모가 없었다). 날씨는 좋았으며, 햇볕은 한여름처럼 따갑지가 않았다. 그러나 소떼는 새 풀밭으로 이동하기 무섭게 삼나무 그늘 아래로 들어갔다. 그들 중 가장 어린 소가 이미 6개월이었는데, 아직도 어미소와 함께 다녔다. 이 소들의 삶은 완전히 쾌적하게 보였다. 소들이 필요한 모든 것들, 예를 들면 풍부한 풀, 깨끗한 물, 그늘, 그리고 동아리. 그 중에서 하나도 부족하지 않았다.

패트릭은 농장에서 도살장으로 직접 소를 파는 방식을 선호한다고 말했다. 그러나 1년에 이따금은 목초지에 풀이 충분치가 않아서, 소들을 판매 가능 중량까지 키우기 어려운 때가 온다. 그러면 그는 대형 사육장에 소들을 팔고, 거기서 잠시 살을 찌우도록 한다. 오스트레일리아의 국내 시장에서는 소들의 25퍼센트만이 대형 사육장에서 육성된다. 다만 그 비중이 느는 추세인데, 대형 마트가 고기의 질보다 안정적 공급 가능성을 더 쳐주기 때문이다. 하지만 사육장에서 오스트레일리아 소들이 지내는 기간은 평균 70일에 불과하며, 그것은 미국 경우의 절반 이하이다. 수출용은(대체로 한국과 일본, 미국으로는 소규모만이 수출된다) 보통 150일 정도 사육되는데, 그것은 해당국의 소비자들이 '마블', 즉 지방이 얼룩진 육질을 더 좋아하며, 그런 육질을 갖게 하려면 상당 기간 소들에게 곡물을 먹여야 하기 때문이다.

도살장의 살풍경

미국에서 식육용으로 도살되는 포유류는(즉 닭, 거위, 칠면조 등은 여기에 해당되지 않는다) 도살되기 전에 기절 상태여야 한다고 법에 정해져 있다. 하지만 사실을 들여다보면 그렇지가 않다. 미국 농무부는 어이 없게도 토끼를 가금의 하나로 분류했으며, 따라서 이 포유류는 전기 충격 조치 없이 도살될 수 있다. 템플 그랜딘은 미국의 도살장들을 조사하여 도살되기 전에 스턴 건으로 단번에 의식을 잃는 동물이 전체의 몇 퍼센트인지를 밝혀냈다. 그녀는 첫 번째 조사를 1996년에 했고, 전국의 도살장 중 겨우 36퍼센트만이 최소한 95퍼센트의 동물을 1차 시도로 기절시킬 수 있었다. 그 후 6년이 지나자, 94퍼센트의 도살장이 그런 능력을 가지고 있었다. 이것은 대단한 발전인데, 다음 장에서 우리는 그 이유를 알게 될 것이다.

그럼에도 '인도적 도살법(Humane Methods of Slaughter Act, HMSA)'의 집행 현황에 대해 일반 회계국이 의회에 제출한 보고서에 따르면, 95퍼센트의 동물만이 1차 시도로 기절한다는 기준으로는 "아직도 수십만 마리의 동물이 첫 번째 시도에서 기절에 이르지 못한다는 사실을 나타낸다……. 따라서 알려지지 않은 비인도적인 조처가 있을 수 있다"라고 했다. 이 보고서는 "인도적 도살법 준수 여부 사찰은 매월 약 6회, 또는 매주 2회 이하로 이루어진다. 매회 사찰 대상은 918개 도살장이다"라고 명시하고 있다. 달리 말하면, 매시간 수백 마리의 동물이 도살되는 상황에, 사찰담당관이 입회하는 경우는 매우 드물다. 사찰관이 입회할 경우에는 도살장 운영자가 그 사실을 알며, 사찰관이 입회하지 않았을 때는 무슨 일이 벌어지는지 알 수 없다. 그리고 사찰관이 입회하고 위반 사실을 찾아냈을 때도, 보고서에 따르면 강제 집행 규정이 미비하기 때문에 "사찰관들은 필요한 경우에도 강제 집행을 하지 않는 경우가 많다"라고 하고 있다.[43]

아이오와 주 포스트빌에 있는 애그리프로세서즈에서 비밀 조사원이 찍은 비디오를 보면, 2004년 여름에 주정부 사찰관들이 입회하지 않았을 때 무슨 일이 벌어질 수 있는지 알 수 없다. 애그리프로세서즈는 유대교식 도살장이다. 정통 유대교의 율법에 따라 동물을 도살하는 곳이라는 뜻이다. 그에 따르면 도살 직전에 동물을 기절시키는 일은 금지된다. 이론적으로 유대교식 도살장은 동물들을 날카로운 칼로 목을 단숨에 절단함으로써 바르고 깨끗한 도살을 해야 한다. 피가 급속히 빠져나가면서 뇌는 몇 초 지나지 않아 무의식에 빠지게 된다. 그러나 비디오를 보면 소들은 목이 잘리고 기관(氣管)이 끊긴 상태에서도 한참 동안 몸부림을 치다가 죽는다. 어떤 소는 일어서려고 발버둥치며, 심지어 정말로 일어서는 소도 있다. 이런 일이 벌어지는 동안, 도살장 일꾼은 단말마가 그치고 소가 쓰러지기를 기다린다. 그리고 뒷발에 체인을 묶고는 마당으로 끌고 나간다. 어떤 소는 놀랄 만큼 오랫동안 쓰러지지 않아서, 비틀거리며 도살장 문을 지나 옆방까지 간 뒤에야 숨이 끊어졌다. 그 소가 그렇게 지체하는 동안, 도살 현장에는 소 두 마리가 더 끌려와서 목 잘린 소가 마지막으로 몸부림치는 것을, 그리고 마침내 잠잠해지고 질질 끌려나가는 것을 지켜보고 있었다.[44]

우리는 이러한 장면들이 유대교식 도살장의 전형적 모습이라고 주장하는 것은 아니다. 또한 이것이 미국 도살장의 실상을 대표한다고 보지도 않는다. 그러나 애그리프로세서즈는 세계 최대의 유대교식 도살장이며, 그 소유주는 "비디오의 내용은 우리의 보통 때 모습이 아닙니다"라고 주장했다는 사실은 알아둘 만하다. 이와 비슷하게, 세계 최대의 유대교 율법 준수 검증기관인 '정통파 연합'은 시종일관 애그리프로세서즈를 옹호해왔으며, 그곳이 "유대 율법과 전통을 최고 수준까지 지키고 있다"고, 따라서 유대교식 도살장으로서의 지위는 결코 흔들림이 없을 것이라고 공언한다는 점도 알아두자.[45]

미국의 어느 도살장에서든 사찰관들이 도살에 직접 입회할 필요까지는 없기 때문에, 누구든 고기를 사 먹는 사람은 자신도 모르는 사이에, 처절한 고통 속에 죽어간 동물의 고기를 먹을 수도 있다.

4
맥도날드와 월마트의 양심

제이크가 맥도날드를 좋아하는 것은 이상할 게 없다. 수많은 사람도 그렇기 때문이다. 그래서 그 패밀리 레스토랑이 세계 최대의 체인망을 갖추고, 119개국에 3만 1,000개의 점포를 가지게 되었기 때문이다. 그러나 프랑스의 농부인 조제 보베(José Bové)가 세계화와 프랑스 문화의 미국화에 반대하고 나섰을 때, 트랙터를 몰고 맥도날드 점포로 돌진한 것 역시 이상할 게 없다. 맥도날드의 '황금 아치'는 미국의 상징이 되었고, 또한 많은 경우에 어떤 이유로든 미국을 욕할 때 떠올리는 상징이 되었다. 음식이든, 건축이든, 문화든, 경제적 제국주의든, 그 무엇이든 미국적인 것이 넌덜머리가 난다면, 자기 동네에 있는 맥도날드에 화풀이를 하는 게 좋다.

하지만 진실은 언제나처럼 복잡하게 꼬여 있다. 동물복지 쪽에서 맥도날드의 공헌을 보면 그렇다. 맥도날드의 창업주 레이 크록(Ray Kroc)은 이빨도 안 들어갈 만큼 거친 경영 방식으로 유명했다. "경쟁 업자가 물에 빠졌다. 어떻게 해야 할까?" 언젠가 그는 이런 질문을 던지고, 스스로 대답한 적이 있다. "호스를 가져다가 그의 입에 처박아 버려라."[1] 따라서 1990년대 초, 헨리 스피라는 뉴욕의 동물권리 운동가가 더 인도적인 방식으로 동물을 기르도록 맥도날드에게 압력을 행사하기로 했을 때, 그는 그 일이 결코 쉽지 않을 것임을 알았다. 스피라는 국제동물보호협회를 이끌고 있었지만, 사실상 그 협회는 그 한 사람만의 단체였다. 급여를 받는 직원도 없고, 스피라의 뉴욕 집(허름한 월세 아파트였다)을 빼면 사무실도 없었다. 그러나 스피라는 덩치 큰 상대와 싸울 때는 어찌해야 할지를 잘 알았다. 그는 1950년대와 1960년대에 남부에서 민권운동에 참여한 적이 있었다. 상선의 선원이었던 그는 부패한 노조 지도자와 맞서는 개혁 그룹에 속했는데, 그 지도자란 적대자들을 때려눕히기 위해 깡패를 고용하는 것도 서슴지 않는 자였다. 스피라는 40대 후반에 들어 동물권리 운동에 열을 올리면서, 예전의 투쟁 경험을 되살려 적용했다.

동물 관련 연구 조사 부문에서 몇 차례 놀라운 성공을 거둔 다음, 스피라는 농장 동물들에게 주의를 돌렸다. 그는 맥도날드의 주식을 사서는 1994년도 주주총회에서 동물들의 처우에 대한 결의안을 통과시키려는 운동을 벌였다. 맥도날드는 그에게 그 결의안을 철회하라면서, 공급업자들에게 동물들을 인도적으로 다루도록 하는 성명을 발표하겠다고 약속했다. 동물권리 운동가들은 대부분 그 성명이란 것이 아무 의미가 없으며, 스피라는 너무 쉽게 꼬리를 내렸다고 생각했다. 그러나 스피라는 그 성명 자체는 별 의미가 없더라도, 그것으로 업계의 새로운 기준을 수립할 첫걸음이 될 수 있다고 여겼다. "맥도날드가 1밀리미터만큼이라도 움직이면, 나머지 모두가 뒤를 따라 움직인다." 스피라의 말이었다. 하지만 그는 개인적으로는 결코 만족하지 않았다. 그는 인도적인 사육과 도살의 검증 가능한 기준이 나오기를 원했으며, 맥도날드가 그런 기준에 부합하지 않는 공급업자들과 계약을 해지하기를 원했다. 그 점에 대해서 맥도날드의 반응은 없었다. 1997년 맥리벨 사건으로 그 대중적 이미지가 크게 흔들린 뒤에야, 맥도날드는 변화에 동의했다.

우리는 앞서 맥리벨 재판에서 밝혀진 몇 가지 사항을 언급했다. 맥리벨 평결이 이루어지기 석 달 전에, 맥도날드 사의 셸비 야스트로(Shelby

Yastrow) 부사장은 스피라에게 퉁명스레 이렇게 말했다. "농장 동물의 복지란 것은 맥도날드의 우선순위에서 별로 높은 자리에 있지 않습니다." 그러나 그 평결 직후에 스피라가 받은 전화에서는 농장 동물복지에 대한 야스트로의 관심이 훌쩍 커져 있었다. 직접 비행기를 잡아타고 뉴욕으로 날아가 스피라를 만나볼 정도였다. 스피라는 야스트로를 설득하여, 축산 컨설턴트인 템플 그랜딘을 만나보고 맥도날드 햄버거용으로 도살되는 동물의 처우 개선에 관한 실제적이고 구체적인 이야기를 논의하도록 했다. '동물의 윤리적 대우를 위한 모임'의 증가되는 압력에도 시달리고 있던 야스트로는 그렇게 하기로 동의했다. 얼마 후, 맥도날드의 의뢰를 받은 그랜딘은 맥도날드에 고기를 공급하는 도살업체들을 위한 동물복지 감사(監査) 시스템을 개발했다. 1999년에 그랜딘의 감사 시스템이 완성되어 시행에 들어갔고, 맥도날드는 그 공급업자들에게 감사 결과 기준에 미달된 업체는 30일 내에 시정 조치를 하든지, 맥도날드와 거래를 끊든지 하라고 통보했다. 3년 뒤, 그랜딘은 자신이 그 일에 뛰어든 이래 도살업계에서 30년 동안 이루어진 개선보다 더 많은 개선이 1999년 이후에 이루어졌다고 밝혔다.[2]

이 변화는 도살장에 국한되지 않았다. 2000년 8월, 맥도날드는 달걀업계에 충격을 주었다. 미국의 달걀 공급업체들이 암탉에게 제공하고 있는 공간을 거의 50퍼센트나 늘려서, 기존의 닭 한 마리당 평균 50평방인치에서 최소 72평방인치를 주도록 하라고 맥도날드가 요구했기 때문이다. 더욱이, 맥도날드는 더 이상 '강제 털갈이(앞서 설명한 것처럼, 암탉이 다시 알을 낳을 수 있는 채비를 하게끔 굶기는 방식)'를 시킨 닭의 달걀을 받지 않을 것이라고 했다. 맥도날드는 고통스러운 부리 잘라내기 수법도 차차 사라지기를 바란다고 밝혔다. 당시 달걀생산연합은 물론 미국 어디를 가도 암탉의 동물복지 기준을 찾아볼 수 없었다. 맥도날드의 환경 문제 담당 이사인 밥 랭거트(Bob Langert)에 따르면, 이 패스트푸드 체인은 이 부문의 선구자가 되려는 참이었다.[3]

그리고 사실 미국 달걀업계의 동물복지 기반이 제로였던 것을 생각하면, 맥도날드는 분명히 선구자였다. '동물의 윤리적 대우를 위한 모임'은 이제 압력의 대상을 두 번째로 큰 패스트푸드 체인인 버거킹으로 바꾸었다. 그리고 그들 역시 머지않아 맥도날드와 비슷한 기준을 발표했다. 그다음은 웬디스의 차례였다. 그리고 이때, 전국체인레스토랑협회는 그 회원들이 개별적으로 대응하는 것을 그만두는 한편 식품마케팅협회와 함께 일반적 기준을 마련하기로 했다. 이들 조직의 회원업체들은 미국의 식품 소매점의 4분의 3을 차지하며, 12만 곳의 점포를 포함한다.[4] 스피라는 이 성과를 보지 못한 채 세상을 떠났다. 그러나 그는 옳았다. 맥도날드가 1밀리미터만큼 움직이자(그리고 계속 움직이고 있다), 나머지 업계가 일제히 뒤를 따랐던 것이다.

좀 덜 잔인한 빅맥?

맥도날드의 변화는 중요하게 살펴볼 가치가 있다. 그랜딘은 미국에서 맥도날드와 일했을 뿐만 아니라 오스트레일리아, 브라질, 영국, 중국, 뉴질랜드, 노르웨이, 태국에서도 소 도살의 진행과 사전 기절 과정에 대해 연구했던 사람이다. 그녀는 이렇게 말한다. "[도살 방식은] 맥도날드 이전과 맥도날드 이후 시대로 구분할 수 있다. 그것은 밤과 낮만큼이나 차이가 크다."[5] 그녀가 개발한 감사 시스템이 정말로 믿을 만한지 모두가 확신하는 것은 아니다. 감사 일정이 사전에 제시된다면, 도살장 관리자들은 평소보다 도살 라인을 느리게 돌려서 도살 직전의 기절 과정이 더 꼼꼼하게 이루어지게 할 것이고, 그리하여 감사에서 떨어지지 않을 수 있을 것이다. 불시에 감사를 한다고 해도, 감사관들이 주차장에 도착하는 순간 비상경보가 울리는 시스템을 갖춘다면, 그들이 도살실에 들어서기 전에 라인을 느리게 만들 수 있을 것이다.

그렇지만 우리는 맥도날드의 조치 덕분에 소와 돼지의 도살 과정이 현격하게 개선되었다는 그랜딘의 주장을 대체로 받아들여도 된다. 하지만 불행히도 맥도날드는 닭의 도살 과정에 대해서는 개선 노력을 전혀 기울이지 않고 있다.

오랫동안 이루어져온, 강제 털갈이를 위한 닭 굶기기를 그만두게 만든 것도 맥도날드의 중요한 공헌이다. 하지만 암탉에게 공간을 더 주도록 한 조치는 조금 더 생각해볼 필요가 있다. 그래봤자 그 수준이란 유럽에서는 이미 폐지 과정에 들어간, 여전히 좁은 수준의 공간이며, 유럽에서 그 공간 기준을 폐지하기로 한 까닭은 과학자들의 연구 결과 닭에게 부적절하다고 밝혀졌기 때문이다. 비록 맥도날드에서 선임한 조이 멘치가 맥도날드의 동물복지위원회에 80인치의 공간이라도 암탉 한 마리가 편안하게 일상적 동작을 하기에는 너무 좁다고 지적했음에도, 아직 아무런 개선 조치가 나오지 않는다.[6] 역시 맥도날드의 동물복지위원회 소속이며 동물복지협회의 농장 동물 부문 자문 위원이기도 한 다이안 핼버슨(Diane Halverson)은 이 기준이 암탉의 복지를 확실히 보장한다는 생각이 일반화될 수도 있다는 점을 우려한다. 그녀는 《샌프란시스코 크로니클》 기자에게 이렇게 말했다. "이것은 동물복지 기준이라고 할 수 없습니다. 잔인성의 기준이지요."(추가된 공간이 너무 미미하므로, 이것으로는 동물복지가 얼마나 잘 되어 있는지를 가늠하기보다 동물이 얼마나 학대를 덜 당하고 있는지를 가늠하는 게 낫다는 것-옮긴이) 우리가 그녀에게 그 발언을 좀 더 구체적으로 풀어달라고 하자, 그녀는 맥도날드가 농장 동물에게 자행되어온 가장 가혹한 대접, 가령 강제 털갈이나 불충분한 기절 및 잔혹한 도살 과정 등에 주목한 점은 사실이라는 말로 이야기를 시작했다. 그러나 공장 농업이라는 문제 자체로 이야기가 옮겨지자, 그녀는 근본적으로 잘못된 시스템을 가지고 겉부분만 조금 손질한다고 별로 달라질 게 없다는 입장을 내세웠다.

햅버슨은 맥도날드가 대주주로 있는 치폴레 멕시칸그릴의 예를 따라야 한다고 생각한다. 치폴레는 동물이 자연 그대로 살아갈 수 있도록 해주는 대안적 농업 시스템 쪽에서 식재료를 공급 받는 방법을 모색 중이다.[7] 맥도날드는 또 동물복지에 대한 대중적 인식이 더 두드러지는 영국에서 그 자신이 어떤 정책을 취하고 있는가를 돌이켜보아야 한다. 영국 맥도날드는 놓아기르는 닭이 낳은 달걀만 쓴다. 비록 지금의 미국에서 동물친화적인 농장의 산물만 쓰려면 공급이 수요에 달릴 수밖에 없지만, 햅버슨은 맥도날드가 시장 형성에 나서서 동물을 제대로 대접하는 농가에 타당한 가격을 지불한다면, 공급은 곧 확대되리라고 여긴다.

장기적으로 볼 때, 퍼듀 대학교의 식육용동물복지센터 같은 곳에 맥도날드가 연구비를 대고 있는 것 역시 동물복지에 상당한 기여가 될 것이다.[8] 버거킹과 웬디스 역시 여기에 동참 중인데, 이들 패스트푸드 체인의 연구 지원은 과학적으로 용인 가능한 동물복지 수준을 찾고 더 나은 복지를 실현할 수 있는 농업 방식을 개발한다는 목표를 가지고 있다. 하지만 맥도날드의 다른 동물복지 관련 노력은 정체되어 있는 듯하다. 맥도날드에 달걀을 공급하고 있는 암탉들은 아직도 불에 달군 칼로 부리를 잘리고 있다. 1998년으로 돌아가서, 밥 랭거트는 스피라에게 맥도날드가 돼지 칸막이를 쓰지 않는 업자에게서 베이컨 등의 돼지고기 식재료를 구입할 생각이라고 말했다. 그런 돼지 칸막이가 불법인 영국에서는 맥도날드가 그런 방식을 쓰지 않는 업자를 구하는 일이 어렵지 않다. 다른 나라보다 기준이 느슨한 미국에서는 맥도날드의 입장도 느슨해 보인다. 유럽에서는 고기와 유제품, 달걀에 두루 확실한 기준에 따라 농장을 선택하는 맥도날드지만, 미국에서는 단지 달걀에만, 그것도 그리 엄격하지 않은 기준을 적용할 뿐이다.

건강과 환경을 더 생각하는 빅맥?

유전자 가공식품에 대한 반대 운동, 여기서도 맥도날드는 선구적인 위치에 있다. 동물에게 항생제를 반복 투여하면 항생제에 내성을 가진 박테리아 생성을 돕게 된다는 강력한 과학적 증거를 농축산업계에서 계속 외면하던 시절에, 맥도날드는 업계 이익보다 과학 쪽을 택한 '식용 가축 항생제 사용에 대한 국제 방침'을 발표했다. 그 방침에 따르면 동물에게 생장촉진제를 쓰거나 사람의 의약품에 쓰이는 것과 가까운 항생제를 투여하는 일은 금지된다.[9] 이 방침이 발표되고 2년 뒤, 미국 식품의약국은 사람에게 항생제 내성 질병을 발생시킬 수 있다는 점에서 항생제인 베이트릴 사용을 금지했다.[10] 이미 1989년에, 맥도날드는 지금 막 열대우림을 벌채해서 만든 땅에서 기른 소의 고기를 구입하지 않는다는 방침을 세움으로써 다른 햄버거 체인에 앞서 있었다.

하지만 이런 몇 가지 점 외에 더 뜯어보면, 맥도날드가 환경에 공헌한 내용이란 그리 뚜렷하지 않음을 볼 수 있다. 그 웹 사이트에서 열람할 수 있는 맥도날드의 『기업 책임 보고서』에 따르면, 동물복지 문제만이 아니라 사회와 환경에 대한 책임까지 다루고 있다. 2004년도 보고서는 이 책을 쓰는 시점에서는 최신의 것인데, 기업의 책임에 대해 생각할 수 있는 거의 모든 면을 언급함으로써 강렬한 인상을 준다. 소수 인종이나 여성의 고용 문제 같은 경우에는 그런 범주에 드는 사람들이 직원 중에 차지해야 할 비율과 맥도날드 프랜차이즈 소유자의 비율을 상세히 규정하고 있다. 하지만 그것은 환경 문제에 대한 부분과 대조되는 상세함이다. 환경에 대해서는 대체로 말뿐이고, 구체적인 것이 나와 있지 않기 때문이다.[11]

예를 들어 그 보고서는 유럽 맥도날드가 소고기, 닭고기, 유제품, 감자, 밀, 양상추에 대한 기준을 가지고 있음을 밝히고 있다. 그러나 그런 기준이 미국과 다른 나라에는 없다는 사실을 언급하지 않으며,

왜 그런지에 대해서도 말이 없다. 이 보고서에서 가장 주목되는 부분은 맥도날드의 야심찬 환경보호정책에 대한 설명인데, 수질오염과 대기오염 문제, 에너지 사용에 따른 온실효과 문제, 토양의 건전성 유지 문제, 농약 사용 문제, 생물 다양성 보존 문제 등을 두루 다루고 있다. 하지만 그 언어는 대체로 모호하며, 그런 정책을 과연 구체적으로 어디서, 어떻게 실천하겠다는 것인지 전혀 언급하지 않는다. 물고기의 경우, 이 보고서는 맥도날드가 어족 보존에 대한 환경 기준을 갖고 있으며, 따라서 지속 가능한 방식으로 획득된 물고기만 구입하고 있음을 보증한다. 아울러 맥도날드의 유럽 공급업자 한 사람의 발언을 인용하는데, 그는 해양관리협회(Marine Stewardship Council)가 정한 기준을 원용하고 있다고 한다. 그러나 유럽 밖에서도 맥도날드가 그 기준에 따르고 있는지는 분명하지 않다. 맥도날드의 환경 문제 담당 이사 봅 랭거트는 우리가 그에 대해 문의하자 답변을 회피했다.

따라서 이러한 환경 관련 문제에 대해서는 맥도날드의 실천이 얼마나 그 말에(책임 보고서에 나타난) 부합하고 있는지 확인할 길이 없다. 아무튼 맥도날드는 다루기가 힘든 환경 문제를 끌어안고 있음이 틀림없다. 왜냐하면 그 메뉴의 알짜가 그런 문제와 떨어질 수 없기 때문이다. 맥도날드가 더 환경친화적이고 지속 가능한 식단을 꾸밀 진지한 뜻이 정말로 있다면, 옥수수를 먹인 소의 고기, 특히 현대식 사육장에서 나온 고기부터 끊어야 한다. 그것은 마이클 폴란의 말처럼 '기름 바다를 떠다니는' 고기인 것이다.

맥도날드가 그런 준비를 하고 있다는 조짐은 없다. 하지만 캐나다 전역과 일부 미국 도시들에서 맥베지 버거(McVegie Burger)를 팔고 있기는 하다(버거킹은 모든 점포에서 베지 버거, 즉 콩으로 패티를 만든 햄버거를 팔고 있다). 에머리 대학교 의학부의 가정 및 예방의학과에서 조교수로 재직 중인 에리카 프랭크(Erica Frank)는 맥베지 버거와 보통의 맥도날드 햄버거를 비교해보았다. 그녀의 말로는 보통 햄버거

대신 맥베지 버거를 선택할 경우 당뇨병, 고혈압, 고(高)콜레스트롤, 암, 심장혈관 질환에 걸릴 위험이 줄어든다. 또한 이 콩 패티 햄버거는 더 환경친화적이기도 하다. 그녀는 이렇게 덧붙인다. "뿐만 아니라 두 햄버거의 맛은 비슷합니다. 그러니까 자신의 건강과 지구의 건강을 생각하는 사람에게는, 아주 쉬우면서도 바람직한 첫걸음이 될 수 있죠."12)

작은 것이 아름다운가?

대형 체인 레스토랑은 독자적으로 운영되는 소규모 레스토랑보다 광고에서 앞서며, 무엇을 먹을 것인지에 대한 우리의 선택을 일정하게 유도하며 우리의 식단을 자신들의 메뉴에 맞춰가는 능력이 훨씬 뛰어나다. 그리고 그런 레스토랑은 그 능력을 자신의 이익 증대에 쓰게 되어 있다. 그러나 그들이라고 해서 고객의 생각까지 통제하지는 못한다. 또한 그들의 시장점유율을 지키기 위해서는 고객의 관심에 부응할 필요도 있다.

다국적 대기업에 대해서 말할 수 있는 험담은 많다. 그러나 전국적 또는 전 세계적으로 널리 알려진 로고를 가진 기업들에 대해서도 할 말이 있다. 헨리 스피라나 '동물의 윤리적 대우를 위한 모임'이 맥도날드의 식재료 공급에 대해 일부 개선하도록 한 일은 쉽지 않았다. 하지만 3만여 개의 독자 운영 햄버거 업체들에 대해 비슷한 개선을 요구하는 일은 더욱 어렵다.

햄버거를 하나 사 먹으면서 그 패티용 고기가 유기농법에 따라 자유롭게 방목되며 풀을 먹고 자란 동물의 고기라는 것을 알 수 있다면 문제가 없다. 하지만 그런 정보가 없는 상태에서 동네 햄버거 가게의 햄버거가 맥도날드 햄버거보다 더 나은 환경 및 동물보호 조건에 따라 만들어진 것인지를 보장할 방법은 없다. 오히려 더 나쁠 수도 있다. 왜냐하면 거기에 쓰인 소고기는 맥도날드의 감사 시스템 같은 것이 없는 도살장에서 왔을 수 있기 때문이다. 또한 닭고기도 맥도날드가 불허하는 항생제 모이를 주어 키운 것일 수 있으며, 달걀도 맥도날드의 조건에 비해 비좁은 공간에서 사육된 암탉이 낳은 것일 수 있다.

월마트, '언제나 낮은 가격', 그러면 비용은?

제이크의 치킨이 전형적인 미국 음식이라면, 그녀가 그것을 구입한 곳 역시 오늘날에는 그만큼 미국적인 것의 대명사로 받아들여진다. 월마트는 모든 것에서 '최대'라는 수식어가 붙는다. 세계 최대의 식품점, 세계 최대의 소매상, 세계 최대의 기업. 국가 규모가 아닌 이상, 어떤 것도 월마트에 필적하지 못한다(설령 월마트를 하나의 국가라고 쳐도, 세계의 국가들 중 80퍼센트보다 더 큰 경제 규모를 가지고 있다). 매주 1억 3,800만 명이 미국과 다른 9개국에 있는 5,000곳의 월마트 점포를 방문한다. 전 세계적으로 1,600만 명의 종업원을 가진 월마트는 미국에서, 그리고 멕시코와 캐나다에서 가장 많은 노동 인구를 고용한 사기업이다. 우리가 먹을거리의 윤리를 생각할 때, 빼놓을 수 없는 것은 우리가 먹는 음식이 어떻게 만들어졌는가뿐만 아니라 어떻게 판매되는가이다. 그토록 많은 사람이 월마트를 이용하고 있다면, 거기에는 뭔가 문제가 없을까?

월마트를 주의 깊게 봐야 할 필요는 무엇보다 그 규모에 있다. 월마트는 이미 미국의 식품시장 중 11퍼센트를 장악했으며, 메릴린치의 애널리스트인 대니얼 베리(Daniel Berry)의 말에 따르면 2013년에는 21퍼센트까지 차지할 것이라고 한다.[13] 당연히 최대 식료품 구매자이기도 한 월마트는 그 구입 식료품이 만들어지는 과정에 대해서도 막

대한 영향력을 가지고 있다. 과연 하나의 회사가 그렇게 큰 비중을 차지해도 좋은 것일까? 그 대답은 그 기업이 어떻게 행동하느냐에 따라 달라질 것이다.

월마트처럼 큰 회사치고 비판의 여지가 없는 곳은 없으며, 월마트는 하도 많은 비난에 시달리기 때문에 이에 반격할 '작전실'까지 마련해둔 상태이다.[14] 그러므로 월마트가 부인하지 않으며, 도리어 자랑하고 있는 것들을 중심으로 이야기해보자. 말하자면 월마트가 '언제나 낮은 가격'을 제공하기 위해 비용을 절감하는 방식을 보자. 월마트의 CEO 리 스콧(Lee Scott)은 월마트가 공급업자를 대하는 방식에 관해 CNBC의 데이비드 파버(David Faber)에게 이렇게 말했다. "우리는 이런 식이죠. 그쪽과 한 자리에 앉은 다음 이렇게 말하는 겁니다. '당신들과 거래하면서 우리가 비용을 줄일 수 있는 방법은 무엇일까요?'"[15] 그 결과, UBS-워버그(Warburg) 연구에 따르면, 월마트는 다른 대형 마트에 비해 17퍼센트 내지 20퍼센트 정도 싼 식품을 내놓고 있다. 여기서 질문, 끊임없이 비용을 절감하려고 애쓰면서, 월마트는 과연 윤리적 기준을 착실히 지키고 있을까?

낮은 가격, 좋은 일이다. 제이크처럼 다른 마트에 가는 대신 월마트에서 먹을거리를 삼으로써 식비를 줄일 수 있다면, 그 돈을 다른 긴요한 데 쓸 수 있을 것이다. 아니면 뜻있는 일에 기부할 수도 있으리라. 음식값이 싸다면 부자에 비해 식비 지출 비중이 큰 가난한 사람들에게도 좋은 일이 된다. 빈민 구역에 사는 사람들은 종종 신선한 식품을 구입할 곳이 없고, 그나마 있는 가게는 부유한 지역의 가게보다 도리어 물건값이 비싸다. 만약 그곳에 월마트가 들어선다면(월마트는 미국의 빈민 구역에 비교적 많이 들어서 있다), 사정이 달라질 것이고, 가난한 사람들은 상당히 득을 볼 것이다.[16]

그러나 낮은 가격의 식품가게가 갖는 긍정성은 한편으로 부정성을 가릴 수도 있다. 그 낮은 가격이 다른 누군가에게 비용을 전가한 결과라면 말이다. 2004년, 월마트 대변인 모나 윌리엄스(Mona Williams)는 《포브스(Forbes)》지와의 인터뷰에서 자사의 정규 직원들이 1만 8,000달러의 연봉을 받는다고 밝혔다. 어떻게 보면 꽤 많이 받는 것 같다. 하지만 그 숫자가 정확하다고 쳐도, 해당 종업원이 4인 가정을 가지고 있다고 하면, 빈곤선 이하로 생활해야 한다는 의미가 된다. 성차별 혐의로 월마트를 고소한 고소장 내용을 일부 분석해보니, 캘리포니아 주의 임시직 노동자들은 평균 2,000달러를 매년 공공보조금으로 (건강보험, 식량 전표, 주택보조금 등) 지급받고 있었다. 만약 모든 캘리포니아 주 소매점들이 월마트 수준으로 직원 봉급과 혜택을 낮춘다면, 이 주는 매년 4억 달러의 재정 부담을 더 지게 될 것이다.[17] 2005년에 월마트는 그 종업원 자녀의 거의 절반이 건강보험에 들어 있지 않거나 국가 의료보조를 받는다는 사실을 확인했다. 월마트 스스로, 미국 전 매장의 종업원들 중에서 보면 3분의 1이 그 경우에 해당된다는 사실을 인정했다. 월마트의 고위 임원으로서 이 조사의 총책임자였던 수잔 체임버스(Susan Chambers)는 그 결과에 "깜짝 놀랐다"고 한다. 월마트 비판자들은 놀라지 않았지만 말이다. 월마트는 종업원들의 건강보험 혜택을 늘리겠다는 말을 귀에 못이 박히도록 해왔다.[18]

그럼에도 월마트는 "우리가 납세자들의 돈을 갈취하고 있다는 말은 어불성설"이라면서 자신들이 연방정부, 주정부, 그리고 지역사회에 내고 있는 막대한 규모의 세금(영업세 포함)을 들먹인다.[19] 그러나 이것은 제대로 된 대답이 아니다. 만약 월마트 대신 더 나은 임금과 복지 혜택을 주는 업체들이 그 자리를 차지한다고 해도, 소비자들은 같은 수준으로 식품을 구매할 것이다. 따라서 지금 월마트가 내고 있는 여러 세금은 지금 월마트가 파는 식품을 팔게 될 여러 업체 또는 가족 경영 소매점들이 그대로 낼 것이고, 한편 더 나은 보수를 받는 종업원들은 납세자들의 세금에 기대는 대신 그들 스스로 세금을 낼 것이다.

월마트가 전체 사회의 임금 및 복지 혜택에 어떤 영향을 미치는지는 2002년 그 기업이 향후 3년 동안 캘리포니아에 40개 신규 점포를 열겠다고 발표했을 때 뚜렷이 나타났다. 그러자 캘리포니아 주에는 그 주의 최대 식품점 체인들인 세이프웨이, 앨버트슨, 크로거의 연합 전선이 구축되었다. 이 업체들에는 미국에서 계속 노조를 배제해온 월마트와 달리 노조가 조직되어 있고, 그 노동자들은 월마트 노동자들보다 50퍼센트 정도의 보수를 더 받으며 보험 혜택도 좋다. 이 3대 체인은 이러한 비용 문제가 월마트와의 시장점유율 대결에서 자신들에게 불리하게 작용하리라고 여겼다(그리고 그 생각은 상당한 타당성이 있었다). 그리하여 이 업체들은 자사 종업원들에게 임금을 동결하고 건강보험의 개인 부담분을 대폭 늘리는 새로운 고용 계약에 동의해줄 것을 요구했다. 사실상 그것은 임금 삭감을 의미했다. 그래서 캘리포니아 주 역사상 최대 규모의 파업 사태가 빚어졌으나, 그 고용주들의 월마트에 대한 공포와는 동떨어진 결과로, 7만 명의 단결된 노동자는 별 소득을 얻지 못했다. 20일 동안의 파업 끝에, 그들은 새로운 계약 조건에 동의했다. 월마트 또는 월마트가 가져올 위협이 임금과 혜택의 삭감을 받아들이게끔 했던 것이다.

월마트는 그 공급업자들에게도 마찬가지의 비용 절감 전략을 쓴다. 깁 케어리(Gib Carey)는 경영 컨설턴트 회사인 베인앤코의 공동 경영자인데, 월마트의 공급업자들을 고객으로 확보하고 있다. 케어리에 따르면 그 공급업체들은 월마트와 계속 거래하는 것에 사활을 걸고 있지만 그게 말처럼 쉬운 일은 아니라고 한다. "매년 지난해와 똑같은 상품에 대해서, 월마트에서는 이렇게 말합니다. '이게 지난해 당신네 가격이죠. 이건 당신네 경쟁업체가 제시하는 가격이고요. 그리고 이건 우리가 자체 브랜드로 내놓을 수 있는 가격입니다. 올해는 우리 거래처에서 더 나은 모습을 보여주면 좋겠군요. 그렇지 않으면 취급 품목을 다시 정리해야겠죠.'" 케어리의 말이다. 비즈니스 관련 작가인 찰스 피시먼(Charles Fishman)은 이렇게 요약했다. "위에서 월마트가 쥐어짜면, 공급업자들은 공급업자들대로 월마트처럼 합니다. 비용 절감을 위해 인정사정없게 나오는 거죠. 그들 자신이 월마트의 복사판이 되는 겁니다."[20] 그 결과, 미국제 물품의 공급업자들은 종종 더 낮은 임금으로 만들어진 더 싼 외국 제품을 찾게 된다. 그들이 그렇게 하지 않으면, 월마트 스스로 중국 판매상과 계약하고는 기존의 공급업자들을 잘라버릴 것이다. 월마트는 지난해에 중국에서 180억 달러의 상품을 구매했음을 확인해주었다.

미국보다 싸게 상품을 만들 수 있는 중국에서 상품을 구입하는 것이 잘못인가? 우리는 그렇게 생각하지 않는다. 중국 사람들, 방글라데시 사람들, 인도네시아 사람들도 일해서 먹고살아야 한다. 그리고 그들이 대체로 미국 사람들보다 가난하기 때문에, 아마도 일자리가 더 아쉬울 것이다. 그래서 우리는 해외 상품을 구입한다고 월마트를 비난할 생각은 없다. 그보다 문제점은 대상국이 빈곤과 부패가 극심한 국가인지 아닌지를 가리지 않고 무조건 비용을 줄이는 데 급급한 나머지, 그런 나라에서 노동자 착취 공장을 존치시키고 그 노동자들에게 열악한 작업 조건, 아동 노동, 부채의 덫 등을 강요하게 된다는 데 있다.

이 부문에서, 월마트는 과거의 잘못을 시인했다. 1993년에 《데이트라인(Dateline)》은 월마트에서 '미국제'로 팔리고 있는 옷가지들이 실제로는 방글라데시에서 만들어졌음을, 그리고 더 고약하게도 아동 노동의 산물임을 폭로했다. 4년 뒤에 리 기퍼드(Lee Gifford)가 진행하는 ABC의 모닝쇼에서 케이시-리라는 브랜드의 월마트 옷 역시 아동 노동으로 만들어졌음이 밝혀졌다. 월마트는 자신들이 엄격한 납품 기준을 갖고 있으며, 14세 이하 노동자의 고용을 엄금하고 있다고 주장한다. 그러나 월마트의 기준이란 그대로 따른다고 해도 노동자들이 고된 작업을 하게 될 수 있는 기준이다. 종업원들은 주 6일 근무로 72시간까지 일할 수 있으며, 그것은 6일 내내 하루 12시간씩 일한다는 말이다.

그리고 하루의 최대 가능 노동시간은 14시간이다.[21]

그러나 여기서 월마트를 비판하는 주된 이유는 월마트가 채택한 기준보다는 그 기준의 실천 방식에 있다. 가령 갭 같은 기업은 독자적인 조직이 그 기업에 납품하는 외국 공장들을 사찰할 수 있도록 한다. 월마트는 그들이 고용하는 사찰관만 선호한다. 그러한 불공정성은 분명 문제가 있다.

월마트는 식품마케팅협회(Food Marketing Institute, FMI) 회원이며, 따라서 이 협회가 전국체인레스토랑협회(National Council of Chain Restaurants, NCCR)와 함께 동물복지 기준을 수립하는 과정에 참여했다. 앞서 맥도날드를 이야기하며 보았듯이, 이 과정은 먼저 맥도날드가 시작하고, 다른 체인 레스토랑들이 뒤따르면서 이루어졌다. 하지만 식용 동물 생산업의 많은 부문에서 FMI/NCCR 기준은 기존의 공장식 농업 방식 내용을 그대로 묘사하는 것에 그치며, 아주 적은 부문에서만 땜질 처방을 하고 있다. 따라서 동물들에게는 그리 보탬이 되지 못한다. 예를 들어 이 기준에서 거의 그대로 채택한 전국닭고기협회의 동물복지 가이드라인은 앞서 본 것처럼 닭들에게 복사지 한 장만큼의 공간을 주고, 부리를 잘라내는 방법을 허용하며, 반쯤 굶기는 수법도 허용하고 있다. 또 닭을 한쪽 발을 잡아 들어 올리며, 한 손에 다섯 마리씩 닭을 들고 다니는 것도 허용한다.[22] 불행히도, 앞서 보았다시피, 본때 있는 동물복지 프로그램과 '언제나 낮은 가격' 사이에는 긴장이 존재한다. 우리는 그에 대해 제2부에서 홀푸드마켓의 동물복지 기준을 검토하면서 더 자세히 살펴볼 것이다. 홀푸드마켓도 식품 소매업체이지만, 월마트와는 정반대의 위치에 서 있다.

『월마트의 미국(The United States of Wal-Mart)』이라는 책에서, 존 디커(John Dicker)는 월마트의 성공이 우리에게 무엇을 의미하는지를 들려준다. "낮은 가격이라는 주문(呪文)이 소비문화에 뿌리까지 스며들어서, 가격 파괴가 더 이상 파괴적으로 다가오지 않게 되었다. 그것은 당연한 일처럼 여겨지고 있다."[23] 조금이라도 싸게 얻고자 하는 경향은 인간의 본성이라고 할 수 있으니, 이를 이상하게 보는 것이 이상할지도 모른다. 그러나 월마트에는 그러한 싼 가격 뒤에 납세자들, 지역사회민들, 동물들, 그리고 환경에 대한 부담이 숨어 있다. 그것은 월마트의 낮은 가격이 갖는 명백한 장점에도 불구하고, 월마트에서 음식을 사 먹는 일이 상당한 윤리적 문제를 갖게 되는 이유다.

매서렉-모타밸리 가족,
채소 위주의 잡식 식단

채소가 좋아, 생선이 좋아?

코네티컷 주 식민지의 개척자 중의 한 사람인 로저 러들로(Roger Ludlowe)는 1639년에 이미 인디언들에 의해 개간되었으나 이제는 임자 없는 땅이 된 곳을 발견했다. 초기의 유럽 탐험자들이 퍼뜨린 질병 때문에, 인디언들이 사라진 것이었다. 그가 그 땅에 일군 정착지는 곧 번영했으며, 그 지명은 그곳의 풍성한 풀밭에서 따 페어필드(Fairfield)가 되었다. 이 도시의 항구가 교역으로 붐비기 시작해 100년이 흐르자, 부와 독립 정신이 이 땅에 흘러넘쳤다. 그 중에서 독립 정신으로 말하면, 페어필드 주민들이 독립전쟁에서 비싼 값을 치르고 지켜낸 것이었다. 1779년에 2,000명의 영국군이 그곳을 깡그리 태워버렸기 때문이다.

 오늘날의 페어필드는 고속도로와 자동차길, 뉴욕과 보스턴을 잇는 철도 등이 내는 소음의 한복판에 들어앉아 있다. 이 도시의 5만 7,340명의 주민 가운데 짐 모타밸리와 그의 아내 메리 앤 매서렉, 그리고 그들의 딸인 아홉 살 마야와 일곱 살 델리아가 있다. 우리는 그들의 윤리적 식사 원칙(채소 위주이고, 동물복지에 대한 관심도 갖춘) 때문에 그들을 대상으로 골랐다. 메리 앤과 두 소녀는 인도적 사육법과 유기농법을 쓰는 농장에서 나온 고기와 유제품을 먹는다. 우리가 메리 앤에게 자라면서 좋은 식습관을 몸에 익혔는지 물어보자, 그녀는 웃으며 말했다. "우린 스팸을 먹었어요! 구운 스팸이 그렇게 맛있었죠. 어머니는 '빨간 스파게티'라며 드시는 게 있었지만 꼭 오렌지처럼 보였죠. 사실 그건 캠벨 토마토 수프랑 우유, 그리고 벨베타 치즈를 스파게티에 뿌려 섞은 것이었어요. 그리고 그걸 반드시 스팸이랑 먹곤 했죠." 그녀의 말로는 부모님 모두 일을 하셨고, 어머니는 아버지와 같은 시간에 귀가했다고 한다. 그러므로 그녀가 식탁에 내놓을 수 있는 식사는 그 정도였다.

환경 관련 글을 쓰고 편집하는 짐은 고기를 전혀 먹지 않는다. 육류와 가금산업의 일반적 운영 방식은 '믿을 수 없을 만큼 잔인하고 낭비적'이라고 믿기 때문이다. 그는 메리 앤과는 매우 다른 환경에서 자랐다. 짐이 열한 살이었을 때, 그의 가족은 이란으로 갔다. 그는 2년 동안 이란에서 살았고, 이란계였던 그의 아버지는 미국 국제개발기구에서 일하고 있었다. 그의 가족이 이란에서 보낸 2년 동안, 그는 쌀을 제외하고는 이란 음식을 먹지 않았다. 그리고 잠깐 미국으로 돌아왔다가 다시 2년간 해외에서 살았는데, 이번에는 북부 인도에 머물렀다. 그때 짐은 채식주의와 접하게 되었다. 인도인 중에는 다수가 채식주의자였기 때문이다. 그러나 그는 그러고 몇 년이 지난 뒤에야 고기를 끊었다. 그 결정은 동물복지보다는 주로 환경 문제 때문에 이루어졌다.

페어필드는 웨스트포트, 대리언, 그리니치 등등 코네티컷 주 해안을 따라 뉴욕에 이르는 가도에 곳곳이 있는 여러 부유한 도시 중 하나이다. 페어필드 주민과 통근자들 다수는 60마일 밖에 있는 맨해튼에 품격 높은 일자리를 가지고 있으며, 따라서 하루 세 시간 이상을 메트로노스 열차 속에서 보낸다. 짐과 메리 앤은 브루클론 지역에, 비교적 수수한 콜로니 스타일의 2층집에서 산다. 이 지역은 하나부터 열까지 전형적인 중산층 주거 지역으로, 한때 폴 뉴먼(Paul Newman)이 '코네티컷의 겨드랑이'라고 불렀던 사양산업의 도시, 브리지포트와 접하는 페어필드의 끝자락에 해당된다. 그들의 집 뒤뜰에는 중앙에 작은 연못이 있고, 그 주변으로 토마토, 후추, 고추냉이, 라스베리, 블랙베리, 블루베리, 그리고 로즈마리, 바질, 클리안트로, 팀 등의 허브를 키우는 정원이 있다. "전부 유기농법이죠." 우리가 델리아, 마야와 함께 정원을 산책하는 동안 메리 앤이 한 말이다. 그 아이들은 끊임없이 자기가 제일 좋아하는 식물이 무엇이고, 음식이 무엇인지 재잘댔다.

메리 앤은 좀 마른 체구에 짧은 머리, 크고 검은 눈의 소유자였다. 그녀는 블레싱화이트라는 회사의 제작부장으로, 그 회사는 "리더십과 일의 의미를 재창출한다"는 표어를 내건 직무훈련과 컨설팅 담당 회사였다. 그녀는 주로 재택근무를 했으나, 뉴저지 주 프린스턴에 있는 본사에 정기적으로 출근하는 한편, 미국 각지에 흩어져 있는 고객을 만나러 바쁘게 다니곤 했다. 그것은 곧 그녀가 약 20년 전에 집과 처음 살림을 차릴 때에 비해 요리에 많은 시간을 쓸 수 없음을 뜻한다. 우리가 집과 정원을 돌아보는 동안, 그녀는 마치 자기 딸의 친구인 양 딸들과 스스럼없이 수다를 떨었다. 그 소녀들은 갈래머리를 땋고 둥글고 쾌활한 얼굴을 가진 갈색머리의 귀여운 천사들 같았다. 우리는 그때 트레이더조스의 200개 '특별함을 파는 식품점' 중 한 곳을 막 방문하고 온 참이었다. 그 회사의 웹 사이트에 적힌 말로는, "우리의 상표를 붙인 모든 상품은 각각 특유한 '취향'에 맞춰져 있습니다. 채식주의자, 유대 율법 준수자, 유기농 식품만 드시는 분, 또는 단지 야릇한 음식을 즐기시는 분 모두가 우리의 상품에 만족하실 것이며, 또 모든 상품에는 최소한으로만 가공이 이루어져 영양소가 그대로 살아 있습니다." 하지만 우리가 비디오나 녹음기를 사용해 우리의 탐방 과정을 기록하고 싶다고 하자, 트레이더조스의 반응은 아칸소 주 메이블베일의 월마트에서 보인 반응과 틀리지 않았다. 페어필드점 담당자의 대답은 한마디로 '노(No)'였다.

우리는 거기서 사온 식료품 포장을 벗겨서 테이블에 늘어놓았다.

메리 앤은 각각의 상품을 들어서 그 상표를 읽었다. "이건 애플게이트 팜스에서 나온 제노아 살라미예요. 무가공이고, 항생제 없고, 값은 2.99달러. 싸지는 않죠. '미국 인도주의협회 감시 필', 이것은, 즉 여기 쓰인 고기가 나온 농장이…… 그러니까, '적절한 냉난방, 충분한 공간, 동물의 통상적인 동작을 허용하는 조건'을 갖춘 농장이라는 것이죠. 따라서 우리는 돼지가 자연 그대로 살아갈 수 있는 환경에서 길러진 돼지고기로 만든 살라미를 먹는 거예요!" 그리고 그녀는 베이컨 팩을 집어 들었다. "니만 목장 건조처리센터 베이컨. 이걸 잘 들어보세요." 그녀는 박스의 옆면에 쓰인 문구를 읽기 시작했다. "'니만 목장은 엄격한 축산 방식을 고집함으로써 세계에서 제일 맛있는 고기를 생산합니다. 대대로 내려온 방법으로 만드는 우리의 돼지고기는 초원 또는 건초가 풍부한 우리에서 자란 돼지에서 얻습니다. 우리 소규모 가족 목장에서 기르는 돼지는 인도적 대우를 받고, 최상의 사료를 먹고, 성장촉진제나 항생제 등은 일체 투여 받지 않습니다. 그리고 지속 가능한 자원의 하나로 보전되는 땅에서 자랍니다.' 가격은 비싸죠. 12온스짜리 팩 하나에 4.99달러니까요. 하지만 제가 자신하는데, 이건 당신이 맛본 중에 최고의 베이컨이 될 거예요. 마야와 저는 이것을 참 좋아하죠. 감칠맛이 나고, 두툼하고요."

이제 그녀는 달걀 한 판을 들어 올렸다. "이게 우리가 제일 좋아하는 거죠. 피트앤드게리에서 나온 유기농 달걀이랍니다." 가격표를 보니 여섯 개들이 한 판에 1.59달러였다. 그 상표에는 그 달걀들이 뉴햄프셔에 있는 방목식 사육 암탉들이 낳은 것이며, 이 암탉들은 약물이나 항생제 투여를 받지 않았고, 무농약 유기농 사료를 먹고 자랐다고 적혀 있었다. "여기 USDA 유기농 인증이 되어 있죠. 그리고 여기에는 인도적 사육 인증이 있고요. 이 모든 인증을 모두 갖춘 상품은 찾기 힘들어요."

그녀는 또 반 갤런짜리 우유를 집어 들고 그 상표를 읽었다. "트레이더조스의 유기농 우유는 지방의 가족 경영 농장에서 나옵니다. 이 우유는 유기농 인증을 취득했으며, 유기농 우유 생산 규정을 완벽하게 따르고 있습니다. 트레이더조스의 유기농 우유는 철저히 유기농 사료만 먹인 젖소의 우유입니다. 젖소도 그 사료도 어떤 호르몬제, 항생제, 살충제 처방을 받지 않았습니다."

"이건 '소이딜리셔스'예요. 콩으로 만든 아이스크림이죠. 애들이 좋아하니까 먹어요. 그 애들이 언제나 고기나 유제품의 대체 식품을 먹는 것은 아니지만요. 여기 그런 게 또 하나 있군요. '토퓨티큐티즈.' 하지만 가짜 핫도그만 한 게 있겠어요? 짐은 그것을 잘 먹지만, 애들은 질색해요." 그래서 쇼핑 목록에는 헤브류내셔널 제품인 소고기 핫도그도 포함된다.

메리 앤이 언제나 트레이더조스에서 쇼핑하는 것은 아니다. 여름이면 셔우드 농장에 가는 경우가 많다. "진짜 가족 경영 농장이죠. 손으로 직접 칠한 간판에다, 뒷마당에서 기른 식품을 언제나 구입할 수 있죠. 얼마나 많이 얻을 수 있는지 몰라요. 가지에, 오이에, 온갖 종류의 후추에, 완두콩에, 콜리플라워, 옥수수까지. 우리는 우리가 직접 기르는 토마토에다 그곳 토마토를 접붙였답니다. 저는 거기 가는 게 좋아요."

전화벨이 울렸다. 짐이 기차역에 도착했고, 메리 앤은 그를 픽업하러 집을 나섰다. "그는 스위스에서 여러 언론인과 발전소며 지속 가능적 공장들 등등 그곳의 환경친화적 시설을 보고 왔어요."

그들이 돌아오고, 메리 앤, 마야, 델리아는 우리가 짐과 이야기하는 사이에 저녁식사를 차리기 시작했다. 그는 특이한 복합성을 띤 인물이었다. 기자연맹 가입 프리랜서 칼럼니스트이면서, 동시에 환경운동가라니. 그는 《이(E)》라는 환경 관련 격월간 잡지를 편집한다. 또한 '클린 카(무공해 자동차)'를 다루는 『포워드 드라이브(Forward Drive)』라는 책과 환경친화적인 운송 방식에 대한 『교통지옥 때려잡기(Breaking Gridlock)』라는 책을 공동 집필했다. 그리고 『지구가 뜨거워진다

(Feeling the Heat)』라는 지구온난화 관련 서적의 편집도 맡았다. 우리가 그를 만나던 시점에는 그의 네 번째 책이 될 『그린 리빙(Green Living)』이 집필 과정에 있었다. 생태주의적이고 소박한 생활 방식에 대한 책이라고 한다. 이 모든 것으로도 성이 안 차는지, 짐은 여러 학술대회에 참석하는 한편 비상업 방송인 WPKN에서 시사 문제 및 포크, 재즈, 블루스 등 음악 이야기를 다루는 라디오 쇼에 출연하느라 출장이 잦았다. 그래도 가족과 보내는 시간은 많은 편이었다. 우리는 삶의 균형을 잘 잡는 그의 차분한 기질이 부러웠다. 일곱 시간 동안 비행기를 타고 시간 변경선을 여섯 번이나 넘으며 날아온 다음, 다시 두 시간 동안 기차를 타고 막 도착한 참이었는데도 어느새 가족들과 자연스레 어울리는 짐이었다.

"저는 4분의 1만큼 WASP〔백인(White) 앵글로색슨(AngloSaxon) 개신교(Protestant)를 가리키며, 대체로 미국에서 가장 오래된 가문들과 연결된 주류 기득권층을 의미한다-옮긴이〕입니다. '올드 뉴잉글랜드'죠. 채드윅 가문, 비들 가문, 바레트 가문 등의 피가 섞였죠. 모계의 증조할아버지는 하버드 의과대학의 최고참 졸업생이며, 결핵 치료의 선구자였던 헨리 덱스터 채드윅(Henry Dexter Chadwick)입니다. 부계 쪽은 이란 혈통이죠. 그쪽도 아마 귀족 가문이라나 봐요." 짐은 껄껄 웃었다. "녹색 터번을 쓰는 사람들이죠. 예언자(마호메트-옮긴이)의 직계 혈통임을 나타내는 거랍니다." 그는 외할아버지의 형제 중 한 사람은 이란의 사브제와르라는 도시를 다스렸다는 말을 덧붙였다.

"그리고 네 명의 부인을 거느리고 말이지." 메리 앤이 톡 쏘았다. 짐은 자기 부모가 일본에서 만났고, 메리 앤은 슬로바키아계라는 말을 했다.

"그렇기는 하지. 절반만." 그녀가 말했다. "우리 어머니는 아일랜드와 독일의 혼혈이죠. 저희 집안에는 농부의 피가 흘러요."

"아주 건강하고 억센 농부의 피죠." 짐이 여전히 껄껄대며 말했다.

저녁식사는 모두의 입맛과 식사 원칙에 따라 준비된 것이었다. 처음에는 짐과 딸들을 위한 유기농 호두와 당근 수프가 나왔다. 그들이 수프를 먹는 동안 메리 앤은 큰 볼에 담긴 유기농 채소에 유기농 페타 치즈 조각을 으깨 버무리고 있었다. 그다음에 그녀와 딸들은 베이컨에 싼 필레 미뇽을 먹었다. 이 세 사람은 그들 스스로를 '세심한 육식주의자'라고 불렀다. 말하자면 인도적 또는 유기농적 기준에 합당한 고기만 먹는다는 것이었다. 짐은 채식주의자이지만 가끔 생선 한 토막 정도는 먹는데, 그 물고기가 어떻게 잡혔는지 알 수 있는지가 관건이라고 했다. 오늘 밤에는 쿠스쿠스에 곁들인 노르웨이산 연어가 그의 메뉴였다.

그게 전부는 아니다. 마야가 벌떡 일어나더니 스토브로 가서 자기가 발명했다는 가장 좋아하는 요리를 살폈다. '모타밸리 소스'를 곁들인 이집트콩. 짐은 그걸 만드는 법을 설명해보라고 했다. "응 그러니까, 양파를 잘게 썰어서 올리브 오일로 살짝 튀겨요. 그리고 캔으로 파는 이집트 콩에 쏟아 붓는 거죠. 이집트 콩이 맛나게 구워질 때까지 잘 요리하고, 레몬주스 조금이랑, 소금과 후추도 살짝, 그리고 그걸 몽땅, 마구 뒤섞어버려요. 그러면…… 짜잔!" 우리는 웃음을 터뜨리며 박수를 쳤다.

"아주 잘했다, 마야. 텔레비전에 나가서 요리 쇼를 해도 되겠어." 짐이 말했다. 이 인상적인 만찬을 들면서, 우리는 매서렉-모타밸리 가족의 식단을 구성하는 윤리적 고려에 대해 이야기했다. 짐은 자동차 관련 글쓰기 경험을 예로 들면서 이렇게 말했다. "사람들은 윤리적인 선택을 하고 싶어 합니다. 환경에 이로운 쪽으로 선택하고 싶어 하죠. 그러나 그 대신 뭔가를 희생할 의사는 별로 없습니다. 여전히 싼 물건을 사고 싶어 하는 거죠." 메리 앤도 이렇게 맞장구쳤다. "음식 이야기를 할 때는 맛의 문제를 빼놓을 수 없어요. 윤리적 선택도 중요하지만, 맛도 중요해요." 그녀는 윤리적 문제와 맛, 편리함, 가격 등등의 조건을 종합적으로 고려하는 일의 어려움을 토로했다. "저는 할 일이 많기 때문에 되도록 편리하게 먹을거리를 구했으면 하죠. 제가 좀 더 시간 여유가 있다면 좀 더 윤리적으로 나은 선택을 할 거예요. 하지만 지금 상황에서는 지금의 방식대로 하는 수밖에 없어요."

그들은 자신들의 윤리적 고려 사항 몇 가지를 들었다. 먹을거리 생산자가 노동 문제에 대해 얼마나 양호한가, 기업 책임은 잘 준수하고 있는가, 동물복지, 환경에 대해서는 어떤가 등등. 그리고 이를 더욱 세분화해서 보면 훨씬 복잡해진다고 한다. 가령 환경이라는 큰 주제를 놓고, 짐은 에너지 효율성, 수질 보전, 폐기물 관리, 유독성 부산물 처리 등등을 고려한다. "다른 것도 있지만, 바로 그 점에서 저는 육고기 생산업에 반대합니다. 믿을 수 없을 만큼 낭비가 심하고, 환경에 악영향을 주거든요. 1파운드의 고기를 만들어내려면 8파운드의 곡물이 필요합니다."

마야와 델리아는 밥 먹다 말고 아빠를 쳐다보았다.

델리아: "나도 알아요. 하지만 고기를 안 먹기는 힘들어요."

마야: "안 먹을 수도…… 하지만 소고기는……."

짐: "델리아, 왜 힘들다는 거지?"

마야: "고기 안 먹어도 돼요……. 스테이크만 빼놓고는 안 먹을 수 있어요."

짐은 델리아에게 같은 질문을 했다.

델리아: "베이컨과 스테이크가 정말 좋은걸요."

마야: "난 생선이 좋아."

짐: "그 맛이 정말 너무 좋다는 거지?"

델리아: "네."

마야는 스테이크만 빼고 고기를 안 먹어도 된다는 말을 되풀이했다. 짐은 어떤 스테이크가 좋으냐고 물었다. "레어로 익힌 것." 그녀가 큰 소리로 말하고는 웃음을 터뜨렸다. 우리도 따라서 웃었다.

나중에, 소녀들이 옆방으로 간 다음, 짐은 그것이 가족끼리 벌이는 끝나지 않는 논란이라고 말했다. "쟤들에게 계속해서 말하고 있죠. 맛이 좋다고 다가 아니다, 왜냐하면 맛만 따라가다가는 설탕과 소금투성이만 잔뜩 먹게 될 테니까." 그는 잠시 말을 멈추고 웃었다. 그리고 고개를 저었다. "하지만 결국 끝까지 설득이 안 되는군요." 그는 부모가 아니었다면 더 손쉽게 윤리적인 식품 구매를 했을 거라고 생각한다. "부모인 이상, 아이들이 뭘 먹는지는 중요할 수밖에 없지요. 그리고 아이들 취향이란 식품 마케팅에 큰 영향을 받고요."

"저는 중간에 끼어 있답니다." 메리 앤의 말이었다. "아이들이 태어나기 전까지 10년 동안은 채식주의를 지켜왔고, 저도 당시는 채식만 했죠. 집에서 고기를 요리해본 적이 없었어요. 이따금 생선은 요리했지만, 대부분 어떤 동물도 요리하지 않았죠. 괜찮았어요. 전 요리를 좋아하지만요. 우리는 각자 다른 일을 하는 것을 좋아하죠. 그러다가 지난 6년, 아니 9년인가 동안에는, 사정이 더 어려워졌어요. 저는 일이 늘었고, 더 많은 식구의 입을 만족시켜주어야 했고, 따라서 고기가 우리 식탁에 올라오게 된 거죠." 하지만 그녀는 매주 몇 차례는 채식으로만 식단을 짠다는 점을 강조했다.

"자, 여기서 우리 가족은 일치가 안 되죠. 제게는 베이컨 같은 건 용서가 안 되거든요." 짐이 말했다.

그러자 메리 앤은, "뭐, 베이컨은 여러 가지 면에서 안 좋은 점이 있지. 왜냐하면 윤리적으로……."

"그렇게 말하면서 아이들에게 베이컨을 요리해주는 건 또 뭔데?" 짐이 퉁명스레 말했다. 그리고 아내가 미처 대답도 하기 전에 이렇게 덧붙였다. "뭐긴 뭐겠어요. 맛이 있다 이거죠."

메리 앤이 항변했다. "이유는 여러 가지야. 첫째, 그 애들은 학교에 다니고, 나는 걔들이 거기서 무엇을 먹는지 몰라. 절반 정도는 맛없어하는 걸 먹나 봐. 나는 걔들이 만족하는 것을 주고 싶다고."

"옳거니, 소금이랑 질산염 따위 말이지." 웃어젖히며 하는 짐의 대답.
"여름에는 베이컨은 절대 안 구워. 그때는 이 훌륭한 토마토를 정원에서 따오잖아. 모두 유기농이고, 모든 요리마다 다 넣잖아. 이렇게 토마토를 과잉 소비한 다음에는, 나가서 베이컨을 사와야 해. B.L.T〔베이컨(Bacon), 양상추(Lettuce), 토마토(Tomato)를 말함-옮긴이〕가 모자라니까. 정말 먹고 싶어 죽겠다고!" 메리 앤의 대답.

우리는 해산물로 화제를 돌렸다. 짐은 물고기를 어떻게 좀 더 환경 친화적으로 잡았는지에 대해 관심이 높았다. 그는 어족을 멸종시키지 않는 지속 가능한 어로 방식의 필요성을 말했다. 메리 앤은 다른 이유에서 고기보다 생선이 낫다고 했다. "저는 아이들에게 고기보다 생선을 주고 싶어요. 물고기는 소처럼 눈에서 감수성이 느껴지지 않기 때문이죠. 제가 포유동물보다 물고기를 선호하는 것은……그건……물고기라서 그렇죠, 뭐."

다시 화제는 다른 쪽으로 옮겨갔다. 짐은 대형 식품업체들이 유기농, 콩으로 만드는 고기 등 대체 식품 회사들을 인수하고 있는 최근의 추세를 우려하고 있었다. "이건 좋지 않다고 봅니다. 회사가 커질수록 비용과 불필요한 부문의 절감 필요성이 커지게 마련이고, 더 많은 이익을 올리기 위해 모든 것을 대량 생산 체제의 방식대로 평준화하기 때문이죠. 유기농 음식을 봅시다. 유기농 사업을 처음 시작한 사람들을 보면, 그들은 윤리적 문제에 더 이끌렸던 사람들이라고 할 수 있습니다. 하지만 저 대기업들, 강력한 기업들은 그들에게서 유기농 회사를 사들였지만 그런 윤리적 동기는 없어요. 그들은 '유기농' 사업이 갖추어야 할 조건을 한계까지 회피하려고 할 겁니다. 그리고 그런 기준을 완화하여 비용은 덜고 이익은 늘릴 수 있게끔 막대한 로비를 하겠죠. 유기농의 기준을 바닥까지 떨어뜨릴 겁니다. 그건 마치 중력의 법칙처럼 확실한 것이죠." 이제 그는 방금 전처럼 유머가 섞인 가벼운 분위기가 아니었다. "제 생각에 이건 돌이킬 수가 없어요. 기업은 최저 가격에 상품을 내놓기 위해 잘라낼 수 있는 곳은 다 잘라내버릴 겁니다. 낮은 가격을 들이대야 시장 점유율이 커지니까요."

"당신이 원칙주의자라는 건 알고도 남지." 메리 앤이 말했다. "저는 기업 세계에서 일해요. 기업 고객들을 가지고 있고요. 그들은 자신들의 가장 중요한 이익을 해칠 행동을 하지 않는 게 보통이죠. 현실은 이거예요. 우리가 지금까지 이야기한 윤리적인 먹을거리를 충분히 많은 소비자들이 원한다면, 기업은 어떻게든 그것을 장만하리라는 거죠. 그것은 그들에게 새로운 시장이 될 것이고, 기업은 새로운 시장을 좋아하게 마련이니까요."

우리는 다시 국제무역으로 화제를 돌렸고, 나는 우리가 마시고 있던 커피에 대해 질문했다. 짐은 자기네 잡지에 항상 증정품으로 들어오는 게 있다고, 평가를 부탁하고 보내는 것인데, 커피도 포함되어 있다고 말했다. "이상적으로는 커피란 '세 가지 인증'을 거쳐야 합니다. 유기농 재배, 공정 무역, 그리고 그림자 재배죠. 그림자 재배란 그림자가 지는 나무 아래서 커피를 재배했다는 것입니다. 그렇게 하면 새들에게 더 좋은 환경이 제공되니까요. 제 생각에는 이 커피는 세 가지 인증을 모두 통과했다고 봅니다. 하지만 우리는 할인마트 커피도 꽤 마시고 있죠."

메리 앤이 말했다. "저는 트레이더조스에서 더 많이 사올 수도 있어요. 하지만 거기서는 커피 원두만 팔죠. 그리고 저는 커피 가는 데 쓸 시간이 없거든요. 결국 이것도 편리함이 문제인 거죠."

잠시 침묵이 흘렀다. 옆방의 델리아와 마야만 빼면. 그 아이들은 기대하고 있던 깜짝 디저트는 아직 멀었냐고 소리치고 있었다.

메리 앤은 한숨을 쉬었다. "이제까지 말했다시피, 모두가 하나를 얻으면 하나를 포기해야 하는 거예요. 보다시피 우리는 이 문제를 두고 계속 옳거니 그르거니 하고 있죠. 짐은 저보다 원칙주의자이고, 저는 실용주의자죠. 우리가 좀 더 원칙적인 삶을 살아야 한다면, 아마 지금 우리가 사는 곳에서는 살지 말아야 할 거예요. 이 나라에서 제일 집값이 비싼 곳 중 하나니까요. 어쩌면 저는 일을 그만두어야 할 것이고, 또는 더 많은 시간을 낼 수 있는 일을 해야겠죠. 그러면 먹을거리를 기르고, 얻고, 준비하는 데 더 힘을 쏟을 수 있겠죠. 저는 우리가 더 환경에 대해 의식하고, 더 인도주의적이 되고, 더 정치적으로 올바르게 행동해야 한다고 봐요. 하지만 우리는 여기서 이렇게 살아가는 것이 좋아요. 사회적 네트워크가, 또는 가족과 친지들이 우리를 이곳에 묶어놓고 있죠."

디저트 좀 달라는, 점점 커지는 목소리를 야멸치게 무시하고서, 우리는 윤리적이자 실용적인 소비자로서, 그들이 구입하는 식품의 제조사가 하는 주장을 얼마나 믿고 있는지 물어보았다. 우리는 짐과 메리 앤에게 애플게이트나 호라이즌푸드 등등 그들이 상품을 구입하는 식품 제조업체 이름을 거론했다. 그런 업체들은 자신들의 상품이 윤리적이라고 광고하며, 그것 때문에 자사 상품이 고급인 것처럼 선전한다. 그런 업체들이 소비자들에게 자신들의 진짜 사정을 공개하고, 따져볼 수 있도록 하고 있는가? 소비자들이 실체를 알고 싶어 하면 그 궁금증을 풀어줄까? "나는 풀밭 위에서 행복하게 뛰어논다는, 당신네 젖소가 낸 우유를 샀습니다. 이제 그 젖소를 직접 보고 우유 짜는 모습도 보고 싶군요"라고 그들에게 말하면, 어떤 대답이 나올까?

우리의 친(親)기업적 실용주의자, 메리 앤은 말했다. "그렇게 말하는 거, 물론 좋고말고요. 하지만 제가 기업의 사정이라는 것을 아니까 말인데, 기업의 속사정을 아무에게나 공개하기는 어려워요." 그녀는 지역 업체의 제품을 구입하는 게 최선이라고 믿고 있었다. 그러면 제조업체와 제조 방식에 대해 직접적인 지식을 얻을 가능성이 좀 더 높을 테니까.

"또 먹을거리가 그만큼 신선하고, 잘 익었고, 대륙을 가로질러 오면서 화석연료를 쓰지 않으니 환경에 부담도 되지 않고." 짐이 거들었다.

"그리고 만약 지옥 같은 트럭 운송을 통했을 경우처럼 방부제와 화학물질이 잔뜩 들어 있지도 않고." 메리 앤이 덧붙였다.

그녀는 다시 말했다. "점점 나아질 거예요. 이런 것에는 어떤 순환 구조 같은 게 있거든요. 더 많은 소비자가 의식할수록, 수요가 창출되고, 새로운 시장이 생기죠. 그러면 더 많은 회사가 관심을 갖게 되고, 이러한 대안 농업에 투자하게 되죠. 그러면 다시 소비자들은 더 많은 선택지를 갖게 되고, 또다시 투자 기업이 늘고, 점점 그렇게 되는 거죠. 조금씩 접근 가능하고 선택 가능한 대안 식품이 늘어나고 있어요. 짐이 기업의 행태를 비판하고 있는 동안, 저는 그곳 상품을 사러 나가죠. '그것은 내가 그런 상품을 쉽고 싸게 살 수 있다는 뜻, 그리고 여러 사람에게 널리 기회가 돌아간다는 뜻이야.' 이렇게 생각하면서요. 뭔가 변화를 가져오려면, 일반 사람들에게 편한 것으로 만들어야 해요."

그때 소비자의 수요는 우리에게 현실로 들이닥쳤다. 마야와 델리아가 녹인 초콜릿과 생딸기 볼을 들고 나타난 것이다. "전부 유기농이에요. 초콜릿이나, 딸기나." 메리 앤이 말했다. 마야는 그 초콜릿이 트레이더조스의 것이라고 확인해주었다. 코코아 콩을 수확하는 데 어린이를 노예처럼 부려먹지 않는 나라에서 수입했다는. 하지만 아무도 그 점을 곰곰이 생각하며 먹는 것 같지 않았다. 1분도 되지 않아 다 먹어버렸다.

짐과 메리 앤이 따르고 있는 식단을 가리켜, 그들을 어떻게 규정할지에 대해서는 명칭이 뚜렷이 서 있지 않다. 마이클 폴란은 이런 사람들, 즉 인도적으로 길러진 동물의 고기만 먹는 사람들을 '인도적 육식주의자(humano-carnivore)'라고 불렀다. 그러나 그는 그것이 딱 들어맞는 명칭은 아니라고 인정했고, 우리는 그 말이 옳다고 여긴다. 영국의 철학자이자 작가이며 육식의 지지자인 로저 스크루톤(Roger Scruton)은 '양심적인 육식주의자(conscientious carnivore)'라는 제목의 책을 썼으며, 이는 우리가 생각하는 사람들을 위한 더 나은 명칭이다.[1] 그러나 '육식주의자(carnivore)'라는 말은 정확하다고 볼 수 없다. 이들 중 고기만 먹는 사람은 없으니 말이다. 그래서 우리는 '양심적인 잡식주의자(conscientious omnivore)'라는 말을 만들었다. 이런 사람은 고기나 생선을 먹되, 일정한 윤리적 기준에 합당한 경우에만 먹는다. 다만 그 기준이 과연 적절한지의 여부는 좀 더 살펴보아야 한다.

5

상표는 얼마나 양심적인가—
니만 목장 베이컨의 경우

우리는 노스캐롤라이나 주 루이스버그 인근의, 마이크 존스-수전 존스 부부가 경영하는 73에이커의 돼지 농장에 있었다. 나무 그늘 아래 쪼그리고 앉아서, 어떤 돼지가 뭔가 하고 있는 모습(그 모습이란 공장식 농장 돼지밖에 못 본 사람이라면 놀라웠으리라)을 지켜보고 있었다. 이 암퇘지는 다른 몇몇 돼지와 함께, 풀밭하고 남서쪽 가장자리의 숲을 포함한 2에이커의 울타리 안에서 살고 있었다. 그 숲가에는 '영국 아치'로 불리는 아치형의 작은 움막들이 여섯 개 정도 점점이 늘어서 있었다. 우리가 보고 있던 돼지는 숲가의 풀숲을 느릿느릿 걸으며, 잔가지나 풀잎을 물어뜯어서는 숲의 더 깊은 곳에 마련한 둥지로 가져가는 중이었다. 그것은 마치 땅 위에 만든 커다란 새둥지 같았다. 직경이 5피트 내지 6피트 정도 되고, 잔가지들과 나뭇잎들, 그리고 숲의 바닥에서 가져온 허섭스레기 더미들로 둥글게 짜 맞춘 것이었다. 가만히 보고 있으니, 그 암퇘지는 또 잎이 많이 달린 가지를 물고 와서 그 사이에 우겨넣었다. 그리고 다시 가지를 하나 물고 돌아와서는 마치 마음이 바뀌었다는 듯 그것을 여러 오두막 중 한 군데로 가지고 갔다. 마이크의 말로는 그러는 일이 가끔 있다고 한다. "어제 새끼를 낳은 암퇘지는 두 개의 둥지를 만들고는 그중 더 나아 보이는 것을 선택했죠. 이 녀석도 마찬가지일 겁니다. 오늘 아침에 출산한 다른 암퇘지는 인동덩굴 아래 둥지를 짓더군요."

　마이크는 대기업의 폐쇄식 양돈업을 떠나 초원에서 스스로 돼지를 기르며, 한편으로는 노스캐롤라이나 주립기술대학에서 일자리를 구했다. 그는 대학에서 영세농들이 자신과 같은 저비용 양돈업을 운영할 수 있는 프로그램을 짜고 있다. 당시 우리 외에도 마이크의 손님으로는 다이안 핼버슨과 마를린 핼버슨 자매가 있었다. 그녀들은 동물복지협회(Animal Welfare Institute, AWI)의 동물친화적 축산법 개발 프로그램에서 자문을 맡고 있으며, 또한 니만 목장의 컨설턴트이기도 하다. 마이크의 농장에서는 니만 목장을 위해 돼지를 공급하며, 핼버슨 자매는 그 농장이 동물복지협회의 엄격한 동물친화적 농장 기준을 준수하고 있는지를 살피는 정기 사찰 길에 우리를 초대한 것이었다. 핼버슨 자매는 미네소타 주에 있는 자신들의 농장에서 살며, 우리가 보는 정경에 별로 놀라지 않는 모습이었다. 다이안의 말로는 출산이 임박한 암퇘지는 잎이나 갈대 등으로 둥지를 지으려는 본능적 충동에 사로잡힌다고 한다. 그 둥지는 그 돼지가 새끼를 낳고 또 젖을 먹이는 동안 편안히 지낼 공간이 될 것이다. 사실 돼지에게 둥지를 지을 수 있게 해야 한다는 것(자연에서 얻는, 또는 농부가 제공하는 재료로 둥지를 지을 수 있도록 충분한 공간과 행동의 자유를 보장할 것)은 동물복지협회의 기준 중 하나이다. 그것이 돼지의 복지에 중요한 요소라고 여겨지기 때문이다.

　우리가 본 암퇘지는 아주 느긋해 보였다. 둥지 만드는 모습을 앉아서 지켜보며, 우리는 마이크의 예전 직장 생활에 대해 이런저런 이야기를 했다. 그는 미국 최대의 양돈업 시스템에 수직적으로 통합된 업체 중 하나에서, 그 폐쇄된 건물 속에서 일했다. 마이크는 임신용 건물의 칸막이에서 출산용 건물의 칸막이까지 암퇘지들을 나르던 이야기를 했다. "이렇게 아주 긴, 바닥이 미끄러운 콘크리트 복도였어요. 암퇘지들은 늦게야 임신이 되었고, 별로 편해 보이지 않았지요. 체형이 나빠 보였는데, 움직이지 못하고 갇혀 있었기 때문이죠. 스트레스가 아주 심했을 겁니다." 마이크는 고압 호스를 사용해 임신용 칸막이에 갇힌 돼지들의 몸에 잔뜩 낀 오물을 씻어내고, 출산용 칸막이에 넣기 전에 소독 조치를 취하곤 했다. 마이크는 칸막이에 갇혀 둥지 만들기 욕구를 발산하지 못하는 암퇘지보다 자기 둥지를 만드는 암퇘지가 덜 신경질적이 된다고 말했다. 그의 경험에 따르면 임신했을 때 움직일 수 있는 돼지가 우리에 갇혀 지내는 돼지보다 건강하고 튼튼해지기도 한다.

우리의 화제는 소비자들이 주류 돼지고기 업계의 방식을 더 잘 알고 좀 더 잘 비판할 수 있게끔 소비자들에게 제시되는 여러 가지 동물복지 기준으로 옮겨졌다. 마이크는 초원에 돼지 농장을 지으려는 농부들을 돕는 과정에서 동물복지협회의 기준을 준수하도록 권한다. "제가 동물복지협회 기준 준수를 권하는 까닭은, 그들이 그 기준을 지킬 경우 그에 따라 틈새시장에 접근할 길이 열리기 때문입니다." 우리는 그런 기준의 제시 경향이 점점 늘고 있는 현상, 그리고 그에 따라 상표에 씌어 있는 문구가 소비자를 현혹하는 경우도 늘어나는 문제에 대해 이야기했다. 동물복지협회 프로그램 외에도 '미국 인도주의협회 감시 필'이라는 인증 표시가 있다. 여기에 대해서는 나중에 더 자세히 논할 것이다. 그리고 오르가닉밸리, 애플게이트팜스, 홀푸드마켓을 비롯한 식품회사들이 그 상표를 통해 내세우는 프로그램들이 있다. 전국돼지고기생산협회의 '돼지 복지 보장 프로그램'을 언급했더니, 다이안 핼버슨이 곧바로 매서운 지적을 했다. "임신한 암퇘지를 칸막이에 가두어서 걷지도 못하게 하면서, 또 24×7 넓이의 콘크리트 방에다 돼지들을 몰아넣고 쇠창살과 텅 빈 벽밖에 보지 못하게 하는 주제에, 무슨 '복지 보장' 어쩌고를 운운하죠?" 그러한 폐쇄식 사육이 동물에게 미치는 악영향에 대해 많은 과학적 연구가 이루어져 있다면서, 그녀는 이렇게 덧붙였다. "그런 조건을 허용하는 기준을 가지고 '복지 보장 프로그램'이라고 하는 것은 진실 왜곡이라고요."

우리는 존스네 농장에 있는 다른 돼지 울타리 사이를 걸었다. 마이크는 작은 느릅나무 새순이 파헤쳐지고 껍질이 벗겨져 있는 것을 보여주었다. 그의 말로는 돼지들이 느릅나무 껍질을 좋아하는 이유가 몇 개 있다고 한다. 그래서 마이크는 가끔 느릅나무 껍질을 얻어다 돼지들에게 준다. 우리는 다시 시장 가격까지 체중을 '완성'한 돼지들이 있는 풀밭으로 갔다. 그곳에는 풀이나 클로버가 별로 많지 않았다. 대체로 맨땅이었고, 돼지들이 파서 만든 진흙 구덩이가 곳곳에 있었다. 돼지를 풀밭에서 기르는 농부들 중에는 돼지 코에 링을 끼우는 경우가 있다. 그러면 돼지가 땅에 코를 박고 땅을 파기가 불편해지므로 돼지들이 풀밭에 주는 피해를 줄일 수 있다는 것이다. 그러나 마이크는 그런 일을 하지 않는다. "돼지들이 풀밭을 깡그리 갈아엎어도 신경 안 씁니다. 저한테는 트랙터가 있고, 땅을 전부 고른 다음 다시 풀을 심으면 그만이니까요." 그러면서 마이크는 웃음 지었다. "왜 우리는 자연과 싸우느라 그리 많은 시간과 돈을 쓰는 것인지 모르겠어요. 바보 같은 일 같습니다. 돼지들이 땅을 파고 싶다면, 땅을 파게 두는 거예요. 링 같은 걸 끼워보세요. 그것을 뜯어버리려고 애쓸 테고, 결국 다칩니다." 같은 이유에서, 그는 암돼지들을 가만히 따라다니며 돌보는 일을 하고 있었다. 그는 갓 낳은 새끼들을 어미가 돌보도록 6주일 내지 9주일 동안 내버려둔다. 집약적 농장에서 고작 2주일만 그렇게 하는 것과 대조되는 방식이다. "아무튼 어미돼지는 자연스럽게 새끼들을 9주간 살찌우죠. 그래서 저는 새끼돼지를 살찌우기 위해 먹이는 특수 사료에 들어갈 돈을 절약합니다." 누군가 그에게 자연을 통제하기 위해 돈을 쓰지는 않는 것이냐고 질문했다. "그렇습니다. 저는 돼지의 행동에 경영을 맞춰 경영하지요. 돼지를 제가 만든 상자에 억지로 집어넣는 대신, 돼지 몸에 따라 상자를 만드는 겁니다."

몇 주일 뒤에, 우리는 웨인 브래들리의 아이오와 주 집약적 농장에서 본 구속적인 출산용 칸막이를 떠올렸다. 그리고 그 칸막이는 암돼지가 새끼를 해치지 않도록 하기 위해 꼭 필요하다는 주장을 염두에 두고, 마이크에게 돼지는 얼마나 많은 새끼를 낳으며, 그중 얼마가 희생되느냐고 물어보았다. 대답은 14마리를 낳고 한 마리도 희생되지 않는다였다.

클로버 밭의 돼지들

팀, 마이크, 그리고 그들의 아버지인 조지로 이루어진 홈스(Holmes) 가족 역시 니만 목장 공급용의 돼지를 친다. 그들의 양돈장은 노스캐롤라이나 주 해변의 앨버말사운드 인근에 있으며, 넓이는 360에이커이다. 팀은 임신한 암퇘지들을 보여주는 것으로 우리의 탐방 여행을 시작해주었다. 그 암퇘지들 일부는 풀을 뜯고, 일부는 잠자고 있었다. 암퇘지들이 잠자는 푸르른 들판 군데군데에는 비바람에 바랜 합판으로 만든 A자형의 움막들이 서 있었다. 그는 그 너머로 보이는 황량한 빈 들판을 가리켰다. 그리고 자신은 날씨와 들판 상태에 따라 돼지들을 이쪽 울타리에서 저쪽 울타리로 옮긴다고 설명했다. "돼지들이 저쪽은 다 먹어버렸죠. 그래서 여기로 옮겨왔습니다. 이 녀석들은 클로버를 좋아해요." 우리는 모두 잠시 동안 아무 말 없이 돼지들의 행동을 보고만 있었다. "약 9에이커의 들판이고, 대략 40마리의 돼지가 있습니다." 팀은 이렇게 말하고는 웃으면서 덧붙였다. "칸막이보다는 공간이 좀 많죠!"[1)] 홈스 양돈장의 기준으로는 돼지 한 마리가 누릴 수 있는 공간은 1만 평방피트에 달한다. 한쪽 면이 100평방피트의 정사각형. 여기 있는 돼지 한 마리가 누리는 공간이 보통의 공장식 농장에서는 임신용 우리에 갇힌 돼지 700마리의 공간에 해당한다.[2)]

홈스 양돈장은 120마리의 암퇘지를 키우며, 매년 2,000마리의 시장 중량 돼지를 판매한다. 모두가 울타리로 둘러싼 풀밭에서 방목된다.

울타리에는 전기가 흐르는데, 하나는 무릎 높이, 다른 하나는 6인치 높이의 철선에 12볼트 배터리에 연결된 태양전지로 전류를 흘린다. 풀밭에서 풀밭으로 옮기는 과정은 간단하며 비용도 별로 들지 않는다. 돼지들에게 전기 충격을 주는 문제에 대해, 팀은 그 돼지들이 울타리 가까이에 가려고 하지 않는다는 점을 지적한다. "한 번만 경험하면, 학습이 됩니다." 그는 울타리 옆에 흐르는 얕은 도랑을 가리키면서 비가 많이 올 때 오물이 넘치는 일을 방지해준다고 설명했다. 돼지와 오물 냄새는 약간 났다. 하지만 아이오와 주의 돼지 농장에서와 같은 숨이 막힐 정도의 냄새와는 거리가 멀었다. 팀은 풀밭 아래쪽을 보라는 시늉을 했다. 돼지 똥이었다. 섬유질이 많으며 햇볕에 쏘여 바짝 말라 있었다. 그는 풀을 뜯는 돼지가 섭취하는 엽록소는 곡물을 먹는 공장식 농장 돼지의 똥에 비해 냄새가 진하지 않은 '초원의 똥'을 만든다고 설명했다. 거의 모든 돼지가 고개를 숙이고 다니며, 풀잎이며 클로버 잎사귀를 열심히 따 먹고 있었다. 다이안은 그중 한 마리를 가리키면서, 보다시피 돼지는 땅을 파는 동물일 뿐만 아니라 목초를 먹는 동물이기도 하다고 말했다. 그녀는 계속해서 에든버러 인근의 숲이 있는 초원에서 집돼지를 길러보았다는 실험 이야기를 했다. 연구자들은 돼지들이 낮 동안에는 대부분 풀 뜯어 먹기(31퍼센트), 땅 파기(21퍼센트), 또는 그 지역을 살피고 찾아낸 물건을 다루기(23퍼센트) 등으로 시간을 보낸다는 사실을 알았다. 이런 행동은 합쳐서 낮 시간의 4분의 3이 되었다.[3] 돼지란 동물은 하루 종일 널브러져 있기를 좋아한다는 생각, 이른바 '게으른 돼지'라는 잘못된 생각이 돼지를 가두어놓고 기르는 일에 은연중 정당성을 부여하고 있다.

팀은 곡물도 매일 사료로 주고 있었다. 그는 그것을 울타리 주변 땅에 이리저리 뿌려놓았다. 다이안은 그것이 모든 돼지가 일정한 먹이를 섭취하도록 하기 위한 것이라고 설명했다. "이렇게 하면 저걸 먹기 위해 초원을 이리저리 가로질러 다니며 애써야 하죠. 그러면 보스 돼지가 먹이를 독차지하는 일이 없습니다." 그리고 그것이 산업화된 농업의 지지자들이 돼지 칸막이를 옹호하는 주된 이유 중 하나이기도 하다고 한다. 더 공격적인 돼지들이 다른 돼지들의 먹이를 빼앗지 못하도록 한다는 것이다. "하지만 이게 제대로 된 해결책이죠. 충분한 공간을 주고, 사방으로 다니며 먹이를 먹도록 흩뿌려주는 겁니다." 돼지 한 마리가 우리 쪽으로 달려오는 게 보였다. "얼마나 기운차게 걷고 뛰는지 보세요. 콘크리트 바닥에서 자라는 돼지처럼 발을 절거나 고통스러워하는 모습이 조금이라도 있나요?" [4)]

다이안은 이러한 초원 방목 돼지 농장에 대한 동물복지협회 기준에 입각해 있는 원칙들을 상세히 설명했다. "기본은 돼지들이 자연스러운 보통 행동을 하기에 필요한 요소들을 충족시켜줄 수 있어야 한다는 거죠. 실제적으로 그런 요소들은 농장에서 얻은 실용적 경험과 옛 조상들이 돼지를 기르던 환경에서의 행동 방식에 대한 학술적 연구 결과를 종합함으로써 찾아낼 수 있습니다." 그녀의 말로는 돼지를 위해서 필수적인 요소에는 두 가지가 있다고 한다. 첫 번째는 함께 어울릴 사회적 집단, 두 번째는 마이크 존스 농장에서 볼 수 있는 것과 같은 둥지 만들기이다.

우리는 팀에게 그가 초원에서 작업할 때 어떤 일을 하는지를 물어보았다. "돼지들 먹이 주는 일이랑 분류하는 일이 많죠. 그리고 이런 시스템 아래에서는, 울타리 관련 작업이 많습니다. 울타리 세우고, 울타리 치우고, 그런 거죠. 동물들이 움직임에 따라, 축사도 이동합니다." 우리는 모든 돼지가 꼬리를 그대로 달고 있더라는 말을 했다. "여기서는 꼬리가 중요하지 않습니다. 돼지들을 밖에서 기른다면 꼬리를 짧게 자를 이유가 없죠. 하지만 과거에는 안에서 길렀는데요. 그럴 경우에는 좀 문제가 될 수도 있습니다." 우리는 황량한 환경 속에 갇혀 지내는 돼지들이 사실은 영리한 동물이라는 말도 했다. "그것도 중요한 점입니다. 돼지 한 마리당 8평방미터라고 했던가요? 돼지란 호기심이 많은 동물입니다. 그래서 뭔가 할 일을 찾다 보니까……."

다음에는 출산 구역에 들러보았다. 역시 전기 울타리로 둘러싸인 열린 초원으로, 1에이커쯤 되었다. 홈스 농장에도 마이크 존스의 농장처럼 '영국 아치'가 있었다. 팀은 말했다. "우리는 출산을 앞둔 돼지들을 적어도 1주일에 한 번은 이곳에 데려다 놓습니다. 한 울타리에 여덟 마리 정도인데, 열 마리까지 될 때도 있지요." 우리는 가까이 있는 움막 한 곳을 보았다. 아래면적은 8평방피트쯤 되었고, 꼭대기가 뾰족한 아치형이었다. 그것은 맨땅에 바로 서 있었고, 마룻바닥은 없이 다만 두툼한 건초 더미만 깔려 있었다. 팀이 말했다. "마룻바닥 따위는 필요가 없어요. 건초만 있으면 되죠. 그리고 짚을 제때 갈아주면, 햇빛이 그 속의 병균을 소독해준답니다. 햇빛은 아름다운 거예요. 그리고 폐쇄식 사육장에서는 그 혜택을 받을 수 없죠. 그리고 장담하는데, 이 돼지들을 폐쇄식으로 기른다면, 모든 집단의 돼지들이 1주일도 못 가서 뭐부터 하기 시작할까요? '주르륵'이죠('주르륵'이란 농부들이 설사병을 가리켜 부르는 말이다) 모든 집단이 말입니다. 그러면 네오마이신 같은 항생제를 처방할 수밖에 없고, 모든 집단에 투여해야 하겠죠. 하지만 이처럼 야외에서 방목하는 시스템에서는 그런 걱정을 전혀 할 필요가 없어요."

갓 낳은 새끼돼지들은 출산 구역에서 6주일 정도 어미와 함께 지내다가, 다른 울타리로 옮겨져 판매 가능 중량이 될 때까지 자란다. 출산 울타리는 그 새끼들의 젊은 에너지와 쉴 새 없는 움직임으로 활기가 넘쳐 보였다. 한 암퇘지 주변에는 새끼들이 모여들어 젖을 달라고 조르고 있었으며, 좀 자란 새끼들은 서로 어울려 이리저리 달리기를 하며 놀고 있었다.

우리는 새끼 수퇘지의 거세 문제를 거론했다. 팀의 대답은 시장에서 요구하는 점을 거부할 수는 없다는 것이었다. "참, 그걸 잘라내는 일만 없으면, 아주 좋을 텐데 말이죠." 하지만 이 부분이야말로 유기농 농부와 웨인 브래들리의 의견이 일치하는 부분이다. 미국 소비자들은 거세되지 않은 수퇘지의 고기를 받아들이려고 하지 않을 것이며, 따라서 어쩔 수가 없다는 것이다.

니만 목장을 움직이는 사나이

홈스 농장을 방문하기 하루 전에, 우리는 채플힐에서 빌 니만(Bill Niman)과 핼버슨 자매를 만났다. 빌은 니만 목장(지금은 연 수입이 5,000만 달러에 달하는)의 독특한 탄생 비화를 들려주어 우리를 즐겁게 해주었다. 빌은 미니애폴리스 출신이며, 미니애폴리스 대학교 인류학과를 졸업했다. 그는 다시 UC 버클리 대학원에 진학했다. 당시는 1960년대, 한편으로 베트남전쟁의 시대, 다른 한편으로 평화운동과 히피 문화의 시대였으며, 버클리와 샌프란시스코는 그런 시대정신의 한복판에 있었다. 빌은 참전하는 대신 캘리포니아의 농업 지구에서 학생들을 가르치는 것으로 대체 복무를 할 수 있었다. 그래서 그는 농업에 대해 얼마간 지식을 갖게 된다. 이후 그는 대안 사회를 만들고자 하는 집단의 일원이 되었으며, 스스로 먹을거리를 만들고 자연과 공동체 친화적인 삶을 사는 것을 모색해갔다. 빌과 그의 부인은 샌프란시스코 북쪽으로 2.5마일쯤에 있는 볼리나스로 이주, 그곳에서 마음이 맞는 사람들과 코뮌 비슷한 공동체 생활을 했다. 그들은 닭, 염소, 돼지, 말을 길렀다. 오빌 셸(Orville Schell)은 그들의 이웃이었는데, 지금은 버클리 대학에서 언론대학장을 맡고 있다. 셸은 11에이커쯤 되는 땅에서 돼지를 길렀다고 한다. 니만은 그의 동업자가 되었고, 그들은 이웃들과 지역 주민들에게 돼지고기를 팔기 시작했다. 빌의 아내는 지역 목장들에서 아이들을 가르쳤는데, 그 목장들에서는 앵거스 종과 헤리퍼드 종의 소를 키웠다. 그 목장 사람들은 송아지 두 마리를 여분으로 갖게 되자 빌 부부에게 선물했다. 그들은 토지의 혜택을 중시하고 항생제나 호르몬제를 쓰지 않는 전통적 농법의 농민들이었으며, 빌 부부는 그들에게 농사법을 배웠다.

빌의 부인은 사고로 세상을 떠나고 만다. 하지만 빌과 오빌은 계속해서 소와 돼지를 키웠다. 그리고 빌의 말로는 한때는 '현대식' 양돈업자가 되기를 바랐던 적이 있다고 한다. "우리는 이렇게 생각했죠. '이걸 더 키워서 많은 돼지를 길러야지.' 우리는 아이오와 주로 갔죠. 그곳 사람들 말에 아주 혹했어요……. 우리도 그 사람들처럼 되고 싶었습니다. 농장 건물을 짓고 수세식 오물 홈통과 임신용 우리 등을 만들었습니다……. 그러다가 문득 깨달았지요. '잠깐만, 이건 옳다고 볼 수 없어.' 그리고 우리는 건물에 돼지를 몰아넣지 않았어요. 결국 그 건물에서는 시다케 버섯을 재배했죠." 니만과 셸은 계속해서 돼지를 밖에서 키웠으며, 소와 양 역시 그렇게 했다. 그들은 셰파니스, 주니 등 고품격 레스토랑에 납품하기 시작했다. 입 소문이 돌면서 사업은 커지기 시작했지만, 버클리 대학에서 중국사를 연구한 셸은 작가로서의 경력도 밟아갔다(그는 14권의 책을 썼는데, 그중 몇몇은 영향력 있는 중국 관련 서적이며, 또한 『현대의 육고기: 항생제, 호르몬제, 약품에 찌든 농장에 반대하며(Modern Meat: Antibiotics, Hormones and the Pharmaceutical Farm)』라는 탁월한 책도 지었다), 마침내 니만은 그의 지분을 받고 셸을 사업에서 내보냈다.

방목 돼지고기의 수요가 점점 늘어 그 스스로 감당할 수 없을 정도가 되자, 니만은 아이오와 주의 손튼에서 돼지를 치던 폴 윌리스(Paul Willis)와 계약을 맺었다. "우리는 그의 돼지고기 맛을 보았죠. 그것은 우리 캘리포니아 주 돼지고기보다 맛이 월등했습니다." 니만은 1994년쯤에 한 주는 윌리스의 돼지를 팔고, 다른 주에는 스스로의 캘리포니아 주 돼지를 파는 방식을 시작했다. 하지만 곧 그것은 윌리스 돼지만을 파는 방식으로 바뀌었다. 수요가 공급을 초과하자, 폴은 자신의 방법과 비슷하게 돼지를 기르는 다른 농가를 찾기 시작했다. 그는 핼버슨 자매들에 대한 이야기를 들었고, 그녀들이 동물복지협회에서 인도주의적 돼지 사육에 대한 기준을 마련했다는 것도 알게 되었다. 윌리스는 다이안, 마를린과 계약했고, 다른 농가에서도 그 기준을 따를 수 있게 돕는 작업에 나섰다. 이렇게 해서 니만 목장은 하나씩 계열 농장을 늘려갔고, 이제는 15개 주에 470개 양돈장이 매주 3,500마리의 돼지를 공급해주고 있다.

 니만 목장은 현 시세보다 5센트 더 많은 가격을 양돈업자들에게 지불한다. 예를 들어, 2005년 7월에 파운드당 시세는 47센트였고, 따라서 니만 목장은 52센트씩 지불했다. 또한 니만 목장은 고기의 질과 여타 조건에 따라 보너스도 준다. 니만 목장 고기는 취급과 가공 비용도 업계 평균보다 큰데, 부분적으로 니만 목장의 육축들이 비교적 마른 체형이기 때문이다. 그 결과 니만 목장산 베이컨이 식료품 진열대에 놓일 때, 그 가격은 보통 농장 베이컨의 두 배가 된다. 제이크가 구입했던 오스카메이어 베이컨은 1파운드에 4.59달러였는데, 메리 앤의 니만 목장 베이컨은 트레이더조스에서 1파운드당 6.65달러에 팔리고 있었다. 그리고 다른 식료품점이라면 더 가격이 높기도 했다. 이 가격 차이는 우리가 아이오와 주의 집약적 양돈업자, 웨인과 나눈 대화를 상기시켰다. 우리가 웨인에게 개방식 양돈장도 보고 싶다고, 그리고 다른 견해를 가진 사람과 이야기해보고 싶다고 했을 때 그는 전형적인 반응을 보였었다. "글쎄요. 나야말로 전혀 다른 견해를 가지고 있수다. 과정이 옳든 옳지 않든, 내 철학은 이거요. 평균적인 수입을 갖는 평균적인 시민이 마음 놓고 와서 맛있고 건강에 좋은 식품을 살 수 있어야 한다는 것. 나는 우리 제품이 니만 목장 햄처럼 1파운드에 10달러씩이나 하지 않는 데 자부심이 큰 사람입니다."

 우리는 빌과 핼버슨 자매에게 웨인 이야기를 요점만 추려서 말해주었다. 빌은 이렇게 대답했다. "싼 먹을거리가 좋다, 이것은 미국의 통념이죠. 그러나 잘못된 통념입니다. 그 사람은 자신의 상품이 싸다고 생각하죠. 하지만 사실은 당신과 내게 내는 돈이 그 싼 가격을 벌충해 주고 있습니다. 그 대가로 그런 농장들이 일으키는 사회적·환경적 물의를 선물 받고 말이죠." 다이안이 거들었다. "동물들은 물론이고, 농부들도 동물을 더 잘 대우함에 따라 더 잘 대우받아야 합니다. 그들은 그런 대우를 받기 위해 동물을 잘 기르고, 다음 세대가 농장에 대해 보람을 느낄 수 있도록 해야 하죠. 우리가 먹는 고기와 동물의 삶은 더 많은 고려의 대상이 되어야 합니다. 사람들은 고기를 사 먹는 데 더 많은 돈을 낼 준비, 그리고 그것을 매일처럼 먹고 잊어버리는 음식으로 생각하지 않는 준비가 필요해요."

마이크 존스네와 팀 홈스네의 돼지들은 웨인 브래들리의 축사에서 사는 돼지들과는 전혀 다른 삶을 살고 있다. 비록 집약적 양돈업자들 중에서는 브래들리가 분명 제일 낫지만 말이다. 거의 대부분의 대형 양돈업체와 달리, 그는 암퇘지를 칸막이에 가두지 않는다. 그리고 집약적 양돈업체 치고는 상대적으로 규모가 작기 때문에, 브래들리는 대부분의 대형 양돈장 관리자보다는 상황을 더 잘 살필 수 있다. 하지만 죽을 때까지 황량한 콘크리트 건물 속에서 갇혀 지내야 하는 그의 돼지들은, 메리 앤의 말처럼, 자신의 본질을 표현하지 못한다. 니만 목장에 돼지를 대고 있는 양돈장의 돼지들은 진정 돼지답게 살 수 있으며, 그 점을 즐기고 있는 듯 보인다.

지금 미국의 돼지들은 사실상 대부분 진짜 돼지가 아니다. 제3장에서 본 것처럼, 90퍼센트 이상이 완전 폐쇄식으로 사육되며, 한 번도 바깥바람을 쐬지 못한 채 죽는다. 싼 먹을거리에 대한 경제적 요구와 소비자의 수요는 계속해서 돼지고기 업계를 비인도적인 길로 내몰고 있다. 윤리와 편리는 서로 영원히 화합할 수 없을까? 우리는 몇 가지 가능성을 검토한 후, 이 책의 마지막 장에서 이 문제에 다시 접근할 것이다.

6

상표의 진실—
'유기농 인증' 및 '인도적 사육 인증' 달걀

피트앤드게리의 유기농 달걀은 메리 앤이 가장 즐겨 찾는 상품이다. 그 상표에 딸린 설명으로는 이 달걀들은 풀어놓고 기른 뉴햄프셔 닭들이 낳은 것으로, 그 닭들은 어떤 약물, 항생제, 살충제의 영향도 받지 않았다. USDA의 '유기농 인증' 딱지만이 아니라 '인도적 사육 인증' 로고까지 붙어 있는 이 달걀은 그것이 인도적 농장 동물 사육 기준을 준수하여 생산되었음을 보장하고 있다. 우리가 피트앤드게리에 협조를 구하는 편지를 쓰자, 제시 래플레임(Jesse Laflamme)은 곧바로 회신을 보내며 아무 때나 편한 시간에 방문하라고 했다. 우리가 그곳을 방문했을 때는 이른 10월로, 환하지만 따갑지 않은 햇빛 찬란한 아침이었다. 우리는 색채가 화려한 뉴잉글랜드식 집들 사이를 지나 가을 색에 푹 젖어드는 언덕들, 붉은빛과 주황빛의 사탕단풍나무와 노란색 자작나무 잎사귀의 바다를 넘으며 차를 몰았다. 그리고 마침내 피트앤드게리 농장이 있는 잔디 푸르른 골짜기에 도착했다. 하지만 우리는 잔디밭에서 뛰어노는 암탉을 한 마리도 보지 못했는데, 다만 몇 마리가 농장의 거의 대부분을 덮고 있는 대형 차양 아래 보일 뿐이었다.

제시가 우리를 맞이했다. 생강빛 머리카락에 금속테 안경을 썼으며, 녹색 언덕 주위를 '피트앤드게리 유기농 달걀'이라는 문구가 둘러싸고 있는 회사 로고가 그려진 회색 스웨터 차림이었다. 그는 예상보다 젊어 보였다. 그는 우리에게 마음 내키는 대로 둘러보고, 사진을 찍으며, 뭐든지 가리지 말고 물어보라고 했다. 그는 우리가 최근에 가금 사육장을 본 적이 있는지 물었다. 우리가 없다고 하자, 그는 닭들 사이를 돌아다니며 보든지, 창문을 통해 살펴보든지 뜻대로 하라고 했다.

우리는 잘 자란 잔디밭에서 닭들이 마음대로 돌아다니는 식의 유기농 달걀 생산 농가를 몇 군데 보아둔 상태였다. 우리는 피트앤드게리의 암탉들은 그런 식으로 길러지지 않음을 알고 있었다. 달걀의 선전 문구에 '풀어놓고 기른'이라는 말이 없는 것이다. 그럼에도 제시가 우리를 가장 가까운 축사로 안내했을 때, 그곳 암탉을 보고 놀라지 않을 수 없었다. 그 축사는 너비 60피트에 길이 400피트쯤 되어 보였다. 바닥은 갈색 암탉들의 바다였으며, 하도 많은 닭이 들어차 있어서 축사 가운데의 물과 모이가 지급되는 구역만 가느다란 선으로 이 갈색 바다를 가를 뿐이었다. 제시는 약 2만 마리의 암탉이 있다고 말했다. 닭 한 마리당 돌아가는 공간은 1.2평방피트 또는 173평방인치였다. 그것은 달걀생산연합의 '달걀생산연합 보증' 프로그램에서 권장하는 공간의 두 배, 일부 닭장식 닭 사육업체의 공간보다는 거의 세 배였지만 그래도 매우 좁다고밖에 할 수 없었다. 더 중요한 점은, 그래도 이 닭들은 닭장에 갇혀 있지 않고 넓은 구역을 자유롭게 돌아다니며 물 공급 파이프에 올라앉아 홰를 치거나 벌레를 잡거나 할 수 있다는 사실이었다. 비록 그렇게 하려면 다른 닭들을 밀치고 다녀야 하지만 말이다.

우리는 닭들 사이를 걸으며 그 닭들을 거대한 하나의 무리보다 개별적인 닭들로 보려고 애썼다. 양계장의 닭들은 흔히 사람이 가까이 오면 질색한다. 미친 듯이 꼬꼬댁거리거나, 닭장 반대편으로 황급히 물러난다. 하지만 이 닭들은 비록 엄청나게 밀집되어 있지만 활기차 보였고, 우리를 두려워하지 않았다. 그 닭들은 우리 부츠를 쪼고 부리로 구두끈을 잡아당기기 시작했다. 제시는 그중 한 마리를 집어 올려, 자기 스웨터에 당겨 안고는 한 손으로 가슴을 쓰다듬었다. 그 암탉은 조용히 안겨서 우리를 올려다보았다. "이 닭들 하나하나가 개성이 있어요."

우리는 제시가 안고 있는 암탉의 부리 끝이 잘려 나간 것을 보았다. "우리는 예전에 부리 자르기를 하지 않기로 했습니다. 하지만 결과가 좋지 않았어요. 닭들끼리 서로 쪼는 습관 때문에 문제가 많았죠." 그는 일부 종자의 닭들이 다른 닭들보다 공격적이라고 설명했다. 그러면 서로 쪼아대는 행동으로 이어진다. 어느 한쪽이 피를 흘리며 패배하면, 다른 닭들까지 몰려들어 불쌍한 패배자를 쪼아댄다. 그 결과 때로는 죽기도 한다. 지금 이 농장은 덜 공격적인 종을 기르는데, 닭들끼리의 싸움으로 죽은 비율이 1퍼센트까지 떨어졌다고 한다. 더욱 공격성이 덜하면서 달걀 생산성도 높은 종자를 발견한다면 더 이상 부리 자르기를 하지 않아도 될 것이라고 제시는 말했다.

축사 안에서도 가장 밀집된 구역은 축사 아래쪽으로(양편에 하나씩) 관과 같은 것으로 내려뜨려진 구조물 근방이었다. 이는 산란용 둥우리로, 암탉들이 그곳에서 알을 낳을 때 약간의 '프라이버시'를 제공하는 곳이었다. 닭들은 서로 그곳에 들어가려고 애썼다. 어떤 산란용 둥우리 주변에는 유난히 많은 암탉이 모여 있었는데, 서로를 밀치고 당기면서 서로 그 안에 들어가 자리 잡으려고 하는 모습이었다. 우리가 제시에게 그것에 대해 묻자, 그는 웃으며 그 암탉들이 마치 록 콘서트의 청중처럼 군중심리에 휩쓸려 있다고 말했다. 모두가 특정 둥우리에 들어가려고 몰려들며, 바로 옆에 똑같은 것이 비어 있는 것을 신경 쓰지 않는다고.

닭장에 갇혀 있지 않은 닭들의 달걀 가격이 적정한 선에 머무르려면, 산란용 둥우리에서 달걀을 낳는 일이 결정적으로 중요하다. 그 둥우리에는 달걀을 자동적으로 축사 밖으로 내보내 수집, 처리하게 하는 장치가 있기 때문이다. 만약 암탉들이 마룻바닥에서 달걀을 낳는다면 손으로 일일이 수거해야 할 것이며, 그토록 밀집되어 있는 상황에서는 달걀을 찾기도 어렵고 깨지거나 터질 가능성이 높다. 그러나 피트앤드게리의 암탉들은 산란용 둥우리를 좋아해서, 마루에서 낳는 달걀은 1퍼센트 이하라고 한다.

우리는 보고 싶은 만큼 다 보고 나서, 축사를 나와 2만 마리 닭의 꼬꼬댁 소리를 뒤로하며 대화를 이어갔다. 우리는 제시에게 이 농장에서 유기농 달걀을 생산한 게 얼마나 되느냐고 물었다.

"약 8년 정도죠. 덕분에 우리 가족 경영 농장은 살아났습니다. 아니면 우리는 벌써 망했을 거예요. 할아버지가 농장을 시작하셨죠. 5,000마리의 암탉으로 생활해 나가셨고요. 우리는 대규모 농장을 만든 적이 없었고, 그러고 싶지도 않았죠. 하지만 우리는 시장의 모든 곳에서 떨려나고 있음을 깨달았어요. 커지거나, 꺼지거나, 둘 중 하나였죠. 다행히도 아버지께서 이 틈새시장을 발견하셨고 닭들을 닭장에서 꺼내신 거죠. 지금 우리는 6개 축사에 10만 마리의 닭을 기른답니다. 우리는 유기농 중에서는 최대급의 달걀 농장이죠. 경제적으로도 건실하고요."

제시의 말로는 유기농 달걀은 보통 달걀보다 네 배 정도의 값을 받을 수 있다. 물론 비용도 많이 든다. 우리가 둘러본 축사는 닭장 시스템으로 바꾸고 층층이 닭장을 설치한다면 15만 마리는 수용할 수 있다. 또 사료로 쓰이는 유기농 곡물도 보통 곡물보다 값이 거의 세 배다. 곡물 외에, 암탉의 모이는 유기농 아마씨만을 주는데 그 오메가3 성분이 건강에 좋다고 하기 때문이다.

우리는 USDA 유기농 인증이 얼마나 내실 있는지에 대해 이야기했다. USDA, 즉 미국 농무부는 유기농 인증 기준을 정했지만 실제 인증 활동을 하지는 않는다. USDA가 기준을 정하던 시점에는 이미 인증 담당 인력이 있었고, 따라서 USDA는 그들을 훈련시키고 자격을 부여했을 뿐이다. 일부 인증 담당자들은 비영리 집단이고, 일부는 영리 집단이며, 또 일부 주에서는(뉴햄프셔 주도 그에 해당하는데) 주정부 농무과에서 담당한다. 그러나 이런 방식은 주에 따라 다른 기준 해석 방법이 있게끔 했다. 제시의 말로는 가장 논란이 되는 규칙은 "닭들이 외부와 접촉할 수 있어야 한다"라고 한다.

우리는 어리둥절해져서 서로 마주보았다. 방금 본 닭들이 외부와 접촉할 수 있는 방법은 전혀 없어 보였던 것이다. "그럼, 이 암탉들은 외부와 접촉할 수 있는 겁니까?" 우리가 물었다.

제시는 우리가 방금 들어갔던 축사와 인근 축사 사이의 오물 더미를 가리켰다. "저쪽 너머로, 그리고 뒤쪽 주변으로 울타리가 쳐진 구역이 있습니다." 그는 이렇게 말했지만, 아무리 보아도 축사에서 밖으로 나갈 수 있는 방법은 없어 보였다. 우리는 제시에게 닭들이 어떻게 나갈 수 있느냐고 물었다. "잠겨 있죠." 그는 고개를 끄덕였다. "3~4주일 전쯤에 잠갔어요. 날씨 때문이죠. USDA는 그런 경우를 인정해줍니다. 기후 조건에 따라 일시적인 폐쇄 조치를 취해도 되는 거죠. 이론적으로 애리조나의 유기농 농장에서는 1년 내내 닭들이 외부와 접촉할 수 있게 해야 합니다. 하지만 닭들이 야생 조류와 접촉하면 질병에 감염될 위험 때문에, 이 조항은 계속 논란의 대상이 되고 있답니다."

우리는 이른바 조류독감이라는 것에 대해 알고 있었다. 그 때문에 아시아에서 1억 마리 이상의 닭이 죽거나 폐사되고, 일부 감염된 사람들이 죽기까지 한 것을 말이다. 우리는 농장을 그물로 둘러치면 야생 조류가 닭들과 접촉 못 하지 않겠느냐고 말했다. 제시는 그럴 수도 있겠지만, 높이 나는 새들이 배설물을 떨어뜨리기 때문에 여전히 닭들을 감염시킬 가능성은 남는다고 했다. "머리 위로 날아가는 청둥오리가 조류독감에 감염되었을 가능성이 크지 않다고 쳐도, 그놈들이 배설물을 떨어뜨리면, 닭들은 주워 먹을 겁니다. 단 한 마리만 감염된다고 해도, 밤에 축사 안으로 돌아가버리면, 모두가 감염되고 말겠죠.

그러면 정부에서 나와 전체 농장의 닭들을 폐사시킬 것이고요. 그것은 현실적인 공포입니다. USDA는 비슷한 이유에서 소의 외부 접촉 기회에 대해서는 조항을 개정했습니다만, 닭에 대해서는 내버려두고 있어요. 저는 제 사무실에서 수의사들이며 가금류 전문가들로부터 이런 편지들을 받았습니다. '당신의 닭들을 밖에 내놓지 마시오.' 그런 일이 오늘 일어나지 않으면, 내일 일어날 수 있죠. 언제든 모든 닭을 밖에 내놓으면, 야생 조류와 접촉하고, 뭔가에 감염될 수 있는 거죠."

여기에는 일종의 충돌이, 유기농 달걀을 만들기 위한 규칙과 제시가 믿기로는 그의 암탉과 그의 생계를 보호하기 위해 필수적인 것 사이에 충돌이 존재하는 듯했다. 우리는 그 문제점을 인식했으나, 제시가 어떻게 그것을 해결할 수 있을지는 분명히 말할 수 없었다. 우리는 계속 압박적인 질문을 했다. "우리가 만약 한 달 전에 여기 왔더라면, 그리고 날씨가 따뜻했다면, 닭들이 밖에서 돌아다니는 것을 볼 수 있었을까요?"

"날씨가 좋았다면야, 그리고 야생 조류가 날아다니지 않는 게 확실했다면야, 물론이지요."

"하지만 새들이 날아다니는지 않는지 확신할 수는 없는 거죠!"

"그렇죠. 그게 바로 문제죠. 하지만 언젠가는 문을 열어두어야만 해요. 닭들이 많이 나가지는 않습니다."

"그 점에 대해 조사관들이 뭐라고 하지는 않던가요?"

"전혀요. 아무도 그 점에 대해서는 한 마디도 안 했답니다."

인도적 사육 인증의 진실

이제 피트앤드게리가 가지고 있는 또 하나의 인증, '인도적 사육 인증'을 살펴보자. 그것은 해당 상품이 여러 가지로 복잡한 기준에 부합된다는 의미이다. '인도적 농장 동물 사육협회'가 정한 기준인데, 이 비영리 집단은 미국의 2개 최대 동물복지 조직인 '미국 인도주의협회'와 '동물에 대한 잔혹 행위 방지협회'의 지원을 받는다. 암탉을 기르는 데는 22쪽이나 되는 기준이 마련되어 있다. 가령 암탉이 자연스럽게 서고, 몸을 돌리고, 날개를 펼 수 있을 만한 공간을 부여할 것. 방해받지 않고 횃대에 앉거나 바닥에 앉을 수 있을 것. 물론 통상적인 닭장은 일체 허용되지 않는다. 또한 암탉들은 산란용 둥우리를 제공받고, 긁으면서 놀 물건이 주변에 있어야 하고, 이른바 '먼지 목욕'을 할 수 있어야 한다. 그것은 쓰레기 더미 같은 데 뛰어들어 날개를 마구 퍼덕이며 깃털에 먼지가 섞이게 하는 것이다. 이것은 암탉에게 꼭 필요한 행동처럼 보이는데, 그렇게 함으로써 기생충을 억제할 수 있기 때문이다. 또 암탉들에게는 매일 모이를 주어야 하며, 따라서 강제적 털갈이를 위한 굶기기는 금지된다. 이 밖에 모이, 마실 물, 공기의 질적 수준에 대한 조항들, 암탉을 살피는 일에 관한 조항들, 암탉의 '보호자'를 양성하는 규칙과 그 행동에 대한 조항들이 있다.

 몇 가지 점에서는 매우 엄격하지만, 이 기준은 사실 상업적인 현실과 타협하는 면이 많다. 가령 암탉들이 외부와 접촉해야 한다는 조항은 없다. 또한 이른바 '부리 자르기', 더 정확히 말하면 부리 지지기의 조치를 '닭들끼리의 살육 위험이 있을 경우' 허용하고 있다(만약 그런 사태를 방지할 수 있는 다른 방법이 발견된다면 이 조치는 전면 금지된다고 한다). 이 기준의 더 중요한 결점은 암탉의 도살장으로의 수송과 도살에 대해서는 한마디도 없다는 것이다. 대개 '용도 폐기 암탉', 즉 산란능력이 소진된 암탉은 고기용 닭보다도 더 가혹한 운명을 맞게 된다. 그런 암탉은 육질도 좋지 않아 상품 가치가 거의 없기 때문이다. 어떤 달걀업자들은 그런 닭들을 한 덩어리로 묶어 컨테이너에 실어서는 구덩이에 버린다. 그리고 불도저로 밀어버린다. 생매장하는 것이다. 2003년 캘리포니아 주 샌디에이고 카운티에서는 어느 달걀업자가 카운티의 동물관련업무과의 사찰을 받았다. 그의 일꾼들이 비명을 지르는 닭들을 양동이에 퍼 담아서는 톱밥 제조기에 쓸어 넣는 장면을 동네 사람이 목격했기 때문이다. 농장주들은 그런 방법으로 3만 마리의 암탉을 처리했음을 시인했다. 그들은 처벌을 받지 않았는데, 해당 동물관련업무과에서 그들이 수의사 두 명의 '전문적 조언에 따랐을 뿐'이라는 결론을 내렸기 때문이다. 그러나 동물관련업무과는 그중 한 수의사였던 그레그 커틀러(Gregg Cutler)의 불평을 묵살했다. 커틀러는 자신이 톱밥 제조기를 사용해도 좋다고 직접 밝힌 적이 없으며, 다만 용도 폐기 암탉의 제거를 용인했을 뿐이라고 주장했다. 커틀러는 결코 돌팔이 수의사가 아니며, 미국 수의사협회의 동물복지위원회 회원이었다. 좀 더 최근인 2005년에는, 미주리 주 모아크의 달걀업자가 수만 마리의 닭을 산 채로 쓰레기 처리장에 버린 일이 일어났다.[1)]

제시는 '인도적 농장 동물 사육협회'와 일하는 게 정말로 즐겁다고 말했으며, 특히 그의 암탉들을 닭장에 넣지 않아 다행이라고 했다. "저는 닭장에 있는 닭들을 보며 자랐죠. 그리고 할 수만 있다면 닭들을 가두지 않겠다고 생각했거든요. 그 생각이 실현되다니 정말 기쁘죠……. 닭들이 서로 교류하도록 놓아둘 수 있으니."

그는 우리에게 자신의 시스템을 어떻게 생각하는지 물어보았다. 우리는 그처럼 많은 닭이 하나의 축사에 들어가 있는 것을 보고 놀랐다고 말했다. 그것은 우리가 유기농 농장에 대해 상상했던 것과 달랐다고. 그는 닭 한 마리당 2평방피트쯤의 공간을 줄 수도 있지만 닭들이 많이 밀집한 경우 열기가 더 발생하게 되고, 따라서 한 마리당 공간을 더 주게 되면 그만큼 겨울에 난방비가 더 들게 된다고 대답했다. 그렇게 되면, 그가 같은 수의 달걀을 얻기 위해 더 많은 축사를 지어야 하는 점까지 포함해서, 경제적으로 타산이 맞지 않게 된다는 것이었다. "아주 편하다고는 할 수 없겠죠. 하지만 닭장에 갇히는 것보다는 아주, 아주 낫지요. 그리고 우리가 직면한 시장의 현실에 비추어, 이게 우리가 할 수 있는 최선이랍니다."

그곳을 떠나기 전, 우리는 '피트앤드게리'라는 이름에 대해 물어보지 않을 수 없었다. 벤앤드제리(미국의 유명한 아이스크림 체인-옮긴이)를 본 딴 것 아닌가? 제시는 아니라고 했다. 게리는 그의 아버지로, 바로 닭장 체제를 없앤 분이다. "피트는 아직 농장에서 일하고 있고요. 진짜 사람 이름에서 딴 겁니다."

수려한 뉴햄프셔의 풍경 속으로 차를 몰아 돌아오면서, 우리는 우리가 본 것에 대해 이야기했다. 그곳의 닭들은 닭장에 가두어진 닭들보다 분명 만족스러워 보였고, 더 좋아 보였다. 그러나 우리는 그렇게 많은 닭이 한 축사에 들어가서 산다는 사실이 못내 껄끄러웠다. 그 닭들은 사실상 밖으로 나올 수 없고, 따라서 풀밭을 이리저리 돌아다니며 먹이를 찾을 수도, 보통 크기의 무리 속에서 서로 원만하게 교류할 수도 없는 것이다. 그리고 틀림없는 사실은, 이 암탉들이 56주 동안 알을 낳은 뒤 축사에서 꺼내져 폐사된다는 것이다. 보통 닭은 5년을 산다. 어떤 경우는 10년 이상을 살기도 한다. 그러나 겨우 1년 동안 알을 낳는 일만 거듭하다가, 점점 낳는 알 개수가 줄면, 더 이상 사육될 경제적 타산이 맞지 않게 된다. 강제 털갈이를 시킨다면 그 수명이 좀 더 연장될 수도 있다. 하지만 그나마 몇 개월일 뿐이다.

더 나은 대안이란?

우리가 피트앤드게리 유기농 달걀 농장을 방문하고 몇 주 동안, 우리는 진짜배기 방목식 달걀 농장, 즉 암탉들이 실제로 풀밭에서 생활하고(최소한 날씨가 따뜻한 계절 동안은), 부리를 잘리지 않는 농장을 여기저기 탐문했다. 그런 달걀을 상업적으로 공급하는 업체를 미국에서 찾기란 어려웠다. 우리는 시드 지만스키(Cyd Szymanski)에게 문의해

보았다. 덴버에서 '에그레이디(the Egglady)'로 알려져 있는 그녀는 '양심적인 달걀' 운동을 열성적으로 벌인 덕분에 그런 별명을 얻었다. 지만스키는 모아크에그즈의 오너 가문 출신인데, 모아크에그즈로 말하면 미국 최대의 달걀 생산업체 중 하나로, 매년 5억 달러 이상의 달걀을 판매하며, 그 달걀은 거의 대부분 닭장에서 사육되는 2,400만 마리의 암탉이 낳은 것이다(지금은 랜드오레이크스에게 지분을 절반 내준 모아크는 여러 상표를 붙여 달걀을 파는데, 그 중에는 제이크 힐러드가 월마트에서 구입한 컨트리크릭도 있다). 지만스키의 사업은 이와 매우 다르다. "우리는 닭장 체제를 쓴 적이 없고, 앞으로도 안 쓸 거예요." 그녀의 말로는 그렇게 함으로써 '양심적인 달걀' 을 시장에 공급할 수 있다. 그렇다고 해도, 그녀가 다루는 모든 닭(약 35만 마리)은 부리 자르기를 거쳤다. 그리고 그녀의 닭들 중 유기농 달걀을 낳는 닭들만 외부와 접촉할 기회를 얻는다. 봄이면 이 닭들은 잔디밭에서 놀 수 있지만, 건조한 콜로라도 주의 여름이 찾아와 잔디는 말라버리고 만다.

소규모 농가들이 협력하여 만든 오르가닉밸리는 몇 년 동안 날씨가 좋은 이상 암탉들이 마당에 나갈 수 있도록 하는 방침을 써왔다. 그 달걀 생산업자들은 닭 한 마리당 5평방피트의 목초지를 제공해야 하며, 이름만 목초지이지 실상은 진흙 구덩이여서는 안 된다(즉 적어도 일부는 잔디 또는 알팔파로 덮여 있어야 한다). 오르가닉밸리의 달걀 생산업자들을 조정하는 닉 레벤도스키(Nick Levendoski)는 90퍼센트의 업체들이 적어도 마당의 절반을 풀로 덮어놓고 있다고 말했다. 닉은 몇 년 전부터 시행에 들어갔다는 이 방침 덕분에 "상당한 자극이 되고 있다"고 한다. 한편 이는 생산업자들에 대한 '신뢰의 증폭' 을 가져왔고, 피드백을 보면 아직까지 '긍정 일색' 이라는 것이다. 달걀 생산업자들(60개 업체가 소속되어 있고, 각각 600마리에서 1만 6,000마리까지의 암탉을 기르고 있다)은 닭들이 외부와 접할 수 있게 하는 것이 "전체적으로 닭의 건강에 도움이 되며, 생산성을 높인다"고 여기고 있다. 비록 농장들 대부분이 미시시피 강 근처(야생 조류가 가장 많이 날아드는 곳)에 있고, 각종 물새들과 철새들이 그 농장 주변에 떼로 몰려들고 있지만, 질병이 번진 일은 한 번도 없다고 한다. 하지만 오르가닉밸리도 부리 자르기는 허용한다.[2]

마침내 우리는 부리 자르기를 하지 않는 농장 이야기를 들었다. 미시간 주 샬럿 근방에 있다는 그레이징필즈는 12명 정도의 농민이 힘을 합쳐 꾸려나가고 있으며, 암탉은 4,000마리, 매주 달걀 생산량은 3,000개라고 했다. 판매처는 대부분 디트로이트 지역의 건강식품점과 식당들이었다. 우리는 또 아이오와 주 에임스의 가게들에 달걀을 납품하는 'TJ패밀리팜스' 달걀의 마크 첼밀랜드(Mark Tjelmeland)와도 이야기를 나누었다. 그의 암탉들은 아무 때나 마당에 나갈 수 있으며, 모두 부리를 그대로 지니고 있다. 10년 이상 닭을 쳐보니, 서로 쪼아대는 닭들은 딱 한 무리뿐이더라고 그는 말했다.

상업적 견지에서 보면, 이들은 모두 소규모 업자이다. 하지만 이 나라의 각지를 돌아다녀보면, 풀어놓아 기르며 부리도 자르지 않는 닭들이 낳은 달걀이 지역 농민들의 손으로 조금씩 진열대에 놓여 있는 것을 보게 된다. 또 없는지 물어보고 다녀라. 왜냐하면 농부들은 상품을 언제나 전부 시장에 내놓지는 않기 때문이다. 또 그 달걀이 어떻게 만들어졌는지 물어보거나, 아니면 아예 농장을 직접 방문해보라. 그런 시장이 없는 곳이라면, 다른 수가 있다. 미국에서 팔리는 것 중에 가장 동물친화적인 달걀 중 일부는, 믿지 못할지는 몰라도, 뉴질랜드에서 온다. 그 온화한 기후와 오클랜드 남부와 흡사한 훌륭한 초원에서, 닭들은 1년 365일을 밖에서 산다. 그래임 캐리(Graeme Carrie)는 뉴질랜드 방목식 달걀(Free Range Eggs New Zealand), 또는 프렌즈(FRENZs)라고 하는 기업을 운영하고 있다. 그는 몇몇 농가에서 달걀을 구입하는데, 각각 1,000마리 정도의 암탉을 기르는 농가이다. 그 닭들 중 부리를 잘린 닭은 하나도 없다. 그는 우리에게 이렇게 말했다. "부리 자르기, 참 지저분한 짓이죠. 부리라는 건요, 닭이 모이를 쪼고, 물건을 집고, 아무튼 자유롭게 쓰라고 만들어진 겁니다. 그걸 잘라버리면, 닭은 그런 활동을 자유롭게 못하겠죠. 마치 사람 손가락 끝을 도끼로 패버리고는 물건을 잘 집기를 기대하는 것이랑 같아요. 안 그렇습니까?"

뉴질랜드에는 프렌즈 달걀 수요가 아주 많지만, 프렌즈는 수만 개의 달걀을 매주 미국으로 수출하고 있다. 처음에는 뉴질랜드와의 직항로가 가장 잘 발달된 로스앤젤레스 쪽에서만 판매되었다. 그러나 이제는 캘리포니아 주, 네바다 주, 애리조나 주, 콜로라도 주, 워싱턴 주에서도 흔히 볼 수 있다. 그토록 먼 거리에 있음에도, 그 달걀들은 낳은 지 24시간 안에 판매될 수 있다. 그래서 캐리는 슬쩍 농담을 한다. 캘리포니아 주에서 뉴질랜드까지 시간대 변경은 20시간, 그러나 비행은 11시간이면 되기 때문에, 그 달걀들은 낳기도 전에 판매되는 셈이라고.

좋은 달걀은 얼마나 나가나?

그러나 우리는 여기서 딜레마를 보게 된다. 제이크는 월마트에서 컨트리크릭 달걀 12개를 1.08달러에 샀다. 메리 앤은 피트앤드게리 달걀 여섯 개를 1.69달러에 샀다. 프렌즈 달걀은, 태평양을 건너는 항공료까지 포함되는 바람에, 소매가격이 12개당 4달러에서 5달러 한다. 캐리는 자신의 달걀보다 훨씬 싼 달걀이 많다는 점을 인정한다. 하지만 그는 자신의 닭들에게 신선한 공기와 햇빛을 접할 기회, 그리고 풀이며 씨앗이며 나무뿌리 따위를 쪼면서 돌아다닐 기회를 빼앗으면서까지 달걀 가격을 떨어뜨릴 생각이 없다. 그는 특별히 맛 나는 달걀은 그만큼 가치가 크고, 그것은 개당 70센트라고 해도 아깝지 않은 가치라고 생각한다. '양심적인 달걀'의 시드 지만스키는 12개당 2.99달러에 파는데, 사람들이 달걀값이 비싸다고 불평할 때마다 이렇게 말해 준다고 한다. "이봐요, 달걀 하나에 10센트, 아니면 20센트 더 써서, 닭들이 행복하게 살게 해줄 수 있다면 그걸 못해요? 달걀 하나에 20센트 주고는 4.5달러짜리 카페라테를 마실 건가요? 영양가도 없는 건 그만큼 주고 마시면서!" 일리가 있는 말이다. 그리고 카페라테 한 잔 값을 생각할 때, 70센트짜리 달걀이라도 그리 비싸 보이지는 않는다. 그러나 달걀 하나에 10센트에서 70센트로 가격이 뛴다는 것은 대부분의 사람이라면 순순히 받아들이기 어려울 것이다. 닭장 달걀 시스템이 우리 곁에 있는 한, 비록 밖에 나가지는 못하게 한다 해도 닭장에 닭을 가두지 않고 얻은 달걀을 파는 사람들이나마 있다는 것은 고마운 일이다.

우리는 또한 피트앤드게리도 시드 지만스키나 그레이징필즈, TJ패밀리팜스처럼 닭들을 닭장에 넣지 않는다는 점을 평가해야 한다고 본다. 유기농 및 풀어놓고 기른 닭 달걀의 수요가 커지면서, 대형 닭장식 달걀 농장주들은 '비(非)닭장' 달걀을 따로 마련함으로써 이 신흥 시장에 손을 뻗으려고 하고 있다. 시드 지만스키는 '수백만 마리의 닭을 닭장에 가둬두면서, 10만 마리는 풀어놓는' 사람들의 윤리에 분명 문제가 있다고 주장한다. 그녀는 그런 업자들은 때때로 팔 수가 없는 닭장 달걀을 과잉 보유하게 된다고 하면서 우리에게 이렇게 물었다. "그런 달걀이 다 어디로 가는지 아세요?" 그리고 스스로 대답했다. "비(非)닭장 달걀 팩에 끼어들어가죠." 그런 일이 얼마나 많은지는 말하기 어렵다. 그러나 우리는 확신한다. 달걀을 먹는 사람으로서 암탉의 대우에 대해 생각하는 사람이라면, 어떤 닭도 닭장에 처넣지 않는 업자의 달걀을 전력으로 밀어주어야 할 거라고.[3]

아직 다른 문제가 하나 남아 있다. 피트앤드게리의 방식 같은 것이 대부분의 사람이 돈을 낼 용의가 있다는 점에서 최선의 달걀 생산 방식이라면, 파브 가족의 경우처럼, 아예 달걀을 먹지 않는 게 더 낫지 않겠는가? 하지만 일단 파브 가족의 식단을 살펴본 후에 이 문제를 논의하는 편이 더 적당하리라고 본다.

7
해산물은 안전한가?

해산물은 대부분의 미국 가정의 식단에서 중요한 위치에 있으며, 그 비중은 점점 늘어나고 있다. 오랫동안 미국인이 가장 좋아하는 해산물은 참치였으나, 이제는 새우에게 밀렸다. 연어 역시 많이 소비되고 있다. 하지만 많은 어종의 어획고가 감소하고 있으며, 일부는(가령 대서양산 연어) 아예 시장에서 모습을 감추었다. 오랫동안 뉴잉글랜드의 상징어(魚)와 같았던 대구는 이제는 하도 드물어져서 매사추세츠 주의 어민들 사이에 케이프코드(대구 곶)라는 이름을 바꿔야 한다는 농담이 오갈 정도이다.

제이크 힐러드는 월마트에서 고튼 사의 브레드 생선 팩을 구입했다. 메리 앤 매서렉은 노르웨이산 연어 팩, 메릴랜드산 크랩케이크, 그리고 새우 케밥을 호라이즌푸드로부터 온라인 구매했다. 이 서로 다른 해산물 메뉴는 서로 다른 바다에서, 서로 다른 해역에서 들어온 해산물을 잡음으로써 마련된 것이다. 그리고 이는 여러 가지, 서로 다른 윤리적 문제를 포함한다. 하지만 우리는 그 문제들을 크게 두 가지로 나눠보았다. 첫째, 환경 문제, 둘째, 동물의 고통에 대한 문제.

'공동재산의 비극'과 대구 이야기

우리는 물고기를 너무 사랑한다. 그래서 그들 중 많은 종자를 멸종시켰다. 전 세계적으로 생선과 생선을 사용한 식료품(동물 사료와 비료에 쓰이는 성분을 포함)은 1960년 이래 세 배로 늘었다. 전 세계의 상업적으로 중요한 대양 어류의 4분의 1은 지난 시기의 남획에서 서서히 회복되는 중인데, 다른 47퍼센트의 어족은 한계까지 남획되고 있다. 따라서 더 이상 어획고를 늘린다면 결국 전체 어로 규모가 붕괴될 수 있다. 전 세계적으로, 우리는 매년 1억 톤 규모의 '해산물'을 먹는다. 그리고 추정치로 볼 때, 미국인들은 매년 170억 마리의 해양 동물을 먹는다.[1]

상업적인 어로 방식은 더욱 효율적으로 발전해왔으나, 그것은 동시에 더욱 낭비이기도 하다. 더 큰 어선과 더 큰 그물은 그 어느 때보다 많은 물고기를 잡을 수 있다. 그러나 그것은 해저 면에 손상을 주며, 원하지 않는 해산물 종류까지 잡아 올린다. 그것은 공식적으로 '부수적 포획물', 그러나 뱃사람들은 더 직설적으로 '쓰레기'라고 부르는 것들인데, 잡아 올리자마자 살아 있든 죽었든 다시 바다에 던져버린다. 어떤 어종의 어업에서는, 부수적 포획물의 비율이 엄청나다. 새우잡이배는 새우보다 몇 톤씩이나 더 많은 부수적 포획물을 잡아 올린다. 매년 세계적으로 잡히는 물고기의 4분의 1 정도가 부수적 포획물이며, 2,700만 톤 정도 되는 수십억 마리의 해양 생물이 쓰레기로 버려진다. 미국 어업에서만 보면 부수적 포획물이 22퍼센트(110만 톤)에 달하며, 댈후시 대학교의 랜섬 마이어스(Ransom Myers) 교수의 말로는 그것은 1,500만 명이 사는 도시 주민의 욕조를 남김없이 채울 수 있는 양이라고 한다.[2]

환경적 시각에서 보면, 상업적 어로의 문제점은 국제 해역에서 벌어지는 어로 행위가 모두 공동재산을 두고 이루어지는 행위라는 점이다. 그리고 이기적인 행위자가 독립적으로 활동하는 세계에서는, 공동재산은 비극적으로 탕진된다는 법칙이 실현된다. 그것은 바로 1968년에 가렛 하딘(Garrett Hardin)이 내놓은 유명한 글에서 제시된 법칙이다.[3] 공동의 토지를 가진 마을이 있다고 해보자. 이 땅에서는 전통적으로 마을의 모든 집이 소를 먹여왔다. 과거에는 모든 집이 한 마리씩의 소만 소유하고 있었다. 소 한 마리면 가정에서 먹기에 충분한 우유와 치즈를 얻을 수 있기 때문이었다. 공동의 토지는 여러 마리의 소가 먹기에 충분한 풀을 제공했다. 그러나 새로 길이 뚫리면서, 어떤 집들은 여분의 치즈를 인근 마을에 내다 팔 수 있음을 깨달았다. 그리고 이를 위해 더 많은 소를 키우며, 공동의 목초지에 넣었다. 얼마 후, 공동의 목초지로는 감당할 수 없을 만큼 소가 많아졌다는 게 아주 분명해졌다. 곧 소들은 충분히 먹지 못하게 되고, 그만큼 적은 우유를 내놓았다. 각각의 집은 저마다의 이익만 추구하며 최대한 많은 공유지의 목초를 자기 소들에게 먹이려고 했다. 일부 가정의 경우는 치즈를 내다 팔아 생기는 부수입이 없어지면 어찌해야 할지 상상할 수 없었기 때문에, 각 집의 소들이 먹는 목초에 제한선을 두자는 협의는 깨지고 말았다. 그 시점에서, 제한선 설정에 동의했던 집들마저도 스스로 이렇게 말했다. "공유지에 소가 너무 많아. 하지만 우리 소들을 공유지에 내놓지 않는다면, 우리는 수입을 잃을 것이고, 다른 집 소들이 우리 집 소들이 먹을 풀을 먹게 될 거야. 그럼 어떻게 해야 할지 뻔하잖아?"

각 가정이 전개한 논리에는 허점이 없었다. 그러나 각자 자기 이익만 추구한 결과 찾아올 파국은 자명했다. 전통적인 미덕을 주민들에게 강제할 상급 권위가 없는 상태에서, 공유지는 황무지가 되고, 사유지까지 황폐해졌으며, 소들은 굶주렸다. 모든 마을 주민들이 예전에 소 한 마리만 공유지에서 먹이던 때보다 도리어 살림이 어려워졌다.

여기서 목초를 물고기로 바꿔보면, 대구의 경우가 바로 그런 식으로 전개되었음을 알 수 있다. 1497년에 존 캐봇(John Cabot)이 뉴펀들랜드 섬의 그랜드뱅크스를 발견했을 때, 그는 양동이를 뱃전에 매달아 두기만 해도 대구가 저절로 하나 가득 잡힐 정도라고 적었다. 1세기 뒤, 작은 고기잡이배로 고기를 잡던 사람들은 여전히 대구가 많다고 기록하고 있다. "물 반 고기 반, 아니 그 이상이어서 우리는 노를 저어 가기가 힘겨울 정도였다." 래브라도 한류와 걸프 난류가 만나는 지점에서 풍부한 영양분을 담뿍 섭취한 대구들은 살찔 대로 살쪘고, 6피트 내지 7피트 길이에 무게는 200파운드까지 나갔다.[4] 대구는 거대한 무리를 지어 움직이는 성향이 있기 때문에, 어부들은 수백 년 동안 대서양 양쪽에서 엄청나게 밀집해서 몰려가는 대구를 손쉽게 낚아왔다.

1950년대가 되자 공장선(생선 절단기, 생선살 분쇄기, 그리고 거대한 냉동고를 갖춘)들이 이 바다로 들어왔다. 그 배들은 레이더를 이용해 물고기떼를 찾고 그들을 송두리째 잡아 올렸으며, 그렇게 몇 주일 동안이나 그 해역에 머물렀다. 그런 배들이 전 세계에서 왔다. 날이 갈수록 그런 배들은 덩치가 커졌고, 사용하는 그물 또한 커졌다. 수천 피트나 되는 그물 아가리는 예전의 대구잡이배들이 시즌 내내 잡던 만큼의 대구들을 한 시간 만에 잡아 올렸다. 그런 배들의 선장들 중에는 그런 식의 고기잡이를 하면 대구가 사라질지도 모른다는 걸 아는 사람도 있었다. 그러나 그곳은 국제 해역이었으며, 그 어느 누구도 먼저 그만두려고 하지 않았다. 그 선장들은 자신이 고기를 안 잡으면 누군가 다른 사람이 잡으리라는 것을 알고 있었다.

재난이 점차 다가오는 조짐이 일자, 대구 어업을 어떻게든 살려보자는 절망적인 노력이 일부에서나마 이루어졌다. 1972년, 아이슬란드는 자국의 해역을 일방적으로 확장한 뒤 그 안에서의 어로 행위를 통제하겠다고 선언했다. 그 선언은 영국과 아이슬란드 사이를 전쟁 일보직전까지 몰고 갔다. 아이슬란드의 군함들이 자국의 선언을 무시하고 어로 행위를 계속하는 영국의 트롤 어선들을 위협하자, 영국 해군

이 자국 어선들을 보호하기 위해 급파되었다. 그리고 영국은 그곳이 여전히 국제 해역이라는 주장을 굽히지 않았다. 그러나 아이슬란드의 행동은 명분이 충분했으며, 영국 국민의 여론은 이 성마른 바이킹의 후예들과의 전쟁을 지지하지 않았다. 그래서 양국 간 합의가 이루어졌고, 해당 해역에서의 아이슬란드의 주권을 인정하되 영국 배들의 어업은 계속한다는 결론이 났다. 그러자 캐나다가 아이슬란드의 예를 따라 1977년에 자국 해역을 확장하고, 타국의 대구잡이 어선들의 출입을 봉쇄했다. 하지만 캐나다는 자국 어선들의 야만적인 대규모 어획은 1990년대에 이르기까지 허용했다. 1990년대에는 이미 대구의 어족 규모가 붕괴 상태였다. 1992년의 조사 결과를 보면 대구 성어(成魚)의 수가 1960년대 초의 1.1퍼센트에 지나지 않았다. 그해에 캐나다는 마침내 대구 어업을 아예 금지했다. 그리고 10년 이상이 지난 지금도 대구의 수는 회복되지 않았다. 아마도 영원히 회복되지 않을 것이다.

그보다 스케일이 작지만, 비슷한 비극적 이야기가 세계의 다른 해역에서도 벌어졌다. 그러자 각국 정부와 자연보호 단체들은 이 문제를 심각히 고민했고, 좀 더 지속 가능한 방식의 어업을 모색했다. 한 가지 성과는 1997년 세계 최대의 해산물 구입업체인 유닐레버와 세계야생동물기금이 협력하여 '해양보존위원회(Marine Stewardship Council, MSC)'를 창설한 것이었다. 이제는 비영리 조직으로 독립한 해양보존위원회는 세계의 여러 기업과 자연보호 단체들과 협의, UN의 식량농업기구 어로 행위 규범에 기초를 둔 환경 보전 기준을 마련했다. 어업 종사자는 누구나 그 기준에 부합하는지를 심사 요청할 수 있다. 그러면 해양보존위원회는 독립기관들에 의뢰하여 해당 어업이 적절한 방식에 따라 지속 가능하게 영위되고 있는지 심사한다. 오늘날까지 해양보존위원회의 인증을 획득한 업체는 15개에 달하며, 그들은 상품에 푸른색 '피시포레버(Fish Forever)' 마크를 찍을 수 있다.

때로는 어업에 대해 너무 관대하다는 이유로 환경단체들의 비판을 받고 있지만, 해양보존위원회의 기준은 국제적인 지속 가능 어업을 위한 중요한 발전이다. 그 기준이란 다음의 3대 원칙에 의거하고 있다.

> 1. 어족 규모의 상태. 어업이 지속 가능할 수 있을 만큼 충분히 물고기가 많은가?
>
> 2. 해양 환경에 어로 행위가 미치는 영향. 어업이 해양 환경(비목표 물고기, 해양 포유동물, 바닷새 등 포함)에 즉각적으로 미치는 영향은 무엇인가?
>
> 3. 어로 관리 체계. 해당 해역의 어로 규칙과 절차는 무엇이며, 지속 가능한 방식의 어업을 계속하기 위해, 또한 해양 환경에 대한 영향을 최소화하기 위해 그런 체계가 어떻게 실행되고 있는가?

지속 가능한 방식으로 잡힌 고기인가?

제이크와 리, 그리고 그들의 자녀가 먹는 고튼 사의 '브레드 생선 팩'은 그런 조건에 얼마나 부합할까? 우리가 조사해보니 그 생선 팩은 명태, 대구의 사촌 격이며 알래스카와 시베리아 사이의 차가운 베링해에서 사는 물고기로 만든 것이었다. 미국의 어선들은 명태잡이 부문을 지배하고 있으며, 매년 150만 톤(33억 파운드)의 명태를 잡아들인다. 명태는 보통 2파운드 이상 나가지 않기 때문에, 그것은 곧 최소한 16억 마리의 명태가 이 해역에서 매년 사라지고 있다는 의미다. 만약 풋볼 경기장 하나를 명태로 남김없이 덮고, 그 위로 계속 쌓아올린다고 하자. 그러면 1,100피트까지 쌓아올려야 16억 마리가 된다. 엠파

이어스테이트 빌딩과 맞먹는 높이이다.[5]

　이렇게 많은 고기를 잡고 있음에도, 2004년 10월 현재 베링 해 및 알류샨 열도 해역에서의 명태잡이는 세계에서 11번째로 해양보존위원회 인증을 획득했다. 그리고 더 소규모인 알래스카 명태의 어로는 그 다음 해에 인증되었다.[6] 명태잡이는 북태평양의 해양 환경에 상대적으로 적은 악영향을 미치는 것처럼 보인다. 대부분의 명태는 '중층 트롤 어망(저인망과 달리 바다 밑바닥까지 훑지는 않는 어망-옮긴이)'으로 잡히며, 바다에서 처리된다. '주낙(여러 개의 그물을 한꺼번에 써서 잡아 올리는 방식-옮긴이)'을 써서 잡히는 명태는 많지 않다. 이런 어로 방식으로는 바다 밑바닥을 긁어서 민감한 환경을 해치는 일이 없다. 명태는 큰 무리를 지어 밀집 대형으로 이동하기 때문에, 부수적 포획물도 많지 않다. 몬테레이베이 아쿠아리움의 '해산물 감시' 프로그램에서는 명태잡이를 '최고'의 어로 활동으로 평가했다. 환경보호 단체인 '환경안보'가 만든 웹 사이트, '오션스얼라이브'에 따르면 명태 어족은 '좋은 분포'를 보이고 있으며, 잘 관리되고 있다. 하지만 그 사이트는 명태가 감소할 경우에 지금 멸종 위기에 직면해 있는 스텔라 바다사자의 먹이가 줄어들 위험이 있다고 덧붙인다.

　우리가 고튼 사에 연락해서 그 회사 생선 팩이 해양보존위원회의 '피시포레버' 승인을 얻었는지 문의하자, 고객 서비스 담당자는 그런 게 있다는 것은 금시초문이라고 했다. 최근에 명태잡이 쪽에서 승인을 얻었다는 사실도 전혀 몰랐다는 것이었다. 그 생선 팩에는 그 물고기가 지속 가능한 방식으로 잡혔는지의 여부를 확인해줄 어떤 문구나 딱지도 없었다. 고튼 사에서 자체 상품의 환경 관련 수준을 광고하거나 마케팅하지 않았다면, 제이크는 아마도 더 환경친화적인 먹을거리 선택을 지식보다는 운에 따라 했으리라. 대부분의 소비자처럼, 그녀도 맛, 가격, 편리함이라는 기준으로 그 생선 팩을 선택했을 것이다.

호라이즌 시푸드

짐과 메리 앤은 윤리적인 먹을거리 소비자가 되고자 한다. 하지만 이미 본 대로, 둘 다 바쁜 사람들인데다 메리 앤의 말처럼 '윤리와 편리 사이에 균형을 잡을' 필요가 있다. 그래서 그녀는 호라이즌푸드에서 식품을 구입한다. "케빈이라는 사람이 6주일 내지 8주일마다 물건을 싣고 오죠. 유머감각이 넘치는 사람이에요. 큰 상자에 소고기, 풀어놓고 기른 닭고기 가슴살, 그리고 많은 물고기를 싣고 오죠. 모두 적절히 통제된 수량이고, 급속 냉동시킨 거예요. 대부분 자연산이며 항생제나 성장호르몬과 무관한 것이고요. 따라서 아주 좋은 물건이죠. 좀처럼 직접 뭔가를 할 시간이 없으니까, 우린 대형 냉장고를 쓰고 있죠. 그가 올 때를 이용하거나 아니면 그냥 전화를 걸어서 '이게 좀 더 필요한데요'라고 말만 하면 돼요."

많은 양심적 잡식주의자들이 그렇듯이, 메리 앤과 그녀의 딸들도 육지 동물보다 바다 동물을 선호하는데, 진화의 사다리에서 좀 더 아래쪽을 먹고 싶어 하기 때문이다. 앞에서 본 것처럼, 그녀는 물고기는 소라든가 다른 포유동물과는 달리 "감정이 있는 눈으로 보지 않는다"고 생각한다. 그녀는 주문할 때 사용하는 호라이즌푸드의 카탈로그 하나를 보여주었다. 16쪽에 달하는 그 화려한 카탈로그는 지글지글 구워진 스테이크, 레어로 익힌 로스트비프, 바삭바삭해 보이는 브레드치킨 '핑거', 생선구이, 햄, 피자 등등 숱한 먹을거리 품목의 컬러 사진을 클로즈업해 보여주고 있었다. 그녀가 거의 매번 산다는 세 가지 품목을 손가락으로 짚어 보였다. 우리는 그 품목들에 대해 호라이즌푸드가 어떻게 말하는지 물어볼 참이었다. 첫 번째는 크랩(게) 케이크였다. 사진 아래 쓰인 설명은 다음과 같았다. "완전 천연산 메릴랜드 크랩 케이크는 최상의 성분만 담아 만든 수제품입니다." 그리고 계속해서 그 조리법 등을 설명하고 있었다.

메릴랜드 게나 게 어업에 대해서는 아무런 정보도 없었다. 다른 두 개 품목은 연어 토막살과 새우 케밥이었다. 카탈로그에는 이것들이 '향기가 좋고 부드러우며 맛이 좋다'는 것 말고는 아무런 정보도 없었다. 우리는 호라이즌푸드의 웹 사이트에 들어가 보았지만 거기에서도 이 품목들의 관련 정보를 찾아낼 수 없었다. 아마 짐과 메리 앤이 좀 더 부지런하게 노력하면 게, 새우, 연어에 대한 조사를 직접 해볼 수도 있을 것이다. 그러나 그들의 빡빡한 스케줄을 보면, 그것은 지나친 요구이다. 호라이즌푸드는 우리가 그들이 윤리적 선택을 하도록 도와주는 일을 쉽게 해주지 않았다. 그래서 우리는 직접 조사에 나설 수밖에 없었다.

게

상표는 은근히 거짓을 말할 수 있다. '메릴랜드 크랩 케이크'도 그런 경우인데, 볼티모어에 살며 레스토랑 겸 크랩 케이크 소매상을 운영하고 있는 안젤리나는 이렇게 주의를 준다.

> 레스토랑에서는 어떤 크랩 케이크라도 '메릴랜드 크랩 케이크'라고 할 수 있어요. 왜냐하면 그것은 제조 방식을 가리키는 것이지, 원산지를 표시하는 것이 아니거든요. 원산지를 뜻하는 것으로 하자면 '태국 크랩 케이크'가 될 수도 있죠. 치즈 케이크를 두고 '뉴욕 치즈 케이크'라고 부르는 것이나 마찬가지예요.[7]

그래서 우리는 뉴욕의 플레인뷰에 있는 호라이즌푸드 본사에 연락해보았는데, 그곳의 상품 판매 담당자는 우리에게 자기네 크랩 케이크가 정말로 메릴랜드 산임을 보증했다. 적어도 90퍼센트는 보증할 수 있다고…… 나머지는 체사피크 만 쪽의 버지니아 산이라고.[8]

그 때문에 우리는 어느 8월의 아침, 정각 5시에 체사피크 만의 동쪽 해변에 있는 스미스 섬에 가 있었다. 그 섬의 오두막에 앉아, 우리는 에디 에반스와 함께 일기예보를 듣는 중이었다. 67세인 에디는 어부인데, 한때 체사피크에 흔했던 작은 돛단배, '가다랑어'로 처음 뱃일을 시작했다고 한다. 잠시 후 그의 아들인 에디 에반스 2세와 손자인 크레이그가 들어와 함께 앉았다. 그들은 스미스 섬에서 대대로 살아온 에반스 가문의 12대와 13대가 된다. 기상센터는 풍속 15노트 내지 20노트의 바람을 예보했다. 에디 2세는 말했다. "바깥은 좀 거칠어지고 있어요." 에디 1세는 의사와의 진료 예약 때문에 오늘은 밖에 안 나갈 것이라고 말했다.

우리는 '재닛 린' 호에 탔다. 에디 2세의 막내 여동생 이름을 따서 지은 배라고 한다. 그리고 스미스 섬의 동쪽 해안, 바로 게들을 잡는 곳까지 5마일을 항해했다. 에디 2세와 크레이그는 고무 부츠에 고무제 통짜 작업복, 그리고 검은색 고무장갑을 착용하고 있었다. 크레이그는 배 뒤편의 조종기기 쪽에 자리 잡았다. 에디는 바로 그의 뒤에 서서 큰 쟁반처럼 측면이 높이 솟은 알루미늄 테이블에 몸을 기대고 있었다. '재닛 린' 호를 이리저리 몰며, 크레이그는 하얀 물체가 떠 있는 곳까지 가서는 엔진을 늦추었다. 그리고 갈고리가 달린 로프를 그 물체에 걸었다. 그는 모터 옆의 도르래에 로프를 연결하고는, 몇 초 사이에 게잡이용 바구니를 배 옆쪽으로 끌어올려 알루미늄 테이블 위에 올려놓았다. 그러고는 에디가 항아리를 테이블에 비우는 동안, 보트의 속력을 높여 다음 게바구니 쪽으로 달렸다. 그 '바구니'는 한 변이 20인치쯤 되는 정육면체 모양이었으며, 1인치의 눈이 있도록 짜인 '닭장 철망'으로 만들어져 있었다. 각 옆면에는 지름 6인치 정도의 둥근 출입구가 있고, 안쪽으로 가면서 그것은 점차 가늘어져 2~3인치가 되도록 되어 있었다. 이 구멍으로 게들은 쉽게 안으로 들어가지만, 다시 나오기는 어렵다. 이 바구니에는 네 면 중 한쪽에 헐겁게 끈이 매어져 있었다. 에디가 바구니를 거꾸로 들고 옆으로 흔들자, 게들이 테이블 위로 와르르 쏟아져서는 이 이상하고 밝은 곳에 어리둥절해하며 빨빨 기어 다녔다.

이 게들은 대서양 청색꽃게로, 학명은 칼리넥테스 사피두스(*Callinectes sapidus*)라고 하는데, 그리스어와 라틴어가 섞인 그 이름을 풀이하면 '아름답게 헤엄치는, 맛이 좋은 것'이다. 이 게들은 이곳 체사피크 만과 다른 만, 여러 강어귀, 그리고 얕은 물에 살며, 노바스코샤에서 아르헨티나에 이르는 대서양 연안에 두루 분포되어 있다. 이제 테이블 위에서 기어 다니는 게들은 그 밝은 빛의 붉고 푸른 집게발을 휘두르며, 가위질하며, 닿을 수 없는 적들을 위협하는 듯했다. 에디는 빠르게 게들을 분류해, 작은 것들은 다시 물에 던지고는 나머지를 커다란 바구니에 담았다. 암컷 게들, 그리고 수컷 게는 크기가 두 종류였는데, '껍질갈이'와 '말랑껍질'들이라고 했다. '껍질갈이'란 게가 성장하면서 주기적으로 하는 껍질갈이를 하기 직전의 게를 말한다. '껍질이 벗겨지면' 그 밑에 숨어 있던 새로운 껍질은 아직 부드러운 상태다. 이런 게는 '말랑껍질'이라고 부른다. 게의 크기가 좀 이상하다며, 에디는 한 마리를 테이블에 대고 길이를 재보았다. 길이는 5와 4분의 1인치였는데, 올해 체사피크에 돌아오는 게의 예상 크기보다 밑돈다고 했다.

그리고 그런 작업이 반복되었다. 바구니에서 바구니로, 25개의 바구니가 한 줄로 나란히 늘어서 있었다. 마지막 바구니를 낚아 올린 다음, 우리는 다음 줄의 첫 번째 바구니로 배를 몰았다. 큰 파도에 부딪히자, 바닷물이 뱃전을 넘어 작업 중인 후미 쪽에 펴놓은 시트 위로 쏟아졌다. 에반스 부자는 이 해역에 여덟 개의 게 바구니 줄을 가지고 있으며, 다른 해역에 또 몇 개가 더 있다고 했다. 그날 아침 우리는 300개의 바구니를 끌어올렸고, 바구니마다 서너 마리의 게가 들어 있었다. 부수적 포획물은 우선 네다섯 마리의 작은 물고기였는데, 에디는 보자마자 바다로 집어던졌다. 그리고 10여 마리의 해파리도(몸의 일부 포함) 그렇게 했다.

우리가 항구로 가는 동안, 여러 어선이 우리 주변을 오갔다. 항구 입구에서는 지역 어민조합 건물에 손으로 쓴 큰 간판이 붙어 있는 게 보였다. "스미스 섬에 오신 것을 환영합니다. 우리의 유산을 보전하는 일에 협조 바랍니다. 체사피크 만 재단을 지지하지 마세요." 에디와 크레이그는 바이어용 도크에서 자기들 순서를 기다렸다가, 양동이 세 개를 올려놓고 무게를 잰 뒤 팔았다. 그들은 작은 바구니 몇 개는 남겨서 자신들의 간이 냉장고에 보관했다. 이 냉장고가 가득 차면 나중에 무게를 달고 팔 것이다.

에디 1세는 항구에서 바다 표면과 겨우 몇 피트 위에 있는 게 작업장에서 일하고 있었다. 그는 껍질갈이 게들을 따로 모아서 물이 여러 단계의 파이버글래스 탱크를 돌아가는 수조에 보관했다. 그곳에서 말랑껍질이 될 때까지 두는 것이다. "이 말랑껍질이 우리가 대부분의 수입을 얻는 놈들이죠." 그는 6인치 정도 되는 가장 큰 수컷 게들은 대개 '바구니 거래'로 판다고 설명했다. 즉 생선가게와 식당에 도매로 넘긴다는 것이다. 더 작은 게와 암컷 게들은 '골라잡아 거래'로 팔며, 메리 앤이 구입한 유명한 메릴랜드 크랩 케이크에 들어가게 된다. 그는 게잡이의 경제성을 설명해주었다. 일하는 사람들의 급료가 있고, 연료비, 보트 유지비가 들어간다. 그리고 바이어의 커미션, 처리와 냉장 보관 비용, 수송 비용이 든다. "종합해보면, 1파운드짜리 게살을 위해 지불하는 값은 결코 비싸지 않은 겁니다."

우리는 체사피크 만과 그 해양 생물의 상태에 대해 이야기를 이어갔다. 꽃게는 역사적으로 미국 대륙의 가장 크고 가장 이문이 남는 어류였다. 그것은 빠르게 발전했고, 다양한 주민들에게 혜택을 주었으며, 게 맛에 대한 사람들의 선호가 쉽게 변하지도 않았고, 자원 또한 매우 풍부했기 때문이다. 아직 심하게 착취되지 않은 바다에서는, 암꽃게 한 마리가 교미하면 매년 1,400만 개의 알을 낳기에 충분한 정자를 얻는다. 그리고 게는 평생토록 그러한 생산력을 유지한다.[9] 에디는 지금 게의 숫자가 '느는 추세'라고 한다. 주정부에서 게덫의 종류, 게 잡는 기간, 잡을 수 있는 게의 크기, 그리고 어로 면허증의 수 등을 제한하고 있기 때문이라면서. "참 많이도 규제하지요. 하지만 그건 진짜 문제점, 그러니까 체사피크 만 전체의 오염 문제를 물 타기하는 데 지나지 않아요. 이 만이 전처럼 깨끗했더라면, 자연이 본래의 사이클대로 움직였을 것이고, 그러면 굳이 규제를 해서 자연보호를 할 이유도 없지 않았겠어요? 하지만 그렇게 안 되었고, 앞으로도 그런 식으로 하면 안 되지요." 그의 말로는 오염이란 육지의 농장들, 골프장에 쓰이는 비료들, 그리고 해안지대 개발 등에서 온다. "그중 어디 하나를 딱 짚어서 이놈이 범인이다라고는 말 못 하겠어요. 더 많은 문제가 있으니까."

우리는 에디에게 우리가 항구에서 본 간판을 언급하며, 체사피크 만 재단이 뭐가 어쨌다는 거냐고 물어보았다. "내건 목표야 아주 좋죠. 만의 오염 문제를 대중에게 각성시키며 출발했거든요. 하지만 이제는 그냥 규제를 위한 조직 외에는 아무것도 아니에요. 그리고 환경보호 집단 사람들과 말을 해보면, 뭐든 맘에 들어 하는 게 없는 거예요. 하나부터 열까지 보전하겠다고만 해대니." 이제 에디는 느긋한 기질을 잊어버리고 있었다. "그렇게 보전만 해댔다가는, 우린 다 굶어 죽는다고요. 나는 항상 말하는데, 어부는 사실 누구나 환경주의자예요. 그리고 나는 모든 것을 한 바구니에 쓸어 넣는 짓 같은 것은 안 합니다. 좋은 상식을 가진 사람들도 없지는 않으니까. 하지만 분명한 사실은 그런 사람들의 다수는 보전을 위한 보전을 하려는 사람들이에요. 그들은 샘 월튼(Sam Walton, 월마트 설립자-옮긴이)이 모든 것을 만들어냈다고, 공장이고 뭐고 다 그 사람 손에서 나왔다고 생각해요. 요즘 그 사람들 하는 짓을 듣자니, 땅에서고 물에서고 종횡무진인 듯

합니다."

 우리는 체사피크 만 재단과 접촉해보았다. 이 재단은 1967년에 설립되었으며, 이 만의 해역과 관련 유역(여섯 개 주와 컬럼비아 특별구에 걸쳐 있는)에 대한 환경 보전만을 목표로 하는 최대의 환경 단체이다. 그 재단의 선임 어로학자인 빌 골드스버러(Bill Goldsborough)는 스미스 섬 게잡이 어부들의 반발에 대해 이렇게 말한다. "잘 보면 우리가 결코 급진적 환경주의자가 아님을 알 수 있을 겁니다." 그는 그들이 하는 일의 거의 대부분은 오염의 감소를 위한 것인데, 게잡이 어부들은 그 사실을 간과하고 있다고 말했다. "그들은 우리가 어업에 대해 말하고 행동하는 것만 보죠. 그것에만 반응하고 말입니다." 그런 일을 통해 보면, 게의 숫자가 늘고 있다는 에반스의 생각은 착각이라고 한다. "과학적으로 부합하지 않는 말입니다……. 그가 현장에서 보기에는 그렇게 보일지도 모르죠. 현장의 관찰도 물론 중요합니다만, 전체 맥락에서 보면 하나의 데이터 포인트일 뿐이죠." 메릴랜드 주와 버지니아 주는 매년 몇 차례의 조사를 실시한다. 골드스버러에 따르면 겨울에 실시하는 기초 조사가 특히 유용한데, 그 조사의 샘플은 만 전역에 걸친 수천 개소에서 채집되기 때문이다. 겨울에는 게들이 동면을 하며, 따라서 쉽게 찾아서 셀 수 있어 그렇게 대규모 조사가 가능하다고 한다. 그러한 조사 결과를 보면 체사피크 만의 꽃게 숫자는 계속 줄고 있다.

 이 재단은 만의 다른 구역에 있는 어민들과도 갈등을 빚고 있는데, 껍질갈이와 말랑껍질 게들의 포획 숫자가 갑자기 크게 늘어났기 때문이다. 에반스의 말처럼, 이 미성숙한 게들은 특히 값어치가 크다. 그래서 게잡이 어부들은 그 게들이 성숙해서 짝짓기를 하기 전에 포획하려고 하며, 이 때문에 전체 게 숫자를 유지하는 일이 더 어려워지는 것이다(골드스버러는 스미스 섬의 주민들은 껍질갈이와 말랑껍질 게들의 포획 수를 그렇게 많이 늘리지 않았다고 했다). 하지만 게들의 숫자가 주는 것이 단지 오염 문제에서 비롯되었고 남획과는 상관이 없다고 하더라도, 체사피크 만 재단은 게잡이를 지나치게 하지 않도록 책임 있는 관리가 필요하다는 입장이다. 그리고 그 입장이야말로 게잡이 어부들이 스스로를 피해자라고 여기도록 한다. "우리는 피뢰침과 같습니다. 땅에 뿌리박혀야 기능을 하죠."

또한 에디는 자기 손자 크레이그와 같은 젊은이들이 어업에 종사할 기회가 점차 줄고 있는 점을 염려하고 있다. 그가 보기에 어부가 되기 위해 드는 비용은 지나치게 느는 반면, 수입은 떨어지고 있다는 사실에 있다. 그는 몇 가지 수치를 열심히 거론하고는, 크레이그는 아마도 어부가 되기보다는 회사원이 되는 편이 '좋을 거라고 잘라 말했다. 스미스 섬 주민의 생활은 단순하다. 교회와 가정, 뱃일, 이 세 가지에서 벗어나지 않는다. 그래서 이제 사람들은 본토로 옮겨가려 하고 있다고 한다. 좋았던 시절에는 700명 정도가 살았으나, 이제는 세 개 마을에 300명 정도만이 살고 있다. 이러한 현상을 가중시키는 움직임 중에는 땅값도 한 몫하고 있다. 호젓한 해안 지역에 별장을 가지고 싶어 하는 본토 주민들이 현지 주민에게 높은 가격을 부르고 있는 것이다. 지난 몇 년 사이에 집값은 "네 배로 뛰었다"고 에디는 말했다. "어부들이 계속 바다를 떠나 육지로 돌아간다면, 어떤 일이 벌어질 것 같아요? 해산물은 어디서 얻을까요?"

국내 공급을 초과하는 게살의 수요 앞에서, 미국 가공업체들은 꽃게의 친척뻘인 포르투누스 펠라지쿠스(*Portunus pelagicus*), 일반적으로 '청색꽃게'로 불리는 게(앞서 나온 '대서양 청색꽃게'와 이 청색꽃게는 모두 한국 꽃게의 친척뻘 종자다. 다만 후자의 청색꽃게는 인도양과 아시아 쪽 태평양에서 서식하며 우리나라에서도 발견되므로 청색꽃게의 통속명을 가지고 있으나, '대서양 청색꽃게'는 대서양에서만 서식한다. 따라서 우리나라에서는 통속명을 가지고 있지 않은데, 일부에서 이 역시 청색꽃게라고 부르는 경우가 많다. 따라서 여기서는 이를 '대서양 청색꽃게'라고 구분하여 부른다-옮긴이)를 수입하고 있다. 미국에서 판매되는 게살의 4분의 3은 인도네시아, 필리핀, 태국, 인도 등, 게잡이에 필요한 인건비가 훨씬 적으며, 대체로 지속 가능한 어업에 대한 규제도 적은 나라에서 들여온 게살 성분을 포함하고 있다. 우리는 에디에게 이것을 어떻게 생각하느냐고 물었다. "옳거니. 미국 사람들이란 말씀이지! 나가 보면 여기 미국에서보다 4달러나 5달러쯤 싼 게살 캔을 상점에서 볼 수 있을 겁니다. 하지만 그 캔에 뭐가 들어 있는지 아시겠어요? 어떻게 제조되고 어떻게 포장되었는지? 아무도 모르죠."

에디의 말이 맞았다. '세계야생동물기금'이 조사한 바로는, 필리핀에서는 남획과 서식지 파괴, 그리고 부적절한 해양 정책 및 집행으로 인해 청색꽃게가 심각한 위협을 받고 있다. 모터보트로 자망을 치는 방식이 주된 게잡이 방식이 되었다. 그 조사에서는 조사 대상 지역에서만 자망의 총 길이가 680마일이라고 했다. 메인 주의 포틀랜드에서 버지니아 주의 리치먼드를 연결하기에 충분한 길이다. 자망은 때로 유실되기도 하는데, 그것은 저절로 썩어 없어지지 않기 때문에 계속해서 걸려드는 많은 게를 죽이게 된다. 남획이 시작된 지 겨우 10년 만에, 어획량의 70퍼센트가 감소되었다.[10] 인도네시아와 태국에서 잡히는 게의 수도 줄어들었는데, 아마도 무분별한 남획 때문일 것이다.[11]

아시아에서 수입되는 게들도 보통 '블루크랩(푸른 게)'으로 통하기 때문에, 미국 소비자들이 자신들이 사는 게가 지속 가능한 방식으로 어획되었는지 알기란 쉽지 않다. 최대 수입상 중 하나인 볼티모어 필리핀푸드는 이 수입 게살을 써서 '메릴랜드식' 크랩 케이크를 가공 판매한다.[12] '블루크랩 판매협회' 같은 단체는 아시아계 게들과의 구분을 위해 국내산 게에 '미국산 블루크랩'이라는 상표를 부착할 것을 권장한다. 일반적으로 말해서 미국, 캐나다, 오스트레일리아산 게는 지속 가능한 어로 활동을 통해 잡힌 것으로 볼 수 있다. 하지만 그 외의 나라에서 들어온 게들은 그렇지 않을 가능성이 높고, 피하는 것이 좋다.

연어

메리 앤이 호라이즌푸드에서 구입한 노르웨이산 연어 팩은 노르웨이에서 오기는 했는데, 거의 양어장에서 온 것으로 봐도 좋다. 대서양산 연어는 대구에게 밀려서 대부분 사라졌다. 살아남은 연어는 얼마 되지 않아서, 판매되는 연어 중 자연산 연어와 양식 연어의 비율은 1:300이다.[13] 대부분의 쇼핑객은 이 사실을 모른다. 그리고 그것으로 그들을 탓할 수는 없다. 2005년 3월에 《뉴욕 타임스》에서 실시한 조사에 따르면 뉴욕 시의 가게들(유명한 고급 레스토랑, 딘앤드디루카를 포함하여) 중 8분의 6이 양식 연어 상표가 붙은 연어를 훨씬 비싼 자연산 연어와 같은 가격으로 내놓고 있었다. 그 차이는 분홍빛을 내기 위한 인공 착색 도료의 사용(그렇지 않으면 뿌옇게 회색이 돌게 된다) 여부를 확인함으로써 발견할 수 있는데, 실험실에서나 가능한 일이다. 자연산 연어의 살색은 착색 도료 없이도 분홍빛을 띠는데, 그 까닭은 크릴새우를 먹기 때문이다.[14]

양식 어업은 세계적으로 가장 빠르게 발전하고 있는, 가장 최근에 이루어진 농업혁명이라고 할 수 있다. 1970년 당시에는 세계 해산물 시장에서 그 생산품이 차지하는 비중이 겨우 3퍼센트였다. 이제는 우리가 먹는 생선을 비롯한 해산물 중 3분의 1이 양식산이다. 양식으로 길러지는 물고기의 무게를 모두 합치면 소고기의 무게를 모두 합친 것보다 더 나간다.[15] 그리고 거의 대부분의 양식업이 대규모 집약적 생산 방식을 취한다. 노르웨이의 피오르와 영국, 아이슬란드, 칠레, 중국, 일본, 캐나다, 미국 등등의 해안에는 이런 양식장들이 있는데, 길이 200피트 이상에다 깊이가 40피트에 이르는 우리 또는 그물이 바다로 내려뜨려져 있고, 그 위에 연결된 플랫폼에서 노동자들이 물고기에게 먹이를 주고 있다. 연어의 경우, 하나의 수중 우리마다 5만 마리의 물고기가 들어갈 수 있는데, 그것이 얼마나 밀집 사육인가 하면, 욕조 하나에 30인치짜리 연어 한 마리씩 넣는 것과 같다.[16]

양계의 경우에는 밀집 사육이 한때 고급 식품이었던 닭고기의 값을 헐값으로 만들었다. 민물고기 역시 육지의 양식장에서 길러진다. 부시 행정부가 새로 내놓는 법안에 따르면 난바다에서도 양식장이 허용된다. 그것은 2025년까지 지금의 양식 규모가 다섯 배로 늘어난다는 것을 의미한다. 그렇게 되면 전 세계 생선 시장의 절반은 양식 생선이 차지하게 될 것이다. 그러나 '국가해양대기관리국'의 어업 관련 부국장인 윌리엄 호가스(William Hogarth)는 환경 단체들의 반발이 있음을 시인한다. "해양 양식업은 논란이 매우 심한 부문이죠. 그것은 틀림없는 사실입니다." [17]

양식 어업이란 갈수록 늘어나는 해산물 수요와 포획 어업이 받고 있는 가중되는 압박 사이에서 나오는 문제점을 멋지게 해결할 수 있는 방법처럼 보인다. 그러나 그것은 마치 우리가 더 많은 소고기를 먹는다면 옥수수를 많이 기를 필요가 없겠다고 생각하는 것과 같다. 브리티시컬럼비아 대학교의 어업 연구센터에 있는 대니얼 파울리(Daniel Pauly) 교수는 연어와 농어 양식에 대해 다음과 같이 말한다. "그처럼 먹성이 좋은 물고기들을 사육장식으로 기르자면…… 생선과 기름이 잔뜩 든 식단이 필요합니다." 그와 그의 동료들은 《네이처(Nature)》지에 기고한 글에서 사료용 물고기의 가격에 비해 양식 물고기의 시장 가격이 높다는 점에서 양식업은 일단 합리적인 것처럼 보이지만, 이는 생산되는 어육(魚肉)의 양보다 더 많은 어육을 소비하지 않을 수 없는 방식이라고 지적했다. 그리고 이 때문에 양식업은 포획 어업을 대체하기는커녕 오히려 그에 대한 압박을 더욱 강화한다. 그리고 어떻게 봐도 '고도로 지속 불가능' 하다. 사료용 생선과 생선 기름의 수요는 그런 수요가 없었다면 거들떠보지 않았을 작은 고기까지 수백만 톤씩 잡아들이게 하는데, 그 작은 물고기는 원래 대구나 북대서양 대구의 먹이가 되었을 것이고, 개발도상국의 연안 거주민들에게 직·간접적으로 소중한 단백질 공급원이 되었을 것이다. 이 싸구려 물고기들은 3~4톤씩 고기 알갱이로 만들어져서 양식 연어들에게 주어진다. 그 결과 1톤의 연어가 양식되어 부유한 국가의 소비자들에게 팔려간다.[18]

물론 어선들은 연어를 먹일 생선을 잡느라고 엔진을 돌릴 기름을 필요로 한다. 브리티시컬럼비아 대학교의 윌리엄 리스(William Rees)가 지적하다시피, 이런 양식 방법이 포함하는 한 가지 아이러니는 이렇다. "연어 양식업이 값이 비싸고 점점 희귀해지는 화석연료를 대량으로 소비하면서 야생 연어가 그냥 놔두어도 할 일을 억지로 시킨다는 데 있다. 특히 바다에 풀어놓으면 자기들 힘으로 먹이를 잡으며 살아갈 것을." 노바스코샤 댈후시 대학교의 피터 타이드머스(Peter Tyedmers)는 그 문제를 계산해보았는데, 캐나다산 양식 연어 1킬로그램을 생산하는 데 2.5리터 내지 5리터의 디젤유(또는 그에 상당하는 다른 화석연료)가 소비된다고 한다.[19]

연어 양식의 또 다른 문제점은 연어 가두리의 주변 바닷물과 그 아래쪽 해저 면이 아무 정화 처리 없이 배출되는 배설물과 사료 찌꺼기들로 오염된다는 것이다. '세계야생동물기금'은 스코틀랜드의 연어 양식장이 900만 명의 사람이 배출하는 것에 맞먹는 오물을 배출한다는 사실을 확인했다. 900만 명이라면 스코틀랜드 실제 인구의 거의 두 배이다. '환경보호협회'의 자문단에 속해 있는 생물학자인 레베카 골드버그(Rebecca Goldberg)와 스탠퍼드 대학교의 경제학자인 로자먼드 네일러(Rosamond Naylor)는 부시 행정부에서 입안한 원양 양식업 허용 법안이 미국의 바다에서 50억 마리의 물고기를 양식하는 업체를 창출할 것이며, 이는 1,700만 명 이상의 사람이 아무 제한 없이 오물을 무단 방류할 때와 똑같은 질소화합물을 바다 속에 배출하게 될 것이라고 추산했다.[20] 물고기들에게는 전염병이나 기생충 발생의 가능성 때문에 항생제와 살충제 또한 주어지는데, 이런 약물들 역시 그물 사이를 흘러나가, 그냥 바다로 들어간다. 연어 양식업이 노르웨이의 주된 수출업종이기는 하지만, 노르웨이 '국가오염통제국'은 연어 양식업체들을 '주요 오염배출업체'로 규정했다. 양식 연어들에게 주는 먹이의 양을 감시하려는 노력이 점점 늘고 있으며, 덕분에 사료 쓰레기로 인한 오염의 정도는 줄어들고 있다. 그러나 결코 없어지지는 않는다.

연어 양식의 세 번째 문제점은 연어가 달아나는 일이 많다는 데 있다. 연어들을 잡아먹으려는 대형 어류의 공격이나 폭풍 등으로 그들을 가두고 있던 그물에 구멍이 나기 일쑤이기 때문이다. 노르웨이 '자연보호국'이 추정해보니 그 나라에서는 매년 50만 마리의 양식 연어가 달아나고 있다고 한다. 그것은 노르웨이 바다에 남아 있는 야생 연어들의 숫자를 훨씬 뛰어넘는다. 양식 기술이 개량되면서 달아나는 연어의 수는 줄고 있지만, 지금 노르웨이의 하천에 서식하는 연어의 90퍼센트가 도망친 양식 연어이다.[21] 이 도망친 연어들은 야생 연어들과 교미하고, 그 결과 천연 종에게 유전자 변화를 일으킨다. 그들은 또한 야생종에게 질병과 기생충을 옮길 수 있는데, 양식 종들은 그만큼이나 과다 밀집해서 사육되다 보니 그런 점에서 취약하기 때문이다. 노르웨이만 보아도, 2001년 당시 조사에서 1,000만 마리의 양식 연어가 질병에 걸린 상태였다.[22] 양식종이 전염시킨 기생충으로 죽은 야생 연어의 수가 얼마나 되는지는 알 수 없다. 그러나 최근의 조사에서 연어 양식장 근처를 지나간 어린 야생 연어떼는 그 이전에 조사했을 때보다 바닷니의 감염률이 73배나 증가했음이 밝혀졌다. 이는 연어 양식장이 야생 어류의 규모에 심각한 영향을 미치고 있음을 시사한다.[23]

이 모든 이유에서, 환경보호협회는 대서양 연어에게 '최대 환경 피해(Eco-Worst)' 등급을 매겼다.24) '해산물감시단'도 양식 연어에게 빨간 깃발을 주었는데, 일부 양식장은 운영 방식을 개선했음을 언급하며, 그럼에도 "지금은 더 지속 가능성 있게 운영되는 양식장과 그렇지 않은 양식장의 연어를 구분할 방법이 없다"고 밝혔다. 해산물감시단은 알래스카에서 야생 연어를 잡을 것을 제의한다. 그곳은 해양보존위원회의 보장이 있는 바다니까.25) 문제점은 《뉴욕 타임스》 조사에서 나타나듯이 '자연산'이라는 상표 자체가 믿을 수 없다는 것이다. 믿을 수 있는 공급자가 있다손 쳐도, 유일하게 안전한 방법은 연어를 먹지 않는 것뿐이다. 그렇다고 해서 칠레산 농어나 오렌지라피로 넘어가지는 말자. '칠레산 농어'라는 것은 사실 농어가 아니며, 파타고니아 또는 남극산 치어(齒魚)를 말한다. 치어 또는 메로는 크고 느리게 성장하는 물고기로서 성적 성숙은 10년이 걸려야 가능하며 45년 정도 산다. 어떤 마케팅의 귀재가 이 '치어'라는 이름은 왠지 맛없게 느껴진다고 여기고는, 더 잘 팔릴 수 있도록 이름을 고쳐버린 것이다. 불행히도 그 결과 지난 10년간 미국 시장에서 너무 잘 팔리는 바람에, 일부 지역 시장에는 이 물고기가 자취를 감추었고, 어족 전체가 씨가 마를 위기에 처해 있다. 이 물고기가 사는 남극의 독특한 생태계에 이런 상업화가 어떤 여파를 가져올지 알 수 없다. 이 물고기의 어로를 규제하려는 시도는 좌절되었는데, 이 물고기가 사는 원양에서의 수익이 짭짤한 불법 어로를 막기가 어렵기 때문이다. 오렌지라피의 이야기도 비슷하다. 이 심해어를 상업적으로 써먹을 가능성이 1970년대에 처음 발견된 이후 일종의 광풍이 불었다. 수천 년 동안 이루어진 어족 규모가 2~3년 사이에 소진되었는데, 오렌지라피는 파타고니아산 치어보다도 성숙이 오래 걸리므로(25세가 되어야 성적 교섭이 가능해진다. 평균 수명은 150년) 그랬던 것이다. 과학자들은 이 어종이 일부 해역에서는(해저 1,800미터나 내려가야 잡힌다) 더 이상 회복이 불가능할 것으로 보고 있다. 뉴질랜드와 오스트레일리아 해역에 남아 있는 오렌지라피들은 지금 어로 통제 상태에 있지만, 그렇다고 지속 가능성이 확보되었다고 말할 단계는 아니다. 그리고 한 가지 더, 오렌지라피를 잡아 올리면 부수적 포획물이 절반은 된다. 그토록 심해에서 낚아 올린 물고기(제대로 알려진 것이 없는 희귀 어종일 때가 많다)는 대개 갑판에 올려놓을 때는 이미 죽었거나 죽어가는 상태이다.

마구 남획되는 새우

연어와 마찬가지로, 새우 양식업의 급속한 증대는 상당한 가격 인하를 가져왔다. 그리고 이제 새우는 참치 대신에 미국인이 가장 많이 먹는 해산물이 되었다. 그리고 자연산이건 양식산이건, 미국에서 소비되는 새우의 대부분은 수입품이다. 수입 새우 중에서 얼마 정도가 양식산인지는 나온 통계가 없다. 하지만 아마도 절반은 되리라고 추정된다.[26]

국내산 새우는 미국 시장의 13퍼센트만을 차지하고 있을 뿐이다. 그리고 그중 90퍼센트가 멕시코 만에서 나오며, 대체로 바다 밑바닥을 싹싹 긁는 저인망 어선이 잡은 것이다.[27] 이 어로 기법은 환경에 재앙을 가져올 수 있으나, 멕시코 만 해저에는 부드러운 침전물이 상대적으로 적고 폭풍이 불기 쉬운 바다는 주기적으로 자연에 의한 질서 변동을 겪는다. 그래서 다른 곳에 비해 그 바다에서 저인망 기법이 주는 피해는 비교적 적다고 이야기된다. 온수에서 사는 새우는 수명이 짧으며 매우 많이 번식하는데, 따라서 지금은 남획으로 인해 그 숫자가 위협을 받지는 않는다. 주된 환경 관련 문제는 부수적 포획물 문제이다. 멕시코 만의 새우잡이배들은 그물에 바다거북을 빠져나가게 하는 장치와 부수적 포획물을 줄이는 장치를 해두었다지만, 아직도 트롤 그물은 매번 끌어올릴 때마다 상어나 바다거북(멸종 위기에 있는) 등을 5파운드 이상 잡고 있다.[28]

새우 생산 대국은 중국, 인도네시아, 인도, 태국, 베트남, 브라질, 에콰도르이다. 이 나라들은 새우 양식이나 트롤 어업에 대해 별로 규제가 없거나, 문서상으로만 규제가 있을 뿐 실제 규제가 이루어지지 않는다. 수입 새우가 자연산이고 무규제 트롤 어로로 잡은 것이라면, 또한 그것이 부수적 포획물을 줄일 장치도 없이 진행된 어로의 포획물이면, 그 새우는 해양 생태계에 큰 피해를 입혔다고 보면 된다. 새우잡이는 전 세계의 어로 활동에서 겨우 2퍼센트만 차지하지만, 부수적 포획물로 보자면 전체의 30퍼센트 정도를 발생시키고 있다. 일부 열대 해역의 새우 어로에서 발생하는 부수적 포획물은 그 과정에서 잡히는 새우의 열다섯 배에 달한다. 미국의 최대 새우 수입국가인 태국은 그런 면에서 세계에서 제일 심한 새우잡이를 하는데, 14:1의 비율로 새우를 잡고 있다.

부수적 포획물에는 멸종 위기에 있는 물고기도 포함될 수 있다. 바다거북을 잡지 않는 장치를 구비하도록 법률이 갖추어진 나라에서조차, 중앙아메리카에서는 "불법이 횡행한다"는 게 '바다거북 보전계획'의 토드 스타이너(Todd Steiner)의 말이다. 그리고 아마도 아시아 해역에서의 어로도 사정이 비슷할 것으로 여겨진다.[29] 그 결과, 수십만 마리의 바다거북이 새우잡이 과정에서 희생되고 있다. 그 중에는 멸종 직전인 푸른바다거북도 있다. 어로 활동 중에는 부수적 포획물이 활용되기도 한다. 때로는 심지어 양식 새우의 사료용으로 귀중히 쓰인다. 하지만 다른 어로 활동에서는 그냥 바다로 되던져질 뿐이다. 그렇게 된다고 해서 불행 중 다행이라고 생각하지는 말자. 미국 해양수산부가 의회에 보고한 내용으로는, "그물에 걸려 올려지고, 갑판에 던져지며, 밟히고, 분류되고, 그리고 새우를 정리하는 동안 햇빛 아래 방치되는 이 부수적 포획물들은 바다로 되던져질 즈음에는 대부분 죽어 있으며, 또는 죽어가는 중이다."[30]

새우잡이가 불러일으키는 또 다른 중요한 환경 문제는 저인망 그물이다. 무거운 쇳덩이(그물이 바다 밑까지 가라앉게 하기 위해 쓰인다)를 달고 있는 저인망 그물을 암석이 많거나 산호가 많은 해저에서 쓰면, 산호초에 크고 돌이킬 수 없는 피해를 입힌다. 또한 다른 해양 생태계에도 큰 악영향을 미치는데, 수십만 년 동안 형성된 산호가 파괴되며, 그에 따라 형성된 여러 물고기 종자, 산호 틈에서 살며 알을 낳던 해양 생물들에게 큰 피해를 입힌다. 저인망 어로법은 해저를 갈아엎음으로써 일부 해양 동물들의 삶의 터전을 빼앗는다. 따라서 그것을 일정 지역에서 되풀이하면, 바다 밑바닥이 마치 쟁기질을 한 밭처럼 변해버린다.

　새우잡이 어업은 여러 가지 서로 다른 종류의 환경 문제를 일으킨다. 월드워치 연구소에 따르면, 지난 10년 동안 세계 홍수림(紅樹林)의 거의 4분의 1이 소멸되었는데 그 대부분이 새우 양식장을 만들기 위해 벌채되었다고 한다.[31] 이 수치는 너무 높은 것일지도 모른다. '해산물감시단'의 보고서는 홍수림의 소멸 중 10퍼센트를 새우 양식장 건설 책임으로 돌리고 있다. 하지만 어떤 지역에서는 그 비율이 20퍼센트까지 올라가기도 한다고 덧붙이고 있다.[32] 심지어 람사 협약(세계 141개국이 서명한 국제 협약으로, 철새와 다른 여러 생물종의 생존에 필수적인 습지대를 보호하기로 하는 협약이다)에 따라 보호되고 있는 곳들도 안전하지 않다. 가령 온두라스에서는 람사 협약에 명시된 습지대인 라바르베리가 어느 새우 양식업체에 의해 파괴되고 있다. 그리고 온두라스 정부는 그 사태에 팔짱만 끼고 있다. 아마도 온두라스의 대통령이 새우 양식업과 이해관계가 있기 때문일 것이다. 또 에콰도르에서는 카야파스-마타헤 습지대 보전 지역의 불법 새우 양식장이 오랜 반대 시위의 결과 폐쇄되었지만, 그 인근에 있는 새우 양식장(합법)은 이 세계에서 가장 큰 홍수림 지대의 생태계를 오염시키고, 그곳에 흘러드는 물의 물줄기를 바꿔놓고 있다.[33]

　적도 연안지대 전역에서 급속히 늘어나고 있는 새우 양식장들은 지역 주민들의 생활까지 망치고 있다. 1990년대 초, 인도는 새우 양식업

확장의 선두 주자 중 하나였다. 양식업자들은 높은 수익을 올렸다. 그러나 수십만 명의 사람이 그로 인해 연안 해역이 오염됨으로써 고통을 겪었다. 인도의 사회운동가들은 서로 단결하여 새우 양식업에 반대하게끔 힘을 보탰다. 당시 법원에 제출된 증거 자료를 보면 새우 양식업으로 업자들이 1루피를 버는 동안 해당 지역사회는 최소한 2루피씩 손해를 보았음이 분명하다. 그리고 일부 지역의 경우는 손해가 4루피에 달했다. 오염 때문에 연근해 어업이 몰락하고 다른 해양 자원도 파괴되었기 때문이다. 1996년, 인도 최고법원은 수천 개의 새우 양식장에 폐쇄 명령을 내리고 그 양식장들의 건설로 피해를 입은 주민들에게 보상을 할 것도 아울러 명령했다.[34] 하지만 적도 지역의 국가들 중에 인도처럼 사법부가 독립되어 있는 나라는 없다. 따라서 이 나라들에서 새우 양식업에 피해를 본 촌민들은 인도 사람들이 얻어낸 뒤늦은 보상이나마 얻을 가망이 없다. 방글라데시에서는 양식장에 반대하는 집단 시위가 벌어졌고, 이따금 폭력도 불거졌다. 새우 양식장 때문에 삶의 터전을 잃어버린 수천 명의 지역민의 분노였다.[35]

따라서 수입산 새우를 사 먹는 것은 개발도상국에서 살고 있는 사람들에게 이득보다 손해를 끼치는 시스템을 도와주는 일일 수 있다. 일부 새우 양식장들은 오염을 줄여가고 있다. 그러나 연어의 경우와 마찬가지로, 지금 소비자들이 그런 양식장의 새우를 그렇지 않은 양식장 새우와 구분해서 선택할 방법은 없다. 그리고 설령 비교적 양심적인 양식장이라고 해도, 모든 양식장은 키우는 동물을 통해 인간이 얻을 수 있는 먹을거리보다 더 많은 것을 동물들에게 쏟아 부어야 한다. 곧 공장식 농장의 철칙에서 벗어나지 못하는 것이다.

우리의 문의에 답하여, 호라이즌푸드 측은 메리 앤이 구입한 새우 케밥에 들어간 새우가 베네수엘라의 양식장에서 왔다고 밝혔다. 이 나라는 상대적으로 양식업 규모가 작지만, 맹렬하게 성장하고 있다. 베네수엘라의 환경 관련 규제는 이 지역에서 가장 엄격한 것으로 알려져 있다.[36] 그럼에도 해산물감시단은 소비자들에게 수입 새우를 사먹지 말 것을 권장한다(양식산이건 자연산이건)—캐나다에서 수입된 것만을 제외하고.[37] '환경 안보' 웹 사이트인 '오션스얼라이브'에서는 라틴아메리카와 아시아에서 수입되는 모든 새우에 '최대 환경 피해(Eco-Worst)' 등급을 매겼다. 그렇다면 호라이즌푸드의 베네수엘라 새우를 포함, 미국에서 유통되는 새우의 대부분이 최대 환경 피해를 유발한다는 뜻이다. '최소 환경 피해(Eco-Best)' 등급은 훨씬 드물게 유통되는 새우인 미국과 뉴펀들랜드 새우에게만 주어졌다. 이런 포괄적 등급화는 남들보다 노력하고 있는 특정 국가나 특정 업체에는 불공정할 수 있다. 문제는 도대체 어떤 업체가 그런 노력을 하고 있는지 소비자들이 알아낼 방법이 없다는 것이다.

수확이 가져오는 피해

메리 앤의 연어와 같은 양식 물고기는 집약적 농장 닭처럼 복지 쪽에서도 문제를 일으킬 수 있다. 이런 물고기들은 매우 조밀하게 사육되며, 따라서 자연 상태에서의 무리보다 서로 더 몸을 가까이 붙인 채로 지낸다. 양식업에 대한 입문서에서, 세지윅(S. D. Sedgwick)은 이렇게 쓰고 있다.

> 연어는 유전적으로 대부분의 삶을 대양을 헤엄치며 살도록 프로그램화되어 있다. 그런데 우리는 이 물고기를 탱크나 우리에 넣고, 수천 마리의 동료들과 서로 가까이에서 부대끼며 살도록 하고 있다. 그들은 번식을 위해 강물로 돌아오기 전까지는, 다른 고기와 그처럼 가깝게 지내는 적이 한 번도 없을 것이다.[38]

연어 양식 30년이 그 본능을 바꿀 수는 없었다. 작고 살풍경한 동물원 우리 속에서 호랑이들이 쉴 새 없이 왔다 갔다 하는 장면을 본 사람은, 양식장의 연어가 우리 안을 떼 지어서 뱅글뱅글 돌고 있는 모습이 의아하지 않으리라. 이는 자기 본능대로 행동할 수 없는 데 대한 반작용으로 보인다.

큰 물고기는 작은 물고기들을 위협하며, 때로는 잡아먹는다. 이런 일을 막기 위해서는 물고기가 자라는 정도에 따라 분류를 해서는 빨리 자라는 종자를 천천히 자라는 종자와 분리해서 길러야 한다. 이런 분류는 양식 과정 중 세 번 내지 다섯 번 실시되며, 이때 물고기를 우리에서 그물로 건지거나 펌프로 밀어낸다. 그리하여 물고기들은 몇 단계의 통로를 거치며 점점 더 작은 물고기만 통과할 수 있는 좁은 구멍과 만난다. 이런 과정은 연어에게 큰 스트레스를 준다. 일반적으로 빽빽이 들어찬 상태로 사육됨으로써 연어는 스트레스 폭증, 비정상적 행동, 바닷니 감염도 상승, 비늘 벗겨져 나가기, 그리고 높은 사망률 등을 보이고 있다. 살아남은 연어들은 통상 7일 내지 10일 동안 사료를 공급받지 못한 다음에 도살된다. 장을 완전히 비우고, 혹시라도 사료를 통해 감염될 위험을 방지하기 위한 것이다. 이제껏 빈번하게 풍성한 먹이를 얻다가 별안간 중단된다면, 의식이 있는 존재라면 당연히 고통을 느낄 것이다.

그리고 도살이다. 보통 물고기에 대해서는 도살 직전 기절 조치나 인도적 도살 방법이 요구되지 않는다. 그러므로 물고기는 소나 돼지를 대상으로 했더라면 당연히 불법일 방법으로, 사람들에게 경악을 가져올 게 틀림없을 잔인한 방법으로 죽는다. 양식장 물고기는 간단하게, 물위로 끌어내 질식해 죽인다. 물고기가 죽기까지는 15분이 걸린다. 연어처럼 큰 물고기는 나무 막대기로 머리를 때리기도 하는데, 그것으로 항상 죽는 것은 아니다. 따라서 살아서 완전히 의식이 있는 상태에서 토막 내지기도 한다. 아니면 물에 이산화탄소를 살포하는 방식으로 의식을 잃게 할 수도 있다. 그럴 때면 물고기는 30초 정도 격렬하게 몸부림치고, 그 뒤로는 움직이지 않지만 몇 분 동안 계속 의식을 유지한다. 그러고 나서 아가미를 자르고, 죽을 때까지 피를 뺀다. 그 과정 동안 물고기가 계속 살아 있을 수도 있다.[39)]

야생 상태에서 잡히는 물고기는 이런 점에서 양식 물고기보다는 다행이며, 사실 모든 농장 동물들보다 처지가 낫다. 마지막 순간이 올 때까지 사람의 간섭을 전혀 받지 않고, 감금되지도 않고 자유롭게 살아간다. 이것은 육고기보다 물고기를 먹는 것을 더 윤리적이라고 여길 법한 가장 훌륭한 이유일 수도 있다. 하지만 야생 물고기라고 해서 인도적인 도살 방법을 쓰지는 않는다. 매년 수천만 마리의 물고기가 낚싯줄에 꿰인 채(그 줄은 무려 75마일에 달한다) 어선 갑판에 던져져 있거나 물속에 머무른 채로 하룻밤을 보낸다. 일단 낚싯바늘에 꿰이면, 새치나 황다랑어처럼 수백 파운드가 나가는 물고기들은 몇 시간 동안이나 벗어나려고 헛된 몸부림을 친다. 그리고 위로 끌어올려지며, 갑판에 던져진다. 어부들은 그 옆구리를 손도끼로 찍어서 끌어올리기 쉽게 한다. 그리고 죽을 때까지 두들기거나, 아가미를 잘라 최후까지 피를 내뿜는다.

자망도 또 하나의 널리 통용되는 상업적 어로 방식이다. 1마일까지 뻗을 수도 있는 이런 그물은 바다에 떠서 이리저리 흔들리는 상태로 있다. 윗부분은 부표와 연결되어 있고, 아랫부분은 추를 달아서 내려뜨린다. 이런 그물은 유선형 몸체를 가진 물고기들을 잡기 위해 만든 것이다. 물고기가 일단 이 그물 속으로 들어오면 아가미나 지느러미가 걸리게 되고, 그러면 다시는 빠져나갈 수 없다. 어떤 물고기는 있는 힘껏 발버둥을 치다가, 결국 스스로 상처를 입고 피를 흘리며 죽고 만다. 다른 고기는 그물에 걸린 채로 아마도 며칠씩 그대로 있다가, 마침내 어선이 돌아오면 그물에 딸려 올라온다. 그러면 아가미가 잘려 죽을 때까지 피를 흘리든지, 질식할 때까지 갑판에 버려진다. 앞서 본 대로, 저인망 그물은 그물이 바다 밑바닥을 훑고 지나가며, 그곳에 있는 모든 것을 쓸어 모은다. 그물에 걸린 고기는 몇 시간 동안이고 계속 끌려갈 수 있으며, 그러는 동안 함께 그물에 걸린 돌멩이나 산호 조각, 다른 물고기들에 치이고 깔린다. 그러느라 비늘이 다 벗겨져 나간다. 그런 고난 끝에 물위로 올라왔을 때 아직 살아 있다면, 그리고 심해어라면 압력 차이 때문에 죽음을 맞게 된다. 부레는 파열되고, 내장이 입 밖으로 삐져나오며, 눈알이 튀어나와 대롱대롱 매달린다. 심해어가 아니라면 공기 중에 나오면 곧 질식한다. 공장식 어선은 물고기를 끌어올리자마자 바로 작업에 들어가기 때문에, 아직 살아 있는 가운데 몸이 토막 날 수도 있다.

새우, 게, 가재는 물고기의 경우보다 과연 고통을 덜 느낄지도 모른다. 이 생물들은 뇌가 두드러지지 않기 때문이다. 이러한 불확실성에 대응하는 올바른 윤리란 어떤 것일까? 어두운 밤에 좁은 2차선 도로로 차를 몰고 간다고 생각해보자. 뭔가가 우리 차선 앞에 있는 게 보인다. 그것은 낡은 옷가지 더미일 수도 있지만, 사람일지도 모른다. 그러면 어떻게 해야 할까? 그대로 직진? 회피? 아니면 정지? 분명 안전하게 정지할 수만 있다면 그렇게 하는 게 최선이다. 하지만 도로가 얼어서 미끄럽다고 해보자. 아니면 바로 뒤에 다른 차가 오고 있고, 반대편 차선에서도 한 대가 마주 오고 있다고 해보자. 그런 상황에서는 피할 수가 없다. 그리고 브레이크를 밟는다면 뒤에서 오는 차와 충돌할 수도 있다. 그래서 심각한 교통사고가 빚어질지도 모른다. 그렇다면 도로 위에 물체가 옷가지 더미일 가능성이 높아 보인다면, 그게 사람이 아니기를(아니면 적어도 살아 있는 사람이 아니기를) 빌면서 그대로 직진할 수도 있을 것이다.

이 예가 보여주듯이, 우리의 행동이 심각한 피해를 입힐지 불확실한 상황에서는 일단 우리가 피해를 입힐지도 모르는 대상에게 유리한 쪽으로 상황을 추정해야 한다. 그러나 "유리한 쪽으로 상황을 추정한다"는 것은 그 추정이 얼마나 신뢰성 있는 것인지, 또한 그런 행동이 우리에게 가져올 수 있는 부담이 얼마나 중대한지를 따져봄으로써 정말 우리가 피해를 입힐 가능성이 없다고 확신할 수 있는지에 달려 있다. 이와 같은 식으로 가재, 게, 새우가 고통을 느끼는지 불확실하다면, 우리는 그들이 고통을 느낀다고 가정하고 상황을 추정해야 한다. 그렇게 함으로써 우리가 너무 지나친 비용을 부담하지만 않는다면 말이다. 그들이 고통을 느끼는지 확실하지 않다면, 그들이 고통을 느낄 수도 있는 행동은 무엇이든 피해야 한다. 반면, 그들이 느낄지도 모르는 고통을 유발할 것이냐, 아니면 우리 스스로 큰 고통을 짊어질 것이냐 사이에서 선택할 입장이라면, 우리는 더 이상 그들에게 유리한 쪽으로 추정하지 않아도 된다. 그렇다고 해도 우리가 초래할지도 모르는 고통의 정도를 최소화하려는 노력은 필요하겠지만 말이다.

만약 이런 무척추동물들이 뭔가를 느낄 수 있다면, 우리가 그런 동물들을 양식하고, 포획하고, 도살하는 방식은 분명 지독한 고통을 유발할 것이다. 수산물 시장을 다녀본 사람이면 누구나 알다시피, 가재와 게들은 흔히 양동이에 담긴 채로, 또는 심지어 바구니에 겹쳐 올라온 채로 오랫동안 전시된다(그 집게발은 동여매진 채로). 그러고는 산 채로 끓는 물에 던져져 죽어간다. 새우가 고통을 느낄 수 있다면, 한 끼 식사를 만들기 위해서는 많은 새우가 필요하므로, 접시 하나에 담겨 있는 새우의 고통의 총량은 더 큰 동물 고기의 경우보다 더 많을 것이다. 다른 먹을거리를 선택할 수 있는 이상, 고통을 느낄 수도 있는 존재에게 그러한 극심한 고통을 일으키는 것은 결코 윤리적으로 정당화될 수 없다.

물고기와 갑각류에 대해 우리가 이제껏 논의한 모든 문제는 연체동물에게도 적용이 가능하다. 문어나 오징어처럼 복합 뇌를 가지고 새로운 과제(가령 촉수로 항아리를 여는 법)를 학습하는 능력이 경이로운 동물에서, 굴처럼 움직이지 못하는 쌍각조개류까지 연체동물은 매우 다양하다. 문어가 의식하지 않는다고 가정하면 그 움직임을 설명하기가 매우 힘들어진다. 그러나 쌍각조개류의 경우에는 그 의식이 식물보다는 뚜렷하다는 증거가 있기는 해도, 그 뚜렷함은 아주 미미할 뿐이다. 따라서 고통을 주지 말아야 한다(또는 고통을 일으킬지도 모르는 일을 하지 말아야 한다)는 점에 근거한 육식 반대의 윤리론은 굴이나 대합, 가리비 등을 먹는 일에는 큰 설득력이 없다. 하지만 문어와 오징어를 먹는 일에는 설득력이 크다.

물고기는 아플까?

인기 있는 CBS 드라마 〈저징 에이미(Judging Amy)〉에서, 에이미의 딸 로렌은 에이미에게 자신이 채식주의자가 되었다고 말한다. 나중에 가족들의 저녁 시간에 에이미는 요리를 한 뒤 로렌에게 말한다. "이건 라비올리야. 고기는 없단다." 하지만 그 요리에는 새우가 들어 있었다. 로렌은 화를 내며 엄마가 자신을 속였다고 말한다. 에이미는 대답한다. "새우는 고기가 아니잖니." 그리고 이렇게 덧붙인다. "채식주의자들도 해산물은 먹는 사람이 많단다." [40] 채식주의자들 중에는 이 에피소드를 익숙하게 느끼는 사람이 많았으리라. 일상다반사라고 할까. 레스토랑에 가서 채식주의자가 먹을 만한 메뉴를 물어본다. 그러면 생선 요리를 소개한다. 생선을 먹으면서 스스로 채식주의자라고 부르는 사람들이 있는 게 사실이다. 하지만 그것이 '채식주의자'라는 말의 본래 의미는 아니고, 널리 통용되는 의미도 아니다. 메리 앤의 말, 즉 물고기는 소를 비롯한 육식동물과 같은 감성이 없다는 말은 아마도 많은 사람이 육고기와 물고기, 새우, 굴 등 해산물의 사이에 선을 긋는 이유를 설명해줄 것이다.

다수의 국민이 동물보호에 관심이 있는 나라에서조차 물고기의 고통에는 무관심하다. 그렇지 않다면, 개를 목 졸라 죽이는 일이라면 길길이 뛸 사람들이 일요일 오후, 강변에 낚싯대를 드리우고 앉아, 물고기가 미끼를 물고 낚싯바늘이 주둥이에 박히기를 이제나저제나 기다릴 수 있겠는가? 일단 입질이 오면 그들은 물고기를 낚아 올리고, 낚싯바늘을 빼고, 옆에 놓인 상자에 집어던질 것이다. 그리고 그 물고기가 파닥거리며 서서히 질식해 죽어가는 동안 아무렇지도 않게 앉아 있을 것이다. 그것은 물고기가 만지면 따스하지 않고 차갑고, 털의 보드라운 느낌 대신 미끈거리는 느낌이 느껴지기 때문인가? 짖거나 비명을 지르지 못하기 때문인가? 아니면 메리 앤과 그 밖의 많은 사람처럼, 물고기는 포유동물만큼 감성이 발달하지 않았다고 믿기 때문인가?

《어류학 평론(Reviews in Fisheries Science)》은 어류학을 전공하는 소수의 학자들에게만 알려져 있는 난해한 잡지이다. 그러나 2002년, 와이오밍 주립대학교 라라미 캠퍼스에서 동물학 및 생리학 교수로 있는 제임스 로즈(James Rose)는 그 잡지에 기고했던 물고기의 뇌에 대한 평론 내용을 출간했는데, 거기서 그는 물고기가 고통을 느끼지 못한다고 결론지었다. 그의 발견은 세계적인 주목을 받았다. 그의 주장에 따르면 통각은 대뇌 반구의 매우 특수한 부위의 활성화를 필요로 하는데, 물고기의 경우는 우리와는 다른 진화 과정을 겪은 탓으로 그 부위가 존재하지 않게 되었다는 것이다. 물고기도 해로운, 조직에 피해를 주는 자극에 반응(우리의 경우에는 고통스러워하는 반응)하는 신경 시스템이 있기는 하다. 하지만 이 반응은 의식과 무관하다는 것이 로즈의 설명이다.[41] 당연하게도, 낚시꾼들은 이 결론에 기꺼워했다.

로즈의 견해가 아무런 이견도 불러오지 않은 것은 아니었다. 다음 해에 세계에서 가장 유서 깊으며 가장 존중받는 과학 단체의 하나인 영국 왕립학회(아이작 뉴턴이 한때 그 회장이었던)의 학회지인 《영국 왕립학회보(Proceedings of the Royal Society)》는 린 스네든(Lynne Sneddon)을 비롯한 에든버러 대학교 로슬린 연구소의 과학자들의 기고문을 실었다. 스네든과 그녀의 동료들은 벌의 독과

초산을 야생 무지개송어의 주둥이에 주사했으며, 그 결과 그 물고기가 수조의 바닥에 주둥이를 비벼대고, 펄쩍펄쩍 뛰는 듯한 행동을 하는 것을 보았다. 그것은 포유동물이 고통스러워할 때 보이는 전형적인 행동이다. 대조군에 있는 다른 물고기의 경우는 주둥이에 소금물만 주사했더니, 똑같은 행동을 보이지 않았다. 연구자들은 일반적으로 볼 때 송어가 "심도 있는 행태적·생리적 변화를 나타냈다……. 그것은 고등 포유동물에서 볼 수 있는 것과 비교될 만하다"라고 밝혔다. 이런 변화는 단순한 기계적 반응을 훨씬 뛰어넘는 것이다. 더욱이 그러한 변화를 보이던 물고기에게 모르핀을 주자, 다시 먹이를 먹기 시작했다. 고통을 받는 사람에게 진통제를 투약했을 경우와 똑같은 행동이다. 연구자들은 결론을 내렸다. "물고기는 고통을 느낄 수 있다."[42]

이 견해는 다른 여러 과학자의 지지를 받았으며, 그 중에는 에든버러 대학교의 컬럼 브라운(Culum Brown) 교수도 있다. 브라운은 단순하고 원시적인 동물에서 더 복잡하고 인식능력이 뛰어난 동물로 일직선적인 진화를 했다는 생각은 잘못이라고 본다. 물고기는 사람보다 훨씬 오랜 세월 동안 존재해왔다. 그 결과, 브라운은 "물고기 뇌의 구조는 우리의 것과 많이 달라졌다. 하지만 기능은 비슷하게 한다"라고 했다.

〈니모를 찾아서〉라는 영화에도 모티프를 제공했던 신화, "금붕어는 30초밖에 기억을 못 한다"는 이야기를 기억하는가? 브라운의 연구는 적어도 오스트레일리아의 청정해역에 사는 레인보피시의 경우 그보다는 훨씬 나은 기억력을 가지고 있음을 보여준다. 그는 그 물고기들이 그물에 뚫린 구멍을 찾도록 훈련시켰다. 구멍이 어디 있는지 확실히 알고 기억할 수 있도록 다섯 차례의 기회가 주어졌다. 그리고 그 그물을 11개월 동안 치워두었다. 이것은 사람의 수명에 맞춰 환산했을 때 물고기에게는 적어도 20년과 필적하는 기간이었다. 그물을 다시 설치했을 때, 레인보피시는 다시 학습을 할 필요가 없었다. 마치 한 번도 치워지지 않았던 것처럼, 자연스럽게 그물의 구멍으로 드나들었다. 브라운은 이 물고기가 보인 다른 여러 놀라운 인식능력도 거론했는데, 다른 물고기 인식하기, 먹이를 얻기 위해 다른 물고기와 협력하기, 물고기 집단 안에서 각자의 '사회적 계급'을 인지하기(닭들의 '쪼는 순서'와 같은) 등이었다. 브라운은 이렇게 견해를 밝혔다. "물고기의 지적 능력을 인정하려면, 우리는 수백 년간의 편견을 뜯어고쳐야 한다." "물고기는 어선 갑판에 동댕이쳐져, 푸득푸득 몸부림을 칠 때 매우 가련하게 보일 수 있다……. 그러나 그들의 세계로 들어가 보면, 우리는 곧 그들이 얼마나 놀라운 존재일지 알게 될 것이다."[43]

우리도 같은 생각이다. 스네든과 그녀의 동료들이 보여준 것처럼, 물고기는 고통을 느끼는 듯이 행동한다. 그리고 그 행동은 고통을 조금이라도 덜기 위한 목적이 있는 것으로 보인다. 그것은 단지 기계적 반응이 아니다. 우리는 스네든의 연구 결과가 모든 실제적 관점에서 물고기가 고통을 느낀다는 사실을 보여준다고 여긴다.

먹을 것이냐, 말 것이냐?

조류나 포유동물에 비해 해산물을 먹는 일은 윤리적 문제가 덜하다는 견해가 일반적이다. 하지만 생태적 지속 가능성을 지닌 해산물을 찾기란 쉽지 않다. 제이크는 우연히도 지속 가능한 어로 활동으로 잡힌 물고기를 선택했으나, 먹을거리를 선택할 때 환경 문제를 보통 사람에 비해 훨씬 많이 고려하는 메리 앤은 노르웨이산 연어를 골랐다. 집약적 양식을 통해 피오르를 오염시키며, 야생 연어에 기생충을 전염시키고, 그 사료에 쓰기 위해 몸무게보다 세 배나 되는 야생 물고기를 잡게끔 하는 노르웨이산 연어를 말이다. 또한 메리 앤이 구입한 베네수엘라산 새우는 주변 환경에 피해를 주는 식으로 사육되었을 수도 있고, 그렇지 않을 수도 있다. 하지만 이 역시 사료를 위해 대양에서 물고기를 잡을 것을 필요로 하며, 따라서 환경을 고려한 선택이라고 보기에는 역시 불분명하다.

메리 앤의 세 가지 해산물 먹을거리 중에서, 메릴랜드(또는 버지니아) 크랩 케이크만이 환경적으로 좋은 선택이다. '해산물감시단'의 '오션스얼라이브'에서 찾아본 최신 리스트에 따르면, 그것은 지속 가능성 있는 해산물이라고 보아도 될 것 같다. 그러나 사실은 양식산인데도 '자연산'이라는 상표를 붙이는 일이 아직도 너무 많다는 게 문제이다. 우리가 환경 문제 고려에다 고통을 느낄 수 있는(또는 느낄 수 있을지도 모를) 존재에게 불필요한 고통을 가하지 말아야 한다는 윤리적 고려까지 더한다면, 해산물을 아예 먹지 않는 일이 좀 더 쉬워지리라. 단, 지속 가능성 있게 획득된 대합, 굴, 홍합 등 단순 연체동물은 예외로 하고.

8
토산품 먹을거리만 먹는다?

아칸소 주 메이블베일 월마트에서 제이크 힐러드가 양상추를 구입했을 때, 그녀는 그것이 어디에서 재배되었는지, 또는 어떻게 운송되었는지 알 수 없었다. 1998년의 한 연구에 따르면, 원산지에서 생산되어 시카고에서 팔리는 농산물의 평균 이동 거리는 1,518마일이었다. 그 대부분은 캘리포니아에서 오며, 매년 50만 대의 트럭이 신선한 채소와 과일을 싣고 그곳에서 출발, 3,000마일을 달려 목적지에 도착한다.[1] 아마도 제이크의 양상추도 그런 트럭들 중 하나에 실려 있었을 것이다. 그러나 비록 그 양상추가 메이블베일 바로 가까이에서 재배된 것이라고 해도, 벤튼빌까지 220마일을 트럭으로 옮겨져 월마트의 고도로 자동화된 120만 평방피트의 지역 유통센터로 들어가고, 다시 거기에서 컨베이어 벨트를 통해 거의 20마일을 이동, 매일 그 센터를 출입하는 다른 45만 개 케이스와 함께 분류된 끝에 다시 트럭으로 제이크 동네의 월마트로 돌아오는 과정을 밟아야 한다. 그것이 월마트와 다른 대부분의 미국 대형 마트 체인이 쓰고 있는 유통 시스템의 기본이다. 이 시스템은 식품의 운송 거리를 최소화하기보다는 공급의 안정성을 보장하는 데 중점을 두고 설계되었다.[2]

선진국에서 소비되는 식품의 평균 운송 거리는 늘어나고 있다. 부분적으로는 1961년 이래 국제 식품 거래량이 네 배로 불어났기 때문이다.³⁾ 그러한 증가는 더 부유한 나라들이 한때는 정해진 철에만 먹던 음식을 사시사철 즐길 수 있도록 해주었다. 예를 들어 1960년대에 북미 지역 주민들은 오직 북미 농부들이 재배한 포도만을 먹었다(대부분 캘리포니아산이었다). 그리고 그 철은 대체로 6월에서 12월까지였다. 그러나 이제는 미국인들이 먹는 포도의 거의 절반이 수입품으로, 그중 다수가 칠레를 비롯한 남반구 국가에서 들어온 것이다. 따라서 북반구의 겨울에도 포도를 먹을 수가 있다. 수입 포도의 급증은 당연히 미국 소비자들에게 포도가 들어오기까지 걸리는 평균 거리 역시 크게 늘어나도록 했다.⁴⁾

이런 패턴은 전 세계적으로 유행하고 있다. 북유럽에서는 1월에 코스타리카에서 온 딸기를 먹는다. 제철이 아닌 아스파라거스는 남아프리카에서 비행기를 타고 날아온 것이다. 심지어 닭고기도 노동력이 싼 태국에서 수입된다. 최근 영국에서 실시한 조사에 따르면, 보통 가정의 한 끼 식사에 들어가는 식료품 중에 닭고기는 태국산이고, 강낭콩은 잠비아산이며, 당근은 스페인산, 백설콩은 짐바브웨산, 감자는 이탈리아산이었다. 이 모든 농산물의 수송 거리를 모두 합치면 2만 4,364마일에 달했다. 비슷한 식단을 가지고 국내산 식재료를 쓰고, 양배추나 방풍나물 같은 제철 채소를 강낭콩이나 백설콩처럼 원래 제철이 아닌 채소 대신 써봤더니, 총 수송 거리는 376마일에 지나지 않았다.⁵⁾ 하지만 국내산 식재료도 역시 수송 거리가 늘어나고 있다(미국에서나 유럽에서나). 미국의 국내산 곡물 수송 거리는 1978년에서 2000년 사이에 137퍼센트 증가했는데, 같은 기간 중 국내산 곡물 소비량은 고작 42퍼센트만 늘었다.⁶⁾ 이제 농산물 수송은 국내 컨테이너 화물 수송량 전체에서 거의 3분의 1에 육박하고 있다.⁷⁾

점점 늘어나는 새로운 움직임

메리 앤 매서렉은 셔우드 농장에서 생산되는 농산물을 즐겨 산다. 적어도 여름과 가을에는 빼놓지 않는 편이다. 그 농장은 1713년 이래 셔우드 가에서 일궈온 가족 농장이며, 지금의 농장주인 톰 셔우드(Tom Sherwood)는 17대째다. 하지만 그 일은 더 이상 전처럼 하루 종일 매달려 하는 일이 아니다. 그는 목수 일로 가외 수입을 얻고 있는데, 특히 겨울에는 그 일에 더 열중한다. 그 농장에는 아직 셔우드 4대가 살고 있다. 톰의 할머니, 톰의 부모, 그 자신과 부인 크리스틴, 그리고 두 명의 어린 자녀이다. 세월이 지나며 농장의 규모는 점차 줄어들어, 이제는 36에이커밖에 되지 않는다. 톰의 아버지 스카일러 셔우드(Schuyler Sherwood)는 대부분 옥수수와 토마토를 재배했고, 할로윈용으로 호박을 약간 더 키웠을 뿐이다. 그러나 톰은 작물 종류를 계속 늘려서 가지, 후추, 브로콜리, 양파, 감자, 당근, 그리고……. "기타 등등이죠. 대충 다 있다고 보시면 돼요." 그는 말한다. 그들은 스스로 가꾼 작물만 판매하며, 재배 기간 중 토요일마다 보통 200명 정도의 손님을 받는다.

톰은 꿀벌도 치는데, 꿀을 얻고 자신의 곡물들에 수분(授粉)을 하기 위해서이다. 그리고 달걀을 얻기 위해 '200마리 정도'의 암탉도 기른다. 이 닭들은 담장으로 둘러친 닭 축사에서 사는데, "낮에는 마당을 돌아다니며 벌레 따위를 잡아먹죠. 그리고 당연하게도, 담장쯤은 날아서 뛰어넘어요……. 내키는 대로 아무 데나 가죠. 하지만 밤이 되기 전까지 돌아와만 준다면, 별 문제 없죠." 그 암탉들은 소나무 가지들로 가장자리를 두른 둥지에 알을 낳으며, 스카일러는 그 달걀들을 손으로 수거하고 닦는다. 톰은 스스로 기른 닭의 부리를 자르지 않았는데, 일부 잘려 있는 닭들은 사들일 때 이미 잘려 있었다고 한다. "아무 문제가 없었어요. 부리를 자를 필요를 느껴본 적이 없죠." 그는 야생 조류에게서 닭들이 병을 옮기는 문제도 "전혀 없었다"고 한다. 그의 달걀은 12개에 2.25달러인데, 언제나 남김없이 팔려나간다.

메리 앤에게, 셔우드 농장의 농산물이 갖는 신선함과 풍미는 그녀가 토산 농산물을 사는 큰 이유이다. 톰은 자기 고객들이 상당히 맛에 까다롭다고, 만약 그가 그만큼 풍미가 없는 품종을 기른다면, 팔리지 않을 것이라고 한다. 그는 대형 마트에서 취급하지 않는 품종을 기를 수가 있는데, 대형 마트는 오랜 수송과 저장 과정에도 풍미와 신선함을 크게 잃지 않을 품종만 취급할 수 있기 때문이다.

토산 농산물을 사기 위해 농장 근처에 살 필요는 없다. 매주 토요일이면, 전통적으로 노동자들과 좌익 운동권의 집회가 열리곤 했던 맨해튼 유니언스퀘어에서는 농산물 직거래 시장이 열려 떠들썩하다. 여기 나오는 농산물은 현지 농민들이 그날 아침 직접 따서 트럭에 싣고 가져온 것들이다. 가장 최근에 가서 세어보니, 뉴욕 인근에서 저마다 온 청과상들이 47개 업체가 되고, 잘나갈 때는 25만 명의 고객이 몰려든다. 이 시장을 관리하는 뉴욕시 환경과에서는 인근에서 자체 재배한 농산물을 판매하는 업자들에게만 판매 허가를 내준다. 중간상인은 끼어들지 못한다. 뉴욕 직거래 시장에 정기적으로 상품을 내놓고 있는 175개 농가는 120가지의 사과를 재배하며, 그와 비슷한 수의 토마토, 그리고 350가지의 후추를 키운다.[8]

뉴욕의 청과상들은 지금 미국 전역에서 새롭게 나타나는 움직임의 일부일 뿐이다. 미네소타 주 세인트폴에서는 지역 농산물 시장을 재정비하는 데 220만 달러를 썼으며, 지금 그곳에서는 토요일마다 200개 업체와 2만 5,000명의 고객들로 활기가 넘친다. 이 시장은 도시 주변에 13개 장터를 새로 개설했고, 업무 시간을 연장했다. 건강 유지 센터인 카이저 퍼머넌트는 그 메디컬 센터 안에 직거래 시장을 유치하여 직원들, 환자들, 지역 주민들이 건강에 좋은 농산물을 사 먹을 수 있도록 했다. 미국 농무부(대규모 농산물 업체의 이익을 대변하면서 소규모 농민을 외면한다고 악평이 자자한)는 이제는 그 워싱턴 본부에 직거래 시장을 유치했으며, 자신이 사는 위치에서 가장 가까운 직거래 시장이 어디인지를 가르쳐주는 웹 사이트를 운영하고 있다. 그러한 정보는 지역 농업-지속 가능 농업을 진흥하려는 비영리 기구(가령 '푸드 루트')를 통해서도 얻을 수 있다.[9]

2004년 현재, 미국에는 3,700개 이상의 농산물 직거래 시장이 열리고 있다. 1994년에 비하면 두 배 이상 늘어난 숫자이다. 이 숫자는 급속도로 늘고 있으며, 지난 2년 동안 거의 600개 가까운 숫자가 신설되었다. 2000년과 2002년 사이에는 겨우 274개만이 신설되었다. 미국 농무부 조사에서 1만 9,000명 이상의 농민이 자신들의 농산물을 직거래 시장에만 내다 팔고 있다고 답변했다. 이 모든 것은 신선하고, 다양하며, 풍미가 좋은 직거래 시장 또는 현지 농장 상품을 즐기는 사람들에게는 희소식이다. 우리 먹을거리를 만드는 사람들과, 또한 다른 구매자들과 이런저런 이야기를 나눌 수 있다는 것도 장점 중의 하나이다. 한 연구 결과로는 대형 마트에서보다 직거래 시장에서 고객들이 10배나 많은 대화를 하는 것으로 나타난다.[10]

그 지역에서 생산된 농산물을 사 먹자는 생각이 붐을 이루는 현상도 미국만 그런 것이 아니다. 1997년, 영국 전체에서 농산물 직거래 시장은 단 한 곳뿐이었다. 그러나 2002년에는 450곳으로 늘었으며, 그중 70퍼센트는 스스로 번창하고 있다고 밝혔다. 오스트레일리아에서는 1990년대까지 농산물 직거래 시장이 전혀 없었다.[11] 이제는 주요 도시마다 없는 곳이 없다. 일본에서는 농약과 높은 마트 농산물 가격을 불만스러워한 소비자들이 1965년에 처음으로 회원제 직거래 시장을 만들어냈다. 이 첫 번째 성공 사례는 곧 수백 곳의 직거래 시장으로 이어졌고, 오늘날에는 150만 명의 회원이 수십억 달러어치의 농산물을 일본 농민들에게서 직접 구입한다.[12] 이탈리아에서는 언론인인 카를로 페트리니(Carlo Petrini)가 '사라지기 직전인' 향토 농산물을 글로벌 브랜드 농산물에서 지키기 위해 '슬로푸드' 운동을 시작했다. 이 운동의 성장은 결코 슬로(slow)가 아니었으며, 지금은 100개국 이상의 나라에서 80만 이상의 회원을 자랑하고 있다.

토산 농산물만을 먹는 사람에 대한 용어까지 만들어져 있다. '토식주의자(locavores).' 우리는 이 용어를 샌프란시스코 만 구역에 사는 어느 집단이 자신들의 새로운 먹을거리 시도를 표현하기 위해 스스로 붙인 이름에서 처음 들었다. 그들은 2005년 8월에 샌프란시스코에서 반경 100마일 이내에서 재배된 농산물만 먹기로 결의했다. 그들은 웹사이트(www.locavore.com)를 개설하고 자신들의 취지와 먹을 수 있는 식품 목록을 올려놓았다. 8월은 북반구에서 향토 농산물을 구하기가 상대적으로 쉬운 때이다. 채소가 다양하게 나오기 때문이다. 샌프란시스코 만의 토식주의자들은 약간의 수입 농산물도 허용한다. 소량의 초콜릿, 코코넛밀크, 바닐라, 후춧가루, 메이플 시럽, 파마산 치즈 등등이다.

밴쿠버에 사는 커플인 알리사 스미스(Alisa Smith)와 제임스 매키넌(James MacKinnon)은 좀 더 대담한 결의를 해서, 1년 동안 내내 주변 100마일 이내에서 나온 농산물만 먹기로 했다. 스미스와 매키넌은 결벽주의자와 같은 식으로 시작했다. 가령 설탕은 일체 금지. 인근에서 재배된 곡물로 만든 것을 찾을 수 없자(처음에는), 빵과 파스타, 라이스까지 일체 금지. 그들은 순무 슬라이스를 구워서 빵 대신 쓰는 '순무 샌드위치'를 만들었고, 감자를 아주 많이 먹었다. 그들은 심지어 그 지역에서 나오는 유기농-방목식 달걀도 안 먹었는데, 닭의 모이가 외부에서 들어온 곡물이었기 때문이다. 때로는 그들 지역의 '향토' 마트에 가보아도 먹을 것을 한 가지도 살 수가 없었다. 다행히도 그들은 인근에서 밀을 재배하는 농가를 찾아냈으며, 제분 과정은 그 스스로 해야 하기는 했지만, 마침내 팬케이크와 빵을 즐겁게 먹을 수 있었다.

토식주의자가 된다는 것은 먹을거리에서 대담한 개인적 실험이다.

그것은 아주 즐거운 과정이 될 것인가? 아니면 오직 그 지역에서 생산된 먹을거리만 먹음으로써 중대한 윤리적 문제를 수반할 것인가?

토산 음식만 먹는 데 따르는 윤리적 문제

메리 앤과 짐이 현 거주지에서 자란 농산물을 사 먹는다고 이야기할 때, 그녀는 생산자와 생산 방식에 대해 1차적 지식을 갖고 있을 것을 언급했다. 또 짐은 그 식품이 신선하고 잘 익었을 뿐 아니라 "대륙을 가로질러 농산물을 수송하느라 화석연료를 낭비하며 환경에 피해를 주지 않는다"는 점을 지적했다.

'토식주의자'들도 이와 비슷한 이야기를 한다. 샌프란시스코 만 토식주의자들의 일원이며 한 달 동안 토산 음식만 먹자는 아이디어를 처음 내놓았던 제시카 프렌티스(Jessica Prentice)는 사람들이 각자의 '분식령(foodshed)' 내에서 먹을거리를 구할 것을 권한다. 그것은 화석연료의 사용을 줄이는 길도 되고, 장거리를 이동하며 식품의 풍미가 떨어지는 것을 방지할 수도 있다는 말이다. 알리사 스미스는 '세계환경 연구소'의 보고서 하나를 인용하는데, 그 내용에 따르면 보통 미국인의 한 끼 식사는 그 거주 지역에서만 식재료를 구해 만든 식사에 비해 석유 사용량이 17배나 높다. 따라서 이산화탄소 배출량도 17배나 높다. 따라서 이산화탄소 배출량도 17배가 된다는 것이었다.

최근에 나온 몇 권의 책도 토착 식사를 놓고 기본적으로 같은 관점을 취하고 있다. 『여기서 먹어라: 글로벌 대형 마트에서 가정 재배 식품의 즐거움을 외치다(Eat Here: Reclaiming Homegrown Pleasures in a Global Supermarket)』에서, '세계환경연구소'의 선임연구원인 브라이언 할웨일(Brian Halweil)은 (그는 알리사 스미스가 언급한 보고서의 저자이기도 하다) 이렇게 묻는다. "아이오와 주에는 사과 과수원이 있다.

그런데 데스모이네스의 대형 마트에서 중국산 사과를 사는 일이 괜찮은 걸까?" 프랜시스 무어 라페(Frances Moore Lappé)도 지역 식품 시장의 열혈 팬이다. 그녀가 쓴 『작은 행성을 위한 식단(Diet for a small planet)』이 베스트셀러가 된 지 30년이 지나, 그녀는 자신의 딸인 애나 라페(Anna Lappé)와 함께 『희망의 가장자리: 작은 행성을 위한 두 번째 식단(Hope's Edge: The Next Diet for a small planet)』을 펴냈다. 그녀들은 그 책에서 지역사회의 소규모 영농인들, 지역사회를 중심으로 농산물을 기르고, 팔고, 먹는 방법에 대하여 극찬을 거듭했다. 라페 모녀에 따르면, 유기농 식품과 토산 식품을 먹는 일은 "우리가 누구인지 정체성을 찾는" 결정이다.

'푸드루트'와 같은 여러 집단이 '로컬푸드(local food)' 운동을 후원하고 있다. 이 운동에는 대학들도 동참하고 있는데, 200개 이상의 대학이 적어도 일부 식품을 인근 농가에서 조달하고 있다. 예일 대학교에서는 학생회에서 로컬푸드 운동을 추진한 끝에 예일 대학교 총장 로버트 레빈(Robert Levin)이 앨리스 워터스(Alice Waters)를 만나게 된다. 앨리스는 버클리의 셰파니스 레스토랑 소유자이자 유기농-토산 식품의 옹호자로 유명한 사람이었다. 그것은 '예일 대학교 지속 가능성 식품 계획'으로 이어졌다. 학생, 교수, 학교 당국이 힘을 합쳐 학교 식당 서비스에서 신선한 유기농-토산 식품의 비중을 늘리는 것이 이 계획의 내용이다. 지금까지, 유기농-토산 식품은 단지 예일 대학교의 칼리지 중 한 곳에서만 판매되고 있다. 그러나 다른 칼리지의 학생들도 가짜 ID카드를 만들어 들어오고 있는 상황이다.[13]

로컬푸드가 더 신선하고 맛도 좋다는 사실은 그 자체로는 그것을 구입해야 할 윤리적 근거가 못 된다. 신선함과 맛보다는 구입의 편리함과 낮은 가격을 선호하는 사람이라면, 아무 거리낌 없이 로컬푸드를 외면할 것이다. 먹을거리 선택을 통해 나와 남들의 건강을 지킨다는 것은 하나의 의무 문제를 제기할 수 있지만, 로컬푸드가 다른 먹을

거리보다 반드시 건강에 좋을 필요는 없다. 로컬푸드는 항상 유기농 식품은 아니며, 그 식품이 영세 지역농의 것인지, 월마트에 납품하는 대규모 기업농의 문제는 농약을 썼느냐의 문제보다 로컬푸드의 정체성에 더 중요한 문제이다. 신선함, 맛, 건강 외에, '푸드루트'는 토산 식품을 사야 할 이유를 세 가지 더 들고 있으며, 그것들은 크게 보아 윤리적 문제라고 할 만하다. 이제 그것들을 하나하나 짚어보자.[14]

1. 지역 경제에 보탬이 된다.

'푸드루트'에서는 이렇게 말한다.

> 토산 먹을거리를 사 먹으면, 우리의 돈은 우리의 지역사회 안에서 회전한다. 우리 먹을거리를 장만해주는 농민들을 직접 대하고 친해지면서, 이해와 신뢰의 인간관계가 형성되고, 그것은 강력한 공동체 기반을 마련한다.

'로카보어스 닷컴(Locavores.com)'도 대략 비슷한 주장을 하고 있다. "현지 재배 농산물을 구입하면 그 돈은 지역사회 안에 남게 됩니다. 그것은 지역 경제의 모든 부문을 살찌웁니다. 지역사회의 삶의 질을 높입니다."

이것이 토산 농산물을 사 먹는 윤리적 이유가 될까? 샌프란시스코 만 지역은 지구 전체를 통틀어 가장 부유한 지역 중 하나이다. 선진국에서는 인구가 밀집된 중심지구 인근의 지역 경제는 큰 번영을 누린다(전 지구적 관점에서 볼 때). 우리가 우리의 구매력을 우리 지역사회 내에서만 사용하거나, 더 가난한 외국과의 공정 무역을 통한 수입상품만 구매하는 데 쓴다면, 우리 돈을 지역사회 내에 묶어두는 것이 어떤 의미가 있을까?

윤리적으로 생각하기 위해, 우리는 우리 자신을 우리 행동에 영향을 받는 모든 사람의 입장에 세워야 하며, 그때 그 사람들이 어디 살고 있는지는 따지지 말아야 한다. 샌프란시스코 인근의 농민들이 자기 자녀를 좋은 대학에 보내기 위해 추가 소득을 필요로 한다면, 개발도상국 농민들은 최소한의 보건 서비스를 받기 위해, 또는 자녀를 겨우 몇 년간의 기초교육 과정에 넣기 위해 추가 소득을 갈구한다. 우리는 다른 조건이 같은 이상 개발도상국 농민들을 우선 생각해야 한다.

물론 여기에는 또 다른 의문이 줄을 잇는다. 식품 수출이 정말로 개발도상국의 빈민들에게 혜택을 주는가? 그들은 수출용 상품을 기르는 대신 자급자족을 도모하는 편이 낫지 않을까? 개발도상국 농산물을 구입했다고 하자. 우리가 낸 가격 중에서 과연 얼마나 다국적 기업의 호주머니가 아니라 정말 그 돈을 필요로 하는 사람들에게 돌아갈까? 가난한 나라들로부터 식품을 수송해오는 데 따르는 환경 비용은? 이 모든 의문은 면밀히 살펴볼 필요가 있으며, 우리는 다음 장에서 이 문제를 본격 논의할 것이다. 그러기까지, 우리는 우리가 우리 지역에서 난 음식만 먹을 것인지, 아니면 개발도상국에서 온 수입품을 먹을 것인지 결론을 유보하기로 한다. 지금 우리의 논점은 단순히 "우리의 돈이 우리 지역사회에서만 돌도록 한다"는 것이 윤리적 원칙이라고 볼 수는 없다는 것뿐이다. 남들에게 미치는 영향을 도외시하고 "우리 지역에서만 사 먹는다"는 원칙을 고집하는 것은 일종의 지역 이기주의이다.

이해와 신뢰에 기초한 인간관계의 형성 또한 토산 먹을거리 애용의 이유가 될 수 있다. 메리 앤은 자신이 먹을 식품을 기르는 사람과 인간관계를 갖고 그를 통해 투명성을 확보하는 점에 큰 가치를 둔다. 그것은 로컬푸드의 타당한 이유처럼 들린다. 단, 우리가 정말로 농민과 직접 대화할 수 있고, 그 농장에 마음대로 방문할 수 있으며, 그들의 활동을 살펴볼 수 있는 한 그렇다. 하지만 모두가 그런 일에 쓸 시간이 있지는 않다. 그리고 이해와 신뢰는 반드시 주변 지역에만 국한될 필요가 없다.

2. 사양화되는 가족 농장을 지원할 수 있다.

다음은 '푸드루트'의 주장이다.

우리 농민 이웃들을 도와야 할 필요성이 지금만큼 심각했던 때는 없었다. 토산 농산물을 한 가지 살 때마다, 우리는 그만큼 확실하게 농민을 돕고 있다.

20세기의 대부분 기간에 전체 농가 수는 급속히 줄어왔고, 지금도 계속 줄어들고 있다—다만 그 속도는 다소 느려지기는 했지만. 전체 미국인 중에서 농민이 차지하는 비중은 1900년의 거의 40퍼센트에서 오늘날 2퍼센트 미만이 되었다. 지금 미국인으로서 주업이 농업인 사람의 수는 120만 명에 지나지 않으며, 그것은 교도소에 갇힌 죄수의 수보다도 적다.[15] 그러한 농민 수의 급감 현상은 다른 선진국에서도 비슷하게 나타났으며, 이제는 중국에서도 나타나고 있다.[16]

미국에서 가장 가난한 카운티 세 곳은 모두 네브래스카 주에 있다.[17] 농업을 중심으로 한 카운티들은 대개 도시화된 카운티보다 빈곤선 아래에 있는 사람이 많고, 저소득 가정도 많다. 또한 18세 이하 인구 비중도 높은데, 18세에서 44세까지의 비중은 낮다. 많은 젊은이가 농촌을 떠나 도시로 갔음을 시사해준다. 그 결과 이 카운티들은 도시화된 카운티들보다 노인 인구의 비중이 두 배나 된다.[18] 아동 수가 적기 때문에 학교들은 문을 닫으며, 한때 북적거리던 마을이 이제는 폐촌이 되고 있다.

아이오와 주는 한때 다양한 농업 기반을 가지고 부유한 농촌 사회를 창출해낸 주였다. 1920년에는 과일과 채소를 포함한 10개의 서로 다른 농산물을 조사해보면 절반은 아이오와 주에서 나온 것들이었다.

그러나 1997년에는 그것이 두 가지(옥수수와 대두)에 지나지 않게 되었다. 이러한 전문화 증가에 따라, 식품 가공 공장들은 문을 닫았다. 이제 아이오와 주의 농산물은 대부분 가공되지 않은 상태로 주 경계를 넘는다. 1920년, 아이오와 주에서 소비되는 사과의 약 절반이 아이오와 주산이었다. 이제는 15퍼센트에 불과하다. 그리고 다른 현지 재배 과일과 채소 역시 별 힘을 쓰지 못하고 있다.[19] 아이오와 주의 농장에서 자랐으며, 《뉴욕 타임스》에 농촌 생활에 대해 기고하고 있는 벌린 클링켄보그(Verlyn Klinkenborg)는 아이오와 주에서 보낸 자신의 어린 시절을 회상하더니, 어린애에게 어디서 또 그처럼 좋은 환경이 있을는지 알 수 없다고 썼다. 하지만 그 목가적인 세계는 파괴되었다. 무엇 때문에? "아이오와 주정부의 전폭적이고 무조건적인 산업적 농업 수용 때문에. 그로 인해 농촌은 유령 마을이 되었고, 동네마다 갖추고 있던 경제적·사회적 체계는 결단이 났으며, 공장식 농업이 뿜어내는 오염 앞에 보통 아이오와 주 사람은 확실히 무방비 상태가 되어버렸다." 클링켄보그가 제시하는 해결책은 "농업이라는 게 대체 무엇인지, 그 본질을 다시 그리는 것이다."[20]

농업의 본질을 다시 그리는 한 가지 방법은 먹을거리를 만드는 사람과 먹는 사람을 한데 모으는 것이다. 그렇게 된다면, 농민은 소비자들이 먹을거리를 위해 쓰는 돈 중 고작 20퍼센트가 아닌 거의 전부를 받을 수 있게 된다.[21] 보통의 경우에는 제조업체, 가공업체, 광고업체, 소매업체 등에서 나머지를 가져간다. 그러한 상황의 변화는 가족 경영 농장을 보전하고, 이농 현상을 막으며, 농촌 사회에 활기를 다시 불어넣거나, 아니면 적어도 도시 지역까지 통근 가능한 거리에 있는 사람들에게 새로운 변화를 가져다줄 것이다. 이런 변화는 지금 그들의 고향이 유령마을로 변하는 모습을 바라만 보고 있는 사람들의 고민을 덜어줄 것이다. 많은 농민은 자신들의 농가를 도저히 다시 일으킬 수 없을 만한 타격을 실감하고 있으며, 절망에 빠진 끝에 자살까지 시도한다. 한 조사에 따르면 미국 농민이 농장에서의 사고로 죽는 수보다 자살로 죽는 수가 다섯 배나 많다.[22]

이농 현상은 그 자체로는 나쁘다고 할 수 없다. 하루 종일 들에서 고된 노동을 해야 하는 중국의 농민이 그 대신 도시에서 일자리를 구할 수 있다면, 그들은 새로운 직업을 선택하는 것이 좋으리라. 더구나, 일부 '전통적인 농촌의 가치'는 잊어버리는 편이 낫다. 농촌 사회란 어리석을 정도로 사고의 폭이 좁으며 다양성을 인정하지 않는 경우가 많다. 당연히 그런 사회는 특별한 관심을 가진 사람들을 챙겨줄 만큼 기회를 많이 제공하지 않는다. 그러나 어떤 농촌적 가치는 분명 보전할 가치가 있다. 누가 자신을 부모에게서 받은 유산을 잠시 맡았다가 자신의 자녀에게 물려주는 사람이라고 생각한다면, 그 사람은 땅을 보물처럼 아낄 것이며 지속 가능한 방식으로 농사를 지을 것이다. 그런 사람들 대신 대형 기업농들이 토지를 차지한다면, 오로지 투자 수익에만 열중한 나머지 겨우 한 세대만 이익을 보고 장기적으로는 큰 손해를 입게 되는 방법으로 영농을 할 것이다. 따라서 위기에 처한 가족 경영 농가를 지원하는 일은 중요할 수 있다.

3. 환경을 보호할 수 있다.

'푸드루트'의 주장은 다음과 같다.

> 로컬푸드는 멀리 이동할 필요가 없다. 이는 이산화탄소 배출량을 줄이며, 포장용 플라스틱 사용도 줄인다. 토산 농산물의 구입은 또한 농업을 더욱 수익성 있게 하며, 농지를 공업용으로 파는 일을 덜 매력적이게 한다.

이산화탄소 배출량의 감소는 중요한 윤리적 고려사항에 속한다. 신뢰할 만한 기상 기록이 시작된 1861년 이래 가장 더웠던 10개년 중 9개가 1994년 이후에 몰려 있다. 과학자들 사이에는 사람이 만들어낸 온실가스가 이러한 지구온난화 현상에 중대한 역할을 하고 있으며, 그러한 온실가스 중에서도 이산화탄소가 가장 중요하다는 데 대체적인 합의가 이루어져 있다. 이러한 패턴이 계속된다면 강우(降雨) 패턴은 더 불규칙해질 것이며, 일부 지역이 사막으로 바뀌고, 삼림 산불이 더 늘어난다. 지금 도시를 강타하는 허리케인의 경우 발생지인 적도 부근에서 영향을 미치는 범위가 더욱 넓어진다. 열대 지역의 풍토병은 지금의 영향권을 넓힐 것이며, 더워진 기온에 견디지 못하는 생물의 멸종이 이어진다. 빙하가 갈라지고 극지방의 빙하가 녹으며, 해수면이 높아져 해안 도시들은 물에 잠길 것이다.[23] 더 심각한 시나리오도 배제할 수 없다. 어떤 과학자들은 극지대 빙하가 녹음으로써 방출되는 대량의 메탄이 온난화를 부채질할 것이며, 두껍게 형성된 구름층이 햇빛을 막음으로써 지구는 혹한의 별이 되고 생명체는 소멸할 것이라고 예측한다.[24]

따라서 지구온난화 추세를 억제하는 것은 중요한 문제이며, 모든 나라의 행동이 다른 모든 나라에 영향을 미치기 때문에, 이것은 윤리적 문제이다. 어떤 나라도 대기를 소유하지 못하며, 그것을 다른 나라에 앞서 이용할 권리도 갖지 못한다. 세계 인구의 5퍼센트 미만이 살고 있는 미국은 세계 온실가스의 25퍼센트를 배출한다. 단연 세계 1위이다. 윤리적으로 말해서, 이것은 미국이 지금 인류의 오염 가스를 처리해주는 대기의 이용을 공정한(fair) 몫보다 많이 쓰고 있다는 뜻이다. 이는 공정함을 어떤 식으로 풀어 적용해도 달라지지 않는다. 공정함이라는 것이 마치 케이크를 인원 수에 맞춰 똑같은 크기로 자르듯이, 모두가 공평한 몫을 차지함을 의미한다면? 그렇다면 미국은 받을 수 있는 케이크 크기보다 다섯 배나 큰 케이크 조각을 차지한 셈이다. 단 지금의 전 세계적 가스 방출량은 지속 가능한 것으로 가정할 때 '받을 수 있는'이라는 조건이 성립할 것이다. 그러나 거의 모든 전문가가 지금의 공해 수준이 이미 너무 높다고 입을 모으고 있으므로, 미국의 방출량은 적정 수준의 다섯 배가 아니라 그 이상이라고 보아야 맞다. 그러면 강물을 오염시킨 공장이 부담금을 내듯이, "오염을 유발한 쪽이 그에 합당한 비용을 낸다"는 것을 공정함이라고 본다면? 미국은 지금 최대의 오염 유발국이라서만이 아니라, 지난 1세기 또는 그 이상의 기간에 배출한 오염에 대해 비용을 치러야 할 것이다(그동안 배출한 가스는 아직도 대기 중에 남아 있다). 아니면 공정함을 가장 좋은 처지에 있는 쪽이 가장 어려운 처지에 있는 쪽을 돕기 위해 가장 많은 부담을 져야 하며, 남을 도울 여유가 가장 많은 쪽이 가장 많이 도와야 함을 뜻한다고 하면? 미국은 세계 최대의 부국이며, 다른 나라를 도울 여유가 가장 많은 나라임이 틀림없다.

미국이 교토의정서에 서명을 거부했을 때, 그것은 다른 나라들끼리 지구온난화 문제 해결에 대한 첫발을 내딛도록 미룬 것이었다.[25] (교토의정서 자체만으로는 충분하지 않다. 이산화탄소 방출량을 줄이는 조치는 더 강력하게 취해질 필요가 있으며, 중국이나 인도 같은 개발도상국들도 결국 참여해야 한다. 하지만 적어도 이는 '첫발'은 된다.) 계속해서 높은 정도로, 또한 점점 더 많이 온실가스를 방출하고 있는 미국은 수천만 명의 농민의 삶을 궁지로 몰아가고 있는 셈이다. 그런 온실가스 방출이 궁극적으로 토지를 사막으로 바꾸고, 방글라데시나 이집트 등의 비옥하지만 낮은 델타 지대가 해수면 상승으로 물에 잠기도록 하기 때문이다.

미국에서 식품이 먼 거리를 거쳐 수송된다는 점도 미국 식품 시스템이 전체적으로 에너지를 많이 낭비한다는 사실의 일부 원인이다. 식품 생산, 가공 처리, 제품 생산, 유통, 판매 준비 과정은 미국 에너지 공급 총량의 12퍼센트 내지 20퍼센트를 소비한다.[26] 1인당 사용 에너지로 따져볼 때, 미국은 아시아나 아프리카에서 모든 과정을 합친 것보다 식품 생산, 가공 처리, 유통에 더 많은 에너지를 소비하고 있다.[27] 그럼에도 어떤 연구 결과를 보면 식품의 수송은 식품 시스템의 총 에너지 소비에서 겨우 11퍼센트만을 차지하는 한편, 판매 준비는 26퍼센트, 가공 처리는 29퍼센트의 에너지를 소비한다.[28] 그리고 수송 방법이 모두 똑같은 에너지를 쓰지도 않는다. 일정량의 식품을 비행기로 수송할 때는, 마일당 소비 에너지로 환산해볼 때, 육지 수송보다 두 배, 해상 또는 철도 수송보다 20배나 많이 에너지가 소모된다.

우리가 이산화탄소 방출량을 줄일 윤리적 의무가 있으며, 따라서 에너지 소비와 이산화탄소 방출량을 줄이자는 뜻에서 식품의 장거리 수송을 줄일 필요성이 인정된다고 쳐도, 우리가 현지 생산 농산물을 사 먹음으로써 언제나 이산화탄소 방출량을 줄일 수 있다는 결론으로 연결되지는 않는다. 셔우드 농장의 경우, 톰 셔우드는 조생 토마토를 온실에서 생산하기 위해 수경 재배 시스템을 사용하고 있다. 그는 토마토를 제철보다 한 달 일찍 열매 맺게 하려고 하는데, 그래야 6월에 찾아온 고객들이 토마토가 익었는지 보고 발길을 돌리지 않기 때문이다. 그는 또한 토마토 시즌을 10월까지 연장했다. 이 토마토들을 무르익게 하는 데 들어간 에너지는 대부분 거울로 모아들인 태양열이다. 하지만 톰은 석유 난방장치도 사용하며, 그 비용은 얼추 1년에 700달러 내지 800달러쯤이라고 한다. 그것은 우리가 그의 이야기를 듣던 시점 기준으로, 매년 350갤런 내지 400갤런의 석유를 난방용으로 소비한다는 뜻이다. 그 온실은 330그루의 토마토를 기르며, 한 그루당 약 20파운드의 무게라고 볼 때, 총 6,600파운드(3.3톤)의 토마토가 육성된다. 그가 치른 에너지 비용을 벌충하려면, 그는 1파운드당 2.50달러에 토마토를 팔아야 한다. 밭에서 나는 토마토에 비해 50센트씩 추가 비용이 붙는 것이다. 그의 고객들은 기꺼이 그 값에 토마토를 산다. 셔우드 농장의 금방 딴, 잘 익은 토마토는 플로리다 주나 캘리포니아 주에서 아직 설익은 상태로 따서 에틸렌 가스로 숙성시켜서는 트럭으로 운반해온 대형 마트 토마토보다 훨씬 맛있기 때문이다.

메리 앤이 자신의 먹을거리 선택을 통해 에너지 소비와 이산화탄소 방출량을 줄이는 문제를 고려한다면, 그녀는 톰이 자신의 온실을 덥히기 위해 사용하는 석유의 양과 플로리다 주 같은 곳에서(그곳에서는 굳이 따로 가열해줄 필요가 없이 토마토가 익는다) 트럭으로 토마토를 실어올 때 드는 석유의 양을 비교해보아야 할 것이다. 우리는 영수증을 가지고 빠르게 계산해보았다. 그리고 플로리다 주에서 싣고 오는 것과 같은 양의 조생 토마토를 톰의 온실에서 숙성하려면 두 배의 기름이 든다는 사실을 알아냈다.[29] 달리 말해서, 메리 앤은 현지 농민의 온실 토마토 대신 플로리다 주에서 들여온 토마토를 구입함으로써 온실가스 방출 억제에 힘을 보탤 수 있다. 이 결과는 매우 충격적인데, 톰이 다만 서리를 제거하고 토마토의 이른 숙성을 위해 햇볕에 힘을 보태는 용도로만 석유를 쓰고 있다는 점에서 특히 그렇다. 에너지 사용이라는 점에서 볼 때, 가장 낭비가 심한 토마토는 캐나다나 네덜란드 같은 북방 국가들에서 한참 온실 재배로 길러진 다음 미국에 수출된 토마토이다. 네덜란드에서 미국까지 오는 데 비행기 편을 썼다면 에너지 낭비는 더욱 심해진다.

이런 대략적인 계산에서 나온 것과 동일한 결론이, 다른 나라에서 에너지 사용 방식을 놓고 이루어진 더 치밀한 연구에서도 나오고 있다. 영국 환경식품농림부에서 실시한 어떤 연구는 제철이 아닌 토마토를 지역 농가에서 사 먹는 것은 스페인에서 재배해 영국으로 들여온 토마토를 먹는 것보다 세 배나 되는 이산화탄소 배출을 초래함을 밝혔다.[30] 물론 경우에 따라 결과는 다를 수 있다. 가령 기후 조건, 수송 비용, 생산품, 생산 방식, 온실 난방 방식, 그리고 생산품을 구입하는 계절(이 점이 크게 작용한다) 등의 변수에 따라 달라진다. 스웨덴에서 행한 연구 결과도 영국의 토마토 연구 결과와 비슷했다. 그러나 스웨덴 소비자가 이탈리아 수입 당근을 구입할 때보다는 영국 현지에서 당근을 사 먹는 편이 에너지 소비가 적은 것으로 나왔다. 이유는 스웨덴에서조차 당근은 따로 가열을 필요로 하지 않기 때문이다.

항공 수송과 해상 수송

항공편을 통한 식품 수송이 늘고 있다는 점은 중요한 문제이다. 항공 수송은 톤당 마일비로 따졌을 때 육상 수송보다 두 배의 에너지를 소비하기 때문이다. 최근에는 항공 수송물의 절반가량은 여객기 화물칸의 여유 공간을 사용한다. 그것이 화물 수송 전용기에만 의존하는 것보다 효율적이기 때문이다. 그러나 수송용 항공은 여객용 항공보다 빠르게 증대하고 있으며, 그에 따라 갈수록 더 많은 수송 전용기들이 날고 있다. 2050년이면 항공기가 전체 온실가스 배출량의 15퍼센트를 배출하게 될 것이라는 예측이 있다. 그중 많은 부분은 여객기가 되겠지만, 화물 수송의 비중은 매우 빠르게 늘고 있으며, 2050년경에는 전체 상업 항공의 3분의 1을 차지하게 될 것이다. 더욱이, 일부 전문가들은 항공기가 에너지 사용량에 비해 온실효과 가속화에 미치는 영향이 크다고 본다. 비행기는 상층 대기권에 미립자와 수증기를 배출하며, 그리하여 구름층을 더욱 두껍게 만들기 때문이다. 이 모든 것은 열 투과를 차단하며, 정확한 계산은 어렵지만 이산화탄소 배출만으로 생기는 효과의 두 배가 이루어진다고 한다.[31]

항공 운송에 얽힌 환경적 문제는 몇 가지 윤리적 딜레마를 제기한다. 제6장에서 우리는 뉴질랜드의 순수한 방목식 양계 달걀을 미국 서부에서도 구할 수 있다는 사실을 설명했다. 칼로리-중량 비율로 보면 달걀은 토마토보다 훨씬 가볍다. 그러나 그렇다고 해도 세 다스의 대형란(그 박스까지 포함해서 약 4파운드)을 항공편으로 오클랜드에서 로스앤젤레스까지 옮기려면 거의 1갤런의 디젤유가 든다. 암탉이 더 나은 생활을 즐기도록 그만한 에너지를 소모하는 일은 정당할까? 인도적으로 생산된 달걀을 달리 얻을 길이 없다면, 아마 우리는 달걀을 아예 먹지 말아야 할 것이다.

항공 운송이 식품을 수송하는 방식 중 가장 에너지 낭비적인 방식이라면, 해로나 철로를 통하는 방식은 가장 경제적인 방식이다. 쌀은 캘리포니아 주에서 관개 시설을 사용해서 재배된다. 하지만 그것은 방글라데시에서 재배하는 것보다 15배 내지 25배나 에너지를 많이 낭비한다.[32] 1톤의 쌀을 방글라데시에서 샌프란시스코까지 운반하는 데 쓰이는 에너지는 그만큼의 쌀을 캘리포니아 주와 방글라데시에서 재배하는 데 쓰이는 에너지보다 적다. 따라서 샌프란시스코에 사는 사람이라면 현지 재배 쌀을 사는 것보다는 바다 건너 수천 마일을 날아온 쌀을 사는 편이 에너지 절약에 도움을 주게 된다.

해상 수송에 들어가는 에너지를 다른 에너지 사용 방식과 비교해서 본다면, 보통의 자동차를 타고 5마일을 달려 현지 농장이나 직거래 시장을 방문할 때 대기 중에 방출되는 이산화탄소는 17파운드의 양파를 싣고 뉴질랜드에서 런던까지 지구 반 바퀴를 돌아올 때 방출되는 이산화탄소량과 같다.[33] 다만 여기에는 뉴질랜드와 영국에서 그 양파를 싣고 항만을 출입하는 트럭이 쓰는 에너지는 포함되지 않았다. 그리고 냉장 보관의 필요성이 없다는 가정이 들어갔다. 하지만 이는 생산지와 소비지가 가깝다고 해서 반드시 에너지가 절약된다고는 볼 수 없음을 보여주기에 충분하다.

다른 요인도 고려되어야 하는데, 가령 상품을 분류하고, 배송하고, 보관하는(특히 냉동이 필요할 경우) 데 쓰이는 에너지, 그리고 트럭에 싣고 내리는 에너지를 고려할 필요가 있다. 또한 각 점포에 물건을 배분하는 방식의 효율성도 따져보아야 한다. 셔우드 농장 같은 지역 농장은 그런 비용을 유발하지 않을지도 모른다. 하지만 토산 농산물을 판매하는 점포의 경우에는 사정이 다를 수 있다. 하나의 농가에서 다섯 개의 인근 마을에 있는 다섯 군데 점포에 물건을 댄다고 해보자.

소형 밴은 파운드당 마일의 비율로 따져서 대형 트럭보다 많은 연료를 쓰고, 많은 온실가스를 배출한다. 따라서 소형 점포들에 물건을 배송하는 것은 트럭으로 대형 마트에 물건을 배송하는 것보다 덜 효율적일 수 있다.

그리고 고객 스스로의 에너지 사용 방식이 문제이다. 메리 앤은 셔우드 농장에서 5마일도 떨어지지 않은 곳에 살면서 스바루아웃백 차를 몰고 다닌다. 따라서 그곳을 오가는 데 별로 많은 연료를 쓰지 않는다. 하지만 그녀가 더 맛있는 토마토를 사기 위해 셔우드 농장을 방문함으로써 그녀는 트레이더조스에서 토마토를 샀더라면 쓰지 않았을 에너지를 쓰고 있다. 아무튼 그녀는 다른 물건 때문에 트레이더조스에 가기는 하기 때문이다.

자신의 에너지 사용량을 줄이는 법

토산 식품 구입이 에너지 사용량을 줄이고, 따라서 이산화탄소 배출량도 줄인다는 말은, 아무리 좋게 듣더라도, 지나친 단순화이다. 진실은 더 복잡하다. 걸어서나 자전거를 타고, 또는 대중교통 편을 이용해 쇼핑을 하는 사람은 가장 에너지 낭비가 적다. 하지만 오늘날 선진국에서 그런 사람의 수는 줄고 있다. 영국 환경식품농림부는 1992년 영국 도시지역에서 '식품 구입을 위한 이동 거리'가 27퍼센트 증가했는데, 이는 대체로 갈수록 많은 사람이 동네 식품점에 걸어가기보다는 주말에 차를 타고 쇼핑을 다니기 때문이라고 조사 결과를 발표했다. 하지만 많은 미국인의 경우에는 사실 다른 선택의 여지가 없다. 걸어갈 수 있는 범위 안에 동네 식품점이 없기 때문이다. 대형 SUV를 타고 20마일을 달려 지역 농민에게서 달걀을 산 다음 다시 다른 방향으로 차를 돌려 다른 농가의 신선한 채소를 산다? 이는 모든 먹을거리를 한 곳의 대형 마트에서 사는 것보다 에너지 효율은 떨어지는 게 거의 확실하다―소매점에 식품들이 오기까지는 대형 마트 쪽이 더 멀지만 말이다.

로컬푸드, 특히 농산물 직거래 시장에서 팔리는 로컬푸드는 대개 처리 과정을 거치지 않은 것들이다. 냉동, 탈수, 캔 포장 등은 모두 에너지를 소모한다. 하지만 그 대신 우리가 집에서 요리할 때 들어가는 에너지 양을 줄여준다. 예를 들어 닭고기 가공업체에서는 소비자들이 이미 조리된 닭고기를 사는 편이 더 에너지 효율성이 높다고 주장한다. 단지 데우기만 하면 되니까. 그 주장에는 일리가 없는 것이 아니다―특히 가정 요리 기기로서 가장 에너지 효율이 좋은 전기 오븐을 쓰는 사람이라면.[34] 그러나 이미 조리된 닭고기의 경우, 이 책의 앞에서 본 것처럼, 다른 중대한 환경 문제와 동물복지 문제가 있다. 우리가 정말 에너지를 절약하고 싶다면, 신선하고 처리 과정을 거치지 않은 로컬푸드(실외에서 재배한)를 사서 생으로 먹거나 최소한으로만 조리해서 먹어야 할 것이다.

그러한 방침을 따르려면 옛날에 그랬듯이 제철 채소와 과일만 먹어야 한다. 미국이나 유럽의 북부 지역에 사는 사람이라면 신선한 토마토, 양상추, 딸기 등을 겨울에서 초봄까지 먹지 못하고 살아야 할 것이다. 그것은 고난이라고 할 수도 있으며, 오늘날의 부유한 소비자들에게 요구하기에는 너무 어려운 조건일지도 모른다. 하지만 여기에는 그만한 보상도 따른다. 지금은 없어진 즐거움, 그 철에 맞는 채소와 과일을 처음 만나면서 얻는 기쁨을 되찾을 수 있을 테니. 그것은 결코 얕잡아볼 수 없는 기쁨이다. 슬로푸드 운동의 제창자인 카를로 페트리니는 어떤 음식을 사시사철 먹을 수 없는 것이 고역이라면, 그것은 '표준화되고, 맛대가리 없는 산업형 농업 생산물, 방부제와 인공 감미료로 떡을 친 생산물' 그리고 '식품산업의 목적에만 맞아떨어지고, 사람의 기호에는 전혀 맞지 않는 채소와 과일 종자'를 먹어야만 하는

고역보다는 훨씬 덜한 고역이라고 말한다.[35]

지역 생산 농산물의 구입은 가장 윤리적인 선택일 경우가 많다. 그러나 그것은 그 먹을거리가 그 지역에서 생산되었기 때문이 아니다. 우리 먹을거리의 생산과 관련해서 화석연료의 사용을 줄이기 위해, 우리는 로컬푸드를 사 먹어야 한다. 다만 다른 곳에서 들여온 먹을거리의 소비 에너지보다 많은 에너지를 소비하지 않는 이상 그렇다. 그리고 지역 농가에서 그것에 열을 더 제공하고자 화석연료를 쓰지 말아야 하며, 그 먹을거리를 얻거나 배달시키기 위해 추가로 차량을 운송하지 말아야 한다.

'자기 지역에서, 제철에 사 먹자'는 단순한 '자기 지역에서 사 먹자'보다 나은 방침이다. 하지만 이는 여러 과일과 채소를 사시사철 즐기는 일을 포기할 것을 요구한다. 위기에 처한 지역의 가족 농장을 돕는 것은 지역에서 사 먹는 좋은 이유가 된다. 하지만 우리 지역의 가족 농장이 정말로 위기이며 다른 곳, 역시 위기에 처한 가족 농장에서는 먹을거리를 살 수 없을 경우에 정당하다고 할 수 있다. 투명성은 종종 지역에서 사 먹는 좋은 이유이다. 농작물을 사 먹는 농장에 직접 방문할 수 있다면야. 하지만 때로는 가장 환경친화적인 농작물은 매우 먼 곳에서 재배되며, 그 먹을거리가 자라기에 가장 적합한 조건이 바로 여기가 아닐 수 있다. 그리고 화석연료의 소비 문제에서는 지역에서 사 먹는 일이 먼 나라에서 배로 들여온 식품을 사 먹는 일보다 지구온난화에 더 좋지 않을 수 있다. 샌프란시스코의 '토식주의자'들은 캘리포니아 주 쌀을 사 먹기보다는 방글라데시에서 수입한 쌀을 사 먹는 편이 나을 것이다. 영국에서는 유기농 식품의 약 절반이 수입품이다. 수입 유기농산물을 사 먹는 것이 비유기농 지역 농산물을 사 먹는 것보다 전 지구적 차원에서 좀 더 환경친화적인 선택이 될 수 있다. 더욱이 환경을 지키고 지역 농촌사회를 지키는 일은 분명 훌륭한 일이지만, 우리는 세계의 다른 곳에 있는 더 가난한 농민들에 대해서도 책임을 다해야 한다. 그리고 공정 무역 조건 아래에서, 그들을 도울 수 있는 최선의 방법은 그들이 생산하는 먹을거리를 사 먹는 일이다. 그 주제는 다음 장에서 논의하기로 하자.

9
무역, 공정 무역, 노동자의 권리

1985년, 캘리포니아 주 페스카데로에서 유기농법으로 농사를 짓던 래리 제이콥스(Larry Jacobs)와 샌드라 제이콥스(Sandra Jacobs) 부부는 멕시코의 바하칼리포르니아 남단에 있는 산호세델카보에서 휴가를 보내고 있었다. 그 땅이 비옥하고 물이 풍부하며 겨울은 온화하다는 것을 안 그들은 그 땅에서 겨울에 유기농 채소를 키워서 미국에 수출하자는 아이디어를 떠올렸다. 그들은 그 지역의 '에히도', 즉 농업협동조합을 찾아가서 유기농법에 대해 이야기를 했다. 그곳 농부들은 멕시코의 기준으로도 가난했으며, 바하 해변 관광 붐이 일으킨 물가 상승의 압박에 고통을 겪고 있었다. 그들은 합성비료와 농약을 사용했고, 자신들의 건강을 위해서라도 필요한 충분한 안전조치조차 대부분 취하지 않았다. 그러나 그들은 제이콥스 부부가 말하는 식의 농법에 대해 어느 정도는 알고 있었는데, 바로 그들의 조부모 세대가 쓰던 농법이었기 때문이다. 농부 10명이 한번 그들의 제안을 시험해보기로 했고, 델카보라는 상표명으로 그들의 협동 농산물을 생산해 팔기 시작했다. 제이콥스 부부는 그들과 함께 일하며, 그들에게 새 농법을 지도하고, 유기농 인증을 얻으려면 무엇을 쓸 수 있고 무엇은 쓰면 안 되는지 가르쳤다. 인증이 획득되자, 제이콥스 부부는 미국에서 시장을 확보했다. 오늘날 델카보 농협은 300개의 소규모 농가로 구성되며, 매년 유기농 채소를 팔아서 700만 달러의 수입을 얻고 있다. 그 농부들은 자기 자녀들을 학교에 보내고 가족에게 더 나은 생활을 보장해준다. 많은 멕시코 농부가 땅을 팔아버리고 대도시로 갔던 반면, 델카보의 농민들은 땅에 머물러 있는 것이다.[1]

델카보 협동조합은 우리가 우리 지역 농산물만 사 먹어야 한다는 아이디어의 윤리적 대안을 제공한다. 미국, 캐나다, 유럽, 일본, 오스트레일리아, 뉴질랜드, 그리고 그 밖의 선진국에 사는 국민들로서는, 지역에서만 농산물을 사 먹겠다는 결정은 곧 그들보다 매우 못 사는 나라 사람들의 농산물을 먹지 않겠다는 결정과 같다. 미국인들 모두가 '토식주의자'가 된다면, 델카보의 소농민들은 계속해서 가난하게 살아야 하며, 거의 확실히 농약과 화학비료를 쓰게 될 것이다(관광지 개발업자에게 아예 땅을 팔아버리지 않는 한).

제이콥스 부부의 행동에 어떤 윤리적 책임 문제를 제기할 수 있을까? 무역을 발전시켰다—특히 우리 미국보다 못 사는 사람들과의 무역을? 우리는 메리 앤 매서렉과 짐 모타밸리에게 로컬푸드를 선호하는 대신 개발도상국의 가난한 농민들을 도울 수 있는 대안을 생각해보았느냐고 질문했다. 그들은 구체적으로 '공정 무역' 표지가 있는 일부 커피나 초콜릿 등을 제외하면 그런 대안을 성립시키기에 필요한 정보가 없다고 대답했다. 메리 앤은 이렇게 말했다. "참 좋은 생각이죠. 다만 그것을 어떻게 쉽게 실행할 수 있을지 모르겠네요."

전 세계의 빈곤이라는 기초적 사실부터 생각해보자. 지금 10억 명 이상의 사람이 매일 1달러 이하로 살아가며, 2달러 이하는 25억 명 이상이라는 이야기를 많이 들어보았을 것이다.[2] 하지만 그런 식의 통계는 사실을 오도할 수 있다. 가난한 나라를 방문해본 사람이면 1달러를 현지 돈으로 바꿔 물건을 사 보면 같은 1달러로 미국에서 물건을 살 때보다 훨씬 많이 살 수 있음을 알 것이다. 따라서 1달러로 하루를 산다는 것이 그런 나라에서는 그리 나쁘지 않을 거라고 생각할지 모른다. 그러나 우리가 방금 언급한 통계는 그러한 구매력을 감안한 것이다.

더 정확히 말해서, 지금 10억 명 이상의 사람이 미국에서 하루에 1달러로 사는 것보다 적은 물자로 연명하고 있다. 지금의 환율로, 그들은 매일 미화 30센트만큼(좀 더 많을 수도 있지만, 어쨌든 1달러보다는 적은)의 삶을 살아간다고 볼 수 있다. 그것은 세계에서 제일 부유한 나라들의 국민에게는 상상도 못 할 수준의 빈곤이다. 그것은 자기 자신 또는 자기 가족들의 연명 여부가 불확실한 수준이다. 또는 자신이나 자기 자녀들이 아플 때(아마도 위생적인 식수를 구하기도 어렵겠기에, 병이 날 가능성은 매우 높다), 최소한의 의료 서비스도 받을 수 없는 수준이다. 자녀를 학교에 보낼 수도 없다. 이 정도의 빈곤은 사람 목숨을 파리 목숨으로 만든다. 부유한 나라에서의 기대 수명은 77세이지만, 사하라사막 이남의 아프리카 국가들에서는 48세이다. 부유한 나라에서는, 5세가 되기 전 영아가 사망할 확률은 100:1 이하다. 그러나 가장 가난한 나라에서는 5:1이다. 즉 예방할 수도 있는 사태로 죽는 영아가 매일 3만 명에 달한다.[3] 이렇게 절대적 빈곤 상태에 놓인 사람들 네 명 중 세 명은 남아시아와 동아시아, 그리고 사하라사막 이남 아프리카의 지방에 살고 있다.[4] 이런 빈곤국의 지방민 대부분은 소득이 어떻든 농업에 의존해 살아가는데, 달리 생계 수단이 없기 때문이다.

그들이 생산하는 식품을 구입함으로써 우리가 이 찢어지게 가난한 농민들을 도울 수 있을까? 이론상으로는 그래야 마땅하다. 자기 지역에서 농산물을 사는 일이 지역 농민을 돕는다면, 개발도상국 농산물을 사 먹음으로써 그런 나라 사람들을 도와야 할 것이다. 많은 경제학자가 자유 무역이 사람들에게 두루 혜택을 준다고 믿는다. 낮은 임금 수준은 부유한 국가에 대해 가난한 국가가 갖는 경제력이다. 물론 노동력의 숙련도, 교통과 통신의 수준, 법과 질서의 확립 수준 등도 중요한 요인이지만, 자유 무역 체제와 필요한 인프라가 갖추어진 상태에서는 생산의 일부가 저임금 국가로 이전되며, 그런 국가에서의 노동력 수요가 증대된다. 비고용 노동력 풀이 일단 전면 활용되고 나면, 임금이 상승한다. 그러므로 자유 시장은 세계를 전체적으로 부유하게 만들 뿐만 아니라 더 구체적으로, 최빈국들에게 고마운 도움을 준다.

이런 식의 논거가 농산물 무역에는 어떻게 작용할까? 세계은행의 컨설턴트인 아타만 아크소이(Ataman Aksoy)와 아이오와 주립대학교 에임스 캠퍼스의 경제학과 교수이자 농업 및 농촌 개발 센터 교수인 존 베긴(John Beghin)은 세계은행을 위해 편집한 『세계 농산물 무역과 개발도상국(Global Agricultural Trade and Developing Countries)』이라는 책에서 이 문제를 다루었다. 이 책에 포함된 15개 농산물 무역의 사례를 요약하며, 그들은 농산물의 혁신적이고 더 개방적인 무역 시스템은, 전반적으로 "개발도상국 농촌의 빈곤을 감소시킨다. 그들이 농업에서 강력한 비교우위를 발휘할 수 있기 때문에, 또한 농업 부분은 이런 나라의 소득 창출 세대에게 중요하기 때문이다"라고 결론 지었다.[5]

비록 비정부 기관들의 입장이 세계은행과 충돌하는 경우가 많지만, 이 경우에는 무역 조건을 개발도상국들에게 공정하게 만들자는 국제적 운동의 선두에서 있는 '옥스팜 인터내셔널(Oxfam International)'도 농산물 수출이 개발도상국에게 매우 중요하다는 점을 인정한다. 공정 무역 촉진 운동의 일환으로 작성된 2002년의 보고서에서, 옥스팜은 이렇게 말했다. "역사는 무역이 가난한 사람에게 도움이 되지 않는다는 주장을 무색하게 만들었다. 세계무역에 대한 참여는 가장 성공적인 여러 빈곤 감소 사례로 이어졌다. 그리고 외국의 원조에 따른 해법에 비교해볼 때, 자유 무역은 빈곤국들에게 훨씬 많은 혜택을 준다." 옥스팜 보고서는 사하라사막 이남의 국가들이 세계무역에서 차지하는 비중을 단 1퍼센트 늘릴 경우, 그것은 그 지역 국가들의 현재 총수입의 20퍼센트에 달하는 새로운 외화 획득을 가져온다고 지적했다. 다시 말해서, 그 지역 국가들이 세계무역에서 1퍼센트의 비중을 늘릴 때 얻는 혜택은 지금 외국에서 얻고 있는 원조액의 다섯 배에 달한다.

'유기농 운동 국제연맹 개발 포럼'의 우간다 측 회원인 찰스 왈라가(Charles Walaga)는 아프리카에서 유기농 작물을 생산하여 외국에 수출한다는 아이디어의 열렬한 지지자이다. 그 까닭은 그것이야말로 우간다의 소농민에게 큰 혜택이 되리라고 믿기 때문이다. 그는 1986년에 우간다가 거의 수출을 하지 않았고, 대부분의 영세 자작농들은 자급자족을 위주로 했던 당시 국민의 56퍼센트가 빈곤에 처해 있었다는 것, 그리고 2000년에는 경제 자유화가 이루어져 우간다 농부들이 수출 인센티브를 얻음으로써 빈곤율이 35퍼센트까지 떨어졌다는 것을 지적한다.[6]

일부에서는 농부들이 토지를 자급자족에 쓰지 않고 수출용으로 농사를 지으면 더 살림이 나아진다는 가정에 의문을 제기한다. 그들은 아직 식량 자급률이 충분하지 못한 나라에서 곡물을 수출한다는 사실을 납득하지 못한다. 그리고 그들이 가난하다면 재배하는 모든 곡물을 우선 자급용으로 써야 하지 않느냐고 한다. 그러나 문자 그대로 굶주리고 있는 사람을 제외하면, 식량이 전부일 수는 없다. 일부 지역에서는 농업이 농민 가족의 여유로운 생활의 기본이 되지만, 다른 곳에서는 한 가지 주식 곡물만 재배할 수 있으며, 그것으로는 아무리 풍년이 들어도 가족의 모든 생활의 필요를 충족시킬 수 없다. 가난한 농민이 단순한 생계유지 이상으로 자신의 생활을 향상시킬 수도 없는 것이다.

우간다의 예를 들며, 왈라가는 그 국민의 80퍼센트가 농촌 지역에서 살고 있으며, 거의 대부분의 사람이 영세 자영농으로서 자기 땅을 경작해 스스로 먹을 것을 거두고 있다고 말한다. 그 결과 지역 농산물 시장은 거의 발달하지 못했고, 농부들은 자기 지역에서 농산물을 판매해 수입을 얻을 기회를 잡기 어렵다. 따라서 "이 영세 자영농들이 의료 서비스, 교육, 의복 등을 얻을 돈을 벌려면 수출시장 말고 뭐가 또 있겠습니까?"[7] 이렇게 왈라가는 묻는다.

자급자족을 위한 영농이냐, 수출을 위한 영농이냐를 상반되는 대안으로 보는 것은 잘못이다. 일반적으로 소규모 농가는 자급용으로 일부 농사를 짓고, 남는 것을 시장에 내놓는다. 종종 수출을 통한 가외 수입 덕분에 그들은 자급용 농사를 더 잘 지을 수가 있다. 우간다의 예를 보면, 커피 수출로 얻는 수입으로 농민들은 생산물을 다양화할 수 있었다. 그들은 자급용으로 돼지와 염소를 사들이는 한편으로, 다시 수출용으로 채소를 기르는 법을 익혔다. 커피 재배 농가 사이에서는 오직 하나의 주식 곡물만 재배하는 농가에 비해 빈곤율 저하 속도가 10배나 빨랐다. 우간다의 수도인 캄팔라 북쪽 40마일 지점에서 농사를 짓고 있는 과부인 앨리스 루코바(Alice Lukoba)는 옥스팜의 연구원들에게 이렇게 말했다. "우리 농부들에게 삶이란 언제나 가혹하죠. 특히 우리 커피 가격이 형편없어진 지금은요. 하지만 이곳 농부들 중에 오늘의 삶이 이전보다 더 가혹하다고 말할 사람은 아무도 없어요. 우리는 우리 커피를 통해 뭔가를 할 수 있는 기회를 얻은 거예요. 그리고 우리는 그 기회를 놓치지 않았죠."[8] 수출 수입으로 혜택을 얻은 사람들은 농부들뿐이 아니다. 수입이 늘면서, 그들은 지역의 서비스 수요(농장 노동, 건설과 의복 등)를 창출했다. 그리고 이는 다시 연쇄적으로 효과를 주어, 심지어 한 조각의 땅도 없는 사람들까지 덕을 보게 되었다.

우리는 로컬푸드 지지자이며 『여기서 먹어라』의 저자인 브라이언 할웨일이 이 쟁점을 두고 한 말에 깜짝 놀랐다. 그는 미국인들이 자기 지역에서 생산된 채소와 과일만 먹는다면 "멕시코의 마늘 농가와 칠레의 딸기 농가는 거대한 시장을 잃어버릴 것이다"라는 사실에 동의했다. 그러나 그는 이렇게 덧붙였다. "나는 식품 수출에 그토록 많은 돈이 쓰이는데도, 실제 재배 농가와 농촌 사회에는 거의 돌아가는 게 없다는 사실에 깊은 인상을 받았다. 대부분의 이익은 식품 무역업자들, 브로커들, 해운업자들의 호주머니로 들어간다……. 나는 개인적으로 선진국 국민들이 빈곤 퇴치에 기여할 최선의 방법은 로컬푸드라고 본다. 곤경에 빠져 있는 이웃 농민들을 돕고, 지금 막 싹트고 있는 '도시 내 식품 생산' 에 참여하는 것이다." ('도시 내 식품 생산'이라는 할웨일의 표현은 마을 텃밭이나 주말 농장 같은 것을 의미하는데, 그는 그 규모가 대단치 않음을 인정하면서도 그것이 건강한 식품을 만들기 위해 무엇이 필요한가를 보여주기 때문에 큰 교육적 가치를 지닌다고 주장한다.)[9]

수출된 식품이 많은 중간 과정을 거쳐서 우리 손에 들어오게 된다는 할웨일의 지적은 옳다. 종종 우리가 지불한 값에서 아주 조금만이 원 생산자의 손에 들어가는 것도 사실이다. 서섹스 대학교 부설 개발학 연구소의 조사에 따르면 케냐의 과일 및 채소 생산자들은 자기 생산품의 소매가격의 14퍼센트만 얻을 수 있으며, 짐바브웨의 백설콩 재배자들과 남아공의 복숭아 재배자들은 12퍼센트만 얻는다고 한다. 바나나의 경우, 다른 연구 결과 12퍼센트 정도가 원산지에 돌아오게 되지만 직접 재배한 농가에는 그보다도 심해서 소매가의 1달러당 2센트밖에 받지 못하는 것으로 나타났다.[10] 그러나 마지막 경우라고 하더라도, 원 생산자에게 돌아오는 몫이 적다는 것은 부유한 나라 사람들이 자기 지역에서만 먹을거리를 사야 빈곤을 퇴치할 수 있다는 증거로는 불충분하다.

우리 생각에, 할웨일은 세계에서 가장 가난한 농민들과 미국에서의 가난한 농민들 사이의 현격한 차이를 고려하지 않은 것 같다. 우리가 본 것처럼, 세계에서 가장 가난한 농민들 일부는 하루에 30센트, 1년에 110달러를 벌면서 그것으로 가족들을 부양하느라고 갖은 고생을 한다. 게다가 미국은 자국 농업에 대해 보호조치를 취하고 있다. 농민은 식량배급표를 얻으며, 농민 자녀들은 공립학교에 무료로 다닐 수 있다. 또 의료보험에 상당하는 보건 서비스를 받을 수 있고, 65세 이후에는 무료로 보험 혜택이 제공된다. 세계 최빈국들에는 식량배급표가 없고, 학교를 무료로 다닐 권리도 거의 없으며, 그런 나라들에서 보건 서비스에 투자되는 정부보조금은 평균 연간 10달러이다.

우리가 개발도상국에서 재배된 콩에 1달러를 지불한다고 하자. 유통 과정에서 그중 대부분이 빠져나가고, 앞서 바나나 재배 농가에 대해 든 예처럼, 정작 원 재배 농가에는 2센트밖에 돌아가지 않을 수도 있다. 그 농가의 연간 소득이 110달러라면, 2센트는 연간 소득의 1,000분의 5밖에 안 된다. 그렇게 이야기하면 농산물 수출로는 정말 얼마 벌지 못하는 것 같다. 하지만 우리는 지금 한 사람이 1달러만 지불했다고 가정했다. 1,000명이 1달러씩 지불했다면, 그 농가의 소득은 20퍼센트나 증가한 셈이다. 그것은 총 가격인 1,000달러가 미국 농민에게 돌아가는 것보다 더 큰 의미가 있다. 아주 가난한 상태라면, 약간의 돈이라도 매우 요긴하며, 그것은 더 큰 액수가 더 잘사는 사람에게 주어지는 경우보다 더 요긴하다.

이는 어쩌면 의외의 결론으로 이어진다. 콩에 1달러를 지불한다고 하고, 지역 농민이 기른 콩을 직거래 시장에서 사는 것과 케냐의 가난한 농민이 기른 콩을 마트에서 사는 것 사이에서 선택할 수 있다고 할 때, 우리는 케냐산 콩을 사는 편이 빈곤 해소에 더 도움을 줄 수 있다. 비록 지역 농민은 1달러를 남김없이 받고, 케냐 농민은 고작 2센트밖에 받지 못한다고 해도 그렇다. 이 예는 가공의 것이지만, 농산물 수출이 개발도상국의 빈곤한 농민에게 얼마나 혜택을 줄 수 있는지 보여준다.

일부 유기농 지지자들은 유기농산물의 수출을 못마땅하게 생각한다. 그러나 찰스 왈라가는 유기농산물의 글로벌 무역이라는 경향이야말로 아프리카가 가장 득을 볼 수 있는 세계화의 방식이라고 본다. 그것은 아프리카의 영세 자영농들이 지속 가능한 영농을 할 수 있도록,

그리고 화학비료나 농약 등을 사용하지 않도록 인센티브를 준다. 왈라가는 유기농 농업이 산업적 농업보다 아프리카의 문화 보존에 유리하다고 말한다. 왜냐하면 "아프리카에서 농업은 산업적 농업에서처럼 비즈니스가 아닙니다. 사람들이 살아가며 일구는 문화인 거죠." 그는 또한 아프리카 소농민의 수입을 늘리는 것은 장기적으로 환경에도 도움이 된다고 주장한다. 만약 농부들이 그 자녀들을 교육시키지 못하면, 그 자녀들은 자신들도 소농민이 되는 수밖에 다른 도리가 없을 것이다. 그러나 인구가 증가하고 있음을 볼 때, 그것은 더 많은 수의 소멸과 더 많은 토지의 황폐화를 의미한다.[11] 또한 교육을 통해 가족계획이 계속 권장되고, 따라서 인구성장을 늦출 수 있다는 점에서, 인구 증가에 따르는 환경 피해도 억제될 수 있다.

결국 환경을 생각하는 방법으로 작물을 기르는 한편, 그 작물을 제트 연료를 소비하며 지구 반대편의 환경 의식이 높은 소비자에게 보낸다는 생각에는 해소가 불가능한 긴장이 있다. 사회적 이익 앞에서 환경적 비용을 어떻게 저울질해야 할까? 이 문제는 여기서는 풀 수 없는 중대한 철학적·사실적 쟁점을 포함한다. 그러나 최빈국의 농산물을 사 먹음으로써, 적어도 비행기가 아닌 배편을 이용하고, 소매가에서 원 경작자에게 돌아가는 몫을 늘릴 수만 있다면, 그것은 저소득 농민에게 도움이 될 것이 틀림없다.

공정 무역

우리가 본 것처럼, 짐과 메리 앤은 공정 무역 커피와 초콜릿을 선호한다. 그러나 '공정 무역'이라는 용어는 공정 무역 상품만 찾기 이전에 좀 따져볼 필요가 있다.

공정 무역 상표 부착 운동은 1980년대에, 커피 가격이 절하되면서 시작되었다. 최근에 다소 회복되기는 했지만, 그 절하는 완전히 회복된 적이 없다. 세계의 커피 대부분은 개발도상국의 2,500만 명의 소농민에 의해 재배된다. 그런 농민은 대개 25에이커 미만의 땅에 커피나무를 기르며, 오직 그것에 생계를 의존하고 있다. 커피 가격의 인하는 이전 영세 커피 재배 농가의 생존을 위협한다.

네덜란드의 비정부기구에 소속되어 커피 재배 농민들과 함께 일하고 있는 신부 한 사람은 재배 농가에 좀 더 나은 이익 배분을 보장해 줄 특별 브랜드 커피를 생각해냈다. 1988년에 네덜란드에 처음 소개된 막스 하벨라르(Max Havelaar) 커피(네덜란드 식민지에서 커피 열매를 따는 원주민들의 착취에 저항했다는, 가공의 인물 이름을 땄다)는 곧바로 시장의 3퍼센트를 점유했다. 많은 유럽인이 소농민들과 직접 연계관계를 맺음으로써 다국적기업의 과도한 중간 이익 착취를 피한다는 아이디어에 공감했다. 얼마 지나지 않아 '공정 무역' 상표를 내건 또 다른 상품들이 차와 초콜릿 시장에 등장했다.

그러나 서로 다른 기준과 상표는 혼란을 가져왔다. 1997년, 17개국에서 온 집단들이 '공정 무역 상표 인증 국제기구(Fairtrade Labeling Organization International, FLO)'를 발족, 세계 여러 나라에서 공정 무역 기준을 표준화하고 그 인증과 실행 과정을 조정하게끔 했다. 이는 공정 무역 운동에 추가로 기폭제가 되었다. 옥스팜과 다른 비정부기구에서 설립한 카페다이렉트(Cafédirect)는 영국에서 여섯 번째로 큰 커피 브랜드가 되었으며, 코스타커피나 프레타망제 같은 체인점에서도 공정 무역 커피를 팔기 시작했다.

공정 무역 상표를 부착하려면, 그 상품은 유통 체인의 모든 단계(생산, 무역, 처리, 도매)에서 정해진 기준에 부합해야 한다. 소농민들은 협동조합을 만들거나, 다른 민주적 참여가 보장되는 집단을 조직해야 한다. 플랜테이션과 식품 공장들의 경우 노동자들에게 적정 수준의 임금, 의료 서비스, 안전한 작업 조건, 환경 기준에 부합되는 작업 방식 등을 부여해야 한다. 또한 노동자들의 조합 결성이나 기타 단체 구성을 용인하고, 무주택 노동자에게 주택을 제공하며, 아동 노동이나 강제 노동을 시키지 말아야 공정 무역 기준에 맞출 수 있다. 기업은 해당 상품 판매로 얻은 추가 이익을 생산 당사자의 이익을 위해 활용할 것을 보장해야 한다. 생산자들이 공정 무역 인증을 받기 위해 준수해야 할 이런 최소한의 기준에 덧붙여, 공정 무역 상표 인증 국제기구는 노동조건, 제품의 질, 그리고 환경의 지속 가능성 면에서의 지속적인 개선을 주문한다. 공정 무역 인증을 원하는 무역업체는 생산자에게 지속 가능한 생산 방식에 따른 비용을 벌충할 수 있는 가격을 지불해야 하며, 또한 생산자들이 생계를 유지할 수 있을 뿐만 아니라 개발에 투자할 수 있는 여유를 갖게끔 배려해야 한다. 예를 들어 커피는 파운드당 최소수출가격이 1.26달러인데, 소매가격이 아무리 떨어져도 그 수준은 유지해야 한다. 그리고 소매가격이 오르면 수출가격이 따라서 올라 파운드당 5센트라는 격차를 유지하도록 해야 한다. 더욱이 이 가격분은 중간 상인을 거치지 않고 생산자에게 직접 돌아가야 한다. 생산자들이 가격 일부의 선지불을 원하면(비용의 보수를 위해) 무역업체는 기꺼이 선지불에 응해야 하며, 장기 계획과 지속적인 생산 방식을 세울 여지를 계약 과정에서 배려해야 한다. 오늘날까지, 공정 무역 인증은 커피, 차, 코코아, 쌀, 주스, 설탕, 향료, 허브, 면화, 화훼, 꿀, 와인, 럼주, 바나나, 망고, 파인애플, 그리고 여러 가지 생과일 및 말린 과일에 주어지고 있다.[12]

공정 무역 운동의 미국 지부인 '트랜스페어 USA'에 따르면, 이제 공정 무역 커피는 미국의 특별 커피 시장에서 가장 빠른 성장 속도를 보이고 있다. 그것은 스타벅스, 던킨도너츠, 맥도날드, 코스트코, 샘스클럽 등 주요 체인점들에 빠짐없이 나와 있다. 미국에서의 공정 무역 커피 판매는 생산자들에게 추가로 3,100만 달러가 돌아가게끔 해준다. 그 돈의 일부는 파푸아뉴기니의 협동조합이 의료 서비스를 제공 받을 수 있게끔 했는데, 공정 무역이 없었다면 그처럼 오지에까지 그런 서비스를 끌어올 수 없었을 것이다. 과테말라의 고원지대에 있는 라보스 협동조합은 공정 무역에서 얻은 이익으로 토착 마야 원주민 회원들이 처음으로 대학에 자녀를 보낼 수 있도록 했다. 도미니카 공화국에서는 한 코코아 재배 농업협동조합이 그 수익을 투자하여 재배하는 코코아의 질을 높이는 한편, 유기농 인증을 획득하기 위한 농법으로 전환하는 데 성공했다. 그 결과 그들은 수출시장에서의 지위를 더욱 높일 수 있었다. '트랜스페어 USA'는 심지어 공정 무역이 불법 마약 거래도 억제할 수 있다고 주장한다. 코카와 아편(코카인과 헤로인의 원료)을 재배하는 대신 그 이상의 경제성이 있는 농업 대안을 마련함으로써, 자연히 기존의 마약 재배 농가들이 마약에서 손을 떼도록 해준다는 것이다.[13]

공정 무역 운동은 실제로는 공정 무역 인증의 대상이 아닌 식품까지도 형평성과 지속 가능성에 중점을 두어 평가되도록 한다. 예를 들어 스타벅스는 공정 무역 인증을 받은 커피를 팔 뿐 아니라 '커피와 재배 농가 형평성 실천 운동(CAFE Practices)'이라는 자체 프로그램까지 개발했다. 이 프로그램의 목적은 각각의 커피 재배 농가의 '경제적·사회적·환경적 조건'을 계측하고, 가장 높은 점수를 받은 농가 순으로 계약하는 것이다.[14]

이제는 단기 이익 극대화에 급급하기보다는 사회적 책임을 존중하는 쪽으로 움직여야 한다는 의식이 기업들 사이에서 늘어감에 따라, 일부 기업들은 '사회적 책임 국제연대(Social Accountability International, SAI)'의 새로운 국제적 기준에 부응하는 쪽으로 기업 운영 방식을 바꾸기 시작했다. 뉴욕에 본부를 둔 이 비정부기구에는 국제 사면위원회, 국제노동조합, 케어인터내셔널 등의 대표자들과 치키타, 돌, 엘린피셔, 쿱이탈리아 등의 대기업 대표들로 구성된 자문위원회가 있다. 이 특이하게 다양한 대표들로 구성된 위원회는 'SA8000'으로 알려진 기준 마련에 합의했다. 이는 '노동의 기본적 원칙과 권리에 관한 국제노동기구 선언'과 같은 선언들에 제시된 노동자 권리에 중점을 두고 있다. SA8000 인증을 얻으려면, 독립기구의 회계를 통해 아홉 가지 영역에서 그 실태를 검증받아야 한다.

◆ 아동 노동: 매우 제한적인 예외를 빼고, 모든 노동자는 최소한 15세여야 한다.
◆ 강제 노동: 강제된 노동은 없어야 한다. 그것은 죄수 노동이나 채무 변제를 위한 노동(실제 또는 불합리한 빚을 갚기 위해 강요된 노동)도 포함한다.
◆ 건강과 안전: 고용주는 안전하고 건강을 해치지 않는 작업 환경을 제공해야 한다. 여기에는 욕실 이용권과 안심하고 마실 수 있는 식수도 포함된다.
◆ 단체 결성권과 집단 교섭권: 고용주는 노동조합을 결성하고 가입할 권리와 집단 교섭을 할 권리를 존중해야 한다.
◆ 차별: 인종, 신분, 국적, 종교, 장애, 성(性), 성적 지향성, 가입 노조, 정치적 성향, 연령 등에 따른 어떤 차별도 없어야 하며, 성추행 역시 있어서는 안 된다.
◆ 징계: 기업 측에서 노동자를 심리적 또는 육체적으로 강압하거나 언어폭력을 가하는 일이 있어서는 안 된다.
◆ 근무시간: 근무시간은 관련 법률에 따라야 한다. 단 어떤 경우에라도(설령 그 나라의 법이 허용한다고 해도—옮긴이) 주당 48시간을 넘지 말아야 하며, 최소한 주 1회의 휴일을 보장해야 한다. 초과근무는 반드시 자발적인 것이어야 하며, 적정한 수당 지급을 수반해야 하고, 정규적인 차원에서 주당 12시간을 넘지 말아야 한다.
◆ 임금: 임금은 관련 법률과 업계의 기준에 따라야 하며, 노동자와 그 가족들의 기본적 욕구 충족에 충분한 수준이어야 한다.
◆ 관리 체계: 이 인증을 획득 및 유지하려는 기업은 해당 기준을 그 관리 체계와 운영 방식에 단순히 통합시키는 이상의 자세를 갖춰야 한다.[15]

수십 년 동안 라틴아메리카와 카리브 해 연안에서 미국 및 기타 선진국 수출용 바나나 재배에 관여했던 다국적기업들은 그 플랜테이션 노동자들을 저임금에 장시간 근무로 혹사시키는 것으로 악명이 높았다. 그들은 노동자들의 건강에 해로운 유독성 화학물질을 썼으며, 노동자들의 조합 결성을 막기 위해 위협을, 또는 노골적인 폭력을 자행했다. 따라서 SA8000 인증을 처음으로 따낸 기업이 바로 치키타라는 사실은 의미심장하다. 치키타야말로 바나나와 다른 과일의 세계 최대급 생산 및 유통업체이기 때문이다.

2005년, 치키타는 라틴아메리카에 소유하고 있는 모든 농장, 1만 4,000명이 넘는 종업원과 3만 7,000에이커에 달하는 토지가 SA8000 인증을 취득했다고 발표했다. 이 농장들은 또한 '열대우림연맹'의 환경 기준에도 부합했다고 했다. 치키타는 다른 생산업체로부터도 바나나를 구입하기 때문에, 이것은 '치키타' 상표의 모든 바나나가 SA8000 기준에 부합한다는 의미는 아니다. 그러나 2005년 3월 당시, 치키타의 기업 홍보 부문 이사인 마이클 미첼(Michael Mitchell)에 따르면, 치키타 바나나의 약 43퍼센트가 그 기준에 부합하는 농장에서 생산되었으며, 치키타는 그 수치를 더욱 늘리기 위해 공급자들과 계속 노력 중이라고 했다. 치키타는 SA8000 인증 취득을 직접적 마케팅 수단으로 쓰지는 않았으며('유기농 인증'이나 '공정 무역 인증' 상표처럼), 미첼의 말로는, "우리의 사회적·환경적 책임 수행 실적을 향상시키고, 우리 회사의 모든 종업원에게 우리의 핵심 가치와 업무 평정 기준이 무엇인지를 이해시키기 위해" 그 인증 취득을 활용했다.[16] 그러나 소비자들이 윤리 문제를 점점 더 의식하게 되면서, 노동자들 대우 면에서 엄격한 기준을 만족시키고 있다는 사실은 이 기업이 착취를 행하고 있지 않느냐는 공격에 효과적인 방어 수단이 되고 있다.

공정 무역 농산물을 구입하는 것은 그렇지 않은 농산물(커피, 차, 코코아, 과일, 설탕 등)을 구입하는 것과 일견 크게 다른 점이 없지만, 초콜릿의 주성분이 되는 코코아의 경우를 보면 오직 공정 무역 상표 농산물만 구입하는 행위에는 또 다른 윤리적 쟁점이 포함되어 있다. 2001년, 어느 영국 텔레비전에서 행한 조사에서 서부아프리카 코코아 플랜테이션 노동자들은 대부분 사실상의 노예라는 결론이 나왔다. 이들이 암암리에 아동 노동을 시키고 있다는 증거가 계속 드러나자, 아이오와 주의 민주당 상원의원인 톰 하킨(Tom Harkin)은 미국에서 판매되는 초콜릿은 국제노동기구의 아동 노동 기준에 부합하는 방식으로 생산된 코코아로만 만들어져야 한다는 법안을 제출했다. 그 업계에서 앞으로는 자발적인 노동력만 사용하겠다고 선언하자, 하킨은 자신의 법안을 철회했다.

정보를 모으기 위해, 코코아 업계는 국제열대농업연구소에 의뢰해 코트디부아르, 카메룬, 가나, 나이지리아에서(이 나라들에서 세계 코코아의 70퍼센트가 생산된다) 조사를 수행하도록 했다. 조사 결과 농장에서 일하는 64퍼센트의 아동이 14세 이하이며, 그런 아동으로 무려 15만 3,000명이 살충제를 취급하는, 위험성이 있는 작업을 수행하고 있었다. 또한 더 많은 수의 아동이 칼로 초목을 벌채하는 작업을 하거나, 무거운 물건을 날랐다. 그 보고서는 '노예'라는 표현을 쓰지는 않았으나, 거의 1만 2,000명에 달하는 아동이 코코아 농장의 아이도, 노동자의 아이도 아니면서 농장에서 일하고 있다고 언급했다. 그리고 2,500명의 아동이 중간상인을 통해 농장 노동을 위해 농장에 왔다고도 했다. 코트디부아르의 경우, 코코아 재배 가구에서 사는 취학 연령 아동 중 약 3분의 1이 전혀 교육을 받지 못하고 있었다.[17)]

이러한 불편한 진실의 폭로와 초콜릿 업계의 개선 약속에도 불구하고, 이 책을 쓰는 현재 자발적 노동력만 쓰겠다던 약속은 아직 실현되지 않고 있다. 업계에서 원래의 시한이었던 2005년 7월까지 하킨 의원에게 국제노동기구의 아동 노동 금지 기준을 지키지 못하겠다고 통보하자, 하킨은 밸런타인데이 때 아내에게 초콜릿 대신 꽃을 선물하

겠다고 공언했다.[18]

그것은 대중 홍보 면에서 그럴듯한 제스처였겠지만, 그동안 공정 무역 초콜릿 사업이 발전했다는 사실을 보면, 하킨은 자기 부인에게 초콜릿을 선물해도 윤리적으로 문제가 없었을 수도 있다. 그 초콜릿이 데이초콜릿에서 만든 디바인초콜릿이었다면 말이다. 데이초콜릿은 쿠아파코쿠의 소유인데, 이는 가나에서 민주적으로 운영되고 있는 협동조합으로, 현재 460개 마을에 3만 5,000명의 회원을 두고 있다. 공정 무역 초콜릿의 기준은 강요된 또는 속박된 노동을 금지하고, 교육 받을 기회를 박탈하거나 위험한 작업을 시키면서 아동 노동을 실시하면 안 된다는 것이다.[19] 쿠아파코쿠는 공정 무역 코코아를 보통 시장가보다 높은 가격으로 팔 뿐만 아니라 '사회적 프리미엄'까지 감안하여 다시 10퍼센트를 더 비싸게 받음으로써, 그 자금을 우물 굴착, 보건센터 건립, 학교 건설 등에 사용한다. 쿠아파코쿠는 여성 교육을 위한 특별 프로그램을 운영 중이며, 여성 스스로 일을 하도록 권한다. 지금 그 회원 중 30퍼센트가 여성이다.

공정 무역 구조는 개발도상국의 소생산자들에게 수억 달러를 추가로 벌어주었고, 우리의 먹고 마실 것을 만들어주는 사람들이 민주적 조합을 결성하거나 자유로운 노동권 및 성추행으로부터의 자유 등을 보장하는 환경에서 작업할 수 있게 해주었다. 따라서 공정 무역 상품의 구입은 그런 구입 능력이 있는 사람에게는 좀 더 윤리적인 대안처럼 보인다.

그러나 공정 무역 구조를 모두가 지지하는 것은 아니다. 친(親)시장주의적인 카토 연구소의 무역정책연구센터 소장을 맡고 있는 브링크 린지(Brink Lindsey)는 공정 무역 운동이 "뜻은 좋지만 결국 답이 안 나온다"고 한다. 몇 가지 증거를 보이며, 그는 커피 가격 하락의 진짜 원인은 다국적기업들의 횡포가 아니라 브라질과 베트남에서 커피 생산량이 급증했기 때문이며, 그것은 커피를 더 적은 노동력으로, 다시 말해서 더 싸게 생산할 수 있는 신기술과 연동된 현상이라고 설명했다. 따라서 우리가 커피 농가를 돕고 싶다면, 커피를 포기하고 더 수익성 있는 작물을 재배하도록 권하거나(여기서 그는 부유한 나라들의 무역 장벽과 보조금 정책을 철폐해야 할 장애물로 지적했다), 특별 커피처럼 더 높은 가격을 매길 수 있는 고부가가치 상품으로 눈을 돌리라고 하거나 해야 한다고 린지는 주장한다.[20]

하지만 린지의 주장에서 의심스러운 점은 공정 무역 운동이 그 자신이 권장하는 대안의 하나처럼 보인다는 것이다. 즉 커피 재배 농가에 더 높은 가격을 매길 수 있는 특별 커피를 재배하도록 하는 것이 아닌가? 그는 공정 무역 조건에서 커피를 생산하도록 생산자들에게 요구하면 시장이 왜곡된다고 보지만, 그것은 결국 소비자가 구입하려는 커피(맛이 더 좋으므로)를 생산자가 생산하도록 하는 것이며, 따라서 정상적인 시장 메커니즘에 따르는 것이라고 한다. 그러나 소비자들이 자유롭게 물건을 사는 한(그 동기가 무엇이건 간에) 시장이 왜곡되었다고 말할 기준은 없다. 친시장주의적 경제학자들은 소비자들이 1파운드에 48달러 하는 자메이카 블루마운틴 커피(제임스 본드가 좋아하는 커피)를 구입하면서 더 싼 커피와의 맛의 차이는 고려하지 않는다는 사실을 받아들인다. 그들은 기업들이 벌이는 요란하고 조야한 상품 선전에도 반대하지 않는다. 그러면 어째서 일부 소비자들이 유독성 화학물질이 없고, 새들이 살 수 있는 나무 그늘을 제공하며 재배되고, 그 재배 농민은 덕분에 자녀들을 제대로 먹이고 교육시킬 수 있다는 커피 1파운드에 12달러를 내는 것을 비판한다는 말인가?

사람들의 구매 행위가 반드시 이타심이 아닌 이기심에서만 이루어져야 한다는 경제적인 이유는 없다(윤리적인 이유는 말할 것도 없고). 그러나 몇몇 증거를 보면, 경제학을 공부하기 때문에 사람들이 좀 더 이기적이 되는 것 같다. 코넬 대학교에서 경제학을 가르치는 로버트 프랭크(Robert Frank) 교수는 학기의 처음과 마지막에 학생들에게 100

달러가 안에 든 봉투를 주웠다면 어떻게 하겠느냐고 물어보곤 한다. 경제학과 과목을 수강하던 학생들의 경우 천문학을 수강하던 학생에 비해 봉투 주인을 찾아준다는 대답이 현저히 적었다.[21] 그러나 이기주의는 보편적인 법칙이 아니다. 여러 나라에서 수백 차례의 실험을 실시한 결과, 사람들은 불공정하다고 생각하는 결과를 거부함으로써 얼마간의 경제적 손해를 감수하고서라도 공정성을 추구하는 경향을 보였다.[22]

경제학자들은 커피 재배 농민들이 자녀들을 먹이고 교육시키는 일을 도와주려면 1파운드당 12달러의 공정 무역 커피는 아니지만 맛은 똑같은 1파운드당 10달러의 커피를 사라, 그리고 남는 2달러로 가난한 아동들에게 먹을 것과 교육을 제공하는 자선단체에 기부하라고 말할 수도 있으리라. 그럴 법한 방법이다. 그리고 우리는 그렇게 하는 사람이 비윤리적으로 행동한다고 할 생각이 없다. 그러나 공정 무역 커피의 프리미엄 가격은 자선이 아니다. 재배자들은 수입을 얻을 수 있는 커피를 재배해야 함을 알고 있다. 그들은 또한 자신들이 소비자가 좋아하는 상품(맛과 재배 방식 모두에서)을 만들어야 함도 알고 있다. 그들의 상품이 잘 팔린다면, 그들은 세상 사람들이 알아주는 뭔가를 만들고 있다는 자부심을 가질 수 있다. 재배자들의 시각에서, 공정 무역 커피를 팔며 얻는 프리미엄은 그들이 일하든 일하지 않든, 그리고 일의 품질이 어떻든 무조건 얻게 되는 자선보다 값지다.

일부 소비자들은 다만 해당 상품의 품질을 더 신뢰할 수 있다는 점에서 공정 무역 상품을 산다. 가격 인하를 위한 과도한 압박 속에서 만들어진 제품보다 더 믿을 수 있다고 여기기 때문이다. 다른 소비자들은 자선의 목적이 우선하는데, 그런 제품을 살 것 없이 직접 자선단체에 기부할 경우 게으른 사람들에게 혜택을 주게 될 점을 걱정하는 것이다(사실 자선단체들은 정말로 게으른 사람들에게 혜택을 주는 일이 별로 없다. 하지만 그러리라는 믿음이 상당히 퍼져 있는 편이다). 공정 무역 상표의 제품에 더 많이 지불하는 것은 구찌 상표 제품에 더 많이 지불하는 것에 비해 결코 더 '반시장'적이 아니다. 그리고 그것은 더 나은 윤리적 상거래에 대한 선호를 반영하고 있다. 공정 무역은 정부보조금과 무관하다. 보조금은 시장을 왜곡하는데, 생산자들이 소비자들에게 무엇을 팔든 관계없이 정부에게 보상받기 때문이다. 이와는 달리, 공정 무역 커피는 시장의 수요에 전적으로 의존하고 있다.

물론 공정 무역 커피가 모든 커피 재배자의 수익률을 높여주고 있지는 않다. 그러나 한 가지 방법이 아주 큰 문제점 하나를 풀지 못한다고 해서 그것이 전혀 쓸데없다고 보는 것은 잘못이다. 더 많은 사람이 공정 무역 커피를 구입하면, 더 많은 소농민이 커피를 키워서 안락한 삶을 누리게 될 것이다. 그런 이유에서, 이왕 커피를 살 바에는 공정 무역 커피를 사는 게 낫다. 초콜릿, 차, 설탕, 바나나 등도 마찬가지이다. 비록 바나나의 경우에는 치키타 바나나가 가장 나은 선택이겠지만(그 생산 농장이 노동 기본권을 보장하는 농장일 가능성이 제법 크기 때문이다).

미국 내 불공정 무역 사례

공정 무역 상표가 없는 개발도상국 농산물은 때로 재배 과정에서 노동 기본권을 부정하는 경우가 있었을 것이다. 그렇게 보면, 자국 농산물을 사 먹는 것이야말로 그러한 꺼림칙한 농산물을 판 사람들에게 돈을 보태주는 행동을 방지할 수 있는 것이라고 말해도 틀리지 않을 것 같다. 하지만 불행히도 틀렸다. 우리는 이미 미국 남부 지역의 닭고기 업계에서 노동자들의 조합 결성이 쉽지 않으며, 저임금·고위험·장시간 노동이 기본이라는 사실을 보았다. 또한 타이슨푸드가 14세 아동을 고용한 일로 노동부의 제재를 받은 일도 보았다. 따라서 최소한 과거의 경우, 미국에서 타이슨푸드의 운영은 SA8000 기준에 부합하지 못한다고 보아야 한다. 라틴아메리카에서의 치키타 농장 운영은 부합했는데 말이다.

로컬푸드를 사 먹는 게 좋을지를 논하며, 우리는 6월에 메리 앤 매서렉 집 인근의 코네티컷 주 농장에서 토마토를 재배하는 데 들어간 에너지와 플로리다 주 남서부의 이모칼리 농장에서 그곳까지 토마토를 트럭으로 보내는 데 들어간 에너지를 비교한 바 있다. 그때 우리가 계산 밖에 두었던 것은 이 지역(미국의 대형 마트들과 패스트푸드 체인에 토마토를 공급하는 최대의 공급 지역)에서 토마토를 기르고 따는 데 투입된 노동력의 노동조건이다.

45년 전, 에드 머로(Ed Murrow)는 〈수치의 수확(Harvest of Shame)〉이라는 텔레비전 다큐멘터리에서 이모칼리에서 토마토 농장 일을 하는 이민자들의 실상을 그려냈다. 수십 년이 지난 지금, 사정은 전혀 나아지지 않았다. 국제구호기구인 '옥스팜 아메리카'는 플로리다 주에서 자행되는 노동자 착취 양상이 이미 널리 알려져 있던 아프리카, 라틴아메리카, 그리고 아시아에서의 노동착취 양상과 흡사하다는 사실을 발견했다. 다만 다른 점은 이런 나라들에서는 이미 시정과 개선조치가 취해지고 있었으나, 정작 선진국의 뒷마당에서는 아무런 통제 없이 착취가 계속되고 있다는 점이었다. 옥스팜은 '이모칼리 노동자 연맹'을 결성한 이민 노동자 집단을 지원하고 있다. 이 연맹은 미국 법무부에 이모칼리 내외에서 수백 명의 이민 노동자가 노예로 일하고 있다는 증거를 제출했다. 그 결과 남부 플로리다 주에서 여섯 건의 서로 다른 현대판 노예제 사건 공판이 진행되어, 해당 업체들이 유죄판결을 받았다. 그중 세 건의 내용을 여기에 자세히 제시해둔다.

◆ 플로리다 주와 사우스캐롤라이나 주에서 두 영농업체가 400명의 남녀를

부채 지불 노동에 묶어놓았다. 대부분 멕시코와 과테말라 출신인 이 노동자들은 매주 6일, 매일 10시간 내지 12시간 일하도록 강요당했다. 그 노동으로 받는 임금은 주급 20달러였다. 무장한 감시원이 그들을 끊임없이 감시하고 있었다. 탈출을 시도한 사람은 린치를 당했으며, 총으로 얻어맞거나, 심지어 사살되기도 했다. 1997년, 이 업체 대표들은 노예제, 착취, 총기 사용죄로 유죄를 선고받고, 연방법원에서 15년을 살도록 구형받았다.

◆ 사우스플로리다 주의 어느 고용주는 토마토 따는 30명 이상의 노동자를 이모칼리의 서부 늪지대에 있는 두 대의 트레일러 안에서 살도록 했다. 그들도 24시간 감시를 당했다. 세 명의 노동자가 그곳을 탈출했을 때, 고용주는 그들을 추적하여 몇 주 만에 붙잡았다. 그리고 그중 한 명을 자신의 차로 치어버렸고, 그곳 노동자들은 자신의 소유물이라고 선언했다. 2000년, 그는 징역 3년을 선고받았다.

◆ 세 사람의 고용주가 700명의 노동자에게 노예로서 플로리다 주에서 과일 따는 노동을 하게끔 했다. 그들은 달아나는 사람은 죽인다고 위협했으며, 그곳에 들렀다가 노동자들 일부를 자신의 차로 도망치게 해준 밴 서비스 기사를 총으로 때리고 죽여버리겠다고 협박했다. 2002년, 미국 지방법원 판사 마이클 무어(K. Michael Moore)는 그들을 35년간의 징역형에 처했으며, 아울러 300만 달러의 벌금형을 선고했다. 그러나 무어 판사는 자신이 선고한 형량이 이 문제를 풀기에 충분하지 않다고 밝혔다. 그는 이렇게 말했다. "과일 수확업체 중에서 좀 더 덩치가 큰 쪽은 아직 건드리지 못했습니다. 이런저런 가혹 행위와 불법 행위를 저지르고 있음이 틀림없어 보이지만요. 나는 정부가 이 문제에 더 많은 관심을 가져야 한다고 생각합니다."[23]

노예무역업자들에게 법의 심판을 받게 하고, 1,000여 명의 현대판 노예를 해방한 공로로, 훌리아 가브리엘(Julia Gabriel), 루카스 베니테스(Lucas Benitez), 로메오 라미레스(Romeo Ramirez)(이들은 모두 '이모칼리 노동자 연맹' 소속이다)는 국제인권위원회로부터 '로버트 케네디 인권' 상을 수상했다. 그들은 '종종 막대한 위험을 감수하며, 전략적이고 비폭력적인 노력을 기울여, 중대한 인권침해 상황을 극복한, 창조적인 사람들'로서 칭송되었다. 이 상이 이모칼리 노동자들에 주어진 것은 이 상이 제정된 지 20년 만에 처음으로 미국 거주자에게 주어진 사례로 기록되었다. 노동 착취의 현장에서 탈출하여 그에 대한 결정적인 증거를 제공한 훌리아 가브리엘은 또한 미국여성협회가 주는 '용감한 여성' 상도 받았다.[24]

이모칼리 노동자 연맹의 공동 설립자인 루카스 베니테스는 1993년 멕시코에서 미국으로 왔다. 당시 나이 17세였다. 그는 2004년 뉴욕에서 옥스팜 모임이 열린다는 말을 듣고, 피 묻은 티셔츠를 가지고 그 모임에 찾아갔다. 연맹 사무실까지 가까스로 도망쳐왔던 노동자의 티셔츠였다. 그 노동자의 고용주는 잠깐만 물 마실 시간을 달라고 했다는 이유로 그를 사정없이 두들겨팼다. 베니테스는 아직도 그 티셔츠를 간직하고 있다. 연맹의 힘으로 진보가 성취된 일을 기념하기 위하여. 그는 통역을 세운 상태에서 스페인어로 옥스팜 사람들에게 말했다. "연맹이 만들어지기 전에는 고용주들이 우리 임금까지 다시 빼앗아가곤 했습니다. 아무도 불평하지 않았죠. 해봤자 뭐 어쩌게요? 임금을 빼앗아간 고용주에게 가는 것은, 제발 때려주십쇼, 하고 말하는 것이나 마찬가지였죠. 현지 자치정부 노동과에 가봤자 별 볼일 없었어요. 사실상 그런 것은 존재하지 않았으니까요. 지금도 존재하지 않죠." 그는 남서 플로리다 주 전역에 노동과의 사찰관이 몇 명 있을 것 같으냐고 사람들에게 질문했다. 누군가 말했다. "두 명요." 아니죠, 베니테스는 말했다. 그건 실제보다 두 배의 숫자랍니다.

진짜 문제는 감옥에 갇힌 고용주들보다 훨씬 윗선에 있다는 무어 판사의 의견에 연맹은 동감한다. 가장 널리 퍼져 있는 문제란(플로리다 주만이 아니라 미국 남서부 전역에서), 노예제라기보다 저임금이다. 2004년, 한 양동이분인 32파운드의 토마토를 따는 데 주어진 임금은 40센트였다. 그리고 이는 1978년 이래 한 번도 오르지 않은 액수이다. 노동자들이 하루 12시간을 죽어라고 일해서 약 2톤의 토마토를 따면, 하루에 50달러를 받을 수 있다. 초과근무수당, 유급휴가, 병가, 건강보험, 그리고 직업 안정성 따위는 전혀 없다. 그들은 낡아서 못쓰게 된 트레일러에 칸막이를 쳐서 만든 '집'에 12명씩 들어가 살며, 숙박료로 매주 350달러씩 낸다. 대체로 그들은 연간 7,500달러를 벌며, 이는 빈곤선에서 한참 밑돈다.

형사제도가 이루어낼 수 있는 것보다 더 근본적인 변화를 이루어내기 위해, 연맹은 타코벨 제품 불매운동을 시작했다. 타코벨은 이모칼리 토마토를 구입해 쓰는 패스트푸드 체인이다. 연맹은 비용 절감을 고집하는 타코벨의 방침이 토마토 노동자들의 열악한 환경의 근본 원인이라고 주장했다. 타코벨은 얌!브랜드의 소유 기업인데, 얌!브랜드는 세계 최대의 패스트푸드 기업으로서 KFC와 피자헛도 소유하고 있다. 4년 동안 꾸준한 불매운동을 전개한 끝에, 대학과 종교집단 등의 지원이 잇달으면서 운동 규모는 현저하게 커졌다. 이 운동에 동참한 종교집단 중에는 5,000만 명의 신도를 가진 '전국교회연합'도 있었다.[25] 마침내 2005년에 지미 카터 전 대통령이 연맹과 얌!브랜드 사이의 중재에 성공했고, 불매운동은 종식되었다. 합의된 내용에 따르면, 얌!브랜드는 회사가 구입하는 토마토에 1파운드당 1센트씩 더 지불하며, 그 금액이 노동자들에게 돌아갈 것을 보장한다는 것이었다. 그것으로 토마토 노동자들은 매일 20달러씩 더 벌 수 있게 된다. 타코벨의 에밀 브롤릭(Emil Brolick) 사장은 그 추가 지불액을 노동자들에게 돌리는 플로리다 주 업주들하고만 거래하겠다고 맹세했다. 그는 또한 타코벨은 연맹과 협력하여 플로리다 주 토마토 노동자들의 작업환경과 임금수준 개선에 노력하겠다고 공언했다.[26]

승리의 축하와 향후 더 고된 투쟁이 있으리라는 불안감이 뒤섞였던, 타코벨 상품 불매운동 종식을 선언하는 연설에서, 베니테스는 1파운드에 1페니 추가란 노동자들이 이제 사정이 많이 나아져서 '빈곤선에 근접하게 되었다'는 의미로 풀이했다. 그러나 그는 계속해서 이 협약의 진짜 중요한 의미는 그것이 얌!브랜드가 플로리다 주 토마토 노동자들의 상황에 대해 일부 책임을 인정했다는 것이라고 지적했다. 얌!브랜드의 선임 부사장인 조나단 블룸(Jonathan Blum)은 그 기업이 노예적 계약을 금지하는 조항을 공급자들과의 계약에 삽입했다고 밝혔다. 얌!브랜드는 다른 레스토랑 체인과 대형 마트들도 그러한 입법적 개혁에 동참하라고 권했는데, "인권은 보편적이며 우리는 우리 회사의 예가 하나의 선례가 되기를 바라기 때문"이라고 했다. 또한 베니테스는 패스트푸드 업계와 대형 마트 업계의 다른 리더들에게도 "이 길을 함께 갑시다. 기업이 사회적 책임을 다하도록 합시다" 하고 권했다고 한다. 그 결과, 플로리다 주 농장 노동자들이 충분히 합당한 임금과 작업 조건을 누리게 되는 날이 오면, "이 나라의 레스토랑들과 마트들은 진정으로 미국 식품업계의 중심이 될 것입니다. 경작지에서 식탁까지."[27] 물론 베니테스가 말하고 있는 것은 경작지에서 식탁까지의 윤리적인 식품 공급 라인이다. 세계 최대의 패스트푸드 업체와 대부분 못 배우고 거지반 라틴계인 2,500명 정도의 농장 노동자들 사이에 협약이 맺어졌다. 이는 그 목표를 향한 소중한 첫걸음이리라.

10
외식과 가정식, 윤리적 선택은?

짐과 메리 앤이 외식을 할 때, 그들은 자신들의 윤리적 기준에 맞는 곳을 찾으려고 한다. 이 가족은 종종 채식주의자 메뉴와 유기농 식품을 제공하는 식당을 찾아보지만, 항상 찾기가 쉽지는 않다. 그리고 찾았다고 해도 그런 곳은 대개 비싸다. 물론 짐은 고기 요리를 주문하지 않으며, 어족 규모가 줄고 있는 생선도 피하려고 한다. 하지만 그는 자신이 때로는 기준을 느슨하게 한다고 고백했다. 이 물고기가 어디서 왔느냐고 물어보면, 웨이터의 보통 반응은 '완전히 당황해서 어쩔 줄 모르는' 게 보통이니까. "요리 재료가 어디서 온 것인지 자세히 정보를 알려주는 식당을 찾는다면, 언제나 거기만 가려고 할 텐데 말입니다. 그런 일에 하나라도 힘을 보태고 싶어서라도요." 짐이 이렇게 말하자, 옆에서 메리 앤이 한마디 했다. "보태도, 우리 지갑 한도 내에서 보태셔야겠지."

음식을 먹을 때면 거의 언제나, 우리는 더 윤리적이거나 덜 윤리적인 먹을거리 사이에서 선택할 수 있다. 레스토랑에 앉아 어디서 어떻게 자라다가 도살된 동물의 고기인지 모를 고기 요리나 지속 가능한 방식의 어로로 잡힌 생선인지 아닌지 모를 생선 요리를 접하면, 요리를 내온 사람에게 물어보는 것이 언제나 좋은 생각이리라. 그런 질문에 당황하던 웨이터도 곧 자신이 해답을 알고 있어야 한다는 것을 알리라. 그리고 만족할 만한 대답이 나오지 않는다면, 그 자리를 떠도 되리라. 어떤 사회적 상황에서는 그렇게 자리를 떠나는 것이 어렵거나 거의 불가능하다. 가족끼리의 식사에서 그런 문제를 따지는 사람이 자기 하나뿐이라거나, 그 자리가 어머니의 생일 축하연일 경우에는. 그러나 자리를 뜨지는 않으면서 결국 가장 윤리적 문제가 없어 보이는 대안을 선택해 먹기로 했다고 해도, 질문을 하라. 그것은 변화를 가져오는 하나의 과정이 될 수도 있다. 요리를 내온 사람이 주방으로 가서 우리의 질문에 대해 문의한다면, 우리가 던진 메시지는 다른 누군가에게 통하고 있는 것이다.

이 장에서 우리는 식품업계의 세 가지 윤리적 사업 모델을 알아볼 것이다. 이 비즈니스에서 윤리적이 되기 위해서는 어떤 변화가 필요할까? 이 세 가지 사업 모델이 모든 면에서 옳다고는 말하지 않겠다. 하지만 비즈니스의 성공과 윤리적 기준 사이에서 이 모델들이 유용한 예를 제공해준다는 점은 확실하다고 여긴다.

식당에서— 카페 '화이트독'

필라델피아에 있는 카페 '화이트독'은 '좋은' 음식이 나오는 곳이다. 여기서 주목할 것은 '좋은(good)'이라는 표현의 의미이다. "자본주의는 공동선(common good)이다"라는 말은 이 식당 주인인 주디 윅스(Judy Wicks)의 철학이다. "비즈니스의 기본 목표는 섬김입니다. 화이트독은 네 가지 영역에서 섬기려고 하지요. 고객을 섬기고, 종업원을 섬기고, 지역사회를 섬기고, 자연을 섬깁니다."

여기서 고객들은 원한다면 최상급 몰트스카치 위스키, 그 지방에서 증류한 럼주, 그랍파, 지역 특산 맥주('화이트독 리프터 라거'), 그리고 '샤페이'나 '핑크푸들' 같은 이름이 붙은 칵테일(주디 윅스는 개를 사랑하며, 유머 감각도 뛰어나다)이 갖추어져 있는 라이브 바부터 시작할 수 있다. 우리는 통풍이 잘 되는 큰 룸에서 마셨는데, 주디 윅스가 오래전에 심었다는 무화과나무들이 잘 내다보이는 방이었다. 메뉴 중에는 이런 것도 있었다. '덥힌 스위트피 팬케이크에 올린 윈터 만산의 야생 훈제 연어', '발사믹 소스로 끓인 양파를 곁들인 향토산 콘크러스트 세이탄.' 그리고 여러 채식주의자 메뉴와 고기 요리들도. 필라델피아의 레이 레이첼(Ray Reichel)이 만들었다는 그 세이탄을 먹어보니, 부드럽고 감칠맛이 났다. 그리고 그 물씬한 고기 풍미는 진짜 고기만 찾는 사람들도 반할 것 같았다. 양파를 즐긴 다음, 랭커스터 카운티 군고구마와 마늘 소테 시금치와 서양 호박도 들어보았다. 디저트로는 '자몽 피스타치오 타르트(오렌지 시럽과 마스카포네 무스를 곁들인)', '다크초콜릿 치폴레 포트 데 크렘' 등등 많이 있었다.

화이트독은 종업원들을 섬기기 위해 그들 모두에게 '생활 임금'을 준다. 그 도시에서 살아가는 데 필요한 비용을 토대로, 건강보험조로 매달 125달러를 더 주는 것이다. 그리고 거기다가 더 주는 것이 사업 수익의 10퍼센트이다. 또한 지역사회를 섬기기 위해서 다시 20퍼센트의 이익을 내놓는데, 화이트독 재단을 통해 지역 비즈니스 지원, 농가 지원, 사회정의 구현 집단 지원 등을 추진한다. 주디는 연간 500만 달러에 달하는 사업 수익을 윤리적 목적에 따라 재배분하는 것을 기꺼워한다. 그녀는 이 이야기를 하며 소탈하게 웃었다. 그녀와 연결된 블랙캣 소매점은 공정 무역과 지속 가능 방식으로 생산된 상품을 쌓아놓고 있다. 대개 토착민들의 수제품이었다. 레스토랑의 전기는 모두 풍력발전으로 얻는데, '지역생활경제사업협회(주디도 그 협회의 설립자 중 한 사람이다)'와 연계한 풍차에서 나온다. 그녀는 또한 지역에서 생산한 식품을 필라델피아 시장에 내놓고, 그리하여 그 지역의 인도적·지속 가능적 농법 추구 농가를 돕는다는 프로젝트를 시작했다.

주디는 작은 마을의 보수적인 공화당 가정에서 자라났다. 1983년,

그녀는 자기 집 1층에서 커피와 머핀 테이크아웃 전문점을 시작했다. 필라델피아 빅토리아식의 낡은 벽돌집들이 옹기종기 있는 한가운데에서 그녀는 차차 메뉴를 추가해 집에서 만든 빵과 수프를 내놓았고, 다음으로는 런치를, 그다음으로는 뒷마당의 숯불구이 장치를 써서, 디너까지 시작했다. 그러나 그녀의 윤리와 정치적 지향성은 그녀가 니카라과에 여행을 가면서 뒤바뀌었다. 레이건 시대였다. "나는 공항에서 울고 있었죠. 그리고 생각했어요. '내가 왜 이러지?' 나는 내 나라를 위해 울고 있음을 알았죠. 나는 살면서 내내 나라를 사랑했어요. 우리가 그때 거기서 벌이고 있던 짓 때문에, 나는 그토록 가슴이 아팠던 거예요." 주디는 자신의 비즈니스를 사회정의 실현 수단으로 바라보기 시작했다. 그녀는 화이트독을 일종의 살롱으로, 사람들이 만나서 시사 문제와 사회적 이슈를 토론하는 장으로 운영해갔다. 그녀는 자신이 다른 나라를 가보며 적은 내용을 가지고 토론회와 시사회를 열었다. 그녀는 환경, 교육, 예술 등등의 전문가들의 초빙 강연을 열었다. 오늘날, 화이트독 카페는 월요일 밤마다 강연회를 개최하며, 음식, 서비스, 분위기로 사람들을 끌고 있다.

윤리적 사고의 틀을 따라서 레스토랑을 경영한다는 방침을 세운 이래, 그녀는 종종 왜 채식주의 전용 식당으로 바꾸지 않느냐는 질문을 받았다. 그녀는 자신이 오랫동안 채식주의자였으며, 사업을 시작할 때 그것 때문에 갈등이 많았다고 설명했다. 그러던 그녀는 채식주의 식당은 '청중에게 설교' 하는 것이나 다름없을 것이라고 결론지었다. 그녀는 이미 자신의 생각에 동조하고 있는 사람들보다는 일반 사람들을 끌어들이고 싶었다. 하지만 처음에는 동물의 사육 환경에 대해 잘 모르고 있었다고 고백했다. 공장식 농업에 대해 이야기를 들었을 때, 특히 그녀의 심기를 건드린 것은 돼지들이 처한 환경이었다. "나는 생각했죠. '세상에, 이제 나는 채식주의를 계속할 수는 없겠어. 그건 이 문제를 회피해버리는 것이야.' 하지만 그렇다고 이 시스템에 힘을 보태주는 역할을 할 수도 없는 거였죠. 그래서 주방으로 가서 이렇게 말했어요. '인도적으로 사육된 돼지들을 찾아봅시다.'"

주디는 펜실베이니아 주의 랭커스터 카운티를 발견했다. 그곳의 아미시 공동체에서는 들판에서 기른 닭의 고기와 풀어놓고 기른 암탉의 달걀을 제공하고 있었다. 그녀는 그 공동체 농부와 여러 해 동안 함께 일했으며, 그는 그녀가 추구하는 가치를 이해하고 있었다. 당시 그녀는 인도적 돼지 사육에 대해 아는 것이 거의 없었다. "나는 단지 그 농민에게 의존할 뿐이었죠. 내가 분명히 했던 바는 암돼지들을 우리에 가둬놓기를 바라지 않는다는 것이었어요." 그녀는 그곳 돼지들이 '동물복지협회' 기준에 어긋나지 않는 푹신한 밀짚 잠자리를 제공받고 있음을 알았다. 그러나 주디가 스스로 인도적 돼지 사육 시스템에 대해 공부한 후, 그녀는 그 돼지들이 들판에 나갈 수도 있어야 한다고 생각했다. 이제 그녀는 역시 펜실베이니아 주 랭커스터 카운티에 있는 메도런 농장에서 대부분의 돼지고기를 얻는다. 그러나 가끔 베이컨이나 포크찹이 더 필요할 때면 니만 목장을 이용한다.

'화이트독' 카페는 그 이상과 기준을 전면에 내세우고 있다. 그 카페의 브로슈어에 씌어진 "우리가 먹는 식품은 어디서 왔을까요?"라는 문구는 제철 식품, 토산 식품, 환경친화적 식품과 식재료들이 더 맛이 좋을 뿐만 아니라, '먹는다는 것은 곧 정치적 행동'이므로 좋은 식품을 선택하는 일은 곧 더 나은 농장과 식품 정책에 투표하는 것과 같다고 설명하고 있다. 화이트독은 오직 '인도적 영농'을 하는 곳, 다시 말해 '깨끗한 물, 신선한 공기, 햇볕, 화학물질과 호르몬제가 들어가지 않은 건강 사료, 적절한 거처, 축사 바깥에 나갈 수 있는 자유, 동족 집단과 어울리고 교류할 수 있는 자유에 대한 동물의 권리를 존중하는 영농'을 하는 곳에서만 육고기와 가금 고기를 구입한다. 또한 동물을 다룰 때, 수송할 때, 도살할 때의 인도적 기준도 있다. 달걀, 치즈, 그리고 여타 유제품들은 현지에서, 유기농으로, 그리고 인도적 방식으로 '조달할 수 있을 때 언제든지' 조달하고 있다. 해산물은 지속 가능한 어로 방식으로 잡힌 것이어야 한다.

주디는 유기농 식재료를 '할 수 있는 한 많이' 조달하고 있다고 설명했다. 그녀는 유기농 식재료를 구입하기보다는 토산 식재료를 구입하는 일이 더 중요하다고 여긴다. 그녀는 로컬푸드 시스템에 대한 개인적인 신뢰와 지지 관계가 '무엇보다 최선'이라고 말한다. "이 소농민들에게 힘을 보태주면, 그들을 유기농 영농으로 유도할 수 있지요. 그 수요를 높일 수 있으니까요." 그녀는 자기가 거래하는 많은 농민이 유기농 영농을 하고 있지만 인증은 받지 못했는데, 그 과정이 너무 돈이 들기 때문이라고 했다. "익히 아는 사람들과 익히 아는 농장 물건을 거래하는 데, 인증은 별로 중요하지 않죠."

분명 커피는 현지 생산이 불가능하다. 그러나 주디는 멕시코의 커피 재배 농가와 선이 닿고 있다. 그녀는 종종 치아파스로 여행을 가는데, 원주민들이 결성한 사파티스타 해방전선이 토지와 인권을 위해 오랜 투쟁을 거듭해온 곳이다. 그녀는 유기농 커피를 재배해서 미국에 팔 수 있게끔 그들을 경제적으로 지원해주었다. 비록 공정 무역 인증은 얻지 못했지만, 그녀는 자신이 공정 가격을 지불하고 있음을 스스로 잘 알고 있다고 말했다. 그녀가 내놓는 차는 유기농과 공정 무역 인증이 있으며, 그녀는 최근 디저트용의 모든 초콜릿도 공정 무역 초콜릿으로 바꾸려 하고 있다. "아직 바꾸고 있는 중이죠. 우리 다크초콜릿은 유기농에 공정 무역 인증이 있지만, 밀크초콜릿은 안 그래요. 그래서 우리는 초콜릿 전부를 다른 거래처에서 구입하려고 해요. 하지만 가격은 훨씬 비싸죠. 거의 두 배나 말예요. 우리는 초콜릿파이 하나에 얼마를 받아야 하는지 고민하고 있어요."

그 말에 우리는 화이트독의 만찬 가격이 얼마나 되는지 그녀에게 물어보았다. "우리는 일부 레스토랑보다 좀 비싸죠. 하지만 공정 무역 상품이나 토산 농산물, 유기농, 제철 농산물을 사지 않는 어떤 레스토랑보다는 싸답니다." 그녀는 팬시 레스토랑들에 가보았더니, 기업식 영농으로 만들어진 재료들을 쓰더라고 말했다. 그런 곳에서는 한 끼 식사에 화이트독보다 많은 이문을 남기고 있다. 하지만 그녀는 자신의 가격이 농사일과 먹을거리 생산에 들어가는 '진짜' 비용을 반영하고 있다고 생각한다. "나는 선(good)은 반드시 보답을 받는다고 믿어요. 우리 고객들은 우리가 농민들과 직접 거래하고 있다는 사실을 높이 평가하고, 따라서 우리 사업은 번창하는 거죠."

패스트푸드점에서—치폴레

우리 가정에 먹을거리를 공급하고 있는 대부분의 기업은 그들의 생산 방식에 대한 정보 요구를 무시했다. 그러나 어느 날 아침 전화벨이 울렸고, 우리는 이런 말을 들었다. "여보세요, 짐? 저는 치폴레의 스티브 엘스(Steve Ells)입니다. ……네, 치폴레 멕시칸그릴이죠. 여러분의 프로젝트가 흥미 있어서요. 여러분이 치폴레에 대해 아시는지 모르겠군요……."

스티브 엘스는 치폴레의 창업자이자 CEO이다. 그는 치폴레 멕시칸그릴 제1호점을 1993년 덴버에서 열었다. 그의 아이디어는 신선한 재료를 써서 맛이 뛰어난 부리토와 타코를 만들고, 빠르게 서빙한다는 것이었다. 이 콘셉트는 고객들에게 어필했다. 얼마 지나지 않아 2호점이 개점했고, 금방 3호점이 생겼다. 엘스는 체인을 확장하려고 투자자를 찾기 시작했는데, 선뜻 나서는 사람이 없었다. 그러다가 맥도날드와 계약하면서 길이 열렸다. 맥도날드는 자본, 네트워크, 인적 자원을 제공하여 치폴레가 성장할 수 있게 해주었고, 마침내 치폴레는 멕시칸 패스트푸드 쪽에서 주도적 위치까지 발돋움했다. 맥도날드와의 관계에 대해, 치폴레의 크리스 아널드(Chris Arnold)는 다음과 같이 말한다. "그들은 우리 가게에 처음 와 보고 좋은 인상을 받았습니다. 우리의 영업 방식이 매우 색다르다는 것을 알고, 영업 방식에는 거의 손을 대지 않았죠. 운영권은 전적으로 우리에게 맡긴 상태로 해왔습니다." (좀 더 경직된 조직이라면 아널드는 홍보 담당 부사장으로 불릴 것이다. 하지만 치폴레에서는 이사인데, 무슨 이사인가 하면 '우당탕탕 쾅다당' 담당 이사이다.)

그러다가 2000년에 엘스는 치폴레를 새로운 방향으로 이끌기 시작했다. "저는 신선하다고 전부가 아니라는 생각이 번쩍 들었죠." 그는 '식품과 품격'이라는 제목의 선언서를 써 갈겨 내려갔다. 그 식품과 품격이란 "식품의 공급망 전반에 걸쳐 성실할 것을 의미한다. 채소가 어떻게 자라는지, 돼지와 닭은 어떻게 길러지는지, 그리하여 최고의 물건을 가져오려면 어디로 가야 하는지를 살피는 일을 유통업자에게 맡겨버리지 않음을 의미한다"라는 것이었다. 그것은 엘스가 우리 책을 읽고 흥분해서는 직접 전화를 걸어온 이유였다. 그는 그 많은 업체가 자신들의 공급업체에 대해 입을 다물더라는 말에 놀라지 않았다. "당연히 다물겠죠. 켕기는 게 있는데."

2000년에 한 음식 관련 잡지에서 니만 목장에 대해 읽은 엘스는 빌 니만을 찾아가서 샘플을 좀 달라고 했다. 당시 그는 60개 정도의 체인점을 소유하고 있었다. 그는 부리토와 카르니타스에 쓰이는 돼지고기를 니만 목장 것으로 쓰기 시작했다. 마이크 존스와 팀 홈스 같은 농장주들이 길러낸 돼지였다. 치폴레의 주문은 니만 측에 특별히 유익했는데, 치폴레에서는 가장 인기 있는 부위의 고기(가령 갈빗살이나 허리살)로서 다른 레스토랑이나 전문점에서 특별히 찾는 것들을 원하지 않았기 때문이다. 치폴레는 다른 공급업자로부터도 돼지고기를 받았지만, 모두가 돼지들이 몸을 움직이기에 충분한 공간을 주든지, 바깥에 나갈 수 있게 해주든지, 밀짚이 충분한 잠자리를 제공하는 농장들이었다.

치폴레는 광고 문구에 불손한 농담을 섞는 것으로 유명하다. 이 업체의 홈페이지 www.chipotle.com을 방문해보라. 그러면 정말 그렇다고 생각할 것이다. 엘스는 자신이 고기를 받고 있는 돼지 농장에 대해 별로 말하지 않았으나, 자신의 광고와 레스토랑 포스터에서는 말이 많았다. 어떤 광고 문구는 이렇다. "부리토를 드세요. 가족 농장을 도우세요." 그것은 치폴레의 돼지고기 공급업체 중 한 군데의 사진을 싣고 있었다. 3대가 농사를 지어온 윌리스(Willis)가 사람들이 헛간 앞에 서 있는 사진이었다. 또 다른 것은 아이오와 주의 농민인 듀안 도렌캄프(Duane Dorenkamp)가 헛간 앞에 서서 이렇게 말하는 것으로 나와 있다. "우리는 돼지고기가 어디서 나오는지 정확하게 알고 있습니다. 듀안입니다." (대부분의 패스트푸드 체인점은 고기가 어디서 나오는지 모른다. 그냥 포장육을 살 뿐이고, 사는 대상은 생산자가 아니다. 그리고 원 생산자를 짚어갈 방법은 전혀 없다.)

빌 니만은 치폴레의 마케팅에 대해 높이 평가한다. "그동안 농민과 소비자 사이에는 큰 단절이 있었죠. 그리고 이 광고들은 이 470명의 농민이 뭘 하는지 정확하게 설명합니다. 그리고 그 고객들은 아주 긍정적으로 대답하죠. 그들이 가격을 올리고 새로 돼지고기를 내놓기 시작하면, 그들의 단위 세일즈는 몇 단계를 거쳐 펼쳐집니다. 아주 인상적이지요. 레스토랑의 귀감이랄까요." 니만은 이어서 이렇게 덧붙였다. "그들이 새 점포를 열 때마다, 우리는 또 다른 돼지 농장 선전을 할 수가 있죠." 그것은 니만 목장 산하 농장이 새롭게 늘어나고 있다는 뜻이다. 지금 치폴레 체인점이 450개 정도 되고, 앞으로 계속 개점이 예정되어 있기 때문이다. 엘스는 자기 고객들이 니만의 맛과 다른 요소들을 즐기기를 바란다. 그들은 가족 농장들을 돕고 싶고, 공장식 농장의 돼지 사육법을 비난하고 싶기 때문에. 동기가 어떠하든, 엘스에게 중요한 점은 그들이 '식품과 품격'에 전체적으로 보탬이 되고 있다는 사실이다.

패스트푸드 레스토랑의 한계는 무엇일까? 치폴레의 고기 중에는 '유기농'이 없다. 유기농 사료로 자랐거나, 유기농 인증을 받은 농장에서 자란 동물이 없다는 뜻이다. 따라서 치폴레는 이 고기들을 '자연친화적으로 자란'이라는 표현으로 지칭한다. 미국 정부의 공식적 용어에서 '자연친화적' 고기란 의미가 너무 불분명해서, 사실상 의미가 없는 것이나 마찬가지이다. 그 동물이 평생 축사에 갇혀 지내거나, 닭똥을 먹거나, 항생제와 호르몬제를 맞거나 해도 미국 정부는 그 동물의 고기를 '자연친화적'이라고 부를 수 있다. 그 고기에 뭔가 인공적인 것을 섞지 않은 이상 말이다. 치폴레의 '위장의 기쁨을 위한 이사 겸 바이어'라는 앤 대니얼스(Ann Daniels)는 치폴레가 이 표현을 더 엄격하게 쓴다고 한다. "우리는 '자연친화적으로 자란'이라는 표현을 통해 해당 동물이 어떤 항생제나 호르몬제와도 무관함을 의미합니다. 또 인도적으로 사육되고 다루어져야 하죠. 돼지의 경우, 들판 아니면 짚이 충분한 잠자리가 있는 축사가 있어야 하고요. 출산 칸막이는 금지입니다." 치폴레는 동물들이 인도적으로 다뤄지고 있는지 알아보고자 농장을 방문하곤 한다. 엘스는 그런 방문을 몇 차례 직접 실시한다. 1년에 두세 차례쯤 아이오와 주의 폴 윌리스에게 가서 니만 목장 돼지들을 직접 둘러본다. 치폴레는 항생제를 먹이지 않고, 식물성 모이만 주며, 도살장 찌꺼기를 먹이지 않는 양계장 닭들만 쓴다. 앤은 그 닭들이 "일반적으로 가끔 사육장에서 주어지는 것보다 넓은 공간을 누리고 있다"고 했다. 하지만 그것은 충분한 설명이라고 할 수 없다.

치폴레는 메이어내추럴앵거스의 소고기를 쓰는데, '인도주의협회 감시 필' 인증이 붙어 있는 고기이다. 그러나 그 소들은 아직도 150일 동안 사육장에 갇혀 살며 주로 옥수수만 먹는다. 이 사육장들의 일부는 제1부에서 우리가 방문했던 사육장이나 마찬가지로, 대부분 네브래스카 주 웨스트포인트 인근에 있으며, 2만 마리의 소를 수용할 정도로 매우 크다. 이 소들은 항생제나 도살장 찌꺼기나 호르몬제를 먹지 않고, 사료의 10퍼센트는 섬유질인데 그것은 보통 사육장 소들이 겨우 3퍼센트 내지 5퍼센트만 섭취하는 것과 비교된다.[1)]

요약하면, 치폴레는 좋은 복지 조건의 농장에서 자란 돼지의 고기를 쓴다. 그러나 동물복지론의 시각에서 보면, 그들이 쓰는 소고기와 닭고기의 경우는 다른 패밀리 레스토랑에서 쓰는 보통의 공장식 농장의 것들과 큰 차이가 없다. 그리고 그러한 기준조차도 아직 모든 치폴레 점포에서 실현시키지 못했다고, 엘스는 실토했다. 치폴레의 돼지고기는 모두가 '자연친화적으로 기른' 돼지의 것이다. 그러나 2005년 7월 현재, 그렇게 기른 닭의 고기를 쓰는 곳은 100곳에 불과하며, 소고기의 경우는 더 적다. 이 책이 출판되는 시점에는 자연친화적 닭고기가 시카고, 미니애폴리스, 플로리다에서는 완전히 자리를 잡는다고 한다. 엘스는 아직은 전국적으로 자연친화적 닭고기만 쓸 수 있도록 공급을 할 수가 없다고 한다. "우리는 그것이 닭을 기르는 더 나은 방법이며, 그렇게 할 때 닭고기 맛도 더 좋아진다고 봅니다. 우리는 그쪽으로 가려고 애쓰고 있습니다." 그는 말했다.

고객은 언제든 채식주의적으로 만든 타코와 부리토를 주문할 수 있다. 치폴레에서 쓰는 검은콩과 강낭콩은 15퍼센트 정도 유기농이다 (2003년에는 10퍼센트였는데, 그만큼 늘어난 것이다). 치폴레는 지금도 유기농 식재료 비중을 늘리기 위해 모색 중이다. 모든 공급업자가 '지속 가능한 농법'을 쓰는 것으로 확인하는 의정서를 개발할 생각이라고 하는데, 다만 그 기준은 지금 미국 농무부에서 정한 유기농 기준과는 약간 차이가 난다. "우리는 스위치를 켜기만 하면 하룻밤에 모든 것이 유기농이 되고 방목식이 될 수 없음을 알고 있습니다. 하지만 우리는 지속 가능한 방식의 식품을 지속적으로 추구하고 있지요." 엘스는 말한다.

대형 마트에서―홀푸드마켓

존 매키는 25세가 되던 1978년에 자연친화적 식품을 파는 가게를 오스틴에서 열었다. 그는 2년 뒤에 홀푸드마켓을 창립한다. 그리고 겨우 5년 만에 600명의 종업원을 가진 기업이 된다. 그 시점에서, 매키는 '상호 의존 선언서[Declaration of Interdependence, 독립선언서(Declaration of Dependence)를 패러디한 것-옮긴이]'에 의거해 종업원들이 주 단위로 협력 근무를 하도록 하고, 또 그들 모두를 주주로 만들었다. 그리고 회사 운영 원칙을 세웠는데, 고품질 식품을 팔고, 고객을 만족시키며, 종업원을 만족시키고, 부를 창출하며, 환경을 존중하고, 기업 책임을 다한다는 것이었다.

홀푸드마켓은 《포춘(Fortune)》지 선정 미국 500대 기업에서 479위에 올라 있으며, 3만 8,000명의 종업원이 있다. 미국, 캐나다, 영국에 180개 점포가 있으며, 연간 매출액이 50억 달러에 육박한다. 지금 매키는 이 기업의 CEO이자 COB를 맡고 있다. 뉴욕을 빈번히 오가던 중(당시 그는 맨해튼에 새로 초대형 점포를 연 참이었다), 그는 한 차례 시간을 내서 웨스트빌리지의 베건(vegan) 레스토랑인 '고보'에서 우리와 만났다. 그는 다부진 체격에 친절해 보이는 50세 전후의 남자였으며, 대기업 CEO들과는 다른 식의 옷차림을 하고 있었다.[2] 저녁식사를 하며 우리는 공통의 화제부터 이야기를 시작했다. 즉 매키가 텍사스 대학교에서 공부했으며, 아직도 이야기하기 좋아하는 철학, 그리고 채식주의에 대해서. 매키는 자신이 20대 초에 오스틴에서 채식주의 식당을 열 때부터 쭉 채식주의자였다고 말했다. 그는 그 전까지는 채식주의자가 아니었는데, 자신이 마음에 두고 있던 여성에게 접근하려던 것이 채식주의로 돌아선 동기 중 하나였다고 한다. 그는 채식주의자가 되면서 고기를 멀리하게 되었으나, 그것이 유행이고 또 건강에 좋다고 여겼기 때문이며, 어떤 굳은 윤리적 의지 때문은 아니었다. 그는 주로 건강 때문에, 그리고 어느 정도는 동물에 대한 동정심 때문에 여러 해 동안 채식주의를 지켜왔다. 하지만 그에 대한 신념은 부족했다.

그러다가 2003년 4월, 홀푸드마켓의 연차총회 때 '비바!USA'라는 홀푸드마켓 식품의 불매를 주장하는 동물권리단체의 시위가 벌어졌다. '비바!USA'의 회장인 로렌 오넬라스(Lauren Ornelas)가 질문에 응해 마이크를 잡았을 때, 그녀는 홀푸드마켓이 캘리포니아 주 그리모드 농장에서 들여온 오리에 대해 비난을 퍼부었다. 그 농장은 고기 질이 좋은 오리를 내놓을 뿐만 아니라 오리에게 도살장 찌꺼기나 항생제, 호르몬제 따위를 전혀 먹이지 않는 것으로 유명했지만, 비바!USA는 그 오리들이 더러운 축사에서 밀집 사육되고 있다는 사실, 부리가 잘렸다는 사실, 물놀이(오리가 건강을 유지하기 위해 필수적인)를 할 물에 가까이 갈 수 없다는 사실 등을 알아냈다. 매키는 제대로 대응할 수 없었다.

"나는 로렌에게 이렇게 말했죠. '우리는 미국에서 최고의 동물 기준을 가지고 있어요. 그러니까 다른 데 가서 알아보시오.'" 그러나 그 연차총회 후, 오넬라스는 매키를 다시 찾아와 차분한 만남을 가졌으며, 그 뒤로는 이메일로 대화를 나누게 되었다. 매키의 회상으로는, 로렌은 다음과 같은 내용의 이메일을 보냈다. "그러니까, 매키 씨. 당신의 좋은 뜻은 알겠어요. 하지만 그 동물들이 실제 어떤 환경에 처해 있는지 잘 모르시는 것 같군요." 매키는 그리모드 농장을 갔다 와 본 홀푸드마켓 사람들에게 어떻더냐고 물어보았고, 경쟁업체들에 비해 "좋았다"는 답변을 들었다. 그리고 워낙 바쁜 일이 많았던지라, 매키는 그 답변에 만족했다. 잠시뿐의 만족이었을지 모르지만, 몇 주일 뒤에 그는 오넬라스에게 마지막 이메일이 될 거라면서 이렇게 말했다. "조사해봤습니다. 당신의 의견에는 동의할 수 없군요."

하지만 매키는 조사를 마친 게 아니었다. 나중에 밝힌 대로라면, 그는 2003년 여름 내내 "이 나라에서 동물이 어떻게 길러지고 있는지에 대해 수십 권의 책을 읽었습니다. 1975년에 나온 피터 싱어의 『동물해방』 이후로 나온 것들 모두를 말이죠. 읽으면 읽을수록 관심이 늘더군요. 나는 스스로에게 이렇게 말했습니다. '젠장, 그 사람들이 옳았어. 이건 끔찍하다고.'" 그때, 매키는 다음과 같이 결심했다고 한다. "더 이상 동물성 음식을 먹을 수 없겠어. 비건이 될 거야." 매키는 채식주의자로서 살아오는 동안 "유제품과 달걀 등을 먹게 될 때, 나는 다른 식으로 생각했죠. ……유혹적인 생각이었죠. '이만하면 충분히 하지 않았어?'" 이제 비건이 된 매키는 그러기로 한 것이 "개인적으로 내게 정말 좋은 결정이었다"고 말한다. 그리고 그의 가치관과 행동이 "100퍼센트 일관성 있게 되었다."

물론 홀푸드마켓까지 비건은 아니다. 그러면 CEO의 가치관은 어떻게 되느냐고 묻는 사람이 있을 테지만, 매키는 답변을 이미 마련해두었다. "홀푸드마켓은 고객의 수요와 욕구에 부응하기 위해 존재합니다. 창업자/CEO의 개인적 철학을 위한 것이 아니죠. 그 철학의 옳고 그름과는 상관없이 말입니다." 홀푸드마켓이 고객의 욕구를 무시한다면 퇴출되고 말 것이라고 그는 말했다. 그 주장을 뒷받침하기 위해, 그는 홀푸드마켓의 고객 중 겨우 10퍼센트만이 채식주의자이며 비건은 3퍼센트뿐이라는 통계 수치를 보여주었다. 전체 체인을 비건화하여 비즈니스적인 자살을 하는 대신, 매키는 홀푸드마켓의 공급업자들에게 생산 과정에 더 인정을 베풀라고 교육하며, 고객들에게는 좀 더 인정을 생각하는 선택을 하라고 권하는 쪽을 택했다.

비건이 된 후, 매키는 그리모드 농장을 직접 방문하기로 결정했다. 그는 오리들이 바깥에 나갈 수 없고, 부리는 서로 쪼는 것을 방지한답시고 끝이 잘렸으며, 가장 놀라운 것은 물에 들어가지도 못한다는 사실을 알았다. 그는 오넬라스에게 그녀가 옳았다는 이메일을 보냈다. 다만 오리만이 아니라 닭, 돼지, 젖소들까지 전부 그 모양이었다고. 그는 그녀에게 홀푸드마켓은 곧바로 그 영향력과 구매력을 동원하여 판매되는 고기가 도살되기 전 존중을 받으며 살았던 동물의 고기만 쓰도록 하겠다고 했다. 그리고 그 과정에 힘을 빌려줄 것을 부탁했다. "저는 그 이메일을 사무실에서 읽었습니다. 그리고 거의 쓰러질 뻔했죠." 오넬라스의 말이다.

오넬라스만이 힘을 빌려달라는 부탁을 받은 것은 아니다. 매키는 미국인도주의협회, 동물의 윤리적 대우를 위한 모임, 동물복지협회, 국제동물권리협회에 자신을 비롯한 홀푸드마켓 고위경영자들이 그 동물성 식품 공급업체들과 유명 동물학자들을 초청한 자리에 함께 나와달라고 청했다. 그 모임에서 만들어진 실무 집단은 다양한 동물들의 더 나은 삶을 위한 기준의 개발에 들어갔다. 홀푸드마켓의 웹 사이트에는 오리, 소, 돼지, 양을 위한 새로운 기준이 2005년 11월 올라왔으며, 이어 다른 기준들도 속속 업데이트되었다. 다음 단계는 공급업자들에게 새로운 기준을 지키게 하고, 그들의 상품에 '동물 배려(Animal Compassion)'라는 로고를 붙이도록 하는 것이었다. 이 과정은 2008년까지 마치게 될 것이라고 한다. 그리고 홀푸드마켓은 고객들에게 '동물 배려' 기준과 기존 기준의 차이점을 홍보할 것이다. 그렇게 하여, 수백만 명에 달하는 홀푸드마켓 고객은 대부분의 동물성 식품들이 생산되는 공장식 농장의 진실을 배울 것이며, 그 대안 역시 알게 될 것이다. 이미 홀푸드마켓은 푸아그라를 들여놓지 않는다. 그리고 2004년 6월부터는 닭장에 가둬 키운 암탉의 달걀을 거부하고 있다. 2005년에는 그런 달걀을 구내 음식점과 빵집, 사전 조리식품 코너 등에서도 쓰지 못하게 했다.

매키는 동물 배려 기준을 이끌어낸 모임에 참석해서 제 역할을 했을 뿐만 아니라, 다른 10여 명의 홀푸드마켓 임원(이 마트의 부사장 두 명 모두를 포함하고 있었다)과 함께 모임을 성공적으로 이끌었다. 이 기준이 처음으로 적용된 동물은 오리였는데, 부분적으로는 오리야말로 오넬라스의 문제 제기로 홀푸드마켓의 방향 전환이 시작되도록 한 동물이었기 때문이며, 또 부분적으로는 상대적으로 규모가 작은 업계부터 시작하는 것이 좋다고 여겨졌기 때문이다. 그리모드 농장은 첫 모임 자리에 대표를 내보냈다. 어느 정도 토론이 오간 후, 그들은 오리들을 밖에 내보내고, 심지어 얕은 연못물에 들어가도록 허용할 수 있다고(그것은 미국의 오리 사육업체에서는 전대미문의 일이었다) 했다. 홀푸드마켓의 기준을 지키기 위해서는 오리들이 스스로 먹이를 찾는 과정도 필요하다. 따라서 단지 진흙마당이 아니라 풀밭이나 제대로 된 땅이 있어야 한다. 그리고 일어서기, 날개를 펼치고 퍼덕거리기, 몸을 돌리기, 깃털 다듬기 등의 자연스러운 행동을 다른 오리와 부딪치지 않고 할 수 있을 공간이 제공되어야 한다. '가금'에서 벗어나지 못하는 많은 조류와 달리, '동물 배려 기준이 적용되는' 오리들은 부리 자르기, 발톱 자르기를 비롯하여 몸의 어느 부분도 잘려서는 안 된다. 오리 기르기는 안전하고 안락한 둥우리부터 마련한 업체여야 허용될 수 있다.

매키는 공장식 농법에 대항해서 살아남을 수 있는 대안 마련이 핵심이라고 생각한다. "지금 미국 사람들은 마치 공장식 농장이 존재하지 않는 듯 행동합니다. 눈을 감아버리는 거죠. 왜냐하면 대안이 없으니까요." 그리고 한 가지 예언을 덧붙인다. 20년 안에, 공장식 농장은 미국에서 불법화될 것이라고. 그날이 좀 더 빨리 오게끔, 홀푸드마켓은 '동물배려재단'을 세웠다고 한다. 이는 홀푸드마켓과 독립적으로 존재하는 비영리 단체로서, "전 세계의 목장주들과 육가공 업체들이 더 높은 수준의 동물복지를 보장하면서 동시에 경제성을 잃지 않을 수 있도록 돕고자 교육, 연구 서비스를 제공한다"는 것이 그 목표이다. 이 재단은 인도적 영농 기법의 정보를 전 세계적인 네트워크에서 제공해나갈 것이다.

동물복지에 미친 긍정적 영향에 더하여, 홀푸드마켓의 유기농 바나나 판매량은 돌(Dole) 사로 하여금 공급처의 상당 부분을 중앙아메리카 농장들에서 유기농 업체들로 바꾸도록 했다. 또한 유기농 달걀과 유제품의 수요는 오르가닉밸리가 새로운 유기농 업체들과 맺은 관계에 힘을 실어주었다. 홀푸드마켓에서는 모든 과일과 채소에 '유기농' 아니면 '보통'으로 구분되는 딱지가 붙어 있다. 또 이따금은 '임시' 딱지도 보이는데, 그것은 그 생산 농가가 유기농법을 사용하고 있지만 아직 인증은 받지 못했음을 의미한다. 각 가게는 어떤 상품을 들여놓을지에 대해 얼마간 자율권이 있으며, 가능하면 로컬푸드를 사라는 권장을 받고 있다. 상표 딱지에는 때때로 그 상품이 어디서 왔고, 어떻게 처리되었는지를 자세히 알려주는 내용이 적혀 있다. 예를 들면, 어떤 닭고기에는 그 닭이 어떻게 길러졌는지를 소개하면서 그 농장을 직접 방문하고 확인해볼 것을 권하는 내용이 적힌 딱지가 붙어 있다. 홀푸드마켓은 그 '자체 브랜드' 상품은 무조건 유전자 조작에서 자유롭도록 하자는 목표를 가지고 노력 중이다. 소비자의 선택을 돕기 위해, 이 마트는 자체 브랜드 상품에 유전자 조작이 아니라는 인증 딱지를 붙이며, 다른 브랜드도 똑같이 할 것을 권한다. 이 업체는 해양보존위원회가 해당 생선이 지속 가능한 방식의 어로 행위로 잡혔음을 보여주는 표시인 '피시포레버' 마크를 일찍부터 지지해왔다. 1999년, 홀푸드마켓은 남획되고 있던 칠레산 농어(파타고니아 치어)의 판매를 중지했다.

  그 사례에서 알 수 있듯이, 홀푸드마켓은 일부 선택권을 고객의 손에 내버려두지 않는다. 홀푸드(Whole Foods)라고 하는 이 업체의 이름은 신중히 고안된 것으로, 변성이나 합성이 되지 않은 순수한 것을 의미한다. 홀푸드마켓에서는 인공 감미료나 착색제, 방부제가 들어간 식품은 아예 팔지 않는다. 콜라 한 캔을 사려고 한다면, 다른 곳을 찾아봐야 한다. 금단의 성분을 하나라도 포함하고 있는 상품을 사려면, 홀푸드마켓의 매장을 아무리 돌아다녀 보아도 시간 낭비밖에 안 된다. '입점비'나 '권리금' 따위로 매년 수십억 달러를 챙기고 있는 대부분의 대형 식품 마트와 달리, 홀푸드마켓에는 그러한 것이 아예 없다.

매키가 홀푸드마켓에서 한 모든 일에는 자본주의에 대한 그의 철학이 배어 있다. 매키의 생각에, 사회적 책임을 다하는 기업은 그 주주들에게만 혜택을 주는 것이 아니다. 주주들, 고객들, 종업원들, 공급업자들, 지역 주민들, 그리고 환경에까지 혜택이 미치며, 그 모두가 사실상 그 기업의 주주가 된다. 그는 환경의 일부인 동물들도 홀푸드마켓의 주주라고 말한다. 지역사회는 이 기업을 통해 좋은 음식과 많은 일자리를 얻을 뿐만 아니라, 홀푸드마켓이 최소 5퍼센트의 수익을 비영리 단체들에게 기부하고, 종업원들에게 지역사회 봉사를 위한 완전유급휴가(연간 20시간까지)를 주는 데서 혜택을 본다. 환경은 홀푸드마켓의 유기농 지원으로, 또한 점포 천장에 설치한 전지로 태양열 발전을 함으로써 온실가스 방출을 줄이는 등의 조치로 혜택을 본다.

홀푸드마켓이 종업원들을 얼마나 잘 대우하는지에 대해서는 좀 논란의 소지가 있다. 자유지상주의적인 매키의 철학은 노동조합에 대해 부정적이기 때문이다. 노조와 임금 협상을 하는 대신, 그는 자신의 종업원들(그의 표현대로라면, '팀원들')에게 회사 주식을 보유할 기회를 준다. 모든 팀원은 3년 이상 근무하면 스톡옵션 보유 자격이 된다. 일반적인 기업 모델과 현저히 다른 것이, 이 회사의 스톡옵션의 94퍼센트가 비임원에게 있다. 매키는 "비밀 경영은 없다"는 방침을 가지고 있으며, 종업원들은 다른 종업원들의 보수 수준을 자유롭게 열람할 수 있다. 임직원 중 누구도 평균 임금보다 14배 이상 받지 못하며, 연봉으로 2만 9,000달러 정도 되는 평균 임금은 식품업계로서는 높은 수준이다. 이 방침은 매키 자신의 연봉을 40만 달러를 조금 넘는 수준에 묶어두고 있다. 월마트의 CEO 리 스콧과 비교하면, 그는 2003년에 기본급과 보너스, 스톡옵션을 모두 합쳐서 174만 달러를 받았다. 월마트에서는 판매 직원을 '조합원'이라고 부르는데, 174만 달러라면 풀타임 조합원 연봉의 966배이다.[3] 홀푸드마켓에서는 직무별 종업원팀(가령 해산물 팀, 사전 조리 팀, 고객 서비스 팀 등)이 수습기간을 거친 신입 직원의 정식 채용 여부를 투표로 결정한다. 그들은 좋은 직원만 뽑을 인센티브가 있는데, 팀의 실적이 좋으면 팀원 전부가 보너스를 받기 때문이다. 매키는 이를 '공포가 아닌 사랑에 기초한 조직'이라고 부른다. 너무 좋은 얘기라 현실감이 없는 듯하다. 하지만 이 시스템이 무엇에 기초했건, 분명 작동은 제대로 하는 것 같다. 홀푸드마켓은 8년 연속《포춘》선정 '일하기에 좋은 100대 기업'에 선정되었다. 2005년에는 랭킹 30위였다.

홀푸드마켓에 대한 주된 비판은 웨인 브래들리가 니만 목장 돼지고기에 대해 제기한 것과 같은 이야기다. "너무 비싸다." 홀푸드마켓에 대해 다룬 거의 모든 글이 그 업체를 이런 별명으로 부른다. '홀페이체크(Whole Paycheck, 만땅 계산서).'《뉴욕 타임스》는 매키를 다룬 헤드라인 뉴스에서 "집에서 키운 토마토, 단돈 6달러"라는 제목을 달았다. 가격 문제에 대한 매키의 답변은 미국인들은 다른 나라 사람들보다 수입 대비 식비 지출액이 매우 적다는 것, 그리고 "그래서 뭐든지 먹으면 맛이 없지 않느냐"이다. 그는 우리가 예전보다 더 적은 식비를 쓰고 있다고 지적했어도 좋았을 것이다. 지금 총수입 대비 과일 채소류 구입비는 6퍼센트일 뿐인데, 50년 전에는 17퍼센트였다. 사실 우리는 세계 어느 나라 사람들보다, 아니 인류 역사상 그 어느 때보다, 먹고살기 위해 적은 시간을 일하고 있다. 매키의 견해로는, 미국인들이 더 나은 품질의 음식을 먹고 싶다면, 거기에 필요한 추가 비용 정도는 거의 누구나 다 부담할 수 있다.

유기농 운동가들 중에서 일부는, 대형화를 추구하다 보니 매키가 기업의 논리에 '빠져버렸다'고 한다. 여기에 대한 그의 대답은 주류 비즈니스를 하는 것이 어째서 윤리적 책임을 다하는 것과 양립될 수 없느냐는 반문이다. 홀푸드마켓은 생산과 유통 과정에서 마지막 한 푼까지 쥐어 짜내는 것이 수익률을 높이는 유일한 방법이 아님을 보여주었다. 윤리적인 기업 운영, 그것으로도 가능하다.

제3부

완전 채식주의자들

**조앤과 조 파브 가족,
완전 채식주의자**

베건은 건강하다

조앤 파브와 조 파브 부부는 베건이다. 그들은 육고기도, 새고기도, 생선도, 달걀도, 유제품도 아예 먹지 않는다. 그리고 그 어떤 동물성 성분이 들어간 음식도 거부한다. 이 식단은 농업과 음식에서의 거의 모든 윤리적 문제에서 벗어날 수 있다. 동물권리 운동가들 중 다수가 채식주의자보다는 베건이며, 어떤 식으로도 동물을 이용하지 말아야 한다고 여긴다. 그들은 모피나 가죽옷도 입지 않으며, 따라서 그들이 단지 자신의 건강만 챙기느라 그런 지향성을 가지고 있지 않음을 보여준다. 그렇지만 베건은 종종 자기 자신의 건강을 위해서나 이 지구의 건강을 위해서나 동물성 음식을 먹지 않는 게 좋다고 말한다. 그러나 베건의 식단에 대해서는 말이 많다. 부분적으로는 수천 년 동안 채식주의는 있어왔으나 베건주의는 아직도 상대적으로 새롭다는 것(적어도 대규모로서는) 때문이다. 세계 최초의 베건 조직인 '영국 베건협회'는 1944년에 설립되었고, 당시에는 25명의 회원이 고작이었다. 그 설립자인 도널드 왓슨(Donald Watson)은 자신이 추구한 식단의 살아 있는 광고판이었고, 60년 이상이나 더 살고는 95세에 죽었다. 지금 미국에서는 인구의 1퍼센트 내지 3퍼센트가(달리 말하면, 200만 명에서 600만 명의 성인 남녀가) 고기와 생선을 전혀 먹지 않는다고 설문조사에 답했으며, 그중 3분의 1가량이 스스로 베건이라고 밝혔다.[1]

보수의 본거지에 사는 베건들

쇼니 인디언 말로 '아름다운'이라는 뜻인 캔자스 주의 올레이서는 미주리 주 캔자스시티의 남서쪽에 있는 구릉지와 평원에 자리 잡고 있다. 포장마차를 타고 서쪽으로 향하던 개척자들은 오리건과 산타페 트레일을 여행하다가 종종 첫날밤을 여기서 지냈다. 1890년대 말, 이곳의 마을들과 그 주변 지역은 급진적인 노·농 포퓰리즘 운동권, 가령 민중당이나 자유 코뮨 같은 집단을 지원했다. '캔자스 애지테이터(캔자스의 선동가들)' 같은 이름의 신문이나 올레이서 자체의《진보 사상과 평등 세상의 도래(Progressive Thought and Dawn of Equity)》같은 신문이 불티나게 팔렸다. 지금은 전혀 딴판이다. 토머스 프랭크(Thomas Frank)의 베스트셀러 『캔자스에 무슨 일이? 보수주의자들은 어떻게 미국의 심장부를 차지했나(What's the matter with Kansas? How Conservatives Won the Heart of America)』에서 올레이서는 공화당 일색인 캔자스 중에서도 유독 '보수 우익의 본거지'로 제시된다. 그리고 '당면 이슈에 대해 시종 가장 극렬한 입장을 취하는 곳'으로.[2] 올레이서는 캔자스시티의 부유층 대부분이 거주하는 존슨 카운티에 있으며, 그 10만 명의 주민 중 89퍼센트가 백인이다. 흑인은 4퍼센트, 라틴계는 5퍼센트일 뿐이다. 그리고 단 4퍼센트만이 빈곤선 이하의 소득을 올린다.

조 파브와 조앤 파브, 그리고 그들의 딸 사리나(10세), 사만타(6세)는 올레이서 서부에 살고 있다. 300에이커에 달하는 자연 보전 지역인 프레리 센터에서 오른쪽 길로 얼마간 접어드는 곳이다. 여름이면, 한때 북아메리카의 대부분을 뒤덮었던 프레리의 풀은 여기서 아직도 거실 천장에 닿을 정도로 높이 자란다. 파브 가족은 옛 목초지를 보전하는 일에 한몫하고 있다. 그들의 15에이커짜리 마당은 산책로가 있는 사바나 숲이다. 토종 초본과 과일나무들, 가시가 많은 오세이지 오렌지도 있다. 우리가 그 집을 방문한 날(점심식사에 늦었었다) 보니, 흰

꼬리사슴 두 마리가 바람 부는 진입 차도에서 느릿느릿 거닐고 있었다. 그래서 우리는 더 늦었다.

조와 조앤이 뛰듯이 걸어 나와 우리를 환영했다. 그들은 서로 잘 맞는 부부처럼 보였다. 약간 작은 키에, 둘 다 날씬하면서 다부진 몸매, 그리고 머리숱이 많은 검은 머리였다(다만 그녀는 스트레이트, 그는 곱슬머리였다). 조는 52세의 영업 비즈니스맨으로, 중서부를 두루 다니며 사업을 벌인다고 했다. 조앤은 41세로 작가이자 미생물학자인데, 집에서 일하면서 사리나와 사만타에게 홈스쿨링을 시킨다고 했다. '거의 열한 살'이라는 사리나는 피아노를 많이 쳤으며, 체조 연습도 즐겨 했다. 사리나는 우리에게 하이든 연주를 들려주었는데, 카펫이 깔린 긴 복도에서 뛰고 튀는 체조 연기를 할 때도 똑같이 흥겨워 보였다. '겨우 여섯 살'인 사만타는 부엌일을 거드는 법을 배우고 있었고, 엄마 말에 따르면, '진흙덩이 감정 전문가'였다.

우리는 크고 천장이 높은 부엌에 둘러앉아 점심을 먹었다. 뒤뜰이 바로 보이고, 캐비닛이 즐비하지만 그래도 널찍한 부엌 중앙에는 스토브가 있었고, 거기서 음식을 준비했다. 그리고 높은 스툴을 갖춘 다이닝 바에 음식이 차려졌다. 오후에는 여러 가지 일이 많기 때문에, 그날은 그 점심이 가족의 주 식사가 될 것이라고 했다. 우리가 모두 자리에 앉기 전에, 파브 가족은 서로 손을 잡더니 노래를 불렀다.

빵이 있어요. 빵은 밀가루에서,
밀가루가 있어요. 밀가루는 제분소에서,
제분소가 있어요. 제분소는 바람과 비가,
그리고 하나님께서.

"이 샐러드 제가 만들었어요." 집게로 자기 몫을 접시에 덜며, 사리나가 말했다. "로메인 상추, 붉은 양배추, 당근…… 그리고 양파하고 토마토가 들었어요."

"그리고 드레싱은 제 작품이죠." 이번에는 조앤이 말했다. "우리 집에서 기본으로 쓰는 거예요. 적포도주 식초, 올리브오일, 디종 머스터드 조금, 그리고 허브지요."

"사만타와 나는 여기 비트 샐러드를 만들었답니다." 조앤의 접시에 스푼으로 두 번 가득 덜어주며, 조가 말했다. "뭐가 들었는지 말해보렴, 사만타."

"비트, 양파, 그리고……마늘, 그리고……." 사만타는 말하다 말고 키득거리고는 홈메이드 레모네이드를 한 모금 마셨다.

"올리브오일, 그리고 파슬리 약간." 조앤이 따라서 마쳤다. "때로는 딜을 넣기도 하죠."

그리고 커다란 볼이 테이블을 한 바퀴 돌았다. 김이 무럭무럭 나는 쌀요리를 모두들 두세 스푼씩 떠냈다.

조앤이 말했다. "이게 우리 집 최고 메뉴죠. 야생 현미(玄米)를 센 불로 빨리 볶아서, 두부와 붉은 양배추를 곁들인 거예요. 이따금 만들곤 하죠. 두부를 정육면체로 작게 썰어서, 간장이랑 레몬주스, 마늘파우더, 마요라나, 타임, 고추가 든 소스로 잠깐 마리네하죠. 다음에는 그 두부랑 양파를 올리브오일에 담그고 여러 가지 허브와 향료를 섞어서 소테하는 거예요. 그리고 양배추로 싸서 부드러워질 때까지 두었다가 볶음밥에 끼얹으면 되죠. 물론 볶음밥은 미리 만들어야 하고요. 그럼 먹을 준비 완료죠."

조앤은 열세 살 때부터 채식주의자가 되었다. "우리 부모님은 오작스 쪽에 취미로 농장을 가꾸셨죠. 젖소도 몇 마리 길렀는데 약물이나 호르몬제가 들어가지 않은 소고기를 원하셨기 때문이에요. 식육용으로 소들을 끌고 오는 것을 보고, 저는 처음으로 고기와 생물 사이의 연관성을 깨달은 거예요. 그때까지는 고기를 먹으면서도 그게 생물을 죽여서 얻은 것이라는 사실을 인식하지 못했던 거죠. 그것을 깨닫자마자, 저는 말했죠. '앞으로 소고기는 절대 안 먹을래.' 곧바로 포유동물 고기를 식단에서 치워버리고, 스스로를 채식주의자라고 여기게 되었어요."

그리고 이렇게 비건이 되기까지는 완만한 발전이 있었다. "대학에서 다른 종류의 고기를 끊기 시작했죠. 하지만 언젠가 추수감사절에 칠면조가 나왔어요. 그리고 과학 강좌를 통해 얻은 지식을 바탕으로, 저는 육식에 대해 전혀 다른 관점을 갖기 시작했죠. '자연에서는 적자생존이 기본이잖아. 고기를 먹어도 안 될 것이 없어.' 그래서 윤리적인 문제를 더 이상 생각하지 않기로 했죠. 하지만 고기를 안 먹는 데 워낙 익숙해 있었고, 어떤 생물의 내장이나 신체를 잘라낸다는 상상이 들면 너무 끔찍했기 때문에 여전히 고기는 입에 대지 않고 살았어요. 당시 고기를 먹지 않는 것은 일종의 습관 문제였죠. 그리고 건강을 생각한 것도 있었고요."

조앤은 서른 살이 되었을 때 머크에서 일하게 되었다. 머크는 대형 제약업체였다. 그녀의 역할은 아이러니하게도 가금 및 돼지 사육 업체에 화학물질을 파는 역할이었고, 현장을 직접 찾아가 협상을 해야 하는 직책이었다. 그에 따라 그녀는 자신이 먹고 있는 것에 대해 윤리적 생각을 다시 하기 시작했다. "저는 제가 음식을 고른 선택이 제가 본 무시무시한 짓들에 힘이 되고 있음을 깨닫기 시작했어요. 공장식 농장들, 그들이 동물에게 먹이고 주사하는 온갖 화학물질, 백신, 항생제, 약물들……. 저는 그런 것들이 필요한 이유가 그 동물들을 비인도적인 방법으로 좁은 곳에 빽빽이 들어차도록 기르고 있기 때문임을 알았죠. 그런 비참한 환경에서도 목숨을 유지할 수 있게 하기 위해서 말이에요. 저는 존 라빈스(John Robbins)의 『새로운 미국을 위한 식단(Diet for a New America)』을 읽고, 하룻밤 만에 비건이 되었어요."

조는 자신이 '고기와 감자를 좋아하는 남자'로 자라났다고 말했다. 그러나 고기 먹는 비율을 줄이기 시작했는데, 건강을 생각해서였다.

그러다가 지금으로부터 12년 전에 조앤을 만났다. "그리고 그녀에게서 그녀가 드나드는 공장식 농장에 대해 듣기 시작했죠. 그 결과 저는 채식주의자가 되었습니다. 결혼을 앞두고, 우리는 우리 아이들을 베건으로 키울 것, 베건 가정을 가꾸어나갈 것을 약속했고요."

사리나가 대화에 끼어들었다. 베건 식단은 "동물들에게 좋아요"라면서. 그 밖에 또 어떤 윤리적 이유가 있을까 하는 질문을 받자, "소들을 기르느라 수천 그루의 나무가 베어져 나간대요. 열대우림이 다 사라지고 있대요. 그리고 겨우 1파운드의 소고기를 얻으려고 물을 많이, 아주 많이 써야만 한대요."

조앤은 딸에게 동물의 죽음보다 고통을 더 중시해야 한다고 설명했다. 가령 사냥은, "공장식 농장에서 본 것보다 윤리적으로 더 심각하다고 생각하지 않아." 그녀는 또 덧붙이기를, 이상하게 들릴지 몰라도 자신은 별로 '동물 애호가'는 아니라고 했다. 특별히 동물을 좋아하지는 않는다는 것이었다. 그녀는 젊었을 때는 동물이 꽤 좋았지만 아이를 낳은 뒤로는 그렇지 않더라고 말했다. 조는 집에 함께 사는 동물이 있기는 하다고 했다. 메이플이라는 이름의 고양이는 몇 년 전에 집 앞에서 발견했다고 한다. 그 뒤로 이 가족은 집 없는 고양이를 종종 거두어 길렀다. "우리 앞에 나타나면, 돌봐주는 거죠." 조가 말했다.

조앤은 아직도 공장식 농장들을 찾아갔을 때의 일을 잊지 못한다. "한번은 돼지 사육 시설에 들어가 보았더니, 직원들이 전부 방독면을 쓰고 있더군요. 산업안전보건국(OSHA)에서 의무적으로 착용하게 했대요. 나쁜 공기가 폐를 해칠 수 있다고. 우리는 빠른 걸음으로 걸으며 숨을 참으려고 애썼죠. 그 악취는 속이 뒤집힐 정도였어요. 계속 맡으면 정말 쓰러지겠더군요. 그런데 생각해보세요. 그 동물들은 평생 그 속에서 살아야 한다니."

우리는 파브 가족이 베건이 된 다른 윤리적 이유에 대해 물어보았다. 사리나가 말했듯, 환경 문제도 중요하다고 했다. 또한 노동 문제,

기업의 책임, 식품 안전성 등 다양한 사회적 문제가 고려 대상이었다. 좋은 부모 되기 문제도 조앤에게는 고려가 되었는데, 채식주의자 모임에 나온 부모들이 자녀에게 하는 행동을 보고부터였다고 한다. 때리기, 젖병 사용해서 먹이기, 그리고 '광고에 놀아나는 상업 문화에 아이들을 빠지게 하고, 허접한 먹을거리를 주고, 건강, 영양, 라이프 스타일 등 그보다 큰 문제는 도외시하는 모습들.' 그래서 그녀는 『공감하는 영혼 : 세상을 바꿀 다음 세대를 길러내기(Compassionate Souls: Raising the Next Generation to Change the World)』라는 책을 쓰면서 그 모든 생각을 담아냈다. "물론 베건 부모 되기를 쓴 책이죠. 하지만 건전한 가치관을 지닌 동정심 넘치고 양심적인 시민을 기르는 법이 주예요."[3]

"그리고 물론 그 결론은," 웃음을 애써 참으며 조가 끼어들었다. "모든 사람하고 그 애들을 엿 먹이는 거죠."

화제는 사리나의 체조 쪽으로 옮겨갔다. 그녀는 팀에서 최고 수준의 아이들끼리 매일 연습을 한다. 사리나는 팀원 중 제일 작지만 충분히 제몫을 한다. 하지만 경쟁의식은 별로 없다고 한다. 언젠가 조앤에게 이렇게 말했다는 것이다. "엄마, 난 체조가 참 좋아. 하지만 그게 내 진짜 인생은 아닌 것 같아. 진짜 인생은 사회운동이라고 봐." 사리나는 세상을 더 좋은 곳으로 만들기 위한 열의가 넘쳐나는 것처럼 보인다. 조앤과 그녀는 함께 독서를 하고는 찰스 다윈, 클래런스 대로, 라이너스 폴링 등 과학자나 인도주의자들의 삶에 대해 토론을 한다. 또래에 비해 사리나가 유난히 사려 깊고 논리적인 것은 뚜렷이 알 수 있었다.

사리나가 팀원 중 제일 작다는 점에 대한 조앤의 언급을 듣던 우리는 '어머니로서의 베건'에 대해, 그리고 자라나는 어린이에게 베건 식단이 어떤지에 대한 질문을 하게 되었다. 조앤이 사리나를 임신했을 때, 산파가 채식주의 식단은 산모에게 부실하다고 충고했다고 한다. "그녀는 정말 나를 두렵게 만들었어요. 내가 하고 있는 일이 정말로 옳은 건지 자문하기 시작했죠. 그녀는 임신과 출산에 대해서라면 전문가이고, 저는 그녀의 경험을 신뢰했으니까요. 그래서 저는 의학 서적을 뒤져보았죠. 베건 임신과 베건 아동에 대해서라면 뭐든 읽었어요. 그 결과 저는 제가 옳다는 믿음을 되찾았죠. 지금의 식단이 안전할 뿐만 아니라, 여러 가지 장점도 있음을 알았거든요. 그리고 산파는 우리가 임신 기간을 무사히 마칠 때까지 우리 집에 머물며, 우리 식단을 살펴본 다음 이렇게 이야기했죠. 다른 채식주의자들은 우리처럼 먹지 않더라고요. 무슨 말인가 하면, 포테이토칩이랑 사이다를 아예 주식처럼 먹더라는 거예요."

아이들이 태어났을 때는 큰 애기였다고 조앤은 말했다. 무겁기가 전체 신생아 체중의 10퍼센트 안에 들었다고 한다. 분명 임신 기간 중 충분한 영향을 공급 받은 아기였다. 그러나 이후 낮은 쪽으로 5퍼센트에 포함될 만큼 가벼워져버렸다. 하지만 조앤과 조를 보면, 그것은 식단보다는 유전의 결과일 가능성이 높다. 그녀 자신은 4피트 10인치, 그는 5피트 6인치다.

우리는 자녀들에게 충분한 단백질을 어떻게 공급하는지 물어보았다. 1970년대로 돌아가서, 프랜시스 무어 라페의 베스트셀러인 『작은 행성을 위한 식단』은 식물성 음식에서 충분한 단백질을 얻을 수 있다는 생각을 퍼뜨렸다. 필요한 점은 여러 음식을 잘 섞어 먹는 것이다. 가령 콩과 렌즈콩은 특정 아미노산이 부족한 식품이다. 반면 빵과 밥은 그런 아미노산은 충분하지만 다른 것이 부족하다. 전통적인 식사법, 가령 렌즈콩 카레를 밥에 비벼 먹거나, 콩을 토르티야에 싸 먹거나, 이탈리아 파스타와 콩 수프를 함께 먹는 식사법은 다양한 단백질을 고루 섭취할 수 있는 훌륭한 방법이라고 재평가를 받았다.

"임신했을 때, 저도 그렇게 단백질 섞어 먹는 식단을 짰죠. 할 수 있는 모든 것은 해본다는 생각에서요. 그런데 당시에는 대부분의 전문가들이 그런 식사법이 전혀 불필요하다고 평가하던 참이었어요. 그래도 저는 그렇게 했어요. 저는 잘못이 있을망정 최대한 조심해서 모든 것을 해보는 성격이거든요. 지금은 매일 메뉴에 단백질이 들어가도록 꼼꼼히 챙기죠. 콩과식물, 대두 성분 식품들……. 우리는 무슨 요리에나 항상 땅콩과 식물 씨앗을 듬뿍 쓰지요. 다만 거기에 변화만 줄 뿐, 주식은 그것들이라고 봐도 돼요. 그리고 칼로리가 제로인 음식은 안 먹죠. 우리는 그런 음식은 집 안에 들여놓지 않아요. 그런 무칼로리 음식을 먹지 않으면, 많은 쓸데없는 짓을 하지 않을 거라고 믿죠."

하지만 조앤은 비타민 보충제를 통해서 온 가족이 충분한 비타민 B_{12}를 섭취하고 있다고 했다. 겨울에는 또 외출을 많이 하지 않기 때문에, 비타민 D 보충용으로 복합 비타민제를 먹는다.

우리는 집 안에 '무칼로리' 음식은 없다는 말에 주목했다. 아이들이 캔디나 과자를 좋아하지 않던가요? "사리나가 마침 체육관에서 구디백(특별행사 등에서 참가자들에게 나눠주는 과자나 장난감, 기념품 등이 든 작은 종이봉투-옮긴이)을 하나 얻어왔어요. 그곳 아이들은 항상 구디백을 들고 다니고, 나눠주고 그러죠. 그래서 우리 아이도 구디 백을 하나 들고 집에 왔는데, 그 안을 보니 팔찌 하나랑 우리 애가 좋아하지 않는 온갖 것들이 들어 있더군요. M&M 초코바, 튀긴 팝콘, 스위스미스 핫코코아 팩, 저는 오늘 그것을 다시 체육관에 돌려주었어요. 사리나가 그러더군요. '아, 지독한 냄새가 나요! 뭐가 들었어요?'"

"사이다는 어떤가요. 그런 음료수 같은 것은?"

조앤은 약간 웃어 보였다. "일찍이 우리 애들이 사이다와 가장 가까이 접했던 때는 매년 여는 채식주의자 만찬 때였죠. 거기서 애들은 아마도 건강에 더 좋은 방식으로 만들어졌을 사이다를 마셨어요."

"과자 같은 것은요?"

"우리는 직접 유기농 콘칩을 만들어서 주죠. 그리고 너무 바쁘거나 급히 집을 나서 우리가 가는 곳의 음식으로 식사를 해야 할 상황이면, 우리는 유기농 콘칩하고 빈딥을 좀 챙겨가요. 다른 사람들이 맥도날드에서 적당히 때우는 식으로 때우는 거죠."

그 가족의 스케줄 때문에 우리는 더 이상 점심 담화를 계속할 수 없었다. 이제는 먹을거리 쇼핑 시간이다. 식료품 가게로 가는 도중에, 조앤은 잠깐 지방 마트인 딜론스에 들러 사과, 오렌지 등등의 과일을 샀다. 그녀는 이런저런 재래식 대형 마트에서 갈수록 많은 유기농 상품을 살 수 있다고 말했다. 파브 가족은 식료품의 대부분을 아이오와 주의 아이오와시티에 있는 협동조합 매점인 블루밍프레리에서 '한 번에 왕창' 구입한다. 6주일마다 식품 주문을 하면, 트럭이 식품을 싣고 집까지 온다. 하지만 마침 먹을 게 떨어지면 와일드오츠에서 사다 먹는데, 대체로 그곳 상품이 유기농이기 때문이다.

"저는 가족의 건강과 웰빙을 위해 유기농을 구입해요. 공기, 물, 땅을 오염시키는, 심지어 농사짓는 그 부근에서도 한참 떨어진 곳까지 피해를 주는 농법을 돕고 싶지는 않은 거죠. 그리고 저는 제가 내는 돈이 이 기업체 민주주의(corporate democracy)에서 가장 강력한 목소리를 낼 수 있다고 보기 때문이고요." 우리가 그녀에게 좀 더 자세한 설명을 청하자, 그녀는 유기농 식품이란 화학첨가제가 덜 들어가는 식품이며, 그 재배 방식은 그 영양소에도 영향을 미칠 수 있다고 말했다. 그리고 그녀는 유기농 재배 농가는 유전자 조작 식물을 쓸 수 없다고 덧붙였다. 현대 생명공학이 만들어낸 이 창조물은 '전혀 새롭고, 유독성이 있을 수 있는 단백질'을 갖는다. 하지만 그녀는 미생물학자이며, 한번 시작하자 굉장히 전문적으로 얘기가 진행되었다. 그래서 우리는 그녀의 말을 듣는 동안 기회만 오면 다른 쪽으로 대화의 방향을 바꾸자고 마음속으로 다짐해두었다. 그리고 우리는 결국 그녀가 유기농 식품을 구입하는 다른 이유 쪽으로 화제를 돌렸다. "저는 생명 있는 존재를 다스릴 특허를 얻으려는, 아니면 아예 소유하려는 기업에 대해 결단코 반대해요. 그런 기업은 전통적인 농민들을 고소하고, 다만 다음 해를 위해 씨앗을 보존해두려는 행위를 범죄 행위처럼 몰아가죠. 기업으로서는 그게 돈 버는 길이겠죠. 하지만 어떤 사람에게는 생존이 달린 문제예요. 저는 제가 가진 돈으로 투표할 거예요. 그리고 세상에 해독을 끼치는 사람들이 번영하지 못하게 할 거예요."

베건 식료품점

오버랜드파크 인근의 와일드오츠 마트는 대형 마트 체인 중에서 가장 새로운 것 중 하나이다. 과일과 채소가 대형 상자와 테이블을 가득가득 채우고 있고, 매장은 다니며 둘러보기에 충분히 널찍했다. 놀랍게도, 우리의 거창한 삼각대와 비디오카메라는 매장 담당자의 성질을 돋우지도 않았고, 다른 쇼핑객들의 불평을 듣지도 않았다. 나중에 조앤이 계산대에 섰을 때는, 계산원이 우리 카메라 앞에서 즐거운 듯 포즈까지 취해주었다.

조앤은 우선 유기농 바나나를 잔뜩 집어 들기 시작했다. 다음으로 그녀는 진열대에 놓인 로메인 양상추를 세세히 만지며 살펴보고는 마음에 든 두 단을 골랐다. 그리고 플라스틱 백에다 유기농 붉은 양파를 채우기 시작했는데, 그걸 마치 트로피처럼 들어 올리며 웃어 보였다. 다음은 유기농 키위가 또 한 바구니(두 다스쯤 되어 보였다), 그러고는 벽을 죽 따라서 있는 냉장 보관 진열대 쪽으로 옮겼다. "여기서 늘 사곤 하는 몇 가지를 보여드릴게요." 그녀는 콩으로 만든 베건용 치즈인 소이메이지를 한 팩 집었다. "라벨을 잘 살피곤 해요. 콩 단백질을 따로 주입했는지 보려고요. 그러면 유기농이 아니라는 거거든요." 또 다른 브랜드를 하나 집고는 말했다. "이게 더 좋더라고요. 여기는 그런 게 전혀 없거든요. '베건렐라'라고 하는데, 저는 모차렐라와 체다 풍미를 사요."

우리는 두부 코너로 옮겼다. 그녀는 팩 하나를 집어 올렸다. "이건 사고 싶지 않아요. 왜냐하면 유기농 콩으로 만든 게 아니거든요. 이

나라에서는 콩이 워낙 많이 재배되고, 그중 다수가 아마도 유전자 조작 콩일 거예요. 따라서 콩이 유기농으로 길러졌느냐의 여부는 제게 매우 중요해요." 그녀는 그걸 내려놓고 다른 상표 두부를 보여주었다. "이건 유기농이네요. 하지만 라벨을 주의 깊게 읽어 보면…… 그러니까 성분이……오, 결국 바꿨군요!" 그녀는 기쁜 얼굴로 우리를 보았다. "좋아요. 이젠 이 상품을 살 수 있어요. 이 회사는 유기농 콩에다 콩 단백질을 주입해서 팔았고, 그래서 아예 사지 않았죠. 이젠 그러지 않나 봐요. 잘됐어요."

그녀는 그 두부 팩을 다시 내려놓은 후 두 팩을 더 집었다. "보통은 이걸 사죠. 화이트웨이브 것인데, 유기농이에요. 지금은 대기업에 속해 있기 때문에 좀 미심쩍기는 하죠. 하지만 그래도 왜 이걸 사는가 하면요. 이 지역 업체로 두부를 만들고 있는 사람 이야기를 듣게 되었죠. 그리고 그가 어떻게 만드나 직접 가보았어요. 키가 작달막한 신사더군요. 그가 뜨거운 두유를 러버메이드 양동이에 담고 응고제를 섞는 것을 보았죠. 저는 뜨거운 액체를 플라스틱에 담는다는 게 기분 나빴어요. 그래서 화이트웨이브에 전화를 걸어봤더니 모든 과정을 스테인리스 스틸 용기로 한다더군요. 그런 게 바로 진짜 유기농 두부죠. 저는 항상 가장 딱딱한 두부를 사는데, 수분을 최대한 짜낸 것이기 때문이죠. 두부에 들어 있는 물에 돈을 내고 싶지는 않으니까요."

그녀는 진열대에서 또 하나를 집어 들었다. "이건 가끔 사죠. 유기농 두부와 콩단백질 성분으로 만든 베건용 파마산 치즈예요. 유기농 식품이라고는 할 수 없지만 우리는 아주 적은 양을 쓰죠." 다음으로 조앤은 스마트델리 코너에 있는 채식주의자용 살라미, 칠면조 슬라이스, 볼로냐 소시지 쪽을 가리켰다. "이건 가끔 남편 몫으로 사요. 그이는 이런 것을 참 좋아하거든요. 하지만 저는 한 번도 먹지 않았어요." 그녀는 우리에게 스마트델리의 팩 하나를 건넸다. "칠면조 구이 스타일의 가짜 고기 슬라이스죠. 지방은 전혀 없고요." 그녀는 라벨을 읽었다. "라이트라이프푸드 제조. 성분은 물, 글루텐, 콩단백질, 채소에서 추출한 천연향."

이제 우리는 냉장 진열대 쪽으로 갔다. 그녀는 유리문을 열고 박스 하나를 꺼냈다. "이게 제가 본 중에 가장 좋은 비낙농 아이스크림이죠…… 적어도, 아직까지는요. 유기농 소이딜리셔스고요……. 민트 마블 퍼지 맛이랍니다. 이 밖에도 좋은 대안 아이스크림들이 몇 개 있어요. 우리는 라이스드림 아이스바도 먹어봤는데…… 지방이 너무 많아요. 그래서 우리는 그쪽 물건은 사지 않죠. 소이드림 디저트는 끝내줘요. 이 초콜릿 아이스크림 샌드위치를 사리나의 체조 친구들에게 주어봤더니 정말 좋아하더라고요. 릴드리머스라고 하죠. 유기농이고요."

파브 가의 쇼핑 카트가 꽉 차버렸다. 계산을 하려다가, 조앤은 다시 매장으로 달려가서 유기농 레몬을 큰 봉투로 하나 가득 가져왔다. 그리고 그녀는 계산원과 함께 면직 장바구니에 물건을 옮겨 담기 시작했다. 우리는 차를 마트에 주차해놓은 채로 이동해서 사리나가 체조 수업을 끝내는 마지막을 지켜보았다. 그 도중에 우리는 조앤에게 그녀와 조의 사회적 인간관계 속에 같은 베건들이 많이 있느냐고 물었다. "그랬으면 좋겠지만, 아마 그건 지금 베건으로서 살기에 가장 안 좋은 부분일 거예요. 우리의 생활 문화는 너무 음식 위주로 짜여져 있어요. 먹을거리를 기르고, 준비하고, 나누고 하는 것 말이죠. 우리는 공동체적 정서가 메말라 버렸어요. 우리는 다른 많은 사람과도 우리 음식을 나누었으면 좋겠는데 말예요. 하지만 우리에게 음식이란 정말로 큰 문제예요. 우리가 먹을 음식과 먹지 말아야 할 음식이 있으니까요. 우리는 우리 음식을 남들과 나누지만, 그 사람들은 자기들 음식을 우리와 나눌 수 없죠. 이건 정말 아쉬운 일이죠."

그러자 우리는 그녀에게 더 많은 정치적 질문을 했다. 우리는 이 고장이 매우 보수적인 곳으로 통하며, 항상 공화당 몰표가 나오고, 근본주의 기독교도가 많이 사는 것으로 안다고 말했다. "그렇다면, 여기서 베건으로 살며 우리가 동물을 어떻게 다루어야 하는가를 놓고 윤리적 문제의식을 가지고 지내는 것이 어떤가요? 그러니까 당신의 이웃들이 낙태나 동성결혼 등에 대해 격분하는 사람들이라고 할 때?" "외로운 삶이죠." 조앤은 대답했다. "아, 여기서 매일 만나 잡담을 나누는 사람은 꽤 많이 있어요. 도서관이나, 아이들 활동 참관할 때나. 하지만 뭔가 부족한 데가 있는 인간관계죠. 그들과 진정한 유대관계를 맺고 있다는 느낌이 안 드니까요. 나의 존재와는 세포 하나하나까지 완전히 다른 사람들이 저토록 많이 내 주변을 둘러싸고 있다……. 고통스러운 일이에요. 여기서 살면서 꼭 외계인이 된 듯한 기분이라고, 친구들에게 종종 말하곤 해요." 그래서, 올레이서에서 7년, 존슨 카운티에서는 평생을 살아온 이 부부는 어딘가 다른 곳, 더 '빠삭빠삭한' 곳으로 옮길 생각을 하고 있다. "빠삭빠삭해요?" 우리는 어리둥절해졌다. 그녀는 웃더니 그라놀라(곡식과 설탕을 섞어 만든 과자류─옮긴이) 머리를 한 동네로 갔으면 좋겠다는 거라고 했다. 하지만 농담이고, '차이에 대한 관용이 더 많은 곳, 물질주의가 덜 팽배한 곳, 창조성이 중시되고 평화와 정의에 대한 활동에 관심이 높은 곳'을 의미하는 것이었다(이 가족은 결국 캔자스 대학교가 들어서 있는 로렌스로 이사했다).

우리가 파브네 집으로 돌아갔을 때, 조앤은 쇼핑 바구니들을 내려놓고 블루베리와 바나나 등 과일들을 냉장고에서 꺼냈다. 그녀는 거대한 믹서에 그 과일들을 우르르 집어넣고, 두유를 부은 다음 반 갤런들이 통에 스무디가 가득 채워질 때까지 갈았다. "저는 이걸 할 수 있는 한 많이 해요. 사리나의 친구들이랑 그 부모들에게 이 건강하고 유기농인 식품이 그들이 즐겨 먹는 정크푸드만큼 맛있다는 것을, 아니 더 좋다는 것을 알려주기 위해서죠." 그녀는 깔깔 웃고는, 다시 묘한 미소를 지어 보였다. "그 사람들이 이걸 보자마자 내던질지 아닐지, 우리 내기할래요?"

11
유기농으로 가자

매서렉-모타밸리 가족과 파브 가족은 모두 유기농 식품을 선호한다. 짐과 메리 앤은 일부 유기농법을 실천하며, 토마토, 후추, 라스베리, 블루베리, 블랙베리, 그리고 여러 허브 등을 가꾼다. 그들은 또한 유기농법에 따라 생산된 고기, 달걀, 우유, 샐러드 등을 구입한다. 조앤은 양상추에서 콘칩, 두유 아이스크림까지 가능할 때면 언제나 유기농 식품을 산다. 다만 유기농 식품을 산다는 것은 엄격히 말해 베건적이라고 할 수 없다. 일부 베건은 특별히 유기농을 선호하지 않으며, 일부 육식자들은 유기농만 먹는다. 그러나 베건은 대체로 일반인보다 유기농을 더 좋아하고 많이 먹는 경향이 있다.

2003년 조사에서 약 11퍼센트의 미국인이 매일 유기농 식품을 먹는다고 대답했으며, 16퍼센트는 주 1회 정도 먹는다고 했다. 유기농 식품은 이제 '대안 식품'에서 공존 식품이자 특별 건강 식품으로서 대형마트에서 자리 잡게 되었다. 그리고 홀푸드마켓, 와일드오츠, 트레이더조스 같은 대형 마트뿐만 아니라, 크로저스, 슈퍼타깃, 킹수퍼즈, 프라이스초퍼 등에도 코너가 생겼다. 이제 유기농 식품은 미국의 대형마트 넷 중 셋에서 구입이 가능하다. 그렇지만 미국에서 거래되는 전체 식품 중에는 아직 2퍼센트만이 유기농이다.[1] 유기농 운동의 주류는 생과일과 채소이며, 우유, 달걀, 치즈, 고기 등은 빠르게 성장하고 있지만 아직 규모가 크지 않다. 가공 처리된 식품까지 포함하면 유기농 식품의 범위는 크게 늘고, 파스타소스, 시리얼, 콘칩, 아이스크림, 땅콩버터, 커피, 그리고 심지어 냉동 즉석 식사까지 유기농으로 있다.

전 세계적으로, 인증된 유기농 식품의 수요는 매년 10퍼센트씩 증가하고 있다. 그러나 유기농 식품의 생산량은 인증된 양에 비해 훨씬 많은데, 많은 전통적 농법의 농가는 이미 유기농법을 쓰고 있으나 인증 절차에 대해서는 모르고 있기 때문이다. 그런 절차를 알고 유기농 상표를 붙여 자신들의 상품을 수출하기 위해 인증 신청을 하는 개발도상국 농민들 가운데, 80퍼센트가 농법을 바꿀 필요 없이 그대로 인증을 받을 수 있다.[2] 유기농 운동의 입장에서 볼 때, 문제는 이 전통 농법의 농민들을 '현대식' 농법을 받아들이라는 압력에서 구하는 것이다. 그런 압력은 장기적으로 해당 농민이나 환경이나 비싼 값을 치르게 만든다고, 그들은 여기고 있다.

유기농 식품이란 무엇인가?

어느 토마토에 '오르가닉(유기농, 유기적)'이라는 마크를 붙여서 다른 토마토와 구별한다고 하자. 그 의미는 그 단어의 의미가 일정치 않기 때문에, 매우 여러 가지일 수 있다. 20세기 중반까지는 오르가닉(organic)이란 단지 뭔가 생명이 있는 것, 또는 생명체에서 비롯된 것을 의미할 뿐이었다. 그런 의미에서, '비유기적(농) 토마토'라는 말은 자체 모순이 된다. 그것이 토마토처럼 생긴 장식품 따위가 아닌 다음에야 말이다. 아주 드문 예외를 빼면(가령 소금), 우리가 먹는 음식은 제조 방법에 상관없이 모두가 '유기적'이다.

구체적으로 오늘날 우리가 '유기농 식품'이라고 할 때의 '유기농(적)'이란 1942년부터 시작된 말이다. 당시 로데일(J. I. Rodale)은《유기적 원예(Organic Gardening)》라는 잡지를 출간했다. 오늘날 로데일은 선구자로 추앙받지만, 당시 그는 좀 이상한 사람이라고, 또 케케묵은 농법에 집착하는 사람이라고 멸시당하기 일쑤였다. 그는 소위 잘 알려진 현대식 농법에 따라 '비유기적'인 또는 합성 재료인 비료를 주는 대신, 유기적 물질(동물 배설물이나 부식물)을 투입해줌으로써 흙의 비옥도와 안정성을 유지할 것을 주장했다. 따라서 로데일의 어법에 따르면 비료가, 그리고 농법이 유기적인지가 중요하며 식품 그 자체는 별 문제가 안 된다. 또한 관심의 주 대상은 흙이며, 생물 다양성이나 동물복지 등은 고려하지 않는다. 그러나 '유기농법'의 의미는 곧 로데일의 좁은 정의에서 벗어나, 비료와 결별했다. 여러 가지 정의가 난무하기 시작했고, '유기농업 농민'이라는 단어를 제각기 다른 의미로 쓰는 상황이 벌어졌다. 어떤 사람은 좁은 의미 정의에 집착하여 무엇을 흙에, 곡물에, 또는 동물에 주는지에 따라 유기농 여부를 구분하고, 또 어떤 사람은 삶의 모든 측면을 모조리 포괄하고자 하여, 건강한 생활, 형평성 있는 분배, 야생동물에 대한 배려 등등을 모두 유기농에 갖다 붙였다. 전 세계의 유기농 농민 조직들 중에서는 넓은 정의 쪽이 주로 통하고 있다. '국제유기농업운동연합' 소개서는 이러한 정의에서 시작한다.

유기농업이란 식품, 섬유, 목재 등을 환경적·사회적·경제적으로 건전한 방식으로 생산할 수 있는 농업 시스템이다. 이 시스템에서, 토양의 비옥도는 성공적 생산의 핵심 요소로 간주된다. 식물과 동물, 그리고 경관 등의 자연의 산물을 다루면서, 유기농업 농민은 농업과 환경의 모든 면에서 최적의 질(質)을 달성하는 것을 목표로 한다.[3]

하지만 이러한 정의는 그 상품이 유기적으로 생산되었음을 나타내는 상표의 수준까지 미칠 수 없다. 상표 속에 집약해서 나타낼 수 있는 구체적인 기준이 없는 한, 소비자들은 종종 서로 다른 조직과 생산자들이 쓰는 '유기농' 이라는 마크에 대해 확신하지 못하는 경우가 많다.

1990년, 미국 의회는 농무부에서 법적 강제성이 있는 'USDA 유기농' 기준과 인증 절차를 만들게끔 함으로써 혼란에 종지부를 찍기로 했다. 이 인증 시스템을 통해 소비자들은 과연 해당 상품이 유기농 기준에 맞게 생산되었는지를 알 수 있게 될 것이었다. 그리하여 2002년, 유기농업에 종사하는 대부분의 사람의 견해를 두루 참작하고 조정하여, 대부분이 납득할 수 있는 기준이 마련되었다. 곡물은 합성비료를 사용하지 않고 자라야 하며, 대부분의 합성 살충제와 모든 제초제도 금지된다. 단 생물학적·식물학적 통제 방식은 허용된다. 토양의 비옥도는 동식물의 오·폐물(그러나 유독성 중금속을 함유하고 있을 수 있는 하수 찌꺼기는 안 된다), 작물의 순환 재배, 그리고 클로버를 다른 곡물 사이에 심는 식의 '피복 작물(cover crops)' 기법 등을 써서 유지한다(피복 작물이란 심음으로써 그 땅의 질소와 유기화합물 함유도를 높이는 작물이다). 고기, 달걀, 우유를 얻기 위한 동물들은 유기농 곡물이나 다른 유기농 사료를 먹어야 하며, 성장호르몬이나 항생제를 먹어서는 안 된다(병들거나 다친 동물에게는 항생제를 처방할 수 있다. 그러나 그 경우에는 그로부터 얻은 고기, 우유, 달걀 등을 유기농 제품으로 팔아서는 안 된다). 유기농법으로 길러진 동물은 야외에 나갈 수 있어야 하며, 반추동물의 경우에는 특히 목초지에 출입할 수 있어야 한다. 동물이나 식물이나 유전자 조작과 결부되어서는 안 되며, 유기농 식품에 방사선을 쐴 수 없다.[4]

어째서 유기농인가?

1. 건강을 위하여

유기농 식품을 구입하는 사람들은 불필요한 위험을 피하기를 바라며, 그들은 더 자연에 가까운 생산 방식이 더 건강에 좋을 것으로 본다. 이런 믿음은 유럽에서 광우병이 발생하고 이후 집약적으로 길러진 소들이 도살장 쓰레기를 먹었음이 밝혀지고서 한층 힘을 얻었다. 이 광우병 소들을 먹은 사람들 중 최소한 150명이(일부에서는 그보다 훨씬 많다고 한다) 서서히 나타나지만 치명적인 질병에 걸리고 말았다. 수백만 명에 달하는 소비자가 옛날 축산 방식이 더 안전하다고 생각한 것도 무리가 아니었다. 특히 자녀들을 생각하는 사람들은 더했다. 영국에서는 이제 유기농 유아식이 전체 유아식 매출 중에서 절반을 차지한다. 또한 독일 유아식 시장은 "대략 모두가 유기농으로만 이루어지는 쪽으로 가고 있다"고 한다.[5]

유기농 식품은 농약을 덜 포함하고 있다. 9만 4,000개의 샘플에서 얻은 데이터를 가지고, 소비자조합의 조사 팀은 재래식으로 재배된 식품의 73퍼센트, 재래식으로 재배된 사과, 배, 복숭아, 딸기, 샐러리의 90퍼센트에서 농약이 검출되었는데, 유기농 재배 샘플은 23퍼센트만 검출되었다는 보고를 했다. 재래식과 유기농식 모두에서 농약이 검출된 샘플에서는, 유기농 샘플에 함유된 농약의 양이 비유기농보다 현저히 적었다.[6] 워싱턴 대학교의 과학자들은 재래식 식단을 먹은 아동과 주로 유기농 식단을 먹은 아동의 소변을 조사, 그러한 농약 잔류량의 차이가 신체에서 그대로 나타난다는 사실을 알아냈다. 재래식 식사를 하는 아동 중 일부는 소변에서 발견된 농약 성분이 환경보호국(Environmental Protection Agency, EPA)의 지침상 '무시할 수 있는 위험' 수준을 넘어서 있었다. 유기농 위주로 식사를 하는 아동의 소변에서는 재래식 식사 아동의 소변에 비해 6분의 1에 불과한 농약이 검출되었으며, 이는 환경보호국의 허용량 한계치보다 한참 적은 수준이었다.[7]

그러나 영국, 프랑스, 스웨덴 정부의 식품관리 부처들은 모두 최근에 유기농 식품이 재래식 식품보다 더 안전하다거나 영양이 뛰어나다고 볼 과학적 근거가 없다는 결론을 내놓았다.[8] 《뉴욕 타임스》에 농업 관련 칼럼을 쓰고 있는 마이클 폴란은 이렇게 썼다. "이 문제에 대해 과학은 아직 밑그림 수준에 그치고 있을지 모른다. 그러나 상식은 유기농이 더 좋다는 것을 알려준다. 유기인산염이니, 항생제니, 성장 호르몬이니, 카드뮴과 납, 비소(환경보호국은 비료에 이 유독 폐기 물질이 포함되는 것을 허용했다), 동물 자신과 다른 동물의 배설물로 만들어진 하수 쓰레기, 이런 것들로 만들어진 식품을 먹느니보다 훨씬 낫지 않겠는가?"[9]

2. 환경을 위하여

파브 가족과 짐 모타밸리-메리 앤 매서렉 부부에게 대기, 물, 토지를 심각하게 오염시키지 않는 농법을 지지하는 일은 유기농 식품 구입의 중요한 동기이다. 짐과 메리 앤은 재래식 농법에서 에너지와 물이 낭비된다는 점도 지적한다. 그러나 '유기농' 마크는 과연 그 상품을 만드느라 환경에 미친 영향이 비슷한 상품을 재래식으로 만들 때 미친 영향에 비해 얼마나 적을까?

그 문제에 대해서는 우리가 비교하는 농장의 형태가 크게 좌우한다. 앞서 보았듯이 닭, 돼지, 소 등을 기르는 대형 농장들은 심각한 대기오염과 수질오염을 가져올 수 있다. 그러나 우리가 앞에서 보았듯이 유기농 농장들은 동물을 한데 모아 사육하며, 그에 따라 상당한 오염을 배출할 수 있다.

유기농 방식으로 길러진 동물은 그 신체를 통해 하천에까지 스테로이드를 퍼뜨리지 않는다. 그들이 스테로이드를 투여 받지 않기 때문이다. 그러나 5,000두의 소가 유기농 농장에서 자랄 때는 동일한 수의 소가 재래식 농장에서 자랄 때와 배출하는 오물이 차이가 없다. 물론 유기농 달걀 생산업자들은 닭장을 사용하지 않으며, 따라서 재래식 농장만큼 축사에 닭들을 밀집해 키우지 않는다. 그러나 유기농 산업이 계속 성장한다면, 더 큰 유기농 농장에서 더 많은 동물을 기르게 되는 일을 막을 방법이 지금으로서는 전혀 없다. 따라서 USDA가 규율하는 '유기농' 마크는, 적어도 지금의 규정대로라면, 그 농장 상품이 환경과 조화를 이루는지 보장해줄 수 없다.

그렇다고 해도 유기농은 완전무결하다는 섣부른 일반화만 피한다면, 전체적으로 볼 때 유기농법이 재래식 농법보다 환경에 유익하다는 점에서 사실상 이론의 여지가 없다. 2002년 워싱턴에서 미국 농무부 주최 아래 열린 OECD(Organization for Economic Co-Operation and Development) 워크숍에서, 22개국에서 온 140명의 전문가가 4일간 토론한 끝에, 이런 결론이 내려졌다. "연구 조사, 현지 조사, 현장 경험에서 널리 수집된 증거에 따르면, 유기적 농업 방식은 일반적으로 재래식 농법보다 환경친화적이다. 특히 적은 농약 잔류량, 높은 생물 다양성, 낮은 가뭄 유발 가능성 면에서 그렇다. 유기농업 시스템은 영양소 유실을 줄이고 온실가스 방출량도 낮출 가능성이 높다." [10]

다음은 유기농법이 가진, 몇 가지 더 중요한 환경 관련 장점이다.

• 유기농법은 토질을 보전한다.
처녀지를 개간하고 합성비료를 투입하며, 토양에 함유된 질소와 탄소가 50년 이상 동안 50퍼센트 내지 65퍼센트 유실된다. 그 이후로는 기존 수확량을 유지하려면 화학비료의 투입량(따라서 화석연료 에너지의 소비량)을 늘려야만 한다.[11] 그것이 더 이상 채산이 맞지 않게 되면,

토지는 내버려지고 잡초만 자라는 황야가 된다.

　유기농법은 다른 논거를 갖고 있다. 그것은 농부를 토지의 관리인으로 여기며, 토지를 돌보는 가운데 그 결실을 수확하여, 자신이 농사를 시작했을 때의 토질 수준을 유지 또는 개선하여 미래 세대에 물려주어야 한다고 여긴다. 따라서 유기농 농민들은 유기물질을 투입하는 방법으로 토질을 유지, 발전시킨다. 그것은 흙 속의 벌레와 미생물을 늘린다.[12] 유기물질이 풍부한 토양은 관개의 필요가 적은데, 흙이 습기를 더 잘 머금기 때문이다. 또한 바람이나 폭우에 표토가 씻겨 내려갈 가능성도 적다. 워싱턴의 스포케인 인근에서 서로 인접해 있으며, 따라서 토질도 비슷한 밀 농장 두 곳을 조사해 보니, 37년 동안 재래식 농법의 농장은 8인치의 표토를 잃은 반면, 유기농 농장은 2인치만 잃어버렸다. 과학자들은 유기농 농장의 생산성은 유지된 반면, 재래식 농장은 높은 표토 손실률 때문에 감소했다는 결론을 내렸다.[13]

• **유기농법은 생물 다양성을 높인다.**
현대식 집약적 농업의 확산은 단일 작물 재배와 농약 및 제초제의 과다 사용 경향을 만연시키며 멸종 위기의 종자들을 더욱 궁지에 몰아넣었다. 희귀 식물도 제초제로 일반 잡초와 마찬가지로, 무차별적으로 제거되었다. 농약은 많은 새의 먹이를 싹쓸이했으며, 작은 포유동물들도 농약이 체내에 축적되었다. 이와는 대조적으로, 유기농 농장은 농약을 쓰지 않으며 제초제도 적게 씀으로써 토양 내부에 유기물질을 더 많이 함유케 하며, 산울타리나 다른 비경작 지역도 자연 그대로 내버려둔다. 이 모든 것은 유기농 농장이 멸종 위기에 처한 식물, 곤충, 새, 포유류들의 피난처가 되게끔 한다. 2005년 《생물 보전(Biological Conservation)》이라는 잡지를 통해 과학자들은 식물들, 흙 속의 미생물들, 지렁이들, 거미들, 나비들, 딱정벌레들, 새들, 포유동물들이 유기농 농장과 재래식 농장에 얼마나 분포되어 있는지 조사하기 위한

76개의 독립적 연구 결과를 공표했다. 그들은 이런 연구 결과의 대부분이 유기농 농장에서 해당 생물종이 번성하고 있음을 나타낸다고 밝혔다. 특히 현대식 농업의 확산으로 수가 급격히 줄었던 종자들이 유기농 농장에서는 활발히 살아가고 있었다.[14] 2005년, 영국 정부에서 5개년 동안 실시한 유기농 농장 조사 결과 역시 그러한 결론을 뒷받침했다.[15]

- 유기농법은 질소의 유실로 인한 오염을 줄인다.

재래식 농법은 합성비료에 크게 의존하며, 그 중에서도 질소비료에 대한 의존도가 높다. 전 세계적으로, 지난 50년간 질소비료 사용량은 10배로 늘었다. 이 질소비료의 3분의 2는 하천과 여타 환경 시스템으로 유입되며, 강과 바다의 환경에 두루 영향을 미친다.[16] 가장 극적인 결과는 멕시코 만에 생긴 '죽음의 바다'이다. 제1장에서 설명한 체사피크 만의 경우처럼 멕시코 만의 죽음의 바다 역시 지난 20년 동안 극적으로 확대되었고, 특히 가장 크기가 커지는 매년 여름이 되면, 뉴저지 주 전체 크기보다 더 커진다. 그 최대 팽창 시기는 중서부의 옥수수 벨트에서 질소비료를 사용한 후 1개월 뒤다. 그리고 1개월은 미시시피 강 상류에서 물이 흘러내려 멕시코 만까지 도달하는 시간과 일치한다. 죽음의 바다가 커지면서 어업은 큰 난관을 겪고 있다. 이는 전 세계에 있는 146곳에 달하는 죽음의 바다 중 한 곳에 불과하며, 가장 큰 곳도 아닌데, 최대의 죽음의 바다는 발트 해에 있다. 질소비료의 유실이 이런 바다가 생기게 된 주된 원인이다. 미국 연안에는 43개소의 죽음의 바다가 형성되어 있다.[17] 질소비료를 쓰지 않는 유기농법으로 전환한다면, 질소로 인한 수질오염은 크게 줄어들 것이며, 죽음의 바다도 축소될 것이다.

- 유기농법은 재래식 농법에서처럼 농약과 제초제를 대량으로 쓰지 않는다.

재래식 농법은 농약을 대량 사용하는 농법이며, 여기에는 살충제와 제초제가 포함된다. 1931년에서 1997년 사이에 단위면적당 농약 사용량은 두 배 이상 늘었는데, 다만 그 이후부터는 소폭 감소했다.[18] 1990년대에는 미국 지리학 연구소가 전국에서 8,000점 이상의 물과 물고기 샘플을 채취하여 76가지 농약을 놓고 검사를 했다. 그리하여 밝혀진 사실 중 중요한 몇 가지는 다음과 같다.

- ◆ 90퍼센트 이상의 물과 물고기 샘플이 한 가지 이상(여러 가지가 대부분이었다)의 농약 성분을 포함하고 있었다.
- ◆ 지하수 샘플 중 약 절반이 하나 이상의 농약 성분을 포함하고 있었다.
- ◆ 가장 많이 발견되는 농약은 가장 많이 사용되는 제초제로 아트라진, 매톨라클로어, 알라클로어, 사이아나진 등이었다. 이것들은 강물이나 농업 지역의 저층지하수 어디서나 검출되었다.
- ◆ 환경보호국에서 규정한 음용수 농약 함유 기준치를 초과하는 수준으로 개별 농약이 검출된 것은 전체 샘플 중 1퍼센트일 뿐이었다. 그러나 낮은 함량이나마 여러 농약이 함께 함유되어 있을 때의 위험은 불확실하다. 더욱이, 발견된 농약의 약 절반은 환경보호국 기준치가 아예 없는 것들이었다.
- ◆ 농지의 하천에서 추출한 샘플의 약 절반이 수중 생명 보호를 위한 캐나다 정부의 농약 함유 기준치를 초과했다(이 보고서에서 캐나다의 기준치를 든 이유는 미국에는 그런 기준이 없기 때문이다).
- ◆ DDT나 디엘드린처럼 1960년대 이래 사용하지 않은 농약들도 아직도 검출되고 있었다. DDT는 거의 모든 물고기 샘플에서 검출되었다.[19]

유기농법에서는 매우 제한된 범위에서만 살충제를 쓸 수 있다. 사용이 가능한 살충제는 자연산이거나 그 안전성이 잘 검증된 것들이다. 따라서 유기농 농장에서는 재래식 농장에 비해 공기 중이나 인근 하천으로 방출하는 살충제의 양이 훨씬 적다. 또한 제초제의 경우는 아예 사용 금지이다.

• 유기농법은 재래식 농법에 비해 더 적은 에너지로 같은 수확량을 달성한다.

유기농 농장은 합성비료를 쓰지 않는데, 합성비료란 많은 에너지를 사용해야 하는 공산품이다. 영국 환경·식품·농촌 부서에서 지원한 연구에 따르면, 유기농 곡물은 생산 단위당 35퍼센트, 유기농 유제품은 74퍼센트 적은 에너지를 필요로 한다.[20] 에섹스 대학교의 과학자들은 여러 나라의 유기농 농가에서 재래식 농업 시스템에서 소모하는 것보다 겨우 30퍼센트 내지 50퍼센트의 에너지밖에 필요로 하지 않는다고 발표했다.[21]

• 유기농법은 흙 속에 더 많은 산소를 포함시키며, 따라서 이산화탄소 방출량을 줄인다.

유기농법은 흙에 유기물질이 더 많이 포함되도록 한다. 그런 물질은 흙에 포함되지 않았더라면 지표면에서 부식되고, 따라서 대기 중에 탄소를 방출했을 물질이다. 따라서 유기농법이 확산된다면, 기후 변화의 혹독함은 더 완화될 것이다. 그러나 유기농법이 재래식 농법에 비해 그런 효과를 얼마나 내는지는 논란의 대상이다. 로데일 연구소는 23년간의 연구를 통해 그 연구 대상 농장에서 축적된 탄소의 양을 계측하고, 만약 그 농장의 유기농법이 미국의 모든 농토에서 쓰인다면 어떻게 될 것인지를 추산해보았다. 그 결과는 매년 5,800억 파운드의 이산화탄소가 흙 속에 추가 저장되리라는 것이었다. 그것은 모든 승용차와 경트럭이 두 배의 연비 개선을 할 때 감소되는 이산화탄소량의 약 네 배가 된다.[22] 그러나 그러한 연간 탄소 축적량이 얼마나 지속될 수 있는지에 대해서는 의문의 여지가 있다. 결국 유기물질은 땅 속에서도 분해될 것이고, 그러면 탄소가 대기 중에 배출될 것이기 때문이다.

어떻게 되었든, 유기농법과 재래식 농법이라고 해도 어떤 형태인지가 크게 중요하다. 퇴비와 동물의 거름을 많이 쓰고 주기적으로 피복 작물을 심는 유기농 농민은 합성비료만을 쓰고 흙을 갈아엎는 농민에 비해 더 많은 탄소를 흙 속에 저장한다. 개간 과정에서 유기물질이 유실되기 때문이다. 그러나 미국에서 '유기농' 인증을 획득하는 데는 퇴비, 거름, 피복 작물 등을 반드시 필요로 하지 않는다. 다만 유기농 인증을 받으려면 땅을 비옥하게 하는 다른 방법이 대체로 금지되므로, 퇴비 등의 방법을 쓸 가능성이 높아질 뿐이다. 로데일 연구소에 따르면 이런 방법을 사용하는 이상적인 유기농은 대기 중 탄소 비중 증가 억제에 크게 기여한다. 그리고 재래식 농가는 그런 기여를 하지 않는다. 하지만 '유기농' 마크가 있는 식품을 구입하는 일은 반드시 로데일 연구소에서 장려하는 농법을 지지한다고 말할 수 없게 되어 있다.

기후 변화와 유기농 문제에는 상쇄 요인이 두 가지 있다. 재래식 농법은 보통 유기농보다 단위면적당 수확량이 높은 것으로 알려져 있다. 따라서 우리가 일정한 양의 식품을 생산하려고 할 때, 재래식 농법을 쓰면 더 적은 땅을 사용해도 된다. 그렇게 해서 남는 땅에 산림 농업(agro-forestry) 사업의 일환으로 나무를 심는다고 해보자. 일부 추정치에 따르면, 나무는 땅이 흡수할 수 있는 것보다 8배 정도의 탄소를 흡수한다(유기적으로 경작된 땅이라고 해도 그렇다). 그것은 대기 중 탄소 배출량을 억제하는 대안적 전략일 수 있다. 즉 재래식 방법을 써서 더 적은 땅으로 먹을거리를 만들고, 남는 땅에 나무를 심는 것이다.[23] 물론 이는 재래식 농법이 정말로 유기농법보다 생산량이 높다는 것을 전제로 한다. 로데일 연구소는 22년간 재래식 농법과 유기농법의 비교 연구를 했다. 재래식 농법으로 얻은 소출이 단기적으로는 유기농법 쪽보다 많지만, 전체 비교 기간으로 보면, 옥수수와 대두의 수확량은 재래식 농법과 유기농법 사이에 별 차이가 없다고 한다.[24]

지구온난화와 관련된 두 번째 요인은 기본적으로 소들의 트림과 방귀 문제이다. 소들은 메탄을 방출하며, 이것은 온실가스로서 이산화탄소보다 20배나 위력적이다. 그리고 전체적으로 볼 때 전체 온실가스 방출 효과의 2.5퍼센트 정도 책임이 있다. 소들은 세계의 메탄 방출량 중 절반 정도 책임이 있을 것이다. 이들은 섬유질이 많은 음식, 즉 목초나 건초를 먹을 경우 더 많은 메탄을 방출한다. 더욱이, 유기농 소들은 10퍼센트 정도 더 많은 젖을 내도록 하는 소 성장호르몬(BGH)을 맞지 않고 길러진다. 그것은 일정량의 우유를 얻기 위해 유기농 방식으로는 10퍼센트 더 많은 소가 필요하다는 뜻이다. 그리고 그렇게 많아진 소는 그만큼 많은 메탄을 방출할 것이다.[25]

유전자로 장난치기

조앤 파브에게, 유기농 식품을 사는 한 가지 중요한 이유는 유기농 생산자들이 GM 작물 또는 GMO로 알려진 유전자 조작 식물을 쓰지 못하기 때문이다. GMO는 최근 개발된 기술을 써서 유전자를 조작한 식물이다. 이따금 기존의 유전자를 제거하거나 작동을 정지시킨다. 다른 경우에는 유전자 하나를 다른 유기체에 삽입하는데, 어떤 경우에는 전혀 다른 종자의 유전자를 사용하며, 그 결과 유전자 이식(transgenic) 유기체가 탄생한다. 유전자 이식 조작을 통해, 과학자들은 전통적인 육종 기법으로는 갖추게 할 수 없는 성질을 해당 동물이나 식물에 갖추도록 할 수 있다. GMO를 둘러싼 논쟁은 극단적으로 양분되어 있다. 한편에서는 그것을 세계적 식량 문제에 대한 복음으로 찬양하고, 반대편에서는 그런 식품을 '프랑켄푸드'로 폄하한다. 메리 셸리(Mary Shelley)의 소설에서 프랑켄슈타인 박사가 통제 불능의 괴물을 만들어낸 이야기를 상기시키는 별명이다.[26]

오늘날까지, 유전자 조작이 농장 동물의 생산성을 크게 올릴 수 있다는 논의가 1990년대에 그토록 무성했음에도, 유전자 조작 동물의 상업적 식품 생산은 한 건도 승인 받지 못했다. 2002년도 국가조사위원회(National Research Council Report, NRC) 보고서에 따르면, 유전자 이식 돼지, 소, 양, 염소 생산에 성공할 가능성은 0퍼센트 내지 4퍼센트이다. 이런 동물은 대부분 성숙하기 전에 죽으며, 심지어 살아 남은 동물도 "이식된 유전자를 발현하지 않으며, 대부분 해부학적·생리학적·행태적 이상(異常) 증세를 보인다."[27] 이 연구의 일부는 이 비정상적이고, 병들고, 단명하는 동물들에게 극심한 고통을 유발했다. 그럼에도 연구는 계속되고 있으며, 언론은 이러저러한 형태의 유전자 조작 동물이 곧 상업적 양산 체제에 들어갈 것이라는 기사를 툭 하면 내놓고 있다.

이 중 어떤 연구는 물고기의 성장 속도를 빠르게 하여 양식업을 더 효율성 있게 만드는 것을 목표로 한다. 여기서 큰 문제는 GM 물고기가 양식장을 탈출해 천연 물고기들과 교배할 때, 해양 생태계에 미칠 영향은 예측이 불가능하다는 점이다. 우리가 제7장에서 본 것처럼, 양식장이 바다에 있을 때는 물고기들이 달아나는 경우가 많으며 따라서 수많은 교배가 일어날 수 있으므로, 그 위험도는 상상을 초월한다. 육지 쪽에서의 물고기 양식장은 탈출이 더 어렵지만, 양식 어종이 대개 매우 고가의 물고기들이다. 이 물고기들을 좀 더 다산성으로 만들기 위한 시도들은 이제껏 천연어들과의 교배 가능성을 100퍼센트 배제할 수 없었다. 결국 GM 물고기의 미래는 당분간 불투명하다.[28]

또 다른 GM 동물로서 대단한 관심을 받고 있는 깃이 소위 '형질선환 돼지(Enviropig)'이다. 캐나다 겔프 대학교의 세실 포스버그(Cecil

Forsberg) 교수가 주도한 연구 팀은 집약적 돼지 사육의 두 가지 문제점을 극복하려고 했다. 옥수수나 밀을 먹고 자라는 돼지는 그 식단에 결여된 일정 형태의 인(燐) 성분을 흡수할 수 없다. 따라서 농민들이 사료에 인을 첨가해준다. 그것은 돼지 사육의 비용을 늘리는 한편, 돼지가 인 함유량이 매우 많은 배설물을 내놓는 결과로 이어진다. 그리고 그 배설물이 농가에서 반복 사용될 경우, 인 성분은 결국 하천과 지하수로 유출된다. 그리고 조류(藻類)를 과잉 생장시키고 물고기를 죽게 만든다. '형질전환 돼지'는 돼지가 위장에서 더 많은 인 성분을 흡수할 수 있도록 하며, 따라서 인을 인위적으로 첨가해줄 필요가 없고 배설물의 인 함유량이 최고 60퍼센트까지 감소되는 돼지다. 하지만 이 돼지의 고기는 아직 소비용으로 인가되지 못했다.[29]

반면 유전자 조작 식물은 발 빠른 상업적 성공을 거두었다. 1996년, 전 세계에서 GM 곡물을 재배하는 면적은 400만 에이커에 지나지 않았다. 7년이 지나자 그 면적은 1억 6,700만 에이커로 급증했다. GM 곡물의 99퍼센트를 차지하는 유전자 조작 형태는 질병과 제초제에 강하다. 농민들이 무차별적으로 제초제를 살포해도 잡초만 죽고 곡물은 멀쩡한 유전자 조작이다.[30] 2004년, 미국에서 수확된 대두의 85퍼센트가 유전자 조작 콩이었으며, 캐놀라의 절반 이상, 파파야의 약 절반, 옥수수의 45퍼센트 역시 GM이었다. 지금까지 미국은 세계 최대의 GM 식품 생산 국가로, 전 세계 GM 곡물의 약 3분의 2를 생산하고 있다. 여기에 브라질, 아르헨티나, 캐나다, 중국, 남아공을 더하면 99퍼센트가 된다.[31] 반면 GM 곡물이 세계에서 가장 인구증가가 빠른 나라 사람들을 먹여 살리는 데 필요하다는 선전과는 달리, 개발도상국의 경작 가능 토지 중에서 겨우 2퍼센트만이 GM 곡물을 재배하고 있다.[32]

유럽연합, 러시아, 중국, 일본, 한국, 태국, 오스트레일리아, 뉴질랜드에서는 GM 식재료를 포함한 상품은 그것을 표시하는 라벨을 붙여야 한다. 미국에서는 그럴 필요가 없다. 2003년 ABC뉴스 조사에서 92퍼센트의 설문 대상자가 GM 표시를 의무화하는 데 찬성했음에도 그렇다. 유기농 상품을 구입하지 않는 미국의 소비자들은 거의 대부분 일정한 GM 식품을 먹고 있다고 봐도 된다. 그러나 그 사실을 소비자 스스로 확인할 방법은 없다.[33] '미국식품생산업체협회'의 스테파니 차일즈(Stephanie Childs)에 따르면 미국의 가공식품 중 대략 75퍼센트가 GM 성분을 가지고 있으며, 아침식사용 시리얼이나 다른 곡물 가공식품들, 냉동 즉석 식사, 식용유 등이 대체로 그렇다고 한다.[34] 조앤은 옥수수나 대두가 포함된 것은 뭐든 구입하지 않음으로써(유기농이 아닌 이상) GM 식품을 피하기 위해 최선을 다하고 있다.

조앤이 처음으로 GM 식품에 대한 반대 의견을 언급했을 때, 그녀는 유전자 조작으로 만들어진 '전혀 새롭고, 유독성이 있을 수 있는 단백질'이라는 표현을 썼다. 나중에 그녀는 어쩌면 그 단백질이 전혀 새롭다고는 말할 수 없을지 모른다고 했다. 왜냐하면 자연 상태에서도 존재하기 때문이다. 다만 아주 미미한 분량으로 존재할 뿐. 하나의 예로, 그녀는 가장 널리 재배되는 GM 작물의 하나인 'Bt 옥수수'를 들었다. 이것은 바실루스 투린지엔시스(*Bacillus thuringiensis*)라는 박테리아의 유전자를 이식한 옥수수이다. 이 박테리아는 자체적으로 농약 성분을 합성하며, 따라서 옥수수에 심각한 피해를 입히는 가장 흔한 병충인 조명충나방을 없애려고 따로 농약을 칠 필요가 없어진다. 이 유전자 조작으로 옥수수는 모든 세포마다 나방류에게 유독한 단백질을 박테리아에 의해 갖게 된다. 우리가 Bt 옥수수를 먹을 때는, 그 단백질도 먹게 되며, 조앤에 따르면 "자연 상태에서는 우리가 그런 물질을 그렇게 많이 먹을 수가 없다." 그리고 그녀는 이렇게 묻는다. "내가 왜 내 몸에다, 인류가 경험한 적이 없는 잠재적 독극물을 퍼 넣어야 하죠?"

리 실버(Lee Silver)는 생명과학의 발전을 둘러싼 공론(公論) 문제에 관심을 갖기 전까지 프린스턴 대학교의 분자생물학 교수였다. 그 관심 때문에 그는 전공을 고쳤고, 이제는 '분자생물학 및 공공 문제' 담당 교수라는 직함을 가지고 있다. 그가 최근에 쓴 책인 『도전하는 자연(Challenging Nature)』은 동식물의 유전자 조작을 옹호하는 내용이다.[35)] 우리는 그에게 Bt 옥수수를 먹을 경우 나방에게 해로운 유독성 물질을 대량으로 섭취하게 되며, 유전자 조작 식품을 피하면 그럴 염려가 없다는 조앤의 말을 들려주고 그 말이 맞느냐고 물어보았다. "맞기도 하고, 틀리기도 합니다." 그는 대답했다. 그의 설명으로는 Bt 옥수수가 그런 단백질을 갖는 것은 사실이라고 한다. cry1Ab라는 이름의 단백질이다. 그리고 비(非)GM 옥수수(농약을 뿌렸거나, 농약을 전혀 치지 않은 옥수수)에는 그런 것이 없다. 하지만 유기농 농가에서 병충해를 막기 위해 자신들의 옥수수에 바실루스 투린지엔시스를 살포하는 것은 허용되어 있다. 따라서 cry1Ab 단백질은 유기농 옥수수에도 포함되어 있을 수 있다는 것이다.

실버 교수는 계속해서 Bt 옥수수를 걱정할 필요가 없는 세 가지 이유를 들었다. 첫째, Bt 옥수수가 식용으로 판매 승인을 받기는 했지만, 그 대부분은 동물 사료에 쓰이거나 옥수수 시럽으로 만들어져 음료수 등에 들어가는 첨가당(糖)이 된다. 탄수화물 말고는 다른 성분이 없으므로, 옥수수 시럽이나 첨가당에는 cry1Ab나 다른 단백질이 포함되지 않는다. 둘째, 몬산토 사에서 규제 당국에 제출한 자료에 따르면, GM 옥수수에 포함된 cry1Ab의 양은 1,000만 중에 3(0.3ppm-옮긴이)에 지나지 않으며, 이는 실버의 표현을 빌리면 '제로는 아니지만, 무시해도 될 만한 수준'이라고 한다. 셋째, cry1Ab 단백질은 박테리아에 의해 합성되어 특정 곤충의 내장에서 매우 특수한 수용체하고만 결합한다. 따라서 그 단백질은 척추동물에게 아무런 영향도 없다 — 적어도(실버의 말로는) "이론상으로는 그렇습니다. 그리고 그것은 실험실에서 수행된 실험 결과로 뒷받침됩니다."

대부분의 과학자가 실버의 견해에 동의한다. UN 식량농업기구 보고서에서는 다음과 같이 언급하고 있다. "과학자들은 대부분, 현재 재배 중인 유전자 이식 곡물과 그로부터 추출한 식품이 먹기에 안전하다는 데 동의한다." 다만 이 보고서는 "장기적 효과에 대해서는 알려진 내용이 별로 없다"고 하며 그 점에서는 의견 일치가 되지 않음을 언급한다. 한 전문가 위원회는 국제과학위원회에서 실시한 GM 식품에 대한 50개 정도의 연구 결과를 보니 수천만 회의 GM 식품 포함 식사 결과, "부정적 효과는 전혀 나타나지 않았다"고 한다. 그러나 이 역시 단서가 붙는다. 현재 유통되고 있는 GM 식품에 대한 조사는 "새로운 성질을 가진 신개발 식품이 갖는 위험도에 대해 보장해줄 수 없다."36) 실버 역시 한 가지의 특별한 GM 식품(가령 Bt 옥수수)의 안전성만으로는 다른 GM 식품의 안전성 여부를 알 수 없다고 강조한다. "모든 GM 조작은 각각 케이스 바이 케이스로 규제해야 합니다. 저는 안전도에 대해 제 견해를 밝히기 전에 다른 GM 곡물의 이론과 경험 데이터를 참조하고 싶습니다."

GM 곡물에 대한 윤리적 논변으로 개인의 건강 문제를 넘어서는 것은 미국보다는 유럽에서 종종 들을 수 있다. 유럽은 미국에 비해 GM 식품에 대한 대중적 관심이 훨씬 높다. 유전자 조작에 대한 가장 기본적인 윤리적 반론은 유전자 조작이 일종의 '인간의 오만함'이며, '신의 영역에 도전하는 것'이라는 점이다. 일부에서는 하나의 종이 다른 종의 본질을 간섭하는 것(가령 물고기 유전자를 식물에 이식하여 전혀 새로운 식물을 창조하는 것처럼)은 죄악이라고 말한다. 두 번째로 중요한 반론은 GM 곡물이 회복 불가능한 환경 피해를 일으킬 위험이 너무나 크다는 것이다.

두 가지 반론 중 첫 번째 것은 종교적인 것일 수도 있고, 종교와 무관할 수도 있다. 생명과 모든 종의 생물이 신이 창조한 것이라면, 인간이 그것을 조작하는 일은 신의 창조 결과를 뜯어고치려는 시도로서 하나의 신성모독이 될 수 있다. 종교적 믿음에 의존하지 않더라도, 자연은 자연 그대로의 근본적 가치를 간직하며 우리 인간이 그것을 바꾸어놓아서는 안 된다는 주장이 가능하다. 따라서 이때는 신이 아니라 자연 자체가 신성한 존재가 된다. 하지만 종교적이든 비종교적이든 이런 논리를 펴는 사람들이 어째서 수천 세대 동안 진행되어오며 야생동물들을 가축으로 변형시켜온 육종 과정에 대해서는 아무 말이 없는지 모를 일이다. 인간이 버마 정글에 살던 야생 닭들을 오늘날의 닭으로 바꾸었다. 이건 신성모독이 아닌가? GM 옥수수가 '비자연적'이라면, 가슴살이 너무 커져서 인공수정으로만 번식이 가능해진 칠면조 역시 비자연적일 것이다. 어째서 종을 조작하는 한 가지 방법만이 '신의 영역에 도전'하는 일이며 신성모독이 되고, 다른 방법은 괜찮은 것일까? 우리가 동식물의 가축·농작물화 과정과 우리 인간 스스로의 수렵-채집인에서의 탈피 과정을 외면하지 않는 한, 우리는 종의 자연 질서에 간섭하는 일은 근본적으로 죄악이라는 주장을 논리적으로 뒷받침할 수 없다.

그렇지만 우리는 아직 자연의 메커니즘에 대해 배워야 할 게 많다. 유전자에 대한 것이든, 우리 스스로의 건강에 대해서든, 우리 지구의 생태 환경에 대해서든 규명되지 못한 부분이 많이 남아 있다. 우리가 모르는 부분이 존재한다는 사실의 의식은 새로운 유기체를 만들어내는 일을 더 조심스럽게 해줄 수 있으리라. 이때 잠재적인 위험의 하나는 그것이 환경에 미치는 영향이다. 그러나 GM 작물의 환경 영향 평가점수표는 간단하지 않다. GM 작물은 일부 환경에 좋은 영향을 미친다. 가령 Bt 옥수수와 Bt 면화는 합성 농약의 사용을 줄여준다. 이에 대하여, 그러한 생물학적 살충 성분은 무해한 곤충들까지 위협하며, 심지어 멸종 위기의 곤충들도 피해를 입는다는 주장이 있다. 그러나 과연 그럴까? 왕나비와 Bt 옥수수의 이야기는 GM 지지자들이 GM에 대한 대중 인식의 오해를 주장하기 위해 즐겨 언급하는 이야기이다.

왕나비는 자연보호론자들이 특히 주목하는 나비인데, 그 독특한 이주 패턴 때문이다. 매년 늦여름이면 수백만 마리의 나비가 미국 북부와 캐나다에서 멕시코와 캘리포니아 주의 몇 안 되는 이주 지역으로 날아간다. 그리고 거기서 겨울을 난다. 이때 나비들은 해당 지역에서 매우 흔히 볼 수 있게 되므로, 관광객들의 인기를 끈다. 이 이주 지역들을 찾아내는 나비의 능력은 놀랄 만한데, 그들은 전에 그곳에 가본 적이 없기 때문이다. 그들은 북쪽으로 수천 마일 떨어진 곳에서 알에서 깬 다음, 남쪽으로 날아가지만 도중에 죽게 된다. 그리고 다음 세대에게 이주의 바통을 넘기고, 그렇게 하여 몇 세대가 지나서야 이주 지역에 도착하는 것이다.

하지만 최근 몇 년 동안 멕시코에 도착하는 나비의 숫자는 줄어들었다. 1999년에 코넬 대학교의 곤충학자인 존 로지(John Losey)는 《네이처》지에 기고한 논문에서 Bt 옥수수가 방출하는 꽃가루가 왕나비들의 애벌레를 죽인다는 주장을 폈다. 이는 GM 반대론자들의 시선을 모았다. 그러나 그것은 Bt 옥수수 꽃가루를 애벌레가 좋아하는 유액 식물에 발라서 진행한 실험 결과를 바탕으로 하는 주장이었다. 그렇게 하여 Bt 꽃가루에 접한 애벌레는 과연 죽었지만, 이어진 6개 연구팀의 합동 현지 조사 결과는 다른 결론을 냈다. 그것은 2001년 《국립 과학 아카데미 회보(Proceedings of the National Academy of Sciences)》에 실렸는데, 옥수수와 유액 식물이 같은 곳에서 자라는 일은 거의 없다는 사실, 그리고 어느 경우에라도 자연적으로 왕나비 애벌레가 Bt 꽃가루를 치사량만큼 섭취하는 일은 없으리라는 사실이 제시되었다. 따라서 Bt 옥수수가 왕나비에게 주는 위험은 지금 사용되는 농약이나 가뭄이 주는 위험에 비해 아주 미미하다는 것이 결론이었다. 하지만 흔히 그렇듯이, 이 후속 연구의 결론은 그보다 충격적인 내용인 로지의 결론보다 덜 주목 받았다.[37]

제초제에 내성이 있는 GM 곡물 역시 비판을 받아왔다. 그것은 제초제를 무분별하게 살포하도록 하며, 따라서 야생식물과 무척추동물들에게 피해를 준다는 이유였다. 반면 개간 대신 제초제를 쓸 때의 장점도 있다. 표토가 그만큼 보존되며, 흙의 탄소 저장 능력도 유지되는 것이다. 따라서 살충제와 제초제 문제를 놓고 GM 곡물을 반대하는 주장은 간단하지 않다.

그러나 무엇보다 중대한 문제는 GM 작물이 야생작물과 교잡될 가능성이다. 새로운 종을 생태계에 진입시킬 경우 생태적 비극이 초래될 수 있다. 오스트레일리아에 토끼 몇 쌍을 들인 결과, 오스트레일리아의 초지가 곧 대폭 감소하고 그에 따라 원 생물군이 소멸해버린 경우를 생각하면 된다. 따라서 새로운 GM 작물 도입은 새로운 생태적 재난을 통제 불능의 수준까지 일으킬 수 있다. 곤충들이 억센 야생식물들에게 GM 작물의 Bt 유전자를 옮기고, 그 결과 새로운 강력한 생명력의 잡초들이 생겨나 다른 식물을 몰아낼 수 있다. 그러면 그것은 생태 환경의 파멸을 불러올 수도 있는 것이다.

그것은 결코 비현실적인 공상적 시나리오가 아니다. GM 작물이 방출한 꽃가루가 그 GM 작물이 재배되는 밭의 주변 지역에 퍼지고, 그것과 친척뻘인 다른 식물들에게 옮겨져, 과학자들이 '유전자 범람'이라고 부르는 현상, 즉 GM 작물의 조작된 유전자가 야생식물에게로 넘쳐 흘러가는 현상이 실제 일어나고 있다. 지금까지 이런 현상이 특정 야생식물을 더 억세게 만들었다는 증거는 없다. 그러나 언제까지 그런 행운이 계속될지는 알 수 없으리라. 생명과학에 대한 식량농업기구의 보고서는 GM 곡물과 다른 식물 사이의 완벽한 차단은 "지금으로서는 불가능하다"고 못 박았다. 하지만 유전자 범람을 최소화할 관리 기법으로 완충 구역을 설정하고 GM 곡물을 촌수가 가까운 야생식물의 서식 지역 부근에 심지 않는 등의 예를 들고 있다.[38] 그것은 현실을 모르는 처방이다. GM 곡물이 보통 곡물보다 더 많은 수익을 보장한다면, 그리고 규제 조항이 없거나 엄격하게 집행되지 않는다면 (GM 곡물을 지금 재배하고 있는 나라 중에는 그런 경우가 많다), GM 곡물을 편의대로 심는 농민들이 반드시 있을 것이다. 단 한 차례의 유전자 범람이 일어나더라도 괴물 같은 새로운 야생초가 탄생할 수 있으며, 그것이 점점 번져나가면서 마치 오스트레일리아의 토끼처럼 온 세상을 황폐하게 만들어버릴 수 있다.

조앤 파브는 미국의 규제 시스템을 신뢰하지 않으며, 그것이 그녀가 GM 식품을 피하는 중요한 이유이다. 그녀는 말했다. "신문에서 거의 한 주도 빠지지 않고 FDA(식품의약국)가 승인해준 식품이 나중에 보니 문제가 많더라는 이야기를 읽고 있어요. 그리고 우리는 이런 규제를 하는 담당자들의 대부분이 규제 당사자들인 기업들과 경제적 유대관계를 맺고 있다는 사실을 알게 되었죠. 저는 이 과정을 통째로 불신합니다." 우리는 리 실버에게 조앤의 불신에 대해 어떻게 생각하느냐고 질문했다. 그는 대답하기 어려운 문제라면서, 일단 그것은 자신의 전문 분야가 아니라는 이유를 댔다. 하지만 그는 규제 담당자들을 의심하기에 충분한 '풍부한 증거'가 있더라는 말을 덧붙였다.

또한 설령 규제 담당자들이 옳은 판단을 하더라도, 과연 기업들이 규제 지시에 제대로 따라줄지 하는 것은 또 다른 문제이다. 2000년에는 스타링크 사의 사건이 터졌다. 스타링크는 일부 사람들에게 알레르기가 발생한 까닭으로 동물 사료용으로만 허용된 Bt 옥수수를 수확해서 사람이 먹는 옥수수 분말로 만들었음이 밝혀졌다. 이 분말은 이후 미국뿐 아니라 멕시코, 일본, 유럽에서도 발견되었다.[39] 2005년에는 세계 최대의 바이오테크 기업 중 하나인 신젠타가 4년 동안 승인을 얻지 못한 유전자 조작 옥수수 균주(菌株)를 팔아왔음이 드러났다. 신젠타는 나중에 규제 위반으로 37만 5,000달러의 벌금을 물었다. 그 옥수수 균주는 약 150평방킬로미터에 달하는 농장에서 발견되었다. 처음에 신젠타는 Bt10으로 알려진 그 옥수수가 안전하며 승인을 얻은 또 다른 제품인 Bt11과 거의 똑같다고 밝혔다. 그러나 며칠 뒤의 조사에서 배포된 Bt10 중에는 널리 쓰이는 항생제인 암피실린 저항 유전자가 표시 유전자로 주입된 것이 포함되었음이 밝혀졌다. 그러한 표시 유전자는 특정 균주를 표시하기 위해 주입되지만 보통 배포 이전에 제거되는 것이다. 그러나 이번에는 제거가 이루어지지 않고 그대로 배포된 것이었다.

신젠타의 대변인은 처음에 그 유전자를 언급하지 않은 이유는 "그것이 건강과 안전 문제와 직접적 상관이 없기 때문"이었다고 변명했다. 그러나 적어도 하나의 전문가 집단('유럽식품안전자문위원회', 유럽연합 소속 국가 정부들에게 식품 문제에 대해 자문한다)이 그러한 유전자의 포함이 건강과 안전 문제와 무관하다는 것은 어불성설이라고 발표했다. 그로부터 바로 1년 전, 위원회는 암피실린 저항 효과가 있는 표시 유전자가 "현장 실험에서 쓰이지 말아야 하며, 시장에 출시하는 유전자 조작 작물에 포함되어서는 안 된다"고 밝혔던 것이다. 워싱턴에 위치한 '퓨 식품생명공학 연구소'의 소장인 마이클 로드마이어(Michael Rodemeyer)는 그 미승인 옥수수의 유출 사건이야말로 미국에서 유전자 조작 식품이 얼마나 허술하게 관리되고 있는지를 보여주는 예라고 주장했다.

따라서 유전자 조작 식품을 피해야 할 근거는 존재한다. 위험이 현실화될 수준은 작을지 몰라도, 자칫하면 생태 환경의 재앙을 일으킬 수도 있는 작물을 기르거나 동물을 만들어내는 일을 지지할 수는 없기 때문이다. 이러한 입장을 취한다고 해서 어떤 유기체도 조작해서는 안 된다는 것은 아니다(적어도 이론상으로). 또 언젠가는 안전한 GMO가 나타나서 상업적으로 사용되면서 충분한 혜택을 줄 날이 오리라고 전망할 수도 있다. 효과적인 규제 시스템은 개별 경우마다 그 특성에 맞는 규제를 해야 한다. 선진국들은 이미 GM 기술 없이도 식품을 넘치도록 생산하고 있으므로, 더 많은 식품을 얻기 위해 굳이 위험을 무릅쓸 필요가 없다.

GM은 빈곤자들의 복음인가?

그렇다면 수십억 명의 사람이 자기 가족을 오늘 제대로 먹일 수 있을지 고민하고 있는 개발도상국들의 경우는 어떨까? 그만하면 웬만큼 위험을 무릅쓸 만도 하지 않은가? 기존의 농산물에 유전자를 이식함으로써, 수확량을 늘리는 한편 가뭄에 강하고 소금기가 많은 땅에서도 잘 자라는 작물을 만들어낼 수 있다고 한다. 곤충에게 유독한 단백질을 합성하는 곡물은 농장 노동자들의 농약 중독을 줄일 수 있고, 합성 농약의 오염도 줄일 수 있다. 한편 물과 비료를 더 적게 필요로 하는 작물은 농업을 좀 더 환경친화적으로 만들 수 있다. 더구나 유전공학은 주요 농산물을 더 영양가 있게 만들 수도 있다.. 2억 명 이상의 인구가 비타민 A 결핍증에 시달리고 있는데, 그 때문에 약 2,800만 명의 5세 이하 아동이 시력을 잃고 있다고 한다.[40] 그리고 그런 경우에 해당되는 사람들 다수가 쌀을 주식으로 하고 있다. 그래서 독일과 스위스 대학교의 연구자들은 팀을 짜서 쌀을 유전공학적으로 강화하는 연구에 착수했으며, 그 결과 베타카로틴(비타민 A의 선구물질)이 함유된 쌀을 만들어냈다(이 쌀은 살짝 노란 빛을 띰으로써, '황금 쌀'이라는 별명을 얻었다). 이렇게 중요한 신상품을 만들어내고 있는 기업에 우리도 힘을 보태줘야 하지 않을까?

 아마도 유전공학이 이런 식으로 세계에서 가장 가난한 수십억 명의 사람을 도울 수 있는 날이 올 것이다. 그러나 제약업계가 말라리아 치료보다 남성 대머리 치료에 더 관심이 있듯(왜냐하면 말라리아에 걸리는 사람들은 대부분 가난하며 백신을 살 형편이 못 되기 때문이다), GM 식품을 개발하는 업계 역시 자기네 제품을 구입할 능력이 되는 선진국 국민들에게 더 관심을 갖는다. 예를 들어 제초제 내성 곡물은 제초제를 살포할 능력이 되는 농민에게나 의미가 있다. Bt 면화는 일부 개발도상국들에서 환영 받고 있는데, 살충제는 적게 쓰면서 수익률은 높기 때문이다. 그러나 다른 GM 곡물은 개발도상국에서 그만큼 성공하지 못했다. 이상할 것 없다. 그 GM 곡물들이 개발도상국 농민들의 수요에 부응하지 못했기 때문이다.

개발도상국에서 유용한 유전자 조작 작물이 개발되려면, 그에 필요한 투자는 공공 영역이나 사부문의 박애재단들에서 나와야 한다. 황금 쌀도 그런 식으로 개발될 수 있었다(말라리아 백신 연구도 마찬가지다). 이는 여러 대안 사이에 과연 어느 것이 세계의 빈민들을 돕기 위해 우선적으로 자원 투입을 요구하느냐 하는 문제를 제기한다. 식량 생산을 더욱 늘릴 수 있는 잠재력 분석에서, 바클라프 스밀(Vaclav Smil)은 세계는 90억 명(이는 일부 전문가들이 세계 인구가 2050년경 도달할 것이라고 보는 숫자이다)이 먹을 수 있는 식량을 생산할 수 있다고 (GM 식품 없이) 결론지었다.[41] 농업 효율을 개선할 수 있는 검증된 방법은 많다. 그러나 빈곤층에게 줄 수 있는 GM 곡물의 혜택은 아직 검증되지 않았다. 몇 세대가 지나가면, GM 곡물이 합성시킨 유독물질에 내성을 가진 해충들이 나타날 것이다. 그리고 유기농법으로의 전환은 GM 곡물보다 더 확실하게 환경 관련 혜택을 얻을 수 있는 방법이다. 그러나 유기체의 유전자 조작은 상대적으로 얼마 되지 않은 기술이며, 그것이 무엇을 이룰 수 있고 무엇을 이룰 수 없을지 예단하는 것은 불가능하다. 더 많이 알게 될 때까지, 문을 완전히 닫아버리지는 말기로 하자.

조앤 파브와 같은 소비자의 입장에서, 가장 즉각적인 윤리적 문제는 GM 식품을 살 것인가, 말 것인가이다. 먹을 것이 넘치는 선진국에서, 윤리 문제를 의식하는 소비자들은 지금 GM 식품을 선택할 수도, 거부할 수도 있다. 그것은 그들이 개발도상국 사람들을 위해 환경적으로 안전한 GM 식품을 연구하는 일까지 거부해야 한다는 의미는 아니다. 그런 사람들에게는 수확량 증대나 가뭄을 잘 견디는 작물 등의 문제가 더 절실하다.

유기농 운동과 유기농 식품 산업

농무부의 유기농 기준은 미국에서 '유기농'이라는 이름을 걸고 팔리는 농산물에 대한 법적인 혼란을 불식시켰다. 그러나 법을 떠나서 그것이 도대체 무슨 의미인지에 대한 논란까지 불식시킨 것은 아니다. 줄리 구트만(Julie Guthman)이 캘리포니아 주의 유기농법에 대해 다룬 『농업의 꿈(Agrarian Dreams)』을 위해 조사를 실행하고 있을 때, 한 주류 유기농 식품 브로커가 그녀에게 이렇게 말했다고 한다. "맛있고 영양 많은 식품이 개먹이가 아닌 사람이 먹는 식품이 되도록 하려면, 규모의 경제가 필요하답니다."[42]

유기농 식품을 매주 구입하는 메리 앤과 조앤은 그런 규모의 경제에 도달해 있는 기업들의 혜택을 보고 있는 소수의(그 수는 늘고 있으나) 미국인에 속한다. 반면 많은 소규모 유기농가는 '유기농' 마크를 상품에 붙이기 위해 지켜야 하는 규제에 대해 불만이 많다. 그들은 그것이 진정으로 지속 가능한 농업이 되기에는 거리가 먼 규제들이라고 한다. 기업에서 유기농 농장들을 인수하고 있는 현상에 대해 저녁을 먹으며 짐 모타밸리가 밝힌 견해는 일반적인 것이다. 유기농산품이 일정한 시장 점유율을 얻자, 식품 관련 대기업들도 유기농에 뛰어들었다. 타이슨푸드, 코카콜라, 캐드베리슈웹스, 제네럴밀스, 콘아그라, 다논, 네슬레, 하인츠, 마스, 필립모리스/크래프트, 딘푸드 등이 자체 유기농 브랜드를 만들거나, 기존 업체를 합병했다. 이 기업들은 '유기농' 마크를 달기 위한 만큼은 규제를 착실히 따를지 모른다. 그러나 유기농업을 비즈니스가 아닌 삶의 방식으로 여기고 있는 사람들은 그 기업들이 유기농 식품의 수익성을 높이고자 이 운동의 진정한 철학을 계속 잠식할 것이라고 생각한다.

엘리자베스 헨더슨(Elizabeth Henderson)은 이 나라에서 가장 오래된 유기농 업체 협회 중의 하나인 '북동부 지역 유기농업협회'의 이사이다. 그녀는 대학에서 학생을 가르치던 36세 때 이런 결정을 내렸다. "환경과 공동체에 대한 나의 사상과 조화를 이루는 삶을 살고 싶다." 그것이 지금으로부터 20년 전이다. 이제 그녀는 유기농법에 대한 책과 글을 쓰는 한편, 70가지의 유기농 채소, 과일, 허브 등을 뉴욕 주 로체스터 인근의 피스워크 유기농 농장에서 재배하고 있다. 이 농장은 '공동체 후원 농업'이라는 틀을 가지고 있다. 대부분 로체스터에 살고 있는 300명의 패밀리 회원이 농장에 회비를 낸다. 그 회비 액수는 능력에 따라 다르지만, 지금은 매주 14달러에서 20달러 사이이며, 1년에 27주가 회비 납부 주로 정해져 있다. 이 패밀리 회원들은 농장에서 일손을 거들기도 하는데, 한 철마다 세 차례씩 반나절 동안 품앗이를 한다. 그 보답으로 그들은 매주 신선한 농산물을 배달 받는다. 헨더슨은 그녀가 잘 알고 있는 사람들끼리 공동체를 만들어서 농장을 운영하는 일이 특히 즐겁다고 말한다. "이는 내가 전혀 모르는 사람들을 위해 농산물 상자를 선적하는 일과는 차원이 다르죠." 그런 배경을 알면, 그녀가 '유기농' 마크가 단지 해당 농장이 몇몇 합성물질을 사용하지 않았음을 의미하는 이상이 되어야 한다고 주장하는 까닭이 쉽게 이해되리라. 그녀는 유기농 운동을 다분히 윤리적으로 접근하며, 공동체 형성, 사회정의 실현, 농민에 대한 존경, 그리고 농장에서 벌어지는 모든 일을 소비자가 마음대로 볼 수 있게 하는 개방성 등과 연결짓는다. 그녀에게 유기농이란 하나의 산업이 아니며, "산업적 식품 시스템에 대한 하나의 대안이다."[43]

유제품을 둘러싼 논쟁

이 나라의 최대 유기농 유제품 업체인 호라이즌푸드는 그 시장의 55퍼센트를 장악하고 있으며, 한편 '기업 유기농'에 대한 논쟁의 한가운데에 서 있다. 호라이즌푸드는 미국의 20대 식품기업의 하나인 딘푸드 계열 기업이다. 그 우유 팩에 보면 소가 즐거운 듯 펄쩍 뛰어오르고 있는 그림이 그려져 있다. 그리고 함께 적혀 있는 문구는 호라이즌푸드 우유는 "우유를 자연친화적 방식으로 만드는 젖소에게서 짜낸 것입니다. 이 젖소는 신선한 공기, 깨끗한 물, 그리고 마음껏 운동할 수 있는 기회를 충분히 누립니다"라고 설명한다. 또한 이렇게도 적혀 있다. "행복하고 건강한 우리 소들은 여러분과 여러분 가정을 위해 더 많은 우유를 생산하고 있습니다." 호라이즌푸드는 아이다호 주에 4,500두의 젖소를 보유하고 있고, 그것은 유기농장으로서는 큰 규모이다. 조사 연구를 직접 수행하는 언론인인 레베카 클래런(Rebecca Clarren)은 그곳을 방문하여 소들이 울타리 속에 우글우글 모여 있고, 주변 경관은 메마르고 황량할 뿐 풀밭 같은 것은 그림자도 없음을 보았다. 그녀의 판단은 이랬다. "그곳 소들은 행복해 보이지 않는다."[44]

역시 다른 낙농업체에 소속되어 있는(그러나 그 업체는 재래식으로 우유를 얻는다) 오로라 유기낙농은 덴버 북쪽 평원에 5,700두의 젖소를 가지고 있다. 거기서는 대부분의 소가 울타리를 친 들판에서 사육된다. 그러나 소들이 너무 밀집되어 있어서, 풀이 자랄 틈이 없다. 그래서 소들은 벌겋게 벗겨진 맨땅에 선 채로 유기농 곡물을 먹는다. 그 소들은 우유를 짜기 시작하기 직전과 송아지를 낳는 짧은 기간에만 풀밭에 접할 수 있으며, 그다음에는 다시 맨땅으로 돌아온다. 그곳 우유는 주로 트레이더조스 같은 대형 마트로 가며, 그런 마트들의 자체 브랜드를 달고 유기농 우유로 팔린다.

스스로를 '가족 경영 농장 사회의 경제 정의를 위해 싸우는 비영리 집단'이라고 부르는 코뉴코피아 연구소는(바로 위스콘신 주의 코뉴코피아에 있다) 연방정부의 유기농 인증 사업본부에 공식 항의하면서 오로라 유기낙농의 콜로라도 농장과 호라이즌푸드의 아이다호 주 농장을 조사해볼 것을 요구했다. 유기농 규정에 따르면 유기농 생산업체는 "반추동물들이 목초지에 접할 수 있도록 해야 한다"고 되어 있다. 그 규정은 약간의 예외, 가령 날씨가 나쁘거나 해당 동물의 성장 과정에서 필요한 단계인 경우 그 규칙을 벗어날 수도 있다는 예외를 두기는 한다. 그러나 그런 예외조차도 오직 '일시적인 폐쇄 조치'만을 허용하고 있는 것이다. 코뉴코피아 연구소는 그런 예외 조항이 우유 생산 기간의 '거의 대부분'을 목초지에 접하지 못한 채로 보내는 상황에 해당되지는 않는다고 여겼다. 코뉴코피아 연구소의 선임 정책분석가인 마크 카스텔(Mark Kastel)은 《시카고 트리뷴(Chicago Tribune)》지 기자에게 "공장식 농장이란 공장식 농장일 뿐이며" 그 소유주가 "생산력이 높은 젖소의 목구멍에 허접한 유기농 사료를 우겨 넣는다고 해서" 그 낙농업체에게 유기농이라는 이름을 달아주어서는 안 된다고 밝혔다.

이런 유의 '유기농' 업체들에 대한 코뉴코피아 연구소의 입장을 1977년에 유기농 운동에 뛰어든 조지 시먼(George Siemon)은 전폭적으로 지지하고 있다. 유기농 우유를 상업적으로 판매한 최초의 사람들 중 한 명인 그는 1988년에 다른 여섯 명의 낙농업자와 힘을 합쳐 '오르가닉밸리'라는 유기농 낙농협동업체를 창업했다. 이 협동업체는 이제 거의 700명의 가맹 농가를 둘 만큼 성장했으며, 이 나라에서 두 번째로 큰 유기농 우유 생산업체가 되었다. 이제 시먼은 그 업체의 CEO이다. 그러나 대기업에 소속된 호라이즌푸드와 달리, 오르가닉밸리는 아직도 가맹업체들 소유이며, 민주적으로 운영되고, 기본적으로 위계질서를 싫어하는 기업 문화를 가지고 있다.

우리는 오르가닉밸리의 가맹업체로서 버몬트에서 낙농업체를 운영하는 트래비스 포게스(Travis Forgues)와 이야기를 해보았다. 그는 위스콘신 주 라파지에 있는 오르가닉밸리의 본사를 막 방문하고 돌아온 참이었다. "참 대단해요." 그는 말했다. "거기 가보면 기업체 본사에 온 것 같지가 않죠. 그냥 조지에게 뚜벅뚜벅 걸어가서, 자유롭게 이야기할 수 있어요. 아무하고나 내키는 대로 얘기할 수 있죠. 오르가닉밸리에서는 아직도 농부들이 할 말을 할 수 있는 거죠." 시먼의 견해로는, 아마 그것은 오르가닉밸리 가맹 농민 대부분의 견해일 것인데, 농산품에 유기농 인증을 매기는 규정들에는 아무 문제가 없다. 다만 미국 농무부가 그 규정의 집행에 모질지 못한 게 문제라는 것이다. "분명히 이들은 소들을 목초지에 내놓아야 하는데, 안 그러고 있거든요." 그는 《시카고 트리뷴》지 인터뷰에서 다음과 같이 말했다. "그 동물들에게 땅 한 뙈기를 주고는 그것을 목초라고 우기면 어쩌자는 겁니까."[45]

기업형 유기농 우유의 거인인 호라이즌푸드와 오로라 유기낙농을 이끄는 사람들은 자신들이 유기농 운동의 가치를 팔아먹고 있다는 주장을 부정한다. 오로라의 사장인 마크 레츨로프(Mark Retzloff)는 자신의 유기농업 경력이 시먼보다도 더 오래인 1968년부터라고 말했다. 당시 미시간 대학교 학생이자 반전운동가였던 그는 어느 유기농 협동업체의 창업을 도왔다. 이제 그는 자신이 유기농 우유가 더 싸질 수 있게 함으로써 더 많은 땅을 유기농 생산에 돌리고 있다고 주장한다. 1,000두 이상의 젖소를 가진 대형 유기낙농업체는 미국에서 생산되는 유기농 우유의 25퍼센트 내지 30퍼센트를 생산한다. 유기농 우유 매상이 매년 20퍼센트씩 오르고 있음을 보면, 이 낙농업체들은 수요에 부응할 방법을 찾을 필요가 있다. 소들이 필요로 하는 유기농 곡물과 목초를 얻으려면 20만 에이커의 땅이 필요하다. 그런 땅은 그렇지 않았다면 비유기적으로 경작되었을 땅이다. 오로라 유기낙농이 보유한 젖소들만 해도 사료를 얻기 위해 5만 에이커의 유기농 경작지를 필요로 한다.[46]

레츨로프의 생각에는 스티브 데모스(Steve Demos)도 동의한다. 데모스는 불교도로, 콜로라도 주 볼더에서 살다가 욕실에서 두부를 만들어 태극권 수련생들에게 팔았던 게 그의 비즈니스 입문이었다. 그러던 비즈니스가 성장해 화이트웨이브가 되었다. 화이트웨이브는 메이저 대두 가공식품으로서, 미국에서 가장 인기 있는 두유를 판매하는 실크 사도 그 계열사 중 하나이다. 그러나 2002년에 딘푸드가 약 2억 달러를 내고 화이트웨이브를 인수했다. 데모스는 처음에 이 인수 합병 제의를 일축했지만, 딘푸드가 사장 자리를 그대로 유지하라고 한 제의에 결국 넘어갔다. 유제품을 대두 가공품으로 바꾸는 일을 인생의 목표로 삼은 듯했던 사람으로서는 묘한 결과였다. 데모스는 역시 딘푸드의 계열사인 호라이즌푸드의 경영자에도 선임되었다. 데모스는 자신의 입장 변화를 이렇게 변명한다. 유기농 운동이 변화하지 않는다면, "식품산업의 틈새를 파고들어서, 일반인이 낼 수 있는 가격의 세 배를 붙여서 팔 수밖에 없다."[47] 분명 호라이즌푸드의 재정 능력은 데모스가 유기농 우유를 지역 마트들과 스타벅스, 그리고 심지어 학교 급식에까지 들이밀 수 있도록 해주었다. 이는 모두 전례에 없었던 일이었다.[48]

호라이즌푸드에게 공평한 서술을 하기 위해, 우리는 그 기업이 아이다호 주의 대규모 낙농장과 다른 대형 유기농 낙농장에서 나오는 우유 외에도 300여 가족 농장의 우유도 구입하고 있음을 지적해야 한다. 그런 가족 농장 중에는 로드니 마틴(Rodney Martin)과 주디스 마틴(Judith Martin) 부부가 운영하는 것도 있다. 둘 다 메노파 교도인 이 부부는 펜실베이니아의 옥스퍼드 근교에서 260에이커의 풀밭이 좋은 농장을 운영한다. 원래 재래식 낙농업자였던 그들은 이제 유기 낙농의 열렬한 지지자가 되었다. 우리가 방문했을 때, 눈에 들어온 것은 양쪽에 나무들이 늘어서서 그림자를 드리운 푸른 풀밭이었다. 검정색과 흰색의 얼룩소들 중 한 70마리쯤은 고개를 숙이고 풀을 뜯고 있었다. 그리고 나머지는 벌렁 드러누워서 되새김질 중이었다. 그리고 아마도 송아지들도 10여 마리 있는 것 같았다. 어떤 놈들은 어미 곁에 있고, 어떤 놈들은 드러누워 있었다. 그것이야말로 낙농장이라고 할 때 떠오르는 모습이었다. 하지만 이제는 너무나 드물게 볼 수 있는 모습이다.

로드니 마틴은 자못 말솜씨를 부려서 말했다. "왜 풀을 베어서 쌓아두었다가 소에게 먹여야 합니까? 소들이 다 알아서 돌아다니며 스스로 풀을 먹는데요?" 소들은 원하는 때 헛간으로 들어갈 수 있으나, 적어도 1년의 4분의 3 동안은 밖에 있기를 즐긴다. 가끔은 춥거나 비가 많이 내릴 때도 바깥에 나간다. 그들을 안에 가두는 때는 1년에 10여 일에 불과한데, 날씨가 너무 매서워서 로드니 마틴이 소들의 뜻대로 하게 두어도 좋을지 확신할 수 없을 때뿐이다. 그는 폐쇄식으로 기르는 젖소들보다 자신이 더 적은 젖을 짠다고 한다. 그러나 그는 "더 건강한 소, 더 건강에 좋은 우유, 더 행복한 환경, 행복해지는 사람들"을 가졌으며, 경제적으로도 전보다 못하지 않고, 더 낫다고도 할 수 있다고 말했다. 마틴 부부는 생후 약 10주일이 될 때까지 송아지와 어미를 떼어놓지 않으며, 그것은 낙농장에서는 매우 드문 일이다. 하지만 설령 10주일을 넘겨도, 어미나 새끼나 헤어짐은 매우 힘겨운 일이라고 한다.

짐 모타밸리가 독립 경영 유기농가들을 옹호하는 주장을 폈을 때, 메리 앤 매서렉은 기업세계에서의 개인적 경험과 자신의 시간 여유 부족을 근거로, 그런 주장이란 기업의 입장에서 감정에 치우친 주장일 뿐이라고 했다. 그녀는 이상주의자가 아니며 실용주의자라는 것이었다. "뭔가 변화를 가져오려면, 일반 사람들에게 편한 것으로 만들어야 해요." 대기업형 유기농들은 일반 사람들이 각자의 동네 마트에서 유기농 제품을 편하게 살 수 있게끔 했다.

2005년 3월, 유기농 인증에 관해 개최된 연방정부의 패널에서는 기존 규정을 더 구체화하여 유기농 우유란 연간 최소 120일을 풀밭에서 풀을 먹는 젖소에서 짜낸 것이어야 한다고 규정하기를 권고했다. 이 책을 쓰는 동안 이 권고는 농무부의 승인을 얻었으며, 수년 내로 발효될 것으로 보인다.[49]

유기농의 윤리학

매리언 네슬은 20년 이상 영양학자로 살았다. 그 기간 중, 그녀는 미국 보건복지부의 영양 정책 자문위원으로 일했으며 또 농무부와 식품의약국 자문위원회에도 몸담았다. 정부를 떠난 후, 그녀는 뉴욕 대학교 식품영양학과 교수이자 학과장이 되었다. 그녀는 『음식의 정치학(Food Politics)』을 썼는데, 식품업계가 정부 정책에 미치는 영향을 집요하게 파헤친 책이다. 그녀는 최근에야 유기농 식품에 대한 관심이 싹텄지만, 이제는 그 열렬한 구매자이자 지지자가 되었다. 영양학 쪽의 배경이 있음에도(어떤 학술조사 결과로는 유기농 식품의 영양 수준이 재래식 식품보다 약간 높다), 네슬에게는 개인의 건강보다는 윤리가 유기농 식품을 구입하는 중요한 이유이다. 그녀는 유기농 식품의 진정한 가치는 농업 노동자들이 농약에 덜 노출되고, 동물들이 더 인도적인 대우를 받으며, 흙이 더 비옥해지고 잘 보전되며, 물에 화학비료의 유출이 덜 일어나고, 다른 환경 문제에서도 여러 가지로 긍정적인 효과를 내는 데 있다고 주장한다. 네슬은 유기농 마크가 정말 해당 상품에 대해 뭔가를 의미하는 것이냐고 수없이 질문을 받았다며, 자신의 대답은 정말 뭔가를 의미한다는 것이라고 말했다. 자신의 경험으로는, 심사관들과 생산자들 모두 소비자들의 신뢰를 유지하고자 최선을 다한다는 것이었다.[50]

선진국 소비자들이 이러한 윤리적 이유로 유기농 식품을 구입해야 한다는 주장에 대해서는 두 가지 중요한 반론만이 가능하다. 첫째, 재래식 농업은 단위면적당 수확량이 더 많기 때문에, 우리가 땅을 더 효율적으로 쓸 수 있게 해준다. 그러므로 자연 녹지를 유지 보전할 여지도 더 많다.[51] 둘째, 유기농 식품은 가난한 사람들이 사 먹기에는 너무 비싸다.

유기농법이 재래식 농법보다 대체로(그러나 전부는 아니다) 생산력이 떨어지는 것은 사실이다. 그러나 그 차이는 그리 크지 않다. 그리고 우리가 앞서 보았듯이, 로데일 연구소의 연구 결과는 장기적으로 보면 유기농 농장의 생산력이 재래식 농장의 것에 비해 뒤지지 않음을 보여준다. 그러나 생산력 면에서의 차이를 그대로 인정하고, 재래식 농법으로 85에이커를 경작하고 15에이커를 야생 상태로 돌릴 것인가, 100에이커를 유기농법으로 경작할 것인가를 선택하지 않으면 안 된다고 해도, 유기농업은 환경 문제에서 장점이 더 많다. 에너지를 적게 쓰고, 농약 유출이 줄며, 흙이 더 건강해지고, 표토 손실이 적어지며, 농장 자체의 생물 다양성이 늘어나기 때문이다.

유기농 식품이 더 비싼 이유는 부분적으로(이 책을 통해 계속 보아온 것처럼), 집약적인 산업형 농업이 숨은 비용을 남들에게 전가시키며 생산비를 절감했기 때문이다. 그런 농장의 이웃사람들은 더 이상 자기 집 뒤뜰에 나갈 수도 없고, 아이들이 고향의 냇물에서 미역을 감을 수도 없으며, 농장 노동자들은 자신들이 뿌리는 농약으로 병이 들고, 갇혀 지내는 동물들은 자연 상태에서의 삶과 조금도 같은 데가 없는 잔혹한 삶을 강요당하는 것이다. 물고기는 오염된 강물과 바닷물에 죽어 떠오르며(사람들은 그 물고기를 예전에 자유로이 잡아서 먹었던 것이다), 방글라데시나 이집트의 낮은 지대에 사는 수많은 사람이 지구온난화로 높아진 바닷물에 삶의 터전을 빼앗기고 있다. 소득이 낮은 사람들이 가장 싼 식품을 사 먹으며 어떻게든 수중에 돈을 남기려고 애쓰는 것은 이해할 수 있다. 그러나 더 큰 그림을 보자. 그러면 공장식 농업으로 생산되는 식품은 절대로 싸지 않다.

12
아이들을 베건으로 키우는 일은 비윤리적일까?

우리가 파브 가족을 방문하고 그들의 겉보기로는 건강하게 잘 자라는 아이들을 만나본 직후, 우리는 베건 식단이 "아이들에게는 나쁘다"는 헤드라인 기사를 보고 깜짝 놀랐다. 그 기사는 미국 국가농업연구소의 린지 앨런(Lindsay Allen) 박사가 했다는 다음과 같은 말을 인용했다. "자기 자녀들이 엄격한 베건 생활을 하도록 만드는 부모는 비윤리적이다. 이것은 의심할 수 없는 사실이다." 동물성 음식을 자녀에게서 빼앗는 일은 그들에게 "회복 불가능한 육체적·정신적 피해를 입히는 것이다"라고 앨런은 말했다고 한다. 이 주장을 뒷받침하고자, 그 기사는 앨런이 케냐의 아동들을 대상으로 한 연구 결과를 제시했다. 그 연구는 '전국육우협회'의 부분적 자금 지원으로 이루어졌다는 말이 있었다.

그 연구 보고서는 성난 베건들의 맹비난을 받았으며, 비틀스의 멤버였으며 오랫동안 채식주의 생활을 해온 폴 매카트니(Paul McCartney) 같은 사람들이 곧바로 비난 성명을 발표했다. 매카트니는 앨런 교수의 견해를 '헛소리'라고 표현했으며, 그녀의 발언이 토대로 하고 있는 연구란 "매출액 감소에 직면한 축산업자들이 조작한 것이다"라고 했다. 그는 또 이렇게 말했다. "채식주의는 나와 내 아이들에게 유익하다. 내 아이들은 나보다 키가 더 크다." 그에 대한 답변에서, 앨런은 그 연구가 미국 국제개발청의 지원으로 이루어졌으며 축산업자들과는 상관이 없다고 밝혔다. 그러나 그녀는 폴 경(폴 매카트니는 기사 작위를 받았다-옮긴이)의 분노 때문에 잠을 설칠 까닭은 없다고 했다는 것이었다.[1]

미국 소아과학회는 베건 식단이 정상적인 아동의 성장을 촉진할 수 있다고 발표했다. 미국 영양협회에서는 "잘 짜인 베건 식단과 다른 유형의 채식주의 식단은 인생의 모든 시기에서 적절하며, 여기에는 임신기, 수유기, 아동기, 청년기가 포함된다"고 발표했다. 그리고 채식주의자들은 심장병, 당뇨병, 고혈압, 전립선염과 대장암에 덜 걸린다는 말도 덧붙였다.[2] 많은 채식주의자와 베건들은 채식주의 및 베건 식단이 영양학적으로 적절할 뿐만 아니라 보통 식단보다 더 뛰어나다고 자랑했다. 그들은 통상적인 서구식 식단(고기가 많은)으로 자녀를 키우는 부모들이야말로 자기 자녀들에게 해를 끼치고 있다고 반격했다. 무엇보다도, 채식주의 식단은 대개 보통 식단보다 지방이 적고 섬유질이 많다. 그리고 전문가들은 지방은 나쁘고 섬유질은 좋다고 한다. 베건 식단에는 특히 포화지방산이 적은데, 이는 대개 동물에게서 나오며 심장병의 원인이 되는 것이다. 더욱이 베건 식단은 드물지만 치명적인 크로이츠펠트-야콥병과 무관하다. 이는 광우병에 걸린 소고기를 먹어서 걸리는 병이기 때문이다. 그리고 베건은 이보다 더 흔하면서 아직 위험성이 줄지 않은 살모넬라와 대장균 감염 가능성도 훨씬 적다.

채식주의 식단의 지지자들은 종종 특별히 장수하는 채식주의자들, 또는 거의 채식을 하는 사람들을 예로 든다. 파키스탄 북서부의 훈자 지구 주민들이나 에콰도르 빌카밤바 계곡 사람들 같은 경우이다. 그러나 그런 사람들의 출생연도가 과연 정확한지에 대해 의문이 제기되었는데, 그래도 그들이 다른 사람들보다 유난히 오래 산다는 사실만큼은 의심의 여지가 없다. 그 원인으로는 그들이 고지대에 사는 점,

야외 생활을 많이 함으로써 건강이 잘 유지되는 생활 방식, 또는 유전자나 마시는 물의 특수성 등이 거론되고 있다. 이보다 더 과학적으로 의미가 큰 것은 최근 수행된 채식주의자와 비채식주의자의 장기 비교 연구 결과이다. 이는 선진국에서 수십 년의 기간을 두고 수행되었다. 제7일안식일예수재림교회 신도들(다수가 채식주의자인)에 대한 연구는 그들이 일반인보다 오래 산다는 것을 보여준다. 하지만 이는 그들이 술과 담배를 적게 한다는 사실 때문일 수도 있다. 따라서 그러한 변수를 통제한 연구가 필요하다.

2003년에 《미국 의료영양학회(American Journal of Clinical Nutrition)》지에 게재된 논문에서, 프라밀 싱(Pramil Singh), 조안 사바테(Joan Sabaté), 게리 프레이저(Gary Fraser)는 유럽과 북미에서 여섯 개의 중요한 비교 연구를 수행한 결과 다음과 같은 신중한 결론을 내렸다. "고기를 매우 적게 섭취하는 생활 방식은 장수와 연관성이 있다는 가능성이 제기된다." "고기를 매우 적게 섭취한다"라는 정의에는 고기를 전혀 먹지 않는 경우도 포함되어 있다. 여섯 개의 독립 연구 중 하나에서는 고기를 적게 섭취한 경우와 장수 사이에 연관성을 발견하지 못했으나, 다른 다섯 가지 연구에서는 고기를 적게 섭취한 사람들이 오래 사는 것으로 나타났다. 그 차이는 차이가 확인된 다섯 연구 중 네 가지에서 통계적 유의미성을 가졌으며, 그중 두 가지에서는 고기를 적게 먹을 경우 3.6년의 수명 연장을 기대할 수 있는 것으로 나왔다.[3]

그렇다면 비건과 채식주의자들의 웹 사이트들이 곧 앨런의 언급에 대한 비방으로 뒤덮인 일은 이상할 게 없었다. 한 유명한 채식주의자 웹 사이트에 올라온 글 하나는 "전국육우협회가 사디스틱한 안티베건 연구를 지원하다"는 제목을 달았고, 글 내용에는 이런 언급이 있었다. "나치가 포로들을 생체실험을 했던 것처럼, 축산업자들은 굶주리는 아프리카 어린이들의 식단을 아주 살짝 변조했다. 그 아이들을 위해서가 아니라, 육식을 정당화하기 위한 '과학적 발견'을 산출하기 위해서였다."4)

 우리는 혼란스러울 수밖에 없었다. 어째서 앨런은 이 문제에 대해 널리 수용되는 의학적·과학적 입장을 외면했을까? 더 이해할 수 없었던 것은, 어째서 케냐 어린이들에 대한 연구가 비건 식단에 대한 전면적인 비판의 근거가 될 수 있었을까? 분명 그 어린이들은 선진국 아동들처럼 비건 식품을 널리 접할 수 없었을 것이 아닌가? 한편 우리는 앨런이 미국 영양학회의 회장이자 세계보건기구 자문위원으로 존경받는 과학자라는 사실도 알고 있었다. 우리는 그녀가 축산업자들에게 그렇게 쉽게 넘어갔다는 가정도 받아들이기 어려웠다. 그래서 우리는 그녀의 입장에서 이야기를 풀어가 보기로 결정했다. 그리고 그것은 또 하나의 낡은 교훈, 즉 신문에서 읽는 것을 곧이곧대로 받아들이면 안 된다는 교훈을 확인해주었다.

 앨런은 25년 동안 개발도상국에서 영양학을 연구했다. 미국 과학진흥협회의 2005년도 정기총회에서, 그녀는 일부 케냐 아동들에게 고기 위주의 식품을 추가로 제공하고, 다른 아동들에게는 그것과 칼로리양은 똑같되 재료는 식물성으로 만든 식품을 제공한 다음 통제 집단에게는 계속해서 평소의 식단을 제공한 연구 결과를 발표했다. 동물성 식품을 추가로 섭취한 아동들도 다시 둘로 나뉘었다. 첫 번째 집단은 고기 한 덩어리를, 다른 집단은 우유 한 컵을 제공받았다. 그 결과는 추가로 동물성 식품을 섭취한 아동들(고기 집단, 우유 집단 모두)이 식물성 식품을 추가 섭취한 아동들이나 보통 식사를 한 아동들에 비해 다양한 건강 및 성장 지표에서 현저히 나은 상태를 나타냈다는 것이다. 어떤 아동도 '굶주리는' 상태는 아니었으며, 그 실험으로 피해를 보지도 않았다. 앨런은 자기 연구가 전국육우협회의 지원으로 이루어졌다는 것을 부인했다. 그러나 그녀가 보고서를 낸 전체 연구와 그녀가 공동 연구자로 이름을 올린 연구는 그쪽 자금을 일부 받았다. 그리고 앨런이 편집자로 있는 《영양학 저널(Journal of Nutrition)》에 부록으로 들어간 특별 보고서들(개발도상국에서 동물성 식단이 영양 상태를 개선했다는 이런저런 연구 결과를 포함한 것이었다)의 발표는 여러 단체의 자금 지원을 받았는데, 그 중에 산업적 농업 대기업인 랜드오레이크스도 있었다.[5]

그 패널이 끝난 후, BBC 기자 한 명이 앨런에게 가서 그녀가 설명한 연구 결과가 선진국의 베건 자녀들에게도 적용되는지 질문했다. 이 부분에 대해 우리에게 설명을 하면서, 앨런은 잠깐 말을 끊었다가 이렇게 이야기했다. "바보같이, 나는 '네'라고 대답해버렸어요." 그러나 그녀는 중요한 단서를 덧붙였다고 한다. "나는 '자녀를 베건으로 키우는 부모들은 비윤리적이다. 자신의 행동 의미를 제대로 인식하도록 최선을 다하지 않는 이상'이라고 했어요." BBC는 그 단서를 빼버렸다(앨런이 두 차례나 강조했음에도). 그리고 단서가 빠져버린 그녀의 언급은 대서특필되었다. 앨런은 또한 자신이 폴 매카트니의 말을 신경 쓰지 않는다고 말한 적이 없다고도 했다.

우리는 앨런에게 동물성 음식을 자녀에게 전혀 주지 않고 키우는(모유만은 제외하고. 이는 거의 모든 베건들이 양해하고 있다) 베건 부모에 대해 진짜로 어떻게 생각하고 있는지 물었다. "나는 베건주의를 반대하지 않아요. 다만 동물권리 이데올로기 때문에 무엇을 먹어야 하는지 배우려고 들지 않는 사람들을 반대할 뿐이죠. 자기만 옳다는 생각에 빠져 비타민 B_{12}를 식물이나 흙에서 얼마든지 얻을 수 있다는 등 헛소리를 늘어놓는 사람들 말이에요. 나는 그런 말을 믿을 수가 없거든요."

초기의 베건들은 이따금 건강이 악화되었는데, 그들의 식단에 비타민 B_{12}가 결여되어 있음을 깨닫지 못했기 때문이다. 그것은 인간은 동물성 식품이 없으면 건강을 유지하지 못한다는 널리 퍼진 신화의 기원일지도 모른다. 그러나 이제 선진국의 베건은 대부분 비타민 B_{12} 보강제를 먹거나 비타민 B_{12}를 첨가한 식품을 먹으며 건강을 누리고 있다. 하지만 앨런의 주요 관심사는 개발도상국에서의 영양 문제이다. 그녀는 작은 동물들을 기르게끔 여성들을 지원하는 조치로 개발도상국 아동들의 건강이 크게 향상된 성과를 이야기해주었다. 가령 암탉을 기르는 것으로 달리 쓸모가 없는 땅을 이용할 수 있고, 그 달걀은 가족의 영양을 보충할 수 있다. 그녀는 말했다. "나를 화나게 한 건, 개발도상국 사람들에게 동물성 식품을 주는 일은 나쁘다고 하는 경우예요. 그런 곳에는 비타민 B_{12} 첨가제도 없고, 린다 매카트니가 채식주의 요리를 차려내지도 않는단 말예요."

물론 앨런이 언급한 '동물권리 이데올로기'란 윤리 문제에 대한 진솔한 생각일 뿐일 수도 있다. 파브 가족의 경우처럼 말이다. 그러나 조앤은 임신했을 때 베건의 임신과 아이들을 베건으로 기르는 일에 대한 의학, 과학 서적을 읽음으로써 자신이 해야 할 일을 했다. 이를 위해 과학 저널을 곧바로 읽어야 할 필요는 없다. 과학적으로 충실한 조언을 해줄 몇몇 베건 지지 집단이 있다. 그중 최고에 속한다 싶은 것이 '베건아웃리치'인데, 그 목표는 베건 식단을 널리 보급하여 동물의 고통을 줄이려는 것이라고 한다. 그러나 그 발간 문서를 읽거나 웹 사이트를 방문한 모든 사람에게 영양학적 정보를 제공하는 일에는 조심스러워한다.[6] 앨런은 과학에 대한 조앤의 견해에 반대하지 않는다. 임신 중에 베건 식사를 하고, 아이들을 베건으로 키우는 것은 안전하다는 점이다. 단지 자신과 자녀들이 무엇을 먹는지 충분히 주의할 필요가 있을 뿐이라는 사실이다.

베건 식단은 건강하다

베건과 채식주의자들에게 대부분 처음 묻는 질문은 "단백질은 어디서 얻어요?"이다. 이 질문이 압도적이었던 것은 이 운동의 아주 초기, 즉

1930년대부터 마찬가지였다. 당시의 영양학자들은 우리 식단에 단백질이 아주 높은 수준까지 포함되어야 한다고 여겼으며, 따라서 단백질이 부족한 식단은 영양실조의 주요 원인이 된다고 했다. 단백질 부족 증세는 다른 것은 일절 먹지 않고 오직 열대 뿌리식물인 카사바(서구에서는 주로 타피오카의 형태로 먹고 있다)만을 먹는 사람들 사이에서 나타났다. 카사바는 세계의 주식 식물 중에서 가장 단백질 함량이 낮다. 그러나 역시 단백질 결핍 때문이라고 여겨졌던 다른 영양실조 환자들은 사실 충분한 칼로리를 얻지 못한 사람들이었다. 사람은 단백질을 많이 섭취해야만 한다는 생각은 1970년대에 깨졌고, 보건기구들은 단백질 권장 섭취량을 그때까지의 3분의 1 수준으로 낮춰서 발표했다. 그렇게 낮춰진 수준은 충분한 칼로리를 섭취하는 성인의 경우 빵, 파스타, 밥, 감자만으로 이루어진 식사를 하더라도 충분한 단백질을 섭취하게 된다는 것을 의미했다. 아동과 임산부 및 모유 수유 여성이라면 더 많은 단백질이 필요하지만, 그것 역시 콩이나 완두콩, 렌즈콩을 빵, 파스타, 밥 같은 주식에 첨가하는 것으로 충분하다.

조앤은 자기 가족이 땅콩과 식물씨를 아주 많이 먹으며, 임신했을 때 식사 때마다 여러 가지 단백질을 섞어 먹기 위해 노력했다고, 즉 쌀과 렌즈콩, 콩과 토르티야라는 식의 식사를 했다고 한다. 미국 영양 협회에서는 이렇게 말한다. "식물성 단백질은 다양한 식물성 식품을 소화하고 에너지 필요량이 충족될 때 필요량만큼 섭취될 수 있다. 연구 조사 결과는 하루에 여러 번 여러 가지 식물성 식품을 섭취할 경우 모든 필수 아미노산이 섭취되며, 건강한 성인에게 필요한 질소 축적률이 달성되는 것으로 나타난다. 따라서 같은 식사에서 추가로 단백질을 공급할 필요는 없다."[7]

단백질 말고 많은 사람이 채식주의자와 비건의 식단에서 걱정하는 영양소는 철분이다. 철분이 많은 식물성 식품은 여럿 있다. 가령 대두, 호박씨, 말린 살구, 강낭콩, 시금치, 건포도 등등이다. 비타민 C가

풍부하면서 철분도 많은 식품을 먹으면 철분 흡수량이 더 증가하는데, 반면 칼슘보충제, 커피, 차 등은 철분 흡수를 방해한다. 어떤 나라에서는 주식 곡물이 철분을 보충해준다—미국에서 밀이 하는 역할과 같다. 선진국에 사는 채식주의자와 비건은 대부분 따로 철분을 공급해줄 필요가 없다. 순수히 식물성 식사를 할 때 얻을 수 없는 영양소는 비타민 B_{12}뿐이다(앨런의 말은 분명히 옳다). 책임의식 있는 비건 단체들은 비건과 비건에 가까운 식단의 사람들이 B_{12} 보강제를 먹어야 한다고 권해준다.[8] 비건 식단에 풍부하지 않은 또 다른 비타민은 비타민 D다. 하지만 많은 사람의 경우 비타민 D는 햇볕만 자주 쐬면 충분히 얻을 수 있다. 다만 피부색이 검은 사람들은 햇볕에서 비타민 D를 많이 못 얻는데, 많은 모슬렘 여성들처럼 종교적 이유로 신체의 대부분을 드러내지 않는 경우도 마찬가지다. 높은 지대에 사는 사람이라면 특히 겨울에는 비타민 D 보강제가 필요할 수 있다. 비건용의 것을 포함하는 미국산 마가린에는 비타민 D가 많이 들어 있다.

파브 가족의 선택은 모두 탁월하다. 그들은 다양한 식물성 식품을 먹고, 정크푸드나 여타 '칼로리 제로' 음식은 입에 대지 않는다. 그들은 또한 B_{12} 보강제를 먹으며, 겨울에는 비타민 D를 포함한 복합 비타민제를 먹는다. 언론의 왜곡을 거친 앨런의 견해를 처음 듣고, 조앤 파브는 자기 부부가 사리나와 사만타를 비건으로 키우는 일에는 아무 문제가 없다고 단언했다. 하지만 파브 가족의 선택이 그들에게 탁월했다고 해서 반드시 모두에게 잘 맞는다고는 할 수 없다.

앨런과 그 동료들의 작업은 비타민 B_{12} 보강제가 없는 농촌 지역에서는 아동에게 얼마간 동물성 음식을 먹여야 튼튼하게 자랄 수 있다는 점을 시사한다. 또한 주식에 B_{12}를 보강한 식사를 할 수 있다면 더 좋을 것이다. 우리 몸이 필요로 하는 B_{12}는 사실 매우 소량이기 때문에, 그런 보강에는 특별히 많은 돈이 들지 않을 것이다. 상업적으로 가공되는 주식 곡물에 B_{12}를 보강하여 모두가 먹을 수 있게 한다면, 거의 전 세계 인구가 B_{12}를 충분히 섭취하게 되리라. 이스라엘에서는 심지어 육식을 하는 사람도 충분한 비타민을 섭취하지 못함이 밝혀진 다음, 밀가루에 B_{12}를 첨가하도록 법으로 정해졌다. 하지만 이는 대부분의 먹을거리를 자급자족하는 오지에는 쉽게 통용될 수 없다. 앨런이 공동연구자로 들어간 한 연구에 따르면 케냐의 학동들에게 동물성 음식을 먹였어도 B_{12} 외에는 특별히 영양 수준이 향상되지 않았다고 한다. 비록 앨런의 말로는 말라리아와 기생충의 만연으로 그 학동들이 철분을 포함한 영양소를 제대로 섭취하지 못했던 것이라고 하지만.[9]

어떤 사람들은 세상 사람 모두가 반드시 베건이 될 필요는 없다면 우리도 베건이 되어야 할 윤리적 의무는 없다고 생각할지 모른다. 다른 각도에서는 꽤 쓸 만한 그의 책 『우리는 비약해야만 하는가(So Shall We Reap)』에서, 콜린 터지(Colin Tudge)는 세상 사람 모두가 베건이 되어야 하는 게 아닌 이상, 어느 누구도 그럴 도덕적 의무가 없다고 주장했다. 그는 고산지대나 반(半)사막지대 같은 혹독한 환경에 사는 사람들에게 채식주의는 살아남기에 적절한 선택이 아니라고 지적한다. 그리고 18세기 독일 철학자 이마누엘 칸트를 들며, "어떠한 윤리 원칙도 그것이 전 세계 사람에게 합당한 원칙이 아닌 이상 진정으로 합당하지 않다"는 그의 명제를 내세운다. 그는 채식주의와 베건주의는 그런 점에서 윤리적 원칙이 될 자격 미달이라는 결론을 내린다.[10]

터지는 소위 '정언명법(categorical imperative)', 또는 최고도덕원칙으로 불리는 칸트의 제1공식을 언급하고 있다. 이 문장을 더 정확하게 번역하면 다음과 같다. "나는 나의 행위의 원칙이 보편적인 법칙이 될 수 있지 않는 한 그에 따라 행동하지 않아야 한다."[11] 하지만 터지처럼 칸트를 이해하다가는 칸트의 도덕법칙이란 난센스에 지나지 않게 되고 만다. 그런 식이라면 예를 들어 교사가 되는 일은 비윤리적이다. 왜냐하면 세상의 모든 사람이 교사가 된다면, 식량을 생산할 농부가 없어질 테니까. 도덕원칙의 적용을 특수한 맥락에 한정하는 것은 아주 가능하며, 우리는 항상 그렇게 하고 있다. 우리는 약속을 지켜야 한다고 말한다. 그러나 교통사고를 당한 사람을 살리려면 자신의 딸이 바이올린을 연주하는 학예회에 절대 늦지 않겠다는 약속을 어겨야만 가능하다고 할 때, 누가 약속은 반드시 지켜야 한다고 하겠는가? 이와 마찬가지로, 우리는 다음과 같이 말할 수 있다. "비건이 되어라. 자신이 처한 생활환경이 오직 식물성 음식만으로는 건강을 유지할 수 없는 환경이 아닌 이상." 우리는 칸트의 철학을 제대로 이해했을 때 거기에 비건이 되는 것을 비윤리적이라고 규정할 어떤 단서도 없다고 본다. 그리고 만약 그런 단서가 있다면, 그것은 칸트의 오류이다.

앨런을 분노하게 만들었던 동물권리론자 집단은 어떨까? 그들은 개발도상국 사람들에게 동물성 음식을 주는 것은 죄악이라고 했다고 한다. 우리는 개발도상국에 동물성 식품을 퍼뜨리는 일에 반대운동을 벌이는 두 단체의 대표자를 만나보았다. '인도적 세계농업을 위한 모임'의 조이스 다실바(Joyce D'Silva)와 '애니멀에이드'의 앤드루 타일러(Andrew Tyler)였다. 그들은 모두 자기들이 정말로 반대하고 있는 것은 공장식 농업 방식의 축산영농법을 개발도상국에 도입하려는 일이라고 밝혔다. "궁극적으로 내가 반대하는 것은 가난한 나라 사람들에게 그들이 영양학적으로 좋아지려면 현대적인, 널리 먹고 있는 공장식 농장 상품을 먹어야만 한다고 살살 꼬드기고 있는 상술입니다. 그것은 자본집약적 투자 시스템, 생산수단에 대한 통제 상실, 건강 악화, 그리고 동물복지의 지옥으로 이어질 수밖에 없어요." 다실바는 짧은 중국 여행길에 나섰다가 이처럼 우리에게 자신의 생각을 들려주었다. 그녀는 중국에서 완전히 현지 상황에 부적합한, 서방의 자본이 들어간, 집약적 낙농장을 보았다. 그것은 식품 생산 방식으로 비효율적이며 동물복지를 완전히 무시하는 시설일 뿐만 아니라, 해당 지역에서 심각한 오염까지 유발하고 있었다. 중국은 공장식 농장 동물들을 먹이기 위해 갈수록 많은 옥수수와 대두를 수입하고 있다. 바로 서구 공장식 농업화의 길을 걷는 것이다. '몇 마리의 닭이 마을을 뛰어다니는' 전통의 소멸과 함께, '인도적 세계농업을 위한 모임'은 이 추세를 막아보려고 애쓰고 있다.[12]

한편 베건 식단이 인체에 필요한 모든 에너지와 스태미나를 제공할 수 있다는 또 다른 증거가 스콧 주렉(Scott Jurek)의 2005년 배드워터 울트라마라톤 우승으로 확보되었다. 이것은 놀랄 만큼 장거리를 달리는, 세상에서 가장 힘든 운동경기 중의 하나이다(배드워터 울트라마라톤은 총 217킬로미터를 달리며, 사막지대인 미국 데스밸리에서 산악지대인 휘트니 산의 해발 2,530미터까지 최악의 코스를 달린다-옮긴이). 베건인 주렉은 결코 깨지지 않으리라고 여겨졌던 대회 기록을 30분 이상 단축하며 우승했다. 두 번째 주자보다 무려 두 시간이나 앞선 골인이었다. 해수면보다 낮은 데스밸리에서 출발한 그는 135마일의 거리를 달려, 때로는 섭씨 45.7도나 되는 고온 속에서, 8,000피트가 넘는 휘트니 산의 산자락까지 도달했다. 그의 주파 기록은 24시간 36분 8초였다. 그가 경주 중 먹고 마신 것은 베건용 에너지바, 감자, 주먹밥, 콩 단백질 음료였다. 베건으로 운동 부문에서 위업을 이룩한 사람은 주렉이 처음이 아니다. 숱한 사람들 중에는 칼 루이스(Carl Lewis)도 있다. 그는 1984년과 1996년 사이에 아홉 번의 올림픽 육상 금메달을 땄다. 루이스는 1990년에 베건이 되었고 "경주한 이래 최고의 해는 내가 베건 식사를 시작한 첫 해였다"는 글을 남겼다.[13]

조앤 파브는 루이스나 주렉처럼은 하지 못할 것이다. 그러나 43세의 나이에 조깅을 시작했고, 몇 주 지나지 않아 쉬지 않고 3마일을 달릴 수 있게 되었다. 파브 가족은 베건 식사를 하며 최고의 건강을 누리고 있다. 사리나와 사만타도 아직 한 번도 병원에 가거나, 뼈가 부러지거나, 항생제를 먹어야만 하거나 한 일이 없다.

13
비건은 환경에 더 유익한가?

어떤 사람들은 공장식 농업이 늘어나는 세계 인구를 먹여 살리려면 필수적이라고 생각한다. 그러나 진실은 그와는 정반대이다. 아무리 집약적 돼지, 닭, 달걀, 우유 제조업이 효율성을 높여도, 다시 말해서 우리가 동물들에게 먹이는 곡물에 비례하는 고기, 달걀, 우유의 생산량을 아무리 늘려도, 곡물로 동물을 키우는 방식은 여전히 낭비적이다. 사람이 소비할 수 있는 식량의 총량을 늘리기커녕, 오히려 줄인다.

'밀집식 가축 사육(CAFO)'은 그 이름이 암시하듯 동물들을 한데 밀집시켜놓고 먹이는 방식이다. 초원에서 풀을 뜯는 소들과 달리, 이 동물들은 스스로 먹이를 구할 수 없다. 여기에 근본적인 환경 관련 문제점이 생긴다. 모든 CAFO는 곡물 재배지에 의존하고 있다. 거기서 동물들이 먹을 사료가 생산되는 것이다(연어 같은 육식성 어류의 양식업은 곡물 재배지가 필요 없다. 그러나 기본 원리는 똑같다. 그들 스스로 물고기를 잡아먹지 못하며, 그들을 위해 따로 물고기를 잡아와야 한다). 갇혀 지낸다고 해도 동물은 움직이고, 체온을 유지하고, 뼈와 기타 신체의 중요한 부분을 형성하기 위해 스스로 많은 영양분을 소모한다. 따라서 이 전체 사육 과정은 사람의 먹을거리를 마련하는 데는 비효율적인 방법일 수밖에 없다. 그것은 다른 방식의 영농에 비해 토지, 에너지, 물의 사용 면에서 환경에 더 큰 부담을 준다. 곡물 재배지를 사람이 직접 먹는 식량 생산지로 바꾸면 더 효율적이지 않겠는가?

사육장의 소들은 대부분 곡물을 먹는다. 미국에서는 주로 옥수수이다. 그러나 다른 나라에서는 밀이나 또 다른 곡물일 수 있다. 이것이 바로 프랜시스 무어 라페가 말한, 유명한 '거꾸로 선 단백질 공장' 이다. 말하자면, 1차적으로 대량의 단백질을 생산한다. 그리고 그것을 소에게 준다. 마지막으로 사람에게 갈 때는 원래의 것보다 훨씬 줄어든 단백질밖에 남지 않는다.[1] 1971년에 쓴 그녀의 베스트셀러 『작은 행성을 위한 식단』에서, 그녀는 1파운드의 소고기를 만들어내려면 21파운드의 곡물이 필요하다고 계산했다. 그리고 같은 면적의 땅을 고기 대신 시리얼을 생산하는 데 쓴다면, 다섯 배나 많은 단백질을 생산할 수 있다. 그 시절 이후 소고기 생산업자들이 효율성을 증대시키기는 했지만, 수송아지의 몸무게에서 겨우 절반 정도만 뼈 없는 소고기 무게라는 점, 또 지금도 소고기 1파운드를 만들기 위해 곡물 13파운드가 들어간다는 사실을 보면 그렇게 크게 달라지지도 않았다.[2] 돼지의 경우, 1파운드의 뼈 없는 돼지고기를 만드는 데 곡물 6파운드가 들어간다.[3] 그러나 그런 수치들도 식육업계의 현실에 대한 찬사에 가까울 수 있다. 1파운드의 고기라고 해도 1파운드의 곡물에 비해 포함된 물의 무게가 많기 때문이다.

닭고기는 이보다는 덜 비효율적이다. 미국 '전국닭고기협회' 에 따르면, 1파운드의 닭고기는 단지 2파운드의 곡물만 필요로 한다. 하지만 그것은 살아 있는 닭을 재서 나온 무게이다. 도살되고 나서, 피와 깃털, 내장 등을 빼고 남은 닭고기로 치자면 생닭 5파운드에서 닭고기는 3파운드가 나올까 말까이다.[4] 그렇게 되면 곡물 대 고기의 비율이 3:1이 넘어간다. 그나마의 닭고기도 뼈와 물이 포함된 것이다. 따라서 전국닭고기협회 자체에서 제시한 수치도 가장 효율적인 집약적 고기 생산법을 쓴다고 해도, 우리가 정말로 식량 생산을 효율화하고 싶다면, 곡물을 닭에게 주지 말고 우리 스스로 먹는 편이 나음을 입증

해준다. 우리가 단지 칼로리가 아니라 단백질을 추구한다면, 그래도 대두를 키우는 편이 낫다. 과거에 일부 영양학자들이 동물성 단백질이 식물성보다 "질적으로 우수하다"고(즉 아미노산 비율이 높다고) 주장했지만, 이제는 대두와 고기 사이에 단백질의 질적 차이는 별로 없음이 드러났다.[5]

농업 효율성 전문가들은 이 결론에 모두 동의한다. 바클라프 스밀의 『세계를 먹이다(Feeding the world)』에 따르면, 동물에게 곡물을 먹이는 것에 따른 우유, 고기, 달걀 생산은 '필연적으로' 우리가 그 곡물을 기르는 땅으로부터 우리가 얻을 수 있는 것보다 적은 식량을 얻는 방법이다. 스밀은 그 식량에서 얻는 에너지로 따져보든, 아니면 그 단백질로 따져보든 마찬가지라고 한다. 또한 세계 인구 모두가 지금 부유한 선진국 국민들이 먹는 수준으로 고기를 먹도록 하는 일은 불가능하다. 생명공학의 기적적인 발전이 없는 이상, 그 정도 양의 고기를 생산하려면 지구에 존재하는 것보다 67퍼센트는 더 많은 농지가 필요하기 때문이다.[6]

대규모 축산을 놓고 종종 제기되는 또 다른 환경 문제는 축산 단지를 만들기 위해 삼림(특히, 열대우림)을 벌채하는 것과 그런 축산 단지가 소비하는 다량의 물이다. 사리나 파브는 우리가 그 집을 찾았을 때 그 두 가지 이야기를 모두 했다. 자신의 베건 식단이 "동물들에게 좋다"고 한 후, 그 소녀는 이렇게 덧붙였다. "소들을 기르느라 수천 그루의 나무가 베어져 나간대요. 열대우림이 다 사라지고 있대요. 그리고 겨우 1파운드의 소고기를 얻으려고 물을 많이, 아주 많이 써야만 한대요."

누구나 삼림의 소멸 속도가 심상치 않다는 이야기를 들어보았을 것이다. 예를 들어 아마존 강 유역의 열대우림은 지금도 매년 2만 5,000 평방킬로미터(600만 에이커)씩 사라지고 있으며, 그 자리에 소를 기르는 목초지나 동물들을 먹일 콩밭이 들어서는 중이다.[7] 그것은 곧 1분당 11에이커씩 삼림이 사라진다는 의미다. 하지만 그것과 미국인의 소고기 소비가 무슨 상관이 있는가? 파브 가족이 만약 다음 식사를 맥도날드에서 한다면, 막 벌채된 열대우림 지역에서 온 소고기는 먹을 수 없을 것이다. 제1부에서 본 것처럼, 맥도날드는 그런 고기는 구입하지 않는다는 방침을 오래 지켜왔다. 그리고 맥리벨 사건 당시, 벨 판사는 맥도날드가 열대우림 파괴에 한몫한다는 헬렌 스틸과 데이비드 모리스의 주장은 근거 없는 중상이라고 판결했다.

그럼에도 각각 농업경제학과 보전생물학 쪽의 연구자들인 게이버릭 매트니(Gaverick Matheny)와 카이 찬(Kai Chan)은 무역장벽의 제거 덕분에 이제 세계는 전보다 훨씬 더 단일시장화되었다고 지적했다. 세계적인 고기 소비량 증가는 다른 나라들에서도 사료용 곡물 재배를 위해 밀림을 없애게끔 하고 있다. 따라서 우리의 고기 소비 역시 간접적으로 해외의 삼림 소멸에 한몫하는 것이며, 따라서 생물 다양성을 감소시키고 있는 것이다.[8] 우리는 미국에서 자란 동물의 고기를 먹지만, 그 동물은 브라질에서 열대우림을 없앤 자리에 심은 대두를 먹고 자랐다. 또한 우리가 고기, 달걀, 우유를 산다고 할 때, 그것은 수출용 곡물을 심을 땅으로 쓸 수도 있었을 땅에서 자란 사료용 곡물로 만들어진 것일 수 있다. 그렇다면 우리가 그런 제품을 구입하여 수요를 늘려주는 것이 결국 해외에서 더 많은 땅이 사료 곡물 재배용으로 바뀌게끔 부추기는 결과가 될 수도 있다. 비록 우리가 미국 땅에서 자란 곡물을 먹은 미국 동물의 고기를 먹는다고 해도, 그 고기를 만들기 위해 소모된 미국 곡물이 대신 다른 나라로 수출되었더라면, 열대우림을 벌채해 만든 땅에서 나는 곡물의 수요를 대신 채우고, 그래서 그만큼 열대우림 벌채의 필요성을 억제했을지도 모른다.

따라서 우리 자신이 '열대우림 소고기', 즉 개간된 열대우림 지역에서 사료를 구해 길러진 소의 고기를 먹는 것은 아니라는 사실만으로는 우리의 먹을거리 선택이 아마존 강 유역이나 그 밖의 지역에서 열대우림 파괴에 영향을 주고 있지 않다고 확신할 수 없다. 물론 우리가 대두, 두유, 두부, 그 밖의 대두 가공품을 소비할 때도 간접적으로 열대우림 파괴에 관여할 수 있다. 그러나 우리는 어떻게 하든 열대우림 파괴와 우리의 먹을거리를 분리할 수 없다고, 고기를 먹든 대두를 먹든 마찬가지라고 생각한다면 그것은 잘못이다. 브라질에서 자라는 대두는 대부분 사료용으로 수출된다. 따라서 대두를 동물에게 주는 것은 원래의 식품 가치의 일부만 산출해 사람이 섭취하는 것이며, 육식 위주의 식단은 곡물이나 대두를 직접 먹는 식단보다 열대우림 파괴에 더 많은 영향을 주게 된다.

물의 소비

사리나 파브는 베건이 되어야 할 또 하나의 환경 관련 이유로 "겨우 1파운드의 소고기를 얻으려고 물을 많이, 아주 많이 써야 한다"는 점을 지적했다. 물 사용 문제는 육식 반대론의 주요 근거로 빈번히 거론되고 있다. 세계적으로 공급되는 청정수의 70퍼센트가 농업용수로 쓰인다. 물이 없다면 사람은 살 수 없다. 그리고 세계의 많은 곳에서 심각한 물 부족 현상이 나타나고 있다. 따라서 관개 시스템으로 강에서 퍼 올린 농업용수 때문에 미국의 여러 주요 강에는 적정 수준 이하의 물이 흐르며, 대수층(帶水層)이 고갈되고 있다. 미국에서는 거대한 자연 저수지 하나(사우스다코타 주에서 8개 주를 가로질러 텍사스 주까지 뻗어 있는 오갈랄라 대수층)가 이 나라의 관개 수로망의 물을 65퍼센트까지 공급한다. 이 대수층이 채워지기까지는 수천 년이 걸리는데, 지금 이 대수층에 물이 채워지는 속도보다 펌프로 퍼 올리는 속도가 훨씬 빠르다. 그리하여 그 수면은 급속히 내려가고 있다. 대수층에 의존하는 농업이란 지속 가능한 농업에 비해 마치 광업(鑛業) 같다. 제한되어 있는 자원을 마지막까지 긁어내면서 거기서 이익을 취하고, 더 이상 자원이 남아 있지 않게 되면, 원래 모습으로 회복이 영영 불가능한 상태로 되어버리고 만다. 따라서 1파운드의 소고기란 사실 '물을 많이, 아주 많이' 필요로 하는 것이다. 그리고 육우 축산이라는 것은, 미국의 일부 그리고 일부 다른 나라들에서는, 제한적이고 소중한 자원을 탕진하는 일이다.

1981년에는 미국의 여러 지역이 가뭄으로 고통을 겪고 있었다. 당시 《뉴스위크》지의 특별 보도문, "미국이 타들어간다"는 다음과 같이 언급했다. "1,000파운드의 수송아지 한 마리가 마실 물이면 구축함 한 척을 띄울 수 있다."[9] 이 그럴싸한 이야기는 나중에 존 라빈스에 의해 널리 알려졌다. 라빈스는 배스킨라빈스의 후계자였으나 가업인 아이스크림 비즈니스에 등을 돌리고 자신의 명저 『새로운 미국을 위한 식단(Diet for a New America)』(1987)에서 비건 식단을 주장한 사람이다. 그 책에 인용된 "구축함 한 척을 띄울 수 있다"는 말은 자체의 생명을 갖고 대유행했다. 과연 그게 맞는 말일까? 우리는 한번 검토해 보기로 했다.

그 《뉴스위크》 기사에서는 스테이크 하나를 만들기까지 3,500갤런의 물이 필요하다고 했다. 하지만 그런 숫자를 어디서 얻었는지는 언급하지 않았다. 그 이후 비슷한 주제를 다룬 추정치가 계속 발표되었는데, 1파운드의 소고기에 필요한 물의 양을 두고 441갤런에서 1만 2,000갤런까지 다양한 수치가 제시되었다. 가장 낮은 수치는 캘리포니아 주립대학교 데이비스 캠퍼스의 베케트(J. L. Beckett)와 올티엔(J. W. Oltjen)의 공동연구에서 나왔는데, 이 연구는 '캘리포니아 소고기협회' 후원을 받은 것이었다.[10] 가장 높은 수치는 1997년, 코넬대학교의 유명한 생태학자인 데이비드 파이멘틀(David Pimentel) 연구 팀이 발표했다.[11] 파이멘틀의 글에는 그 수치의 산출 과정이 제대로 적혀 있지 않았고, 그래서 우리는 그에게 직접 묻기로 했다. 그는 그와 공동저자들이 최근에 쓴 논문을 보내주었는데, 추정치가 1파운드당 5,152갤런으로 줄어 있었다.[12] 우리는 또한 2004년에 유네스코-IHE의 물 교육연구소(네덜란드 델프트에 있다)에서 발간한 보고서에서 차파게인(A. K. Chapagain)과 획스트라(A. Y. Hoekstra)가 제시한 주장도 보았다. 그들은 전 세계적으로 소고기 1파운드당 평균 1,860갤런의 물이 소비되고 있다고 주장하며, 미국의 경우만 보면 평균 1,584갤런이라고 했다.[13]

우리는 이 연구 결과가 그토록 다양하다는 사실에 놀랐다. 게다가 모두 저명한 학자들의 연구였던 것이다. 그러나 이런 차이가 발생한 주된 까닭은 찾기 쉽다. 각각의 연구는 목장에 떨어진 빗물의 양 중 소들이 먹는 양을 0에서 100퍼센트까지 다양하게 잡았다. 100퍼센트의 빗물을 소들이 먹는다는 가정은 오류로 보인다. 목초를 먹는 소들이 농장에 떨어지는 빗물을 하나도 남김없이 다 먹을 수는 없다. 우리가 본 것 중에서 가장 복잡한 분석 틀을 사용한 차파게인과 획스트라의 연구는 소 한 마리가 먹는 빗물의 양을 계산하면서 소가 먹은 초목이 흡수한 빗물만 계산에 넣고, 하천으로 흘러들거나, 땅에 스며들거나, 또는 초목에 흡수되었으나 소가 먹지 않은 빗물은 제외했다. 이 계산이 좀 더 타당해 보인다. 우리가 본 것처럼, 차파게인과 획스트라의 '1파운드 소고기당 필요한 물' 추정량은 이런 추정치 중에서 가장 크게 잡은 것에 비하면 3분의 1도 되지 않는다. 미국 소고기 업계는 자신들의 추정치에 따르면 1,000파운드의 수송아지를 위해서 '겨우' 79만 2,000갤런의 물만 있으면 충분하다고 주장한다. 그것은 구축함을 띄우기에는 부족한 양일 수 있다. 다만 해군 마니아라면 제2차 세계대전 당시의 구축함은 지금보다 훨씬 작았고, 따라서 79만 2,000갤런이라면 하나쯤 띄울 만도 하다고 반박할지 모르겠지만.[14]

우리의 목적이 소고기를 생산하는 과정에서 환경에 주어지는 부담을 계산하려는 것이라면, 우리는 특히 귀하거나 회복이 불가능한 물의 소비량에 주목해야 한다. 예를 들어 대수층의 물이 고이는 속도보다 빠르게 퍼 올려지고 있다면 그것은 분명 주목해야 할 문제이다. 우리는 또한 강물에서 인위적으로 퍼내어져 관개 시스템을 통해 축산용수로 쓰이는 경우도 주목해야 한다. 그 물이 사람이 먹을 곡식을 기르는 데 쓰였더라면, 도시의 식수로 쓰였더라면, 아니면 그냥 강물로 남아서 습지를 풍요롭게 만들고 많은 야생동물과 새들의 보금자리를 꾸미는 데 쓰였더라면 더 좋지 않았을까?

가장 낮은 추정치를 제시한 베케트와 올티엔은 "조성된 후 인간에 의해 일정한 목적으로 사용된 물"만 계산에 포함했으며, '자연 강하'된 물, 다시 말해서 목장이나 사료용 곡식에 떨어진 빗물은 아예 포함하지 않았다. 그것은 빗물을 남김없이 포함한 연구와 반대 입장이지만, 사실 그것과 마찬가지로 비합리적인 분석 틀이다. 목초지에 떨어진 빗물을 계산하지 않는 주된 이유는 사람이 그런 물을 제대로 수집하거나 다른 목적에 활용할 수 없다(가령 옥수수나 토마토 재배에 쓴다든가)는 데 있다고 한다. 사실 대부분의 축산단지 목초지는 농사에 적합하지 않은 땅이다. 그러나 만약 그 자리에 소들이 없다면 빗물은 야생 초목을 번성시켜 그 지역을 휴양에 더 적합한 땅으로 바꿔놓을 수도 있을 것이다. 뿐만 아니라 사료용 옥수수밭에 떨어지는 빗물은 상업적 농업용수로 쓸 수도 있다. 그 땅은 소에게 주지 않고 바로 사람에게 줄 수도 있는 작물을 기르는 땅이기 때문이다. 또한 물이 희소한 자원이라면 사료용 옥수수밭에 떨어지는 빗물이 지상의 관개 시스템에 의한 강물을 대체할 수도 있을 것이다. 따라서 소를 키우는 데 필요한 물의 계산에서 관개 시스템으로 소에게 먹이는 물은 넣으면서 빗물은 제외하는 것은 자의적이라고 할 수 있다. 빗물을 제외하는 것은 사료용 옥수수를 기르는 데 필요한 물을 제외함으로써 소고기 생산에 필요한 물의 양을 줄여보려는 의도에서 나온 것으로 보인다. 미국 옥수수밭은 대부분 관개 시스템에 의존하지 않기 때문이다.

따라서 우리가 "겨우 1파운드의 소고기를 얻으려고 물을 많이, 아주 많이 써야만 한다"고 말하는 것은 아마도 사리나 파브 자신이 생각했던 것보다 훨씬 복잡한 의미를 담은 주장이다. 우리가 보기에, 차파게인과 획스트라의 연구는 적용할 수 있는 최고의 연구이다. 다만 그들이 1파운드의 소고기를 얻기 위해 들어가는 물의 양만을 단순 계산하고, 소를 키우지 않았을 경우 달리 사용할 수 있을 땅과 그 땅에서 달리 이용할 수 있는 물의 양을 환산하지 않은 것은 아쉽다. 그러나 차파게인과 획스트라의 추정치를 놓고 보더라도 소고기는 주식 곡물을 기르는 데 필요한 물보다 훨씬 많은 물을 소비하고 있다. 1파운드의 햄버거용 소고기를 만들기 위해 필요한 물은 1파운드의 빵을 만들기 위해 필요한 물의 12배이며, 1파운드의 감자라면 64배, 1파운드의 토마토라면 86배가 된다.[15] 여러 음식을 먹을 때의 파운드당 칼로리가 다르다는 점을 감안하더라도, 물의 보전이라는 차원에서 보면 소고기는 좋은 선택이 못 된다. 빵은 햄버거에 들어가는 소고기와 거의 비슷한 칼로리를 제공하면서 물은 그 12분의 1만 쓴다.

하지만 이것도 비건 식단을 지지하는 강력한 근거라고 할 수 없다. 물의 사용에 관한 한, 200그램짜리 포테이토칩을 즐겨 먹는 비건이 달걀을 먹는 누군가를 비난할 자격은 없다. 왜냐하면 차파게인과 획스트라의 연구에서 볼 때, 포테이토칩을 만드는 데는 물이 더 많이 들기 때문이다. 그들의 계산으로는 우유와 사과주스를 만드는 데는 그 양과 거의 같은 물이 소모된다. 미국에서 닭고기는 대두나 쌀을 생산하는 데 필요한 물보다 단지 20퍼센트만 더 많은 물을 필요로 한다. 이때의 수치는 나라마다 다른데, 서로 다른 생산 방식이 쓰이기 때문이다. 그러나 우리가 먹는 모든 기본 먹을거리 중에서, 소고기야말로 생산 과정에서의 물의 소비량이 다른 먹을거리의 추종을 불허하는 유일한 먹을거리임이 틀림없다.

토지의 황폐화

목장주란(아주 드문, 존경할 만한 예외가 있으나) 목장 주변에 온통 철조망을 둘러치는 사람이다. 또 우물을 파고, 가축들이 마실 연못을 불도저로 밀어붙여 짓는 사람이며, 엘크와 영양, 큰뿔영양을 내쫓아버리고, 코요테와 프레리도그에게 독을 먹이며, 독수리와 곰, 퓨마는 보이는 대로 총을 쏘고, 원래 푸르렀던 풀들을 뽑아버리고 오만 가지 잡초에다 소 똥, 개미굴, 진흙, 먼지, 파리만 우글거리는 곳으로 만들어버리는 사람이다. 그리고 그들은 떡하니 기댄 자세로 TV 카메라 앞에서 씩 웃으며, 자신이 얼마나 미국 서부를 사랑하는지 이야기를 늘어놓는다.[16]

작가인 에드워드 애비(Edward Abbey)는 『몽키 스패너를 든 강도들(The Monkey Wrench Gang)』이라는 소설에서 환경을 지키기 위해 사보타주를 감행하는 환경운동가들의 모습을 그렸다. '세계자원연구소'에 따르면, 지나치게 많은 목초지가 조성되는 것이 전 세계 토지 황폐화의 가장 큰 단일 원인이다.[17] 이 토지 황폐화는 대체로 미국이나 오스트레일리아 등지의, 소와 양의 목초지로 사용되는 반(半)건조지대에서 발생한다.

목장주들은 정치적으로 보수파인 경우가 많고, 보수주의자들은 대개 시장경제를 강력히 옹호한다. 그러나 미국에서 공공용지를 목초지로 바꾸는 권리가 경매나 공개 입찰로 획득되지 않는 것은 이상한 일이다. 그 대신 정치적 거래, 그리고 미국 헌법에 따라 소규모 인구를 가진 주들이 인구 비례를 넘어서 갖고 있는 정치적 특권 때문에 목초지 개간 비용이 어이없을 만큼 싸게 먹히고 있다(어떤 지역에서는 에이커당 고작 몇 센트에 불과하다). 또 목장주들에 대해 정부 지원금까지 주어지고 있다. 미국에서 정부가 토지이용권 판매로 얻는 대금은 그리하여 그 땅에서 길러지게 된 소와 양떼 목장을 통제하고 지원하는 비용보다 훨씬 못 미친다. 따라서 어느 유명한 책은 미국의 소고기 산업이 가져온 환경 문제를 다루면서 이런 기발한 제목을 달았다. 『복지사업 목장(Welfare Ranching)』.[18]

미국에서 목초지로 대여된 공공용지의 면적은 놀랄 만하다. 3억 에이커! 메인 주에서 플로리다 주까지 모든 동부 지역 주를 합친 면적에다 미주리 주까지 더한 면적에 필적한다.[19] 그 중에서 거의 90퍼센트가 연방정부 소유 토지로, 연방 토지관리국이나 산림청에서 관리하는 땅이다. 소는 단단한 발굽을 가진 덩치 큰 동물이며, 왕성한 식욕과 많은 배설물을 만드는 소화 시스템을 가졌다. 지반이 약하고 반건조 지대인 땅에 소들을 무작정 풀어놓으면, 곧 그 땅은 대책 없이 황폐해지고 만다. 건기(乾期)가 되면 소들은 그야말로 보이는 대로 뜯어 먹는다. 풀은 흙 속에 뿌리내려 흙을 붙잡아주는 역할도 하는데, 그런 풀이 없어지면 바람이 표토의 대부분을 서서히 쓸어가버린다. 다시 폭우가 쏟아지면, 물에 또 흙의 상당량이 쓸려가고, 땅 위에는 여러 갈래의 도랑이 깊게 생겨난다. 소들의 발굽은 흙을 굳히고 강변을 무너뜨리며, 그 배설물은 하천을 썩히고 파리떼가 꼬이게 한다.

소들이 그 지역에서 10년 내지 20년 동안 물러나 있으면, 극적인 변화가 일어난다. 20년 전, 지금은 '산페드로 하천 보전 지구'가 된 애리조나 주 남서부의 땅은 황량한 폐허나 다름없었다. 대부분 메마른 땅에 드문드문 난 풀은 그나마 1만 마리의 소에게 뜯어 먹히고 있었다. 이 소들은 강변의 흙을 밟고 무너뜨려서, 강물이 점점 넓어지고 얕아지도록 했다. 1988년, 의회는 보전 지역을 설정하고 대부분의 땅에서 소들을 쫓아냈다. 오늘날 산페드로 강은 다시 좁고 깊게 흐르며, 토착 식물은 다시 무성히 자라나며, 미루나무와 버드나무가 숲을 이루고 있다. 매년 수만 명이 이 지역에 버드워칭 여행을 와서, 350종에 달하는 그 지역의 텃새나 철새를 구경한다. 또한 81종의 포유류와 40종의 파충류, 양서류들이 이 땅에서 살아간다.[20]

생물 다양성과 생태계의 아름다움을 존중하는 목장주들도 얼마간 있기는 하다. 그러나 그들의 영농 기법상, 그들은 대개 땅을 목장 동물들의 생산성 증감 차원에서 바라볼 수밖에 없다. 포식자들은 의문의 여지없이 사살하며, 목장의 소나 양을 '위한' 풀을 먹는 다른 동물들도 마찬가지이다. 목장주들의 압력에 못 이겨, 오스트레일리아 정부는 매년 400만 마리 내지 500만 마리의 캥거루 사살을 허용하고 있다.[21] 미국에서는 목장주들이 지하에 넓은 '마을'을 짓고 풀을 먹으며 살아가는 프레리도그와 군생 설치류들을 거의 멸종시켜버렸다. 지난 세기에 미국 정부는 목장주들의 열화와 같은 요구에 밀려 프레리도그를 독으로 박멸하는 프로그램을 후원했다. 이런 독 살포는 오늘날에도 규모는 줄었으되 계속되고 있다. 그리하여 프레리도그는 과거의 수에 비해 약 2퍼센트밖에 남아 있지 않다. 미국 산림청 소속 생물학자인 댄 우레스크(Dan Uresk)는 프레리도그들이 소가 먹을 목초를 줄이기는 하지만(약 4퍼센트 내지 7퍼센트 정도), 독으로 그 동물들을 없앰으로써 치르는 대가는 그로 인해 얻는 이득을 넘어선다는 연구 결과를 발표했다. 그러나 정부가 이 독 살포에 자금을 대고 있기에, 우레스크의 말로는, "목장주들은 이렇게 생각하고 있다. '돈도 안 드는데, 독으로 다 없애면 좀 어때?'"[22] 프레리도그를 없애면 다른 동물도 연쇄적인 영향을 받게 된다. 프레리도그가 살고 있는 '마을' 부근에는 그들이 없는 지역보다 약 두 배나 많은 생물종(올빼미, 매, 독수리, 물떼새, 여우, 흰족제비, 작은 설치류들)이 서식한다는 것이 우레스크의 지적이다.

미국 농무부에는 '야생동물과(Wildlife Services)'가 있는데, 흔히 '동물피해조절과(Animal Damage Control)'라고 불린다. 그리고 생태주의자들은 그 이니셜을 따서 '작은동물박멸과(All Dead Critters)'라고 놀려 부르곤 한다. 하지만 그 농담이야말로 그 과에서 실제 하는 일을 제대로 나타내고 있다. 2004년, 야생동물과는 독 살포, 사살, 덫 등으로 276만 7,152마리의 동물을 죽였고, 그 중에는 오소리, 비버, 곰, 검정지빠귀, 코요테, 비둘기, 핀치, 여우, 기러기, 마르모트, 주머니쥐, 프레리도그, 너구리, 까마귀, 스컹크, 다람쥐, 찌르레기, 늑대 등이 포함되어 있었다.[23] 이 동물들 중 다수가 독을 먹고 오랫동안 괴로워하다 죽어갔다. 아마 더 고약했던 일은 악명 높은 '강철턱 다리덫'에 걸린 6,485마리의 코요테들의 운명일 것이다. 어떤 때는 덫에 걸린 코요테가 작열하는 태양 아래서 며칠 동안이나 물 한 모금 먹지 못한 채 몸부림쳤다. 달아나려는 절망적인 노력 끝에, 어떤 동물들은 자기 다리를 물어뜯어 끊으려고 했다.

에드워드 애비가 인정한 것처럼, 땅을 사랑하고 지속 가능한 방식으로 가축을 먹이며 야생동물들과 즐겁게 공생하는 목장주들도 없지는 않다. 우리도 그런 소고기 생산업자에 대한 이야기를 제3장에서 했다. 또 그런 사람이 많이 있을 것이다. 하지만 소고기나 양고기를 사는 사람들로서는 이 고기를 만들어낸 목장주가 얼마나 땅을 사랑하고 동물을 사랑하는 사람인지 분간할 방법이 별로 없다. 따라서 목장 동물의 고기를 먹는 윤리성에 대해 환경론적 시각에서는 거대한 의문 부호를 남길 수밖에 없다. 더 일반적으로는, 그리고 지속 가능한 동물성 식품 생산 방법이 없지 않건만, 베건들은 자신들의 식단이 보통 미국인들의 식단에 비해 훨씬 환경친화적이라고 말해도 된다. 시카고 대학교의 기든 에셸(Gidon Eshel)과 파멜라 마틴(Pamela Martin)은 동물성 식품 생산 과정에서 방출되는 온실가스의 양을 조사했으며, 전형적인 미국의 식단(그중 28퍼센트가 동물성인)은 같은 양의 칼로리가 포함된 베건 식단에 비해 한 명이 1년에 약 1.5톤의 이산화탄소를 더 배출시킨다는 결과를 얻었다. 대조적으로, 보통의 운전자가 미국의 전형적인 자동차 대신 좀 더 연비가 좋은 하이브리드 차량으로 바꾸었을 때 1년에 줄일 수 있는 이산화탄소 방출량은 1톤이다. 다시 말해서 내가 기후 변화에 미치는 영향을 억제하는 데는 차를 바꾸기보다 베건 식단으로 바꾸는 편이 더 효과적인 것이다.[24] (물론 두 가지 다 하면 더 좋겠지만.)

워싱턴에 기반한 월드워치 연구소에서 펴내는 《월드 워치(World Watch)》의 편집자들은 세계 환경 문제를 다루어오면서, "개인이 고기를 먹느냐 마느냐 하는, 겉보기로는 사소한 문제"가 이제 지속 가능성 논의에서 중심을 차지하게 되었다고 언급했다. 그 이유는, "환경과학이 발달함에 따라, 동물의 고기에 대한 인간의 욕망이야말로 지금 인류의 미래를 위협하고 있는 거의 모든 환경 피해, 즉 삼림 소멸, 표토 소실, 청정수 부족, 대기오염과 수질오염, 기후 변화, 생물 다양성 감소, 사회적 부정의, 공동체 파괴와 새로운 전염병 창궐 등의 저변에 있음이 뚜렷해졌기 때문이다."[25]

14
육식의 윤리학

제이크 힐러드나 리 니어스티머 같은 많은 사람이 대형 마트에서 고기를 구입하거나 패스트푸드점에서 고기가 든 음식을 사 먹고 있다. 그들보다 소수, 즉 메리 앤 매서렉과 그녀의 딸들 같은 사람들은 인도적이고 유기농적으로 생산된 고기만 먹으려고 노력한다. 그리고 또 다른 사람들, 파브 가족 같은 사람들은 동물성 음식을 아예 먹지 않는다. 이 장에서 우리는 그런 식단들이 동물에게 미치는 영향에 대해서만 전적으로 살펴보려고 한다. 동물과 동물성 식료품들을 먹는 데 따르는 윤리는 무엇인가? 이 장에서, 우리가 무엇을 먹어야 할지에 대한 윤리학은 더 철학적으로 복잡하게 다가온다.

우선 공장식 농업부터 보자. 우리는 그것이 얼마나 돼지들에게 고통을 주는지 보았다. 암퇘지들은 일생의 대부분을 몸을 돌릴 여유도 없는 칸막이에 갇혀 지내야 한다. 닭들은 또 어떤가? 아주 부자연스러운 대밀집 상태로 살며, 몸은 너무나 빨리 자라고, 잔인한 방식으로 운송되고 도살된다. 그리고 낙농장의 젖소들은 주기적으로 임신을 당하고는 낳는 즉시 새끼를 빼앗겨버린다. 그리고 고기소들은 황량하고 살풍경한 사육장에 감금되어 살아간다. 우리는 제이크와 리를 인간적으로 좋아하며, 가족과 아이들을 챙기느라고 시간에 쫓기고 돈이 아쉬울 수밖에 없는 그들의 처지를 이해한다. 그러나 우리는 아무리 그래도 공장식 농업으로 생산된 제품을 먹는 것은 옳지 않다고 본다.

그런 결론을 위해 채식주의자가 될 필요는 없다. 휴 피언리 휘팅스톨(Hugh Fearnley-Whittingstall)은 『강변 별장의 고기 요리책(The River Cottage Meat Book)』의 저자이다. 이 크고 화려한 책은 처음부터 끝까지 고기를 요리하고 먹는 내용이다. 그러나 그는 이렇게 쓰고 있다. "우리가 먹는 가축의 거의 대부분은 지금 체계적인 학대를 받으며 사육되고 있다. 그들에게 불편함은 법칙이고, 고통은 일상이며, 성장은 비정상적인 과정이다. 그리고 식단은 부자연 그 자체다. 질병이 만연하며, 스트레스는 끝이 없다."[1] 피언리 휘팅스톨은 영국 사람이며, 그곳은 동물보호 법규가 미국보다 더 엄격하다. 암퇘지나 송아지 고기용 송아지에게 씌우는 미국식 칸막이는 영국에서는 불법이며, 닭장은 적어도 미국보다 50퍼센트 넓은 면적을 닭들에게 부여하도록 되어 있다. 그럼에도 그는 영국 농장의 환경이 동물 학대라고 보았다. 역시 고기를 먹는 사람인 마이클 폴란도 공장식 농장이란 "동물은 고통을 느낄 줄 모르는 기계"라는 원칙하에 만들어진 것이며, 그런 농장을 지지하려면 동물이 처한 현실에 대해 "눈뜬장님이 될 준비"를 해야 한다고 말했다.[2]

로저 스크루톤(Roger Scruton)은 동물권리론을 비판하며, 영국 의회의 불법화 결정이 내려지기 전에 여우 사냥의 전통을 열심히 옹호했던 사람이다. 그는 월트셔의 고향 집에서, 자기 책상 위에 동물을 기르며 자랐다. 동물권리론에 대한 그의 태도는 아마도 다음 일화에서 가장 잘 드러날 것이다. 《인디펜던트》지 기자인 숄토 번즈(Sholto Byrnes)가 그의 농장을 방문해 인터뷰했을 때의 일화이다.

마실 것을 한 잔 한 뒤에, 우리는 점심을 들기 시작했다. 스크루톤 농장의 산물로 차린 식사였다. "저게 싱어입니다." 로저는 먹다 남은 소시지가 올라 있는 접시를 가리키며 말했다. 싱어는 피터 싱어의 이름을 따다 붙인 돼지였다. 철학자이자 동물권리론 측의 이론가인 피터 싱어가 그의 주인의 손에 의해 소시지가 되어 있었다.[3)]

그럼에도 스크루톤은 공장식 농업에 대해서는 단호히 반대한다. 그는 이렇게 썼다. "진정으로 동물복지를 하려면, 이런 식으로 동물을 다루는 일은 부당하다는 전제에서 출발해야 한다."[4)]

미국에서 공장식 농업에 반대하는 사람들 중에는 매튜 스컬리(Matthew Scully)가 있다. 그는 조지 H. 부시의 연설문 작성 비서를 지냈고, 『지배: 인간의 권력, 동물의 고통, 그리고 자비의 외침(Domination: The Power of Man, the Suffering of Animals, and the Call to Mercy)』이라는 책의 저자이다. 비록 '동물권리론'이 대략 좌파 쪽 이념으로 분류되는 편이지만, 스컬리는 기독교 우파적인 시각을 가지고 대체로 같은 목표를 주장하고 있다. 스컬리에 따르면, 비록 신이 우리에게 동물에 대한 '지배권'을 내리셨으나 우리는 그 지배권을 자비롭게 행사해야만 한다. 그리고 공장식 농장은 그런 자비와 거리가 멀다. 스컬리의 주장은 일부 다른 보수주의자들로부터도 지지를 받는데, 가령《미국의 보수주의(The American Conservative)》의 편집자 팻 뷰캐넌(Pat Buchanan)은 스컬리의 '공포의 공장: 인도적인 보수주의의 경우— 동물을 위해'라는 글을 머리기사로 실어주었다. 또 조지 윌(George F. Will)은《뉴스위크》지 칼럼에서 스컬리의 책을 추천했다.[5)]

이보다 결코 덜하지 않은 종교계의 목소리는 교황 베네딕트 16세가 동물에 대한 인간의 '지배권'이 공장식 농장을 정당화해주지 않는다고 선언했을 때 나타났다. 당시 로마 가톨릭교회의 신앙교리성성(信仰敎理聖省)에서 이 미래의 교황은 "주님의 피조물의 산업적 이용을 단죄한다. 그들은 거위의 간이 있는 대로 팽창하게끔 기르거나, 닭을 가둬놓고 키워서 본래 모습을 흉하게 뒤틀어놓는다." 이러한 "살아 있는 피조물의 상품화"는 그에게 "성서에 일관되어 있는 상호성의 원칙에 위배되는 것이다."[6]

이 점에 대해서는 우리와 스컬리, 뷰캐넌, 윌, 폴란, 피언리 휘팅스톨, 스크루톤, 교황 베네딕트 16세와 의견이 같다. 오늘날 선진국에서 대부분의 동물성 식품을 생산하고 있는 거대한 동물 학대 시스템은 절대로 지지할 수가 없다.

공장식 농업에 대한 잘못된 옹호론

이런 공장식 농업에 대해서 어떤 옹호론이 있을 수 있을까? 우리는 그중 몇몇을 검토해보고, 어째서 그 주장이 잘못되었는지 짚어볼 것이다. 먼저 우리는 동물에게 지켜야 할 의무가 없다는 주장이 있다. 그들이 우리에게 의무를 지킬 수 없기 때문이다. 이는 윤리란 일종의 계약을 토대로 한다고 보는 사람들의 주장이다. "네가 나를 해치지 않는다면, 나도 너를 해치지 않겠다"는 식이다.[7] 동물은 계약을 할 수 없고, 따라서 도덕의 영역 밖에 놓인다. 그러나 이런 식으로 보면 아기나 회복 불능의 정신지체자 역시 도덕의 주체일 수 없을 것이다. 그러면 우리는 그들에 대해서도 의무를 지킬 필요가 없는가? 윤리를 계약의 하나로 보는 관점의 더 큰 문제점은 미래 세대 역시 의무의 대상이 될 수 없기 때문이다. 핵발전소에서 나오는 핵폐기물을 150년 이상 유지될 수 없는 컨테이너에 넣어버리면, 우리 스스로는 많은 돈과 노력을 절약할 수 있다. 우리가 오직 우리에게 의무를 지켜줄 수 있는 대상에게만 의무를 지켜야 한다면, 그렇게 한다고 해서 무슨 잘못이 있겠는가? 오래된 농담 한 토막과 같다. "내가 왜 후손을 위해 뭔가 해주어야 하나? 후손이 내게 뭔가 해주지 않을 텐데?" 계약론의 문제점은 이게 결코 농담이 아니게 된다는 데 있다.

둘째, 육식과 관련된 윤리 문제가 나오면 흔히 나오는 것이 '벤저민 프랭클린의 변명'이다. 프랭클린은 오랫동안 채식주의자였다. 그러던 어느 날 친구들이 낚시를 하는 것을 보다가, 잡힌 물고기들 중 어떤 것은 더 작은 물고기를 삼킨 상태임을 알았다. 그는 스스로에게 이렇게 말했다. "너희가 서로를 잡아먹는다면, 내가 너희를 잡아먹지 못할 이유가 없지 않느냐?" 말인즉슨 어떤 존재가 상대를 특정한 방식으로 대한다면, 사람도 그 존재를 그런 방식으로 대해도 된다는 이야기이다. 그러나 그것은 논리적으로나 윤리학적으로나 맞지 않는 말이다. 우리는 보통 동물의 행동을 본떠 동물을 대하지는 않는다. 가령 고양이가 쥐를 찢어 죽이는 것을 들며 우리가 고양이를 찢어 죽이는 일이 정당하다고 하지는 않는다. 육식성 물고기는 다른 물고기를 죽일 것인지 말 것인지에 대해 선택의 여지가 없다. 그 물고기는 본능에 따라 죽인다. 그러나 인간은 물고기나 다른 동물을 죽이거나 먹는 일에 대해 선택할 수 있다.

한편 먹는 자와 먹히는 자가 있는 것은 자연 질서의 일부이며, 그러한 질서에 따라 행동하는 일은 잘못일 수 없다고 주장할 수도 있다. 그러나 이러한 '자연 질서에 따르는 윤리론'은 모든 불평등을 정당화할 것이다. 가령 남성의 여성 억압이나 약자와 병자를 길가에 내버리는 일 역시 아무 거리낌이 없을 것이다. 그러나 이 윤리론의 논리가 타당하더라도, 그것은 우리가 여전히 채집-수렵 사회에서 살고 있을 때나 통할 수 있다. 거기서는 지금 우리가 동물을 사육하는 방식이 결코 '자연적'으로 존재할 수 없는 것이다. 물고기가 다른 물고기를 먹는 일에 대한 프랭클린의 변명처럼, 그것은 하나의 맥락만을 선택하고 다른 맥락은 무시하는 논법이다. 프랭클린은 참으로 예리한 관찰자여서, 자기 자신이 얼마나 선택적인 사고를 하는 존재인지 충분히 깨닫고 있었다. 그는 물고기를 먹는 일에 대한 자신의 변명을 그 물고기가 프라이팬에서 구워지며 '참으로 훌륭한' 냄새를 풍기기 시작했을 때 비로소 머리에 떠올렸다고 하니까 말이다.[8]

셋째, 우리는 공장식 농업에서 동물들을 도살장까지 수송하고 도살하는 과정에서 불필요한 고통을 유발한다고 했다. 왜냐하면 파브 가족을 비롯한 많은 베건 가족들이 보여주듯, 고기와 다른 동물성 음식을 구태여 먹지 않아도 충분히 건강하게 살 수 있는 식생활이 가능하기 때문이다. 동물성 식품은 표준적인 서구식 식단의 중심이며, 따라서 문화로서 중요하다고, 그리고 정도는 다르지만 다른 여러 문화권에서도 역시 그렇다고 주장할 수 있다. 동물성 식품이 우리에게 그토록 중요하므로, 또한 공장식 농업이 아니라면 그런 식품을 그만큼 싸게 구할 수 없으므로, 공장식 농업은 그것이 동물에게 유발하는 고통에도 불구하고 정당하다고 하는 것이다. 그러나 어떤 문화적 관습이 유해하다면, 그것을 곧이곧대로 유지하는 것은 부당하다. 노예제도 또한 한때 미국 남부의 중요한 문화였다. 여성 차별이나 다른 인종에 대한 차별 역시 한때(어떤 곳에서는 지금도) 문화의 일부였다. 아무리 널리 퍼진 문화라고 해도 윤리적 문제점이 있다면 바꾸려고 노력해야 한다.

우리가 살펴본 공장식 농업의 대안들, 가령 지만스키의 달걀이나 니만 목장의 돼지고기 등은 더 비싸다. 그것은 틀림없다. 완전한 베건 식단으로 전환하려면 많은 사람이 어려움을 느끼리라는 것도(적어도 처음에는) 인정하기로 하자. 하지만 그렇게 인정을 한다고 해도 공장식 농업을 긍정하기에는 아직 부족하다. 여기서 선택은 '보통과 베건' 사이의 선택이 아니다. 공장식 농업이 없다면, 소득수준이 높지 않은 가정은 더 적은 동물성 음식을 먹게 될 것이다. 하지만 그렇다고 그것을 완전히 끊지는 않을 것이다. 영양학자들은 선진국 사람들이 대부분 필요 이상으로 많은 동물성 식품을 먹고 있다는 데, 그리고 그들의 건강을 위협할 만한 정도까지 먹는다는 데 의견을 같이한다. 따라서 같은 돈을 쓰면서 더 적은 동물성 식품을 사는 것은 좋은 일이다. 특히 그 식품이 동물들을 밖에 자유롭게 내보내는 곳에서 왔다면 더 좋다. 그런 동물의 고기는 지방이 적어진다. 그리고 동물성 식품을 줄이는 만큼 과일과 채소를 더 많이 먹게 되었다면 그것도 좋은 일이다. 그것은 피언리 휘팅스톨 같은 사람도 권장하는 일이며, 아마 음식에 대해 그처럼 헌신했던 사람은 거의 없을 것이다.

아마도 수십억에 달할 세계의 빈곤층에서는 굶주림과 영양 결핍이 아직도 큰 문제이다. 그러나 공장식 농업은 그 문제의 해결책이 못 된다. 개발도상국에서 공장식 농장들은 점차 늘고 있는 도시 중산층들을 상대하려고 하지, 그 상품을 살 여력이 없는 빈민을 상대로 하지 않기 때문이다. 개발도상국에서 공장식 농업 제품이 선택되는 것은 그 맛과 브랜드 때문이지, 소비자의 건강을 생각해서가 아니다. '식단과 질병에 대한 세계 최대, 최고의 포괄적 연구(T. Colin Cambell and Thomas Cambell, *The China Study: The Most Comprehensive Study of Nutrition Ever Conducted and the Startling Implication for Diet, Weight Loss and Long-Term Health*, Benbella, Dallas, TX, 2005-옮긴이)' 결과를 보면 중국의 농촌 지역에서 미국인들의 식사보다 육류가 10퍼센트밖에 들어가지 않은 식단으로 좋은 건강 상태와 정상적인 성장이 달성되었다고 나온다. 그보다 육류 소비를 늘려 보니, '풍요의 병', 즉 심장병, 비만, 당뇨병, 암 등의 발병률이 약간 상승했다.[9]

공장식 농업이 동물에게 강요하는 막대한 고통은 식탁에서 공장식 농장에서 생산된 육류를 없앨 때 느낄 식욕의 불만을 훨씬 능가한다. 더 어려운 질문은 우리가 베건 또는 채식주의자가 되어야만 하는가일 것이다. 그 질문에 답하기 위해서는, 부당한 고통을 없애는 문제와 먹기 위해 동물을 죽이는 것(고통 없이)이 옳은가의 문제를 먼저 풀어야 한다. 또한 동물이 어떤 도덕적 지위를 갖는지, 그들을 대우할 때 어떤 윤리적 기준을 세워야 하는지도 해결해야 한다.

인간은 동물보다 우월한가?

서구의 기본적 에토스는 인간의 이익이 언제나 다른 종의 비슷한 이익보다 우선된다는 것이다. 그러나 1970년대에 현대 동물권리 운동이 일어난 이래, 그 에토스는 수세로 돌아섰다. 여기서 제기된 주장은 인간과 인간이 아닌 동물(human and nonhuman animals, 싱어가 '인간과 동물'이 아니라 '인간과 인간이 아닌 동물'이라고 표현한 점에 주의하라-옮긴이) 사이의 뚜렷한 차이점에도 불구하고, 우리는 고통을 느낄 수 있다는 공통점이 있으며, 그것은 그들도 우리처럼 이해관계를 갖는다는 뜻이다. 우리가 그들이 우리 종이 아니라는 이유로 그들의 이익을 무시 또는 폄하한다면, 우리의 입장은 곧 가장 극단적인 인종차별론자나 성차별론자의 입장과 비슷해지는 것이다. 즉 반대편의 특질이나 입장을 도외시하며 백인이나 남성이 도덕적으로 우월하다고 주장하는 일과 같아지는 것이다.

이처럼 종차별주의(speciesism)와 인종차별주의 또는 성차별주의를 같은 선상에 두는 데 대해, 흔히 나오는 반론은 백인이 다른 인종보다 우월하다거나 남성이 여성보다 우월하다는 주장은 분명 잘못이지만 인간은 정말로 인간이 아닌 동물들보다 우월하다는 것이다. 인간은 이성을 가지고 있고, 자기 인식을 한다. 그리고 이것이야말로 도덕적 존재가 갖추어야만 하는 특성이라고 한다. 그러나 일부 인간들, 가령 유아나 심각한 정신지체인의 경우는 이성의 능력이나 반성 능력이 일부 인간이 아닌 동물들보다 떨어진다. 따라서 우리는 한쪽에 모든 인간을, 다른 쪽에 모든 인간 아닌 동물을 놓는 이런 이분법을 정당화할 수 없다.

18세기에 『걸리버 여행기』의 저자인 조나단 스위프트는 아일랜드의 빈곤 여성이 키우는 아이들의 '과잉 현상'을 다룰 '온당한 제안(modest proposal)'을 했다. "나는 한 살배기의 건강하고 잘 양육된

아기야말로 가장 맛있고, 영양 많고, 건강에 좋은 음식임을 확신한다. 끓이거나, 굽거나, 찌거나, 삶거나 다 좋다."[10] 이 제안은 물론 영국의 아일랜드 정책을 풍자하기 위한 농담이었다. 그러나 우리가 이 제안에서 충격을 받았다면, 그것은 우리가 사실은 어떤 감각 있는 존재를 고깃덩이로 만드는 일에 그 존재의 높은 이성 능력 같은 점은 문제시하지 않고 있음을 증명하는 것이다. 유아가 그런 능력을 갖추게 될 잠재력도 중요한 도덕적 지위를 주장할 수 없다. 심각하고 치유 불가능한 지능 장애를 타고난 사람을 죽여서 요리한다면, 우리는 똑같이 충격을 받을 테니까. 하지만 우리 종 가운데서 지능, 이성적 능력, 자기인식 능력 등을 두고 그보다 능력이 떨어지는 쪽을 앞서는 쪽이 마음대로 착취할 수 없다고 하면, 어째서 다른 종을 착취하는 일을 같은 이유로 정당화할 수 있겠는가? 인간이 아닌 동물을 착취하려는 우리의 의지는 건실한 도덕적 기반에 근거하고 있지 않다. 그것은 '종차별주의', 힘 있는 쪽에게 편리하기 때문에 살아남게 되는 편견에 근거한다. 그리고 이 경우에 그러한 편견의 주체는 백인이나 남성이 아니라 인간이다.

치유 불가능한 지능 장애가 있는 사람을 포함한 어떤 의식 있는 인간도 타인의 뜻에 따라 박해를 받아서는 안 된다는 견해를 유지하려면, 우리는 이 원칙의 경계를 우리 종에 한정하지 말고 의식이 있고 박해받을 수 있는 다른 동물에게 확대해야만 한다.[11] 그렇게 하지 않으면, 우리는 우리 종 주위에만 도덕의 금을 긋고, 우리의 종 중에서 '도덕적 존재로서의 능력'이 많은 인간이 아닌 동물들보다 떨어지는 구성원들도 그 도덕을 근거로 보호하면서 다른 동물은 배척하게 될 것이다. 이 경계 넓히기에 실패한다면, 우리는 우리 자신을 인종차별주의자나 성차별주의자들이 그런 도덕의 금을 더 좁게, 자기들 주위에 그으려는 시도를 막지 못할 것이며, 그들로부터 우리를 보호하지 못할 것이다.

동물과 인간을 동등하게?

우리가 지금 동물을 다루는 방식을 옹호하는 사람들은 종종 동물권리 운동이 동물에게 인간과 동등한 권리를 주려는 것이라고 비판한다. 그것은 전혀 무의미한 말이다. 동물은 교육을 받을 권리, 투표권, 언론의 자유 같은 기본권을 가질 수 없다. 대부분의 동물권리론자가 주장하는 형평성이란 동물에게 (인간과) 똑같은 권리를 주자는 것이 아니라, 우리와 그들이 비슷하게 가지고 있는 이해관계를 공평하게 존중하자는 것이다. 어떤 동물이 고통을 느낄 수 있다면, 그 고통은 인간이 느끼는 고통과 다를 것이 없다. 서로 다른 정신 역량 때문에 고통을 느끼는 것이나 기억하는 것, 예상하는 것 등도 서로 다를지 모른다는 주장도 있다. 그 점을 인정하더라도, 또한 그러한 차이점이 사실 중요하다고 하더라도, 아기가 느끼는 고통은 악(惡)이다. 설령 그 아기가 가령 돼지보다 자기 인식 능력이 떨어지며 기억력이나 예상 능력 또한 나을 것이 없더라도 말이다. 고통은 위험에 대한 유용한 경고가 되며, 따라서 가치가 있다고도 할 수 있다. 하지만 고통만 있고 그것에 상응하는 혜택이 없다면, 우리는 그 어떤 경우라고 해도 그러한 경험을 전혀 바람직하지 않은 것으로 여겨야 할 것이다. 그 고통의 주체가 어떤 종인지는 문제가 되지 않는다.

이제 우리는 '불필요한' 고통을 피하는 문제를 넘어서 이해관계의 동등한 존중이라는 원칙에 도달했다. 그것은 인간이 아닌 동물의 이해관계에 인간의 이해관계에 표하는 것과 같은 존중을 표할 필요가 있음을 의미한다. 이제는 이 원칙이 우리가 육식을 하는 것이 윤리적인지의 여부를 판단하는 데 도움이 되는지 살펴보기로 하자.

최상의 육식 옹호론

육식에 대한 가장 탁월한 옹호론은 공장식 농업을 맹렬히 비난하는 작가들에게서 나온다. 마이클 폴란, 휴 피어닐 휘팅스톨, 로저 스크루톤 등등이다. 《뉴욕 타임스 선데이 매거진》에 실린 폴란의 에세이, '동물이 있을 자리'는 다음과 같이 시작된다. "피터 싱어의 『동물 해방』을 처음 펼쳤을 때, 나는 팜에서 홀로 식사 중이었다. 미디엄 레어로 구워진 립아이 스테이크를 막 먹으려는 참이었다." 그리고 그는 공장식 농업에 대해 서술하고, 그런 시스템에서 만들어진 고기를 먹는 것은 정당화할 수 없다는 견해를 피력한다. 그다음으로, 폴란은 현대 산업형 농업에 대한 어두운 평가 옆에 폴리페이스 농장에 대한 목가적인 묘사를 끌어다 놓는다. 버지니아 주의 셰넌도어 계곡에 있는 550에이커의 숲과 초원에 들어서 있는 이 농장에 대해, 폴란은 이렇게 쓰고 있다. "조엘 샐러틴(Joel Salatin)과 그의 가족은 여섯 종류의 가축을 기르고 있다. 소, 돼지, 닭, 토끼, 칠면조, 양이다. 이 가축들은 모두 공생(共生)의 섬세하고 교묘한 춤 속에서, 각자 '그 생리적 특수성을 최대한 발현하며(샐러틴의 말이다)' 살아간다." 샐러틴의 순환 축산법에 대해서는 우리도 들었다. 먼저 소들이 목초지의 풀을 뜯는다. 그러면 닭들이 소똥에 이끌려 온 벌레들을 놓고 잔치를 벌인다. 그리고 나면 양들이 와서 소와 닭들이 즐기지 않는 잡초를 먹는다. 또한 돼지들은 헛간 안에서 퇴비 더미를 헤치며 먹을 것을 찾는다.

폴란은 말한다. 우리가 공장식 농장에서 동물들이 당하는 고통을 인식할 수 있다면, "동물의 행복 또한 분명히 인식할 수 있으리라. 나는 여기서 그 행복이 넘쳐나는 것을 보았다." 물론 그 행복이 언제까지나 계속되지는 않는다. 언젠가 이 동물들은 도살되기 때문이다. 하지만 적어도 토끼와 닭의 경우에는 트럭에 짐짝처럼 실려서 도살장에 끌려가는 무서운 경험 같은 것은 없다. 샐러틴은 그 동물들을 자기 농장에서 도살한다(그는 또한 소, 돼지, 양들도 직접 도살하고 싶어 하지만, 미국 농무부는 그것을 금지한다). 샐러틴의 도살은 토요일 아침에 이루어지며, 누구나 그 자리에 참석해 참관할 수 있다. 여기에 대해 폴란은 공장식 농장과 도살장의 벽이 유리로 만들어졌다면, 산업형 농업은 구원을 받았을지도 모른다는 말을 덧붙였다. 우리는 채식주의자가 될 수도 있다. 그러나 그렇지 않은 사람들도, 남들이 볼 수 있는 곳에서 동물을 키우고 도살해야 하는 입장에 처한다면, 동물에 대해(그리고 그 동물을 먹는 사람들에 대해) 좀 더 배려하게 될 것이다. 우리는 "닭들이 나가 돌아다닐 수 있는 가금 농장"과 "돼지가 50년 전과 다름없이 생활하는, 즉 햇빛을 보고, 흙과 농부의 시선을 느낄 수 있는 삶을 사는 돼지 농장" 등을 갖게 될 것이다.

폴리페이스 농장의 경험을 근거로, 폴란은 동물의 가축화를 "노예화 또는 착취"로 바라보는 시각은 잘못이라고 주장한다. 그것은 그보다는 "종들 사이의 상호주의"의 일환이며, 정치적이 아니라 진화적인 발전의 단계인 것이다. 여기서 폴란은 스티븐 부디안스키(Stephen Budiansky)의 책인 『야생의 언약(The Covenant of the wild)』에 영향을 받았을 수도 있다.[12] 부디안스키는 어떤 종의 동물들이 음식 쓰레기 등을 먹기 위해 인간의 주거지 주변에 머물기 시작하면서 가축화는 시작되었다고 한다. 그 동물들은 잡아먹을 만했기 때문에(또는, 아마도 젖과 알을 이용할 수 있었기 때문에), 우리 조상들은 그 동물들이 다가오는 것을 환영했으며, 그들에게 먹이를 주고 그들을 노리는 포식자들에게서 그들을 지켜주었다. 그 결과 가축이 된 동물들의 진화는 종의 생존이라는 관점에서는 성공적이었다. 닭이나 돼지, 소들의 조상이 야생 상태로 남아 있었다면, 오늘날 그런 동물들의 수는 훨씬 적었을 것이다.

이 가축의 역사 이야기는 단지 추론일 뿐이다. 하지만 한 가지 점은 분명하다. 폴란은 그것을 반증이 불가능한 식으로 서술했으며, 그것을 우리가 오늘날 동물을 이용하는 일에 대한 정당성의 근거로 사용했다. 그는 "소수의, 특히 운이 좋았던 종들이 다윈식의 시행착오와 적응 과정을 거쳐, 인간과의 동맹을 통해 가능한 생존과 번성의 길을 발견한 것, 그것이 축산의 기원이다"라고 말한다. 그러나 진화의 과정을 설명하면서 어떤 목적성을 설정하는 것처럼 흔한 오류는 없다. 진화 과정 자체나 그 주체인 유전자 또는 종 등은 어떤 목적의식 아래 움직일 수가 절대로 없다. 종은 시행착오와 적응을 통해서든, 그 무엇을 통해서든 아무것도 '발견'하지 않는다. 어떤 동물들은 살아남고, 자손을 남긴다. 그리고 아주 약간만 다를 뿐인 다른 동물들은 멸종해버린다. 이런 경우에, 폴란의 설명에 따르면, 어떤 동물들은 인간들의 거주지에 매력을 느낀 한편 인간들에게 먹이와 보호를 얻을 만큼 충분히 매력적이었고, 다른 동물들은 인간 거주지에 매력을 못 느꼈거나 그들 스스로가 인간들에게 매력적이지 못했다. 인간에게 매력적이면서 매력을 느낀 동물들은 매력적이지 못하거나 매력을 느끼지 않은 동물들에 비해 더 많이 살아남았고, 그 자손이 번성했다.

그리고 폴란은 "소, 돼지, 개, 고양이, 닭은 번성했지만, 그 조상뻘 되는 동물들로서 야생의 길을 계속 걸은 동물들은 쇠퇴해버렸다"고 한다. 지금 북미 지역에 살아남은 늑대는 1만 마리 남짓인 데 비해, 개들은 5,000만 마리나 된다는 것이다. 이로부터 그는 이런 결론을 이끌어낸다. "그 동물들의 관점에서, 인간과의 거래는 엄청난 성공이었다. 적어도 우리 시대까지는." 하지만 종이란 아무것도 발견할 수 없듯이, 거래를 할 수도 없다. 개별 동물이 거래를 할 수 있는지는 다른 문제이지만, 폴란은 분명 개별 동물이 사람과 의식적인 거래를 할 수 있다고는, 가령 자신의 달걀이나 우유를 줄 테니(심지어 자신의 고기를!), 1~2년간 먹이와 포식자들로부터의 보호를 제공해달라는 식의 거래를 할 수 있다고는 말할 수 없을 것이다.

인간과 동물 사이의 거래 이야기는 우리가 오늘날 동물을 대하는 방식을 정당화해줄 수 없다. 그러나 폴란의 가축화 설명과 따로 떼어 볼 수 있는, 더 나은 논점이 존재한다. 우리는 폴란의 관점을 빌려서 가축 동물들이 지금의 모습으로 진화한 것은 그들이 인간과 맺은 공생관계를 통해서이며, 그들의 "삶의 특징적 형태(폴란이 아리스토텔레스로부터 빌려온 표현이다)"는 인간의 가축으로서 살아가는 것이라고, 그리고 그것은(닭, 돼지, 소, 양의 경우) 농장이나 목장에서의 삶을 의미한다고 주장할 수 있다. 그것이 그들의 본성이며, 그들에게 '좋은 삶(Good Life)'이란 그들의 본성에 따라 사는 삶, 즉 '좋은 농장'에서 도살되고 먹힐 때까지 가축으로 살아가는 것이다. 도살과 먹힘은 불가피한데, 그 과정이 없으면 농장이나 농장 동물이 존재할 수 없기 때문이다.

『강변 별장의 고기 요리책』에서 피언리 휘팅스톨이 전개한 육식 옹호론은 어떤 점에서 놀랄 만큼 폴란의 주장과 비슷하다. 그러나 그것은 앞서 말한 마지막 논점을 직접 꿰뚫고 있다. 피언리 휘팅스톨은 부디안스키의 『야생의 언약』을 들며 '합의된 가축화'의 발생을 설명한다. 하지만 그는 종들 사이의 이런 협력이란 개별적 동의와는 무관하며, 따라서 개별적 동의가 갖는 도덕적 함의와도 무관하다고 밝힘으로써 더 주의 깊은 자세를 보였다. 그의 논점은 농장 동물의 본성이 인간과의 상호 작용을 통해 형성되었다는 것, 그리고 그들은 "그들의 짧은 삶을 사는 동안, 건강하고, 만족하며, 적어도 그 종에 특유한 형태로, 삶을 완성할 수 있다"는 것이다. 그다음, 그는 이렇게 덧붙인다. "그리고 나는 이 짧은, 가축으로서의 삶이 아예 삶 자체가 없는 것보다 낫다고 믿는다." 이는 우리가 그들을 먹는 일에 대해 도덕적 면죄부를 부여할 수 있다. 그러나 오직 우리가 "자신들과 그들의 육축과의 만남의 의미를 제대로 이해하고", "그것을 명예롭게, 도덕적으로, 책임감 있게 실현할 수 있도록 최선을 다하는" 농민에게서 그들의 고기를 살 경우에만 그런 면죄부가 주어진다. 『강변 별장의 고기 요리책』

은 독자들에게 그런 소수의 선한 목자들이 만든 고기를 찾아내는 방법을 제시해준다.[13]

최상의 육식 옹호론에 대한 반론

폴란과 피언리 휘팅스톨의 육식 옹호론은 근본적으로 예전에 육식 문제를 놓고 논쟁을 벌였던 철학자들에게 익숙한 담론의 최신판이라고 할 수 있다. 그런 논쟁은 가령 『사회적 권리와 의무(Social Rights and Duties)』에서 찾아볼 수 있는데, 이는 영국의 에세이스트이며 소설가인 버지니아 울프(Virginia Woolf)의 아버지이기도 한 레슬리 스티븐(Leslie Stephen)의 에세이들과 강연문을 모아 1896년에 출판한 책이다. 스티븐은 다음과 같이 썼다. "채식주의 옹호론 중에서 인도주의(humanity)를 들고 나오는 옹호론만큼 취약한 것은 없다. 돼지의 이해관계는 그 무엇보다 베이컨을 원하는 수요에 의해 가장 강력하게 지지된다. 온 세상 사람들이 유대인이라면, 세상에는 돼지 또한 없게 될 것이다." 동물권리론의 선구자인 헨리 솔트(Henry Salt)는 스티븐의 주장 중 핵심 부분에 철학적 오류가 숨어 있다고 보았다. "이미 존재하는 인간이라면 살아 있는 게 죽은 것보다 낫다고 느낄 수 있다. 그러나 그는 먼저 자신이 제기하는 주장의 '확고한 근거'부터 찾아야 한다. 그가 마치 비존재의 심연에서 하는 듯한 주장을 하는 순간, 그는 난센스를 말하는 것이다. 우리가 결코 아무것도 단언할 수 없는 것에 대해 그 선과 악, 행과 불행을 단언하는 것이다."[14] (사는 게 죽는 것보다는 낫다는 말에 대해, 그것은 삶과 죽음을 모두 경험한 사람이나 말할 자격이 있고, 어느 누구도 죽음을 경험한 사람일 수는 없으므로 사는 게 죽는 것보다 낫다는 말을 할 자격은 누구에게도 없다는 의미이다-옮긴이)

솔트는 우리의 주의를 그 주장이 올라온 심연으로 돌린다. 우리는 보통 어떤 사람에게 혜택을 주려고 그를 존재케 하지는 않는다. 어떤 남녀가 아이를 가져야 할지 말지 확신이 안 설 때, 그들은 자신들의 이익, 또는 다른 누군가의 이익을 위해 결정하지 미래의 자녀에게 혜택을 주려는 뜻에서 결정하지는 않을 것이다. 그러나 그 문제에 대한 우리의 통상적인 사고방식은 잘못되어 있을 수 있다. 만약 아이가 태어날 경우 유전자 결함으로 고통을 받게 되며, 오래 살 수도 없고 사는 동안에는 비참함을 벗어날 수 없게 되리라는 사실을 알고 있다면 어떨까? 아이를 태어나게 하는 것은 죄악인가? 대부분의 사람이 "그렇다"라고 답할 것이다. 그러면 이제는 완전히 만족스러운 삶을 살게 될 것이 분명한 존재가 있다고 하자. 그런 존재를 태어나게 하는 것은 좋은 일인가? 만약 부정적인 대답을 했다면, 어째서 비참하게 될 존재를 태어나게 하는 것은 잘못인데 행복하게, 또는 자신의 뜻을 완성하게 될 존재를 태어나게 하는 것은 좋지 않은지에 대해 설명해야 할 것이다. 여기에 대한 적절한 설명은 매우 찾기 어렵다.[15]

우리는 이 골치 아픈 철학적 문제들을 여기서 굳이 해결하려고 하지 않을 것이다. 우리는 어떤 돼지가 좋은 삶을 살고 빠른 죽음을 맞게 된다면, 그 돼지가 태어나는 것은 좋은 일이라고(적어도 나쁜 일은 아니라고) 여긴다. 그렇다면 돼지를 잘 기르는 농장에서 나온 돼지고기를 먹는 것은 그 돼지에게 나쁜 일이 아니라는 말이 된다. 만약 아무도 고기를 먹지 않는다면, 그 돼지는 태어날 수 없기 때문이다. 하지만 그 돼지를 먹기 위해서는 먼저 그 돼지를 죽여야 한다. 그러므로 그 살해는 정당화되어야 한다.

폴란은 그 자신의 논지에 대해 얼마간 불편함을 느끼는 듯하다. 그는 자신이 육식에 대해 근본적으로 공리주의적인 주장을 폈다고 하면서, "공리주의자들이란 또한 버려진 고아를 살해하는 일도 정당화할 수 있다. 다른 사람들(나를 포함한다)과 달리 그들에게는 살해 자체가 문제가 안 된다"라고 덧붙이고 있기 때문이다. 따라서 그는 조엘 샐러틴에게 돌아가서 어떻게 몸소 닭을 죽일 수 있느냐고 물었다. 샐러틴은 다음과 같이 대답했다. "사람은 영혼이 있지요. 동물은 없고요. 그건 저의 반석 같은 믿음입니다. 우리와는 달리, 동물들은 하나님의 모습대로 창조되지 않았습니다. 따라서 그들이 죽는 것은, 그냥 죽는 것이죠." 샐러틴의 대답을 들으며 우리는 종교가 종종 그 종교를 만들어낸 인간의 종차별주의를 반영한다는 사실을 떠올린다. 폴란은 샐러틴의 대답에 아무런 코멘트를 하지 않았다. 그가 공리주의의 경계를 넘어 살해 자체에 대해 반대하고 있다면, 그는 우리에게 어째서 그런 반대를 동물에게 적용하지 않는지 해명해야 한다.

피언리 휘팅스톨은 대부분의 육식자가 고기를 만들기 위해 동물이 살해되었다는 사실을 생각하지 않으려는 경향이 있다고 지적한다. 그는 그것이 잘못이라고 생각한다. 그래서 그는 자신의 책에 2쪽에 걸쳐 대형 컬러 사진 자료를 편집하는 시리즈를 넣었는데, 그 시리즈는 자신이 기르던 육우 두 마리의 도살 과정으로 시작된다. 그리고 그 소들이 살해되고, 피를 뽑히고, 가죽이 벗겨지고, 내장이 꺼내지고, 반으로 잘리는 과정을 낱낱이 보여준다. 그는 자신이 그 과정을 모두 직접 지켜보았으며 그것이 "어느 정도 충격적"임을 알았다고 썼다. 그가 보기에는 그 과정이 "많은 고통을 유발하는 것 같아 보이지는 않았"으며, 그에게 "분노나 불쾌감, 죄책감 또는 수치심" 등을 유발하지도 않았지만 말이다. 그는 그것이 야생동물이나 농장 동물의 다른 형태의 죽음들과 잘 비교된다고 주장한다. 하지만 피언리 휘팅스톨은 그의 소들이 우리가 먹는 모든 동물처럼 매우 어린 나이에 죽었다는 사실을 간과한다. 다른 형태의 죽음이 찾아오기까지 그들은 몇 년을 더 살 수 있었을 것이다. 그러면 그동안 그들은 성숙해졌을 것이고, 성관계를 경험했을 것이고, 만약 암컷이라면 새끼를 돌보는 경험을 하게 되었을 것이다. 아무튼 우리 인간들은 빠르고 인도적인 죽음의 기회가 있다고 해도, 불과 몇 년간 더 살 수 있다면 누구나 그것을 포기할 것이다. 설령 우리가 병에 걸려, 지금 죽지 못하면 앞으로 고통뿐인 나날을 보내게 되리라고 여겨지더라도.

스크루톤의 철학적 배경은 그가 폴란이나 피어리 휘팅스톨보다 더 철학적인 기반 위에서 육식을 옹호하도록 했다. 그는 다음과 같이 썼다. "인간은 자기 삶을 자신의 것으로 인식한다. 인간은 야심적이고, 희망을 품고, 열망한다." 자신의 일을 성취하기 전에 '단명'하는 것은 비극적이다. 왜냐하면 "인간은 다만 향락으로만 만족하지 못하며, 과업의 성취를 통해 만족하기 때문이다." 이와는 달리, 소와 같은 동물들은 미래의 성취를 예상하지 못하며, 자신의 삶을 더 만족스럽게 할 어떤 것도 추구하지 않는다.[16] 소에 대해서라면 스크루톤이 옳을지도 모른다. 그러나 그의 논리는 심각한 정신지체로 인해 자기 삶을 자신의 것으로 인식할 수도 없고 미래의 성취를 기대할 수도 없는 사람을 죽이는 것도 정당화할 수 있다. 이 결론이 받아들이기에는 너무 끔찍하다고 여기는 사람이라면, 동물에게 보통 사람이 가진 고차원적인 정신 능력이 없기 때문에 그들을 죽여서 그 고기를 먹어도 정당하다고 주장하지는 못할 것이다.

논쟁의 결론

하지만 이 꺼림칙한 결론을 받아들이고, 오직 인도적으로 길러진 동물만 먹는 경우는 어떨까? 그들의 식단은 윤리적으로 아무 문제가 없는가? 그렇지 않다. 베이컨에 대한 수요가 없다면, 그 어떤 동물성 식품에 대한 수요도 없다면, 지금 동물을 기르고 있는 농장들은 곡물 재배 농가로 바꾸든지 폐업할 것이다. 그리고 인간은 동물성 단백질 대신 식물성 단백질을 먹을 것이다. 따라서 앞서 본 것처럼, 동물에게 먹일 사료용으로 곡물을 기르는 대신 사람이 직접 먹을 곡물을 기르게 됨으로써 더 적은 토지 면적으로 충분한 단백질과 칼로리를 얻을 수 있을 것이다. 이런 변화는 상당한 면적의 토지를 농지에서 풀어주거나, 불필요하게 이용되던 토지를 적정 규모의 농지로 바꾸어줄 것이다. 그리하여 확보된 남는 땅이 삼림으로 바뀐다면, 아니면 기존의 야생지대가 개간되지 않고 보전된다면, 공장식 농장에서 해방된 동물의 총 숫자는 늘어날 것이다. 새와 동물은 곡창지대나 초원보다 삼림에서 더 많이 서식하기 때문이다. 예를 들어 북미에는 다람쥐, 얼룩다람쥐, 너구리, 토끼, 들쥐, 사슴이며 검정지빠귀, 까마귀, 홍관조, 비둘기, 참새, 찌르레기 등이 살고 있다. 거명하기에 얼마 되지 않는다. 그러나 다른 나라에서는 삼림에 살고 있는 동물종이 다양하며, 개별 새나 동물의 숫자도 많다. 열대우림 지역이 그 중에서도 가장 동물이 많은 곳이다.

게이버릭 매트니와 카이 찬은 만일 선진국에서 지금의 육식 위주 식단에서 채식 위주 식단으로 바꾼다고 했을 때, 동물 수의 증가치와 감소치를 계산해보았다. 삼림이나 여타 자연 생태 지역으로 환원될 수 있는 토지의 면적, 그리고 그 땅에서 살 수 있는 야생 조류와 동물의 수를 계산해본 그들은 설령 초원에서 풀을 뜯으며 안락한 일생을 보낸 동물의 고기만 먹는다고 해도, 우리가 풀을 먹는 소 대신 식물을 먹을 경우 자유롭게 살게 될 동물의 수는 훨씬 많아진다는 결론을 내렸다. 돼지 사육도 마찬가지이다. 돼지는 사료의 절반을 쓰레기에서 얻는데도. 달걀과 가금의 경우, 계속 축산이 이루어지는 쪽이 더 많은 개체를 생존케 할 수도 있다. 하지만 그것은 그들이 얼마나 많은 곡물을 필요로 하느냐, 또한 그들이 초원에서 무엇을 먹을 수 있느냐에 달려 있다.[17]

양심적인 잡식주의자는 채식 식단으로 전환함에 따라 농업용지에서 풀려난 땅이 야생 지역으로 되돌아가 생물의 규모와 다양성을 늘려준다고 볼 이유가 없다고 반론할 수도 있다. 그 땅은 주택용지나 공업용지로 바뀔 수도 있다는 것이다. 선진국의 경우 이는 일부 사실일 수도 있다. 특히 그 땅이 대도시나 산업 지역에 접해 있다면 그렇게 될 확률이 높으리라. 그러나 우리는 지금 고기를 위해 존재하는 글로벌 시장을 염두에 두어야 한다. 더 이상 우리를 위해 고기를 생산하지 않는 땅은 수출용 고기 생산지로 계속 쓰일 수 있다. 그러면 그것은 브라질 등지에서의 삼림 파괴 과정을 억제할 것이다.

물론 예외는 있다. 지금 동물이 곡물을 재배하기에 부적합한 땅에서 길러지는 경우, 그리고 생산하는 고기가 수출용으로는 너무 비쌀 경우이다. 예를 들어 웰시의 산악지대에서는 양을 기르고 있는데, 그것은 여러 세기 동안 내려온 전통적 영농법이며 그 땅은 인간을 위한 식품 생산용으로 달리 이용될 수 없다. 그곳에서 자라는 양들의 삶이 전반적으로 좋은 것이라면, 그리고 양을 죽여서 먹는 일이 없어진다면 그 양들 또한 없어진다고 하면, 그러한 목축은 전체적으로 사람과 동물 모두에게 혜택을 준다고 주장할 수도 있겠다.

폴란은 또한 풀을 먹는 동물 고기를 먹는 일에 대해 다른 옹호론을 펼치는데, 오리건 주립대학교의 동물학자인 스티브 데이비스(Steve Davis)에게서 빌린 이론이다. 데이비스에 따르면, 우리는 동물을 죽이는 책임을 결코 면제받을 수 없다. 우리가 베건이라도 말이다. 곡물을 심기 위해 트랙터로 흙을 고르면 쥐들을 죽일 수 있다. 또 파놓은 굴이 무너지면서 두더지가 죽을 수 있다. 곡물 수확 과정은 작은 동물들의 서식처를 그대로 드러내며, 포식자들 앞에 무방비 상태로 만든다. 농약은 새들을 죽일 수 있다. 그리고 데이비스는 곡물 농사로 죽는 동물의 숫자와 초원에서 고기소를 기르고 도살할 때의 숫자를 계산하여, 같은 면적의 땅에 소를 기를 때보다 곡물을 기를 때 두 배의 동물이 죽게 된다고 주장했다. 그의 결론은 우리가 가급적 적은 동물을 죽이고자 한다면, 베건이 되기보다 소고기를 먹는 게 낫다는 것이다(소에게 전적으로 풀만 먹이고, 곡식으로 살을 찌우지 않는다는 전제 아래).[18] 그러나 데이비스의 계산에는 치명적인 오류가 있다. 그는 일정 면적의 토지가 그곳에서 곡식을 기르든, 소를 먹이든 관계없이 같은 수의 사람에게 식량을 공급할 수 있다는 듯 가정했다. 하지만 1에이커의 토지에 곡식을 재배하면 그 땅을 목축용 목초지로 쓸 때보다 10배나 많은 사람을 먹일 수 있다. 그러한 차이점을 넣어서 계산해보면, 데이비스의 결론은 거꾸로 뒤집힌다. 베건이 간접적으로 죽이는 동물은 소고기를 먹는 사람들이 죽이게 되는 동물의 5분의 1에 지나지 않는다.[19]

살면서 좋은 대우를 받고, 고통과 스트레스 없이 도살된 동물의 고기를 먹는 일이 윤리적으로 타당하다고 해도, 스스로 동물을 키울 여건이 안 되고 고기를 사 먹을 수밖에 없는 사람들에게는, 사 먹는 동물의 고기가 어떤 동물의 것인지 알기가 어렵다. 폴리페이스 농장처럼 독특한 축산법을 쓰는 농장이 아닌 한, 그만큼 자신들의 일에 개방적인 농장은 없다. 《뉴욕 타임스》의 '스타일' 란은 이 점을 격찬하면서 조엘 샐러틴을 '목초지의 제사장'이라고 불렀다. 샐러틴의 아들은 자기 아버지가 "일부 서클에서 거의 신과 같은 대접을 받고 계시다"고 했다.[20] 하지만 폴리페이스 농장이 정말로 그렇게 동물들의 천국일까? 그 농장의 토끼들은 철사로 만든 작은 우리에 갇혀 있다. 닭들은 풀어서 기르지만, 마음대로 돌아다닐 수 있는 것은 아니며, 이동식 철망 울타리 속에 바글바글 모여 산다.[21] '전국 지속 가능 농업 정보 서비스'에서 지속 가능한 가금 사육 시스템을 평가한 결과, 샐러틴의 닭 사육장은 "울타리에 의해 폐쇄된 공간으로, 닭들의 복지가 우려된다", 그리고 그 밀집도는 "서로 쪼는 습성상 문제를 일으킬 수 있다. 낮은 서열의 닭들이 달아날 길이 없기 때문이다"라는 평가를 받았다. 조사 대상이 된 다섯 군데의 지속 가능 가금 사육장 가운데, 폴리페이스 농장의 이동식 철망 울타리는 최하 등급으로, '허용되기 어려운 수준'이었다.[22] 『풀어놓고 기르는 가금 사육과 마케팅(Free Range

Poultry Production and Marketing)』이라는 책을 썼으며, 그 자신이 가금 사육업자인 허먼 벡 체노웨스(Herman Beck-Chenoweth)는 샐러틴의 닭 사육 방법이 "바닥만 풀밭일 뿐, 결국 폐쇄식 사육법"이라고 했다. 또한 그것이 "타이슨푸드나 퍼듀 같은 기업들의 브로일러 하우스보다는 많이 진전된 것이지만…… 폐쇄식 사육법이기는 마찬가지"라고 덧붙였다.[23]

또 도살 방식에서도 의문이 든다. 미국 연방식육검사법(U.S. Federal Meat Inspection Act, FMIA)은 샐러틴이 농장에서 직접 도살한 고기를 팔 수 없게 규정해놓았다. 따라서 돼지와 소는 트럭으로 보통 도살장까지 옮겨져 거기서 도살되어야 한다. 좁은 곳에 밀집되어 운송되는 과정은 그들에게 큰 스트레스를 줄 수 있으며, 과연 얼마나 인도적으로 도살되는지 확인할 방법이 없다. 닭과 토끼는 식육검사법의 대상이 아니므로, 샐러틴은 그 동물들을 농장에서 도살한다. 그리하여 고달픈 운송 과정과 이상하고, 때로는 공포스러운 도살장 환경을 겪지 않도록 해준다. 그렇지만 폴리페이스 농장에서의 닭 도살에 대한 설명을 보면 그다지 수긍이 가지 않는다.

도살 과정은 오전 8시 30분이 되자마자 시작된다. 10시 30분까지 완전히 끝내는 게 목표다. 일꾼들 중 가장 미숙한 오코너가 건물 밖에 있는 트레일러(트랙터로 운반해왔다)에서 닭들이 들어 있는 30개의 상자 중 첫 번째를 들고 온다. 이 닭들은 12시간 동안 모이를 주지 않고 상자에 갇혀 있었으며, 따라서 모이주머니는 텅 비어서 도살할 준비가 되어 있다. 그는 닭들의 발을 붙잡고 들어 올린다. 닭들은 날개를 퍼덕인다. 여덟 마리의 하얀 닭이 처리 라인의 끝에 있는 아연 도금된 금속제 '킬링 콘(killing cone)' 속에 거꾸로 처박힌다. 면도날처럼 날카로운 칼날이 이른 아침의 햇살에 번쩍인다. 닭들의 목이 베인다. 주홍빛 선혈이 금속판을 타고 철철 흘러내려, 커다란 플라스틱 양동이에 떨어진다. 1분 정도의 시간 안에, 닭들은 '피가

모두 빠진다.' 그리고 처리 라인을 따라 다음 단계로 간다. 그리고 새 닭들이 킬링 콘에 채워진다.[24]

이 설명에서 알 수 있듯이 닭들은 여덟 마리씩 상자 속에 쑤셔 넣어진다. 어쩌면 유난히 호전적이어서 다른 닭들이 멀리하고 싶어 하는 닭도 그 중에 끼게 될 것이다. 그리고 거기서 12시간을 갇혀 있다. 그러고 나서 '가장 미숙한 일꾼'의 손에 붙잡히고, 넘겨지고, 뒤집혀지고, 목이 잘린다. 사전에 기절시키는 과정도 없이! 폴리페이스 농장에서도 다른 곳이나 마찬가지로 동물에 대한 배려보다 경제성이 동물을 대우하는 게 기본 원칙인 듯하다.

그토록 칭송을 받는 농장에도 어두운 면이 있다면, 다른 많은 '아마도 인도적인' 농장들의 사정은 더 나쁠지 모른다. 물론 전부 그렇지는 않으리라. 우리는 이 책에서 몇몇 훌륭한 곳을 방문한 이야기를 남겼다. 적어도 우리의 짧은 방문 중에는 별로 문제점을 찾을 수 없었다 (우리가 방문한 농장에서 그 동물들이 어떻게 도살되는지 알아본 곳은 없었다). 동물이 하나의 상품인 이상, 실제적으로 동물들의 이해관계와 기르는 사람의 경제적 이해관계 사이에는 갈등이 있게 마련이다. 그리고 기르는 사람은 항상 경비를 절약해야 한다는 압박에 시달린다.

우리의 먹을거리 선택에서 심리학적 측면도 검토해보아야 한다. 동물을 '인도적'으로 기르기로 하고 농장을 시작했던 농민들이 차차 더 수익성이 있지만 인도적으로는 좋지 못한 방식으로 경도되듯, 보통의 개인도 점점 원칙에서 벗어나 편의를 추구하게 될 수 있다. 과연 얼마나 인도적이어야 충분히 인도적인 식사를 하는 것일까? 양심적인 잡식주의자들이 먹어도 되는 것과 먹으면 안 되는 것 사이에 그은 선은 모호하다. 우리는 항상 더 편한 길로 가려는 유혹을 받기 때문에, 동물성 음식을 먹는 일 모두에 대해 명확한 선을 긋는 편이 아마도 윤리적인 식생활을 하고, 또 그것을 지속하는 최선의 길일 것이다.

우리가 남들에게 미치는 영향은 더욱 중요하다. 공장식 농업은 동물에게 막대하고 부당한 고통을 주므로, 다른 사람들을 설득해서 그 상품을 구입하지 않도록 하는 것은 동물을 걱정하는 사람이라면 누구나 우선적으로 해야 할 일이다. 이런 점에서, 세세한 접근보다는 전반적이고 총괄적인 접근이 필요하다. 비건과 채식주의자는 동물성 식품 섭취를 전부 또는 대부분 거부함으로써 확실히 선을 긋는다. 다른 사람과 식사를 할 때마다, 그 선은 확실히 드러난다. 그리고 상대방은 왜 고기를 먹지 않는지 물어올 것이다. 그것은 종종 상대방을 설득할 수 있는 대화로 이어지고, 우리 스스로 공장식 농업 제품을 거부하여 얻는 성과가 우리의 뜻에 공감한 여러 사람의 동참으로 증폭될 수 있다. 하지만 양심적 잡식주의자들이 고기를 먹을 때, 그들의 먹을거리 선택은 그보다 덜 표가 난다. 접시 위에는 행복하게 살다 간 돼지고기로 만든 햄이 있을지 몰라도, 그것은 공장식 농장에서 나온 햄과 겉보기에 차이가 없다. 따라서 양심적 잡식주의자의 식습관은 통상적인 생각, 동물이란 우리가 이용하기 위해 있는 것이라는 생각을 굳혀줄 뿐, 다른 사람들이 그 생각을 재고해보도록 이끌기 어렵다.

이 모든 것을 생각할 때 양심적 잡식주의자의 식단은 무의미한 것일까? 아마도 모든 점을 고려할 때, 그것은 최선의 식단은 아니다. 그러나 양심적 잡식주의자들의 먹을거리 선택과 대부분의 사람의 선택 사이에는 엄청난 차이가 있다. 그러므로 그런 점에서 양심적 잡식주의자들의 노력을 칭찬해줄 필요가 있으리라. 그들이 좀 더 노력하지 않는 사실을 비난하기보다 말이다.

자기 손으로 죽이기

농장에서만 고기가 나오는 것은 아니다. 피언리 휘팅스톨의 『강변 별장의 고기 요리책』에는 꿩, 자고새, 비둘기, 청둥오리, 쇠오리, 오리, 뇌조, 도요새, 멧도요, 산토끼, 집토끼, 사슴 요리법이 적혀 있으며, 심지어 다람쥐 요리법도 있다. 이 목록을 읽은 독자는, 심지어 육식을 하는 사람조차도, 불쾌감을 느낄 것이라고 예측해도 그리 틀리지는 않으리라. 비록 미국인 중 겨우 4퍼센트만이 채식주의자이지만, 여론 조사를 보면 적어도 그 세 배에 달하는 사람들이 사냥에 반대한다는 것(단순한 놀이가 아닌, 먹기 위한 사냥이라도)을 알 수 있다.[25] 다른 나라에서는 총기의 개인 소지가 문화로 여겨지지 않는 경우가 많다. 따라서 사냥에 대한 반대 의견은 아마도 더 많을 것이다. 그러나 대부분의 사람이 그토록 많이들 먹고 있는 공장식 농장의 닭들과 비교하면, 사냥꾼의 총에 맞은 야생 새들은 대체로 더 좋은 삶을 살다가 덜 고통스러운 죽음을 맞는 편이다. 공장식 농장의 돼지들과는 달리, 야생 멧돼지들은 어미와 떨어지지 않고 자라며 자유롭게 사방을 돌아다닐 수 있다. 야생 사슴은 트럭에 짐짝처럼 실려 36시간 동안 쉬지도, 먹지도, 마시지도 못하고는 사육장이나 도살장으로 끌려가는 일이 없다. 윤리적으로 볼 때, 야생 새나 동물에서 얻은 고기가 정말로 대형 마트에서 산 고기보다 더 나쁜 것일까?

피언리 휘팅스톨의 의견은 이렇다. "좋은 사격 솜씨로 효율적으로 잡혔을 경우, 야생동물은 분명 우리에게 윤리적으로 가장 문제가 적은 고기를 제공한다."[26] 다만 그는 모든 '사냥감'이 그 기준에 적용되지는 않음을 인정했다. 먼저 그중 다수는 진정한 야생동물이 아니다. 가령 영국에서는 꿩들이 인큐베이터에서 부화하며, 태어난 후 몇 주 동안을 마치 공장식 농장의 닭들처럼 커다란 축사 속에서 보낸다. 그러고 나서 숲지대의 우리로 옮겨지며, 거기서도 계속 곡물을 먹고 자라다가, 그들을 죽이는 '스포츠'를 위해 많은 돈을 낸 사냥꾼들을 위해 숲 속으로 날려 보내진다. 피언리 휘팅스톨은 그래도 그 정도는 꿩으로서 괜찮은 일생이며, 그들을 쏘고 그 고기를 먹는 일은 윤리적으로 큰 문제가 없다고 생각한다. 하지만 누구나 그의 생각에 동의하지는 않을 것이다. 또한 사냥꾼들이 쏘는 '대부분의' 새와 포유동물이 "효율적으로 잡혔다"고 해도, 피언리 휘팅스톨 스스로 이런 문제를 인정하고 있다. "최고의 사수도 때로는 목표를 맞히지 못하며, 때로는 새들과 포유동물들에게 상처만 입힌다. 최악의 사수는 그런 사격을 하는 일이 잦다." 이런 동물들은 "총에 맞은 후 몇 시간 만에, 때로는 며칠 만에 죽을 수 있다. 그리고 죽기까지의 시간 동안 고통이 그리 크지 않으리라고 말한다면, 최악의 농담일 것이다."

농장 동물에 대해서 그랬듯이 피언리 휘팅스톨은 사냥의 윤리적 정당성 중 일부는 야생동물과 인간 사이의 일종의 공생적 계약에서 온다고 말한다. 이번에는 계약의 기반이 우리가 야생동물이 사는 환경을 관리해준다는 것이다. "전인미답의 야생동물의 서식지는 이제 영국에 1평방미터도 채 안 남았다. 그리고 전 세계를 다 따져보아도 얼마 되지 않는다. 우리의 개입이 없다면, 또는 개입하지 않으려는 우리의 노력이 없다면, 야생동물의 서식지는 완전히 사라질 것이다." 이는 어찌 보면 옳은 말이다. 인간이 방출하는 온실가스가 이미 지구의 기후를 상당히 바꾸어버렸으므로, 엄격히 말해서 이 세계에 인간의 손길이 닿지 않은 곳은 없다고 할 수 있다. 그러나 그런 식의 개입이 동물과 우리 사이에 어떤 계약을 만든다고는 보기 어렵다. 그리고 우리가 숲을 베어 없애고 그 땅에 소를 위한 목초지를 만드는 일을 자제한다고 해서, 그것이 우리가 야생동물을 잡아서 먹을 수 있을 만큼 그들에게 은혜를 베풀었음을 의미하는가? 그것은 마치 더 힘이 센 나라가 약한 나라에게 이처럼 말하는 것과 같다. "우리는 너희 모두를 없애버리고 너희 땅을 차지할 수 있다. 그러나 우리가 그러지 않기로 했으므로, 너희는 우리의 은혜를 감사하는 뜻에서 우리를 위해 플랜테이션에서 일하도록 해라." 농장에서 기르는 동물들과 달리, 사냥꾼이 잡는 동물들은 우리와는 전혀 다르게 독립적으로 살아간다. 그리고 그들의 죽음은 그런 삶을 누리는 동물이 더 적어졌음을 의미할 뿐이다. 콩보다 비둘기를 요리하고 싶은 욕망은 비둘기의 삶을 끝장내는 일의 충분한 이유가 되지 못한다.

사냥을 좀 더 낫게 볼 수 있는 경우는 동물들이 생태 문제를 일으키고 있을 경우이다. 유럽 정착민들이 오스트레일리아에 들여온 토끼는 오스트레일리아의 독특한 식물과 동물 생태계를 뒤바꿔놓았고, 그들의 경쟁자인 토착 생물종들을 위협했다. 모피를 얻기 위해 뉴질랜드로 옮겨져서 가축화하려고 했던 오스트레일리아 쿠스쿠스는 뉴질랜드의 숲으로 달아나 그곳에서 무섭게 번식했다. 그리하여 잎사귀를 먹는 다른 포유동물들을 멸종 상태로 몰아갔다. 이런 동물들이 환경을 지키기 위해 사냥될 경우, 그 고기를 먹는 일을 반대하기란 쉽지 않다. 문제는 동물을 사냥하고 그 고기를 먹자는 욕망 때문에, 환경 문제 때문이라고 해도 그보다 덜 해로운 수단(가령 불임 시술)이 가능한데도 굳이 사냥 쪽을 택하게 될 가능성이다. 제한적인 경우에 사냥이 정당화될 수 있는가의 여부는 그처럼 다른 수단이 존재하는가, 또는 개발 가능한가에 달려 있다.

쓰레기통 다이빙—가장 윤리적이고 가장 싼 식사

오후 7시 30분, 오스트레일리아 멜버른의 온화한 화요일 저녁. 우리는 작은 도요타 스테이션 웨건을 타고 달리고 있었다. 우리와 함께 타고 있는 사람들은 팀(Tim), 셰인(Shane), G(가렛), 다냐(Danya)였다. 그들 모두 20대로, 낡은 청바지나 방수 재킷 차림이었는데 다만 G만은 한때 훨씬 세련되고 고급스러웠던 듯한 재킷을 입고 있었다. 하지만 이제는 하도 낡아서 〈방랑자(The Tramp)〉에 나온 찰리 채플린(Charlie Chaplin)에게나 어울릴 듯했다. 그런 코믹한 외양은 G가 키는 훌쩍 크면서 삐쩍 마른 몸매라는 점, 그리고 그 재킷은 더 작은 체구의 사람에게 맞는 옷이라는 점 때문에 더했다. 우리는 세이프웨이의 주차장에 차를 세웠으나, 고객 출입구 쪽은 지나쳐 배송 차량 전용 램프 쪽으로 갔다. 그쪽에는 쓰레기 저장고가 있었다. 뚜껑은 사슬에 걸린 채 잠겨 있었지만, 사슬이 충분히 헐렁해서 힘껏 잡아당기면 팔을 하나 넣을 만한 틈은 어렵지 않게 났다. G와 다나가 팔을 집어넣어 내용물을 꺼내기 시작했다. 포장에서 떨어져나온 감자들, 플라스틱 포장에 든 브로콜리, 아스파라거스 한 다발, 플라스틱 팩에 든 레바논 식빵, 작은 참치 캔 하나. 그 참치 캔은 우그러들어 있었고, 브로콜리는 좀 상한 듯 보였으며, 감자 몇 개에는 초록색 싹이 나와 있었다. 우리는 우리가 원하던 것을 모아서 나머지를 다시 쓰레기 속에 던지고, 뒤지는 통에 함께 떨어진 플라스틱 팩과 다른 쓰레기를 정리한 다음, 그 자리를 최대한 말끔하게 치워놓았다.

우리는 코너를 돌아 또 다른 쓰레기 저장고를 찾았다. 이번에는 안 잠겨 있었다. 우리는 뚜껑을 들어서 던져놓고 딸기가 든 상자를 찾아냈다. 팀은 딸기는 가져갈 필요가 없다고, 맛이 아주 고약하더라고 말했다. 그는 그 대신 토마토 몇 개와 고추, 오렌지주스 큰 병 두 개, 만찬용 빵 덩어리, 화이트롤, 크루아상 팩, 그리고 아마도 식빵 팩을 30개는 집어 들었다. 셰인은 생선 토막 큰 것을 하나 들고 일어났다. "야호, 호키대구다!" 하지만 그는 웃고 말았는데, 썩은 냄새가 진동했기 때문이다. 그는 그것을 다시 던져버렸다. "여기 밑에는 참 '쩌는' 물건이 많아요." 다나가 경고했다. "이 오렌지색 비닐 백 좀 보라고요. 썩은 고기가 잔뜩 들었네요." 우리는 발견한 먹을거리를 한데 모았다가 빵은 대부분 다시 버리고, 식빵 조금이랑 크루아상 팩 하나만 남겼다. "우린 저렇게 많이는 필요 없어요. 또 우리가 다녀간 뒤에 오는 친구들도 있을 것이고." 팀이 설명했다.

셰인과 G는 어디 다른 곳에 갔다가 오렌지주스 작은 병이 가득 든 종이상자를 들고 돌아왔다. 하지만 시험 삼아 하나를 따보았더니, 거품이 부글부글 나왔다. 또 하나를 따보았으나, 마찬가지였다. 결국 다시 쓰레기 속으로 돌아갔다. 우리는 다른 마켓 쪽으로 향했다. 셰인 옆에 앉아 있던 다냐는 아직도 셰인 손에서 썩은 생선 냄새가 난다며 투덜거렸다.

우리가 찾은 다음 쓰레기통은 물건 하역대 옆에 있었으며, 잠겨 있지 않았다. 그래서 우리는 하역대 위로 올라가서 내용물을 살펴보았다. 다냐는 아직도 플라스틱 디스플레이 박스에 고스란히 담겨 있는 케이크를 몇 개 찾아내고는 기뻐했다. 그날은 그녀의 스물한 번째 생일이라고 했다. 그리고 한 개는 자기 생일 케이크니까 건드리지 말라고. 그녀는 또 닭가슴살 한 접시랑 닭다리 하나도 찾았다. "아직 차가워?" 팀이 물었다. 그랬다. 아직도 차가웠다. 그것은 냉장고에서 꺼낸 지 얼마 안 되었다는 뜻이고, 따라서 먹을 수 있다는 뜻이었다. 달걀이 두 꾸러미, 아직 종이 박스에 있는 채였고, 이것 역시 '왕건이'였다. 또 설탕 한 봉지, 토마토 깡통 몇 개, 중국 면이 든 큰 팩 하나, 그리고 봉지가 찢긴 파스타. "누구 콜라 마실 사람?" G가 말했다. 그는 콜라 캔을 24개나 찾아냈다. 셰인이 마시겠다고 하자, 두 사람은 캔을 나눠서 들었다. 캔이 들어 있던 종이 박스는 찢어졌지만, 캔은 손대지 않은 채였다. 그래서 그는 캔들을 다른 마분지 상자에 옮겨 담기 시작했다. G는 또 크림을 바른 초콜릿 케이크를 끄집어내서 플라스틱 포장을 벗기고 한입 베어물었다. 맛이 좋단다. 화장지가 크게 포장된 것으로 여럿 있었다. "잘됐다. 우린 이게 항상 모자랐는데." 셰인이 말했다. 전동 칫솔까지 하나 발견했다. 아직도 포장을 뜯지 않은 채였다.

우리가 계속 쓰레기 창고를 뒤지는데, 우리 뒤의 회전문이 움직이기 시작하더니 열여섯 살 정도 되어 보이는 종업원이 나타나 쓰레기통을 비우려고 우리 쪽으로 왔다. 그는 우리를 보고 특별히 놀라는 것

같지 않았지만, 이렇게 말했다. "경비원이 오면 혼날 거예요." 팀은 고개를 끄덕이고는 쓰레기통 비우는 일을 거들어주었다. 두 사람은 서로 공손하고 친근하게 대했다. 우리는 쓰레기를 뒤지는 여행 내내 경비원을 보지 못했고, 그가 유일한 마트 사람이었다. 보통 그런 식이라고 했다. 혹시 누가 나타나 꺼지라고 하면, 꺼지면 그만이다.

우리는 길을 따라 이 마트에서 저 마트로 여행을 계속했다. 이번에 만난 저장고는 또 잠긴 상태였다. 하지만 틈이 충분히 넓어서 G가 마시고 싶어 별렀다는 커피를 손에 넣을 수 있었다. 그의 긴 팔로도 아래까지 손이 닿기란 무리였는데, 그래서 우리는 그날 저녁 유일하게 말 그대로의 '쓰레기통 다이빙'을 볼 수 있었다. G는 상체를 저장고 속으로 완전히 집어넣고는 다리로 몸무게를 지탱한 채 그 속을 뒤졌다. 그 성과물은 250그램짜리 진공 포장 아라비카 수입 커피였다. 유통기한에서 겨우 이틀 지난 제품이었다.

이제 우리 자동차 트렁크는 먹을거리로 가득 찼고, 우리는 배가 고팠다. 그래서 우리는 집으로 돌아와 요리 준비를 했다. 집이란 사무실 및 창고로 쓰이는 건물로, 이 젊은이들이 약 6개월쯤 죽치고 있는 곳이었다. 분명 소유주의 법적인 분쟁 때문에 몇 년 동안이나 빈 채로 남아 있는 곳으로 보였다. 그들은 그곳을 거의 전부 주워온 물건으로 채우고 있었고, 아직도 전기와 가스가 끊어지지 않은 상태였다. 그래서 그곳은 아주 안락했고 충분히 널찍했다. 오늘 밤은 팀이 주로 요리를 맡아서 했고, 다른 사람들이 일부 조언과 보조를 해주었다. 그는 아스파라거스, 호박, 브로콜리, 그리고 생토마토를 썰고 토마토 캔도 두 개 땄다. 그 모든 것을 냄비에 넣고는 요리를 시작했다. 그동안 파스타가 익었고, 모든 준비가 되자 우리는 각자 파스타를 덜어서 소스를 끼얹었다. 레스토랑이었다면 아마 '파스타 프리마베라'라고 불렀으리라. 우리는 마지막으로 뉴질랜드에서 들어온 유기농 스파클링 오렌지주스로 입가심을 했다. 한 사람씩 개별 병으로 마실 수 있었다.

레스토랑에서 더 훌륭한 식사를 할 수도 있을 것이다. 하지만 더 못할 경우도 많다.

우리가 가져온 먹을거리 중 일부는 유통기한을 넘겼거나 포장이 찢어진 것이었으나, 대체 왜 쓰레기통에 들어갔는지 알 수 없는 제품이 더 많았다. 가령 달걀의 유통기한은 아직 2주일이나 남아 있었고, 한 개도 깨지지 않은 채였다. 콜라 캔과 중국 면은 전혀 상하지도 포장에 이상이 있지도 않았다. 화장지와 전동칫솔은 유통기한 자체가 없었다. "대체 이것을 왜 버렸지 싶은 물건이 많아요." 팀이 말했다. "아침식사용 유기농 시리얼을 하나 찾았는데, 유통기한이 두 달 남았더군요." "그럼 이 유기농 사과주스는?" 우리는 방금 맛있게 마신 병을 들어 보이며 물었다. "유통기한이 1년은 지났어요." 팀이 말했고, 우리가 내비친 떨떠름한 표정을 보고 모두 웃어댔다. "걱정 마세요. 전혀 문제없어요." 실제로 그랬다. 나중에 아무 증상도 나타나지 않았으며, 그 주스뿐만 아니라 우리가 먹고 마신 어떤 식품도 미심쩍은 데가 없었다. 다른 사람들도 이 쓰레기통 만찬 때문에 아무도 배를 앓지 않았다.

식사를 마치고, 다냐는 친구와 함께 생일을 축하하러 나갔다. 그리고 남은 멤버들과 우리는 라이프스타일과 '쓰레기통 다이빙'에 대해 이야기했다. G는 이런 생활을 2년 전쯤, 조르주 바타유(George Bataille)를 읽은 뒤부터 시작했다고 한다. 바타유는 프랑스의 작가이자 사상가로, 1962년에 죽은 사람이다. 재화의 부족이라는 문제부터 시작하여 그것을 극복할 최선의 방법을 찾는 통상적인 경제학자와 달리, 바타유는 지금의 사회경제적 질서를 그 과잉 현상에서 풀어나갔다. 그래서 그 책을 읽은 다음 대형 마트의 쓰레기통 앞을 지날 때, G는 안을 들여다보았다. "바나나가 100개쯤 쑤셔 박혀 있더군요." 그는 말했다. 그 발견에 그는 정말로 흥분했다. 그리고 그 뒤로 쓰레기 뒤지기를 시작했다. 이제 그는 모든 식사를 쓰레기통을 뒤져 해결한다. 기업자본주의가 남긴 과잉으로 살아가고 있는 것이다. 날에 따라 수입이 좋은 날도 있고, 별로인 날도 있다. 하지만 식사거리를 찾지 못하는 날은 없다고 한다. G는 대학에서 공부 중이다. 오스트레일리아에서는 충분한 돈이 없는 학생들이 정부의 재정 지원으로 사는 경우가 많다. 하지만 G는 그런 건 필요 없다고 한다. "나는 돈 없어도 살 수 있어요."

팀은 약간 다른 생각을 가지고 있다. 그는 돈을 좀 벌고 있으나, 쓰레기를 뒤진다. 그가 공짜로 얻을 수 없는 것을 위해 돈을 절약하기 위해서이다. "우선순위의 문제죠. 단지 돈을 아낀다는 차원을 넘어, 돈을 어떻게 쓰느냐의 문제인 겁니다. 그냥 생각 없는 소비자가 되느냐, 유용한 물건에 돈을 쓰느냐? 그리고 꼭 필요한 도구들, 가령 자동차를 유지하고, 노트북 컴퓨터를 사고, 디지털 비디오 플레이어를 얻고 하는 일을 위해 돈을 모으는 거죠. 그것은 다른 방법으로는 손에 넣을 수 없는 자원을 얻는 문제니까요."

셰인은 5년 정도 쓰레기 뒤지기를 해왔다. 그는 쓰레기 뒤지기란 힘을 얻는 과정이라고 한다. "홀로 애를 키우는 엄마가 돈을 아끼고 아껴서 자신과 아이가 먹을 삶은 강낭콩 한 캔이랑 흰빵을 조금 사게 되었다고 해봅시다. 그녀가 쓰레기통을 뒤질 마음만 있다면, 더 많은 음식을 공짜로 얻을 수 있겠지요. 하지만 그녀는 문화적 수치심을 극복하지 못합니다. 우리의 경우, 쓰레기를 뒤지는 일은 문화적으로 아무 문제가 없습니다. 그리고 그에 관련한 기술도 있고, 신념도 있죠. 따라서 우리 중 아무도 고소득 직업을 갖고 있지는 않지만, 아주 안락한 라이프스타일을 즐길 수가 있는 거죠. 우리가 모든 것에 돈을 지불해야 하는 경우보다 더 많은 것을 얻을 수가 있으니까요."

팀은 쓰레기 뒤지기를 그 정치적·경제적 맥락에서 생각하는 게 중요하다고 한다. "우리는 '쓰레기를 뒤져 먹는 놈은 데로(dero)다' 라는 단순한 생각에서 벗어나야 합니다." 그가 말하는 '데로' 란 오스트레일리아의 속어인데, 영락한 홈리스 부랑자를 말한다. "그런 생각이 홀로 애를 키우는 엄마가 쓰레기통에서 먹을거리를 찾지 못하게 하는 거죠. 우리는 정치적 분석을 통해 그런 사고방식에서 초월했습니다." 셰인도 동의한다. "쓰레기 뒤지기의 더 좋은 점은 소비의 전체 과정에 돈을 들고 참여하지 않아도 된다는 것이죠. 심지어 유기농 식품조차도 소비 경제의 일부입니다. 쓰레기 뒤지기는 진실로 소비자의 사슬을 끊는 행동입니다."

"하지만 유기농 식품을 사는 사람들은 자신들이 그 시스템을 바꾸고 있다고 말하거든요." 우리는 반론을 던졌다. "유기농 농민들에게 돈이 돌아가게 함으로써, 농민들이 더 유기농이 되도록 한다는 거죠. 여러분이 하는 일은 시스템을 바꾸는 것은 아니에요. 단지 시스템의 작은 오류에 편승하고 있을 뿐." 그러자 셰인과 팀은 유기농 농민들이 얼마나 농업과 마케팅의 시스템 부속으로 작동하고 있는지 열변을 토했다. 그들의 생각에는 유기농은 진짜 대안이 아니었다. 셰인은 어떤 식의 지역사회 후원식 농업과 유기농 협동업체들은 진짜 대안이 될 수 있을지도 모르지만, 자기 생각으로는 "지역 여피족 전용 유기농 가게"는 전혀 아니라고 했다. 쓰레기 뒤지기는 좀 더 급진적이다. "그것은 후퇴 행동이죠. 산업적인 식품 생산과 마케팅의 전 과정에서 후퇴하는 겁니다."

G가 다시 토론에 끼어들었다. "쓰레기 뒤지기에는 윤리적 의미가 있어요……. 우리는 우리가 손대지 않으면 폐기되고 말 식품을 건져내죠. 흠잡을 데 없는 식품인데 말입니다. 우리는 리사이클링을 수행합니다." 팀도 거들었다. "식품 소비에서 환경에 가장 적은 영향을 미치는 방법이죠." 그리고 그는 계속해서 이로써 많은 돈을 벌 필요가 없기 때문에, 뭔가 사회적으로 유용한 일을 하며 시간을 보낼 수 있게 되고, 굳이 의미도 없는 일자리를 얻어서 먹기 위해 벌지 않아도 된다고 했다. 그 집 여기저기에 붙어 있는 전단지와 대자보를 보면, 그곳 사람들은 토착 오스트레일리아인의 권리 옹호, 오리 사냥 반대, 환경

보호, 이라크전쟁 반대 등의 시위 활동에 시간을 쓰고 있는 것 같았다.

모든 것을 떠나서, 이런 방식의 먹을거리 확보가 재미가 넘쳐 보였다. "시스템에 맞서 매일 승리를 거두는 거죠. 사람들은 매일 집에 돌아와서 '오늘도 승리했다'고 말하겠죠. 작은 승리일지도 모르죠. 하지만 우리야말로 매일 대승을 하고 있답니다." 팀이 말했다. 셰인은 왕건이를 주웠을 때의 '짜릿함'에 대해 말했고, G는 쓰레기 뒤지기의 공동체적 성격에 대해 말했다. "우리가 먹을거리를 함께 나누고 배분한다는 점에서, 진정 훌륭한 대안 경제가 존재합니다. 모든 식사를 다른 사람과 나눌 수가 있고, 서로 갖겠다는 실랑이라든지 어디서 온 음식인지를 걱정한다든지 따위는 없지요. 이 음식은 뭐랄까…… 끝없이 나오는 거니까요. 영원히 주어지는 선물이죠." G는 또한 몇 가지를 찾아내서 이걸 어떻게 요리하면 좋을까 생각할 때의 즐거움을 이야기했다. 그 말은 그들이 찾아낸 여러 음식에 대한 일화로 이야기꽃이 피게 했고, 그들은 웃고 떠들며 그들이 쓰레기 더미에서 찾아낸 것 중 아주 훌륭했던 식사와 별로였던 식사에 대해 이야기했다.

멜버른의 대형 마트 쓰레기통을 뒤지며 보낸 우리의 저녁은 미국, 캐나다, 또는 대부분의 유럽에서도 가능하고, 아마 거기서도 똑같은 저녁이 계속되어왔을 것이다. 얼마나 많은 사람이 그러는지는 아무도 모른다. 하지만 이 책을 쓰는 지금, www.Meetup.com에는 1,888명의 사람이 쓰레기 뒤지기에 관심이 있다고 밝혔으며, 뉴욕 시 한 곳에서만 199명이 그 일을 하고 있다고 했다.[27] 우리는 쓰레기 뒤지기로는 겨우 오래되었거나 흠이 있는 음식만 찾을 수 있을 거라고 상상했다가, 아무런 문제도 없고 버려져야 할 이유가 전혀 안 보이는 음식을 우리 손으로 직접 쓰레기통에서 찾아내고는 놀라고 말았다. 우리는 나중에 우리가 찾아낸 것과 같은 쓰레기를 버리는 일이 많은 나라에서 일반적이라는 사실을 알았다. 뉴욕에 사는 어느 '쓰레기 다이버'는 온갖 고급 식품으로 가득 차 있었던 쓰레기통 이야기를 했다. 선물용

견과류와 말린 과일 세트, 최고급 초콜릿, 베이글이 들어 있는 50파운드짜리 종이봉지는 델리 한 군데마다 매일 서너 개씩은 나온다. 그리고 썩지 않는 식재료가 잔뜩, 가령 필라프 믹스나 인스턴트 수프 따위…….

  이런 쓰레기 중 일부는 쉽게 설명할 수 있다. 빵집, 도넛 가게, 델리, 샐러드바 등은 흔히 자신들은 갓 구운 빵이나 그날 만든 식품만 판매한다고 선전한다. 그리고 계속 샐러드바를 가득 채워둔다. 그래야 손님들이 자신은 앞 손님들이 남긴 것을 먹고 있다는 인상을 받지 않기 때문이다. 이런 방침들 때문에 하루의 영업이 끝나면 전혀 문제가 없는 식품들이 버려지는 것이다. 그중 적은 일부는 푸드뱅크나 홈리스 피난처에 기부될 수도 있다. 그러나 대부분은 그냥 쓰레기통에 들어간다. 아마도 가게들이 자신들의 매출액 감소를 우려해서일까? 여기 음식은 오후 10시부터 공짜로 먹을 수 있다는 소문이 돌면, 오후 8시에 사 먹으러 오는 사람은 별로 없게 될 테니까. 하지만 썩지 않는 음식도 버리는 이유는 더욱 복잡하다. 어떤 상품의 경우, 가게들은 대량 주문을 해서 가격을 낮춘다. 그래서 필요 이상으로 주문을 하고, 팔다가 남게 되는 상품은 버린다. 더 중요한 점으로, 판매대 공간은 한계가 있고, 가게들은 주기적으로 판매대를 비워서 새로 입하된 물건을 들여놓는다. 가게들은 공급업자와 장기 계약을 해서 매주 특정 상품을 특정 양만큼 배달 받도록 했을 수 있다. 그런데 그 상품이 예상만큼 팔리지 않으면, 재고가 넘치게 되고, 따라서 아직 유통기한이 지나지 않았는데도 일단 버리고 새로 들어오는 상품을 쌓아놓게 된다.

  많은 쓰레기 다이버들은 베건에서 출발한다. 그러나 동물성 식품을 거부하는 것은 충분히 급진적이지 않다고 여기게 된다. 동물성 성분이 전혀 포함되지 않은 식품도 동물을 해칠 수 있다. 곡물 경작을 위해 땅을 개간하거나 석유회사들이 상품 운송용 트럭의 연료를 대기 위해 황야에 들어가면서, 동물들은 죽고 다칠 수 있는 것이다. 쓰레기

다이버들 중에는 자신들을 '프리건(freegan)'이라고 부르는 사람들이 생겼다. 베건의 한 단계 진화형이랄까. 어느 익명의 베건은 프리건이란 이런 의미라고 말했다. "모든 것, 모-든 것을 거부한다!……그래야만 밤에 편히 잘 수 있다."[28] 어떤 형태의 음식이라도 돈 주고 사기를 거부한다는 점에서, 프리건들은 베건보다 급진적이라고 할 수 있다. 그러나 오히려 더 유연한 점도 있는데, 그들은 쓰레기라고 하면 동물성 음식을 먹는 것도 윤리적으로 꺼려하지 않기 때문이다. 그들은 동물을 착취하는 사람들에게 자기 돈을 보태고 싶지 않을 뿐이다. 일단 어떤 상품을 버리면, 그게 누군가의 식사가 되든, 땅에 묻혀 썩어버리든 생산자의 입장에서는 아무 차이가 없다. 어떤 프리건들은 아직도 육식은 '시체 뜯어 먹기'라는 생각을 잊지 못한다. 그래서 쓰레기통에서 음식을 주워 먹는 일은 아무렇지 않아 하지만, 고기가 오염되었을 가능성을 꺼리며, 도대체 도살장을 거친 것은 모두 건강에 위험을 가져온다는 생각을 갖고 있다. 그러나 그들의 논리는 결국 결과론에 귀착한다. 동물 학대를 반대하면서도 고기나 치즈, 달걀 맛을 보고 싶다면, 쓰레기통으로 가라!

프리건주의는 공짜 음식만이 아니다. 그 배경에는 어떻게 인생을 살 것인가에 대한 가치관이 있다. 소비 사회에서 설정된 우선순위를 거부하고, 그런 우선순위에 따라 이루어지는 라이프스타일도 거부하는 것이다. 대부분의 사람은 자신의 지위를 자신이 가진 부(富)에, 그리고 자신이 얼마나 벌고 있는지와 연결 짓기 때문에, 그들은 일에 치어서 살 수밖에 없다. 종종 불만족스러운 일이라도, 자기 지위를 향상시킬 돈을 벌기 위해서는 어쩔 수 없이 일을 해야만 한다. 프리건들은 그런 지위 인식을 거부하고, 심지어 기본 욕구를 충족하기 위해서조차 돈을 벌 필요가 없다고 한다. 그들은 우리 모두가 1950년대에 살던 사람들보다 훨씬 많은 소비재를 가지고 있지 않느냐고 한다. 당시에는 대부분의 사람이 더 작은 집에서 살았고, DVD며 전자오븐, 휴대

전화, PC 등은 아무도 못 가지지 않았던가? 그러나 여론조사를 해보면 우리는 그때 사람들보다 행복을 덜 느끼며 산다. 프리건들은 행복이란 뭔가를 소유하는 데서가 아니라 뭔가를 하는 데서 온다고 여긴다. 그들이 뭔가 일을 한다면, 그것은 그 일이 그 자체로 가치가 있다고 여기기 때문이다. 소비하는 모든 것에 돈을 내는 사람들보다 프리건들은 훨씬 많은 자기 시간을 가지며, 그 시간은 팀의 말처럼 즐기는 데, 또는 자신이 가치 있다고 믿는 일을 하는 데 쓸 수 있다. 그래서 그들은 두 배로 자유롭다. 소비문화의 에토스에 구속되지 않으며, 욕구 충족을 위해 돈을 벌 필요성에서 자유롭다. 그들은 대안적인, 그보다 덜 착취적인 경제 시스템이 가능하다고 생각한다. 하지만 그들은 쓰레기 다이빙이 그런 시스템이 된다는 환상을 갖지는 않는다. 그들은 쓰레기통 다이빙을 현 시스템에서 탈피하는 것의 하나로, 또한 그 시스템에 대한 더 폭넓은 저항의 삶의 일환으로 생각한다.[29]

쓰레기통 다이빙은 많은 소비자가 즐겨 추구할 만한 방법은 아니다. 하지만 거기서 끌어낼 교훈은 분명히 있다. 농업이 노동자들, 동물들, 그리고 환경에 두루 미치는 악영향은 우리가 버려지는 것을 활용한다면 감소될 것이다. 애리조나 대학교의 고고학자인 티모시 존스(Timothy Jones) 박사는 미국 연방정부가 후원하는 음식 쓰레기 연구를 진행 중인데, 미국에서 만들어지는 식품의 40퍼센트 이상이 유실 또는 폐기되고 있다고 한다. 그것은 매년 1,000억 달러에 달하는 음식물이 버려진다는 의미이다. 존스는 적어도 이 중 절반의 음식은 안전하게 소비될 수 있는 것들이라고 한다. 더 나은 저장시설을 확보하는 것으로도 쓰레기는 줄일 수 있다. 일부 쓰레기들은 전혀 무의미하며, 동물의 고통에서 노동자의 고충, 천연자원의 낭비, 공해 유발에 이르기까지의 문제에 아무런 배려가 없음을 나타내주는 것에 지나지 않는다. 존스는 가게들, 식당들, 개인들이 음식 쓰레기를 버리는 상황을 조사하여 가정에서 버리는 음식 쓰레기의 14퍼센트는 완벽하게 괜찮은 것들로, 포장도 뜯지 않은 채이거나 유통기한이 아직 남은 음식이라고 밝혔다. 먹을 수 있는 음식의 약 3분의 1은 건조 처리를 하여 포장된 식품이었고, 캔으로 포장된 음식도 19퍼센트에 달했다. 존스는 한 번에 많이 사면 깎아주는 것 때문에 사람들이 필요 이상으로 음식을 사고 있다면서, 다소 당혹스러운 투로 이렇게 말했다. "하지만 나는 이게 도무지 이해가 안 됩니다."30) 소비자들로서, 우리는 우리 스스로 배출하는 쓰레기를 직접 통제할 수 있다. 우리 어머니들이 우리에게 이르시던 말씀대로 하자. "남기지 말고 다 먹어라."

비동물성 고기는 가능할까?

'스컴 스키밍'은 배우기가 어렵지 않았다. 새벽에 자리에서 일어난다. '치킨 리틀'에게서 잘라낸 지 얼마 안 되는 슬라이스로 아침을 먹고, '커피스트'로 입가심을 한다. 커버올 작업복을 입은 다음 그물을 들쳐 멘다. 아침부터 저녁까지 따가운 햇볕을 쬐며, 몇 에이커나 되는 해조류가 덮인 탱크 위를 걷는다. 천천히 걷는다면, 30초 정도마다 맛있는 탄수화물이 숙성되어 튀어나온다. 그 위를 스키머(더 깽이를 긁어내는 국자)로 살짝 긁어내어 수직 갱도 속에 던져 넣는다. 그 속에서 그것들은 한데 뭉쳐지거나, 변형 처리되어 치킨 리틀에게 먹일 포도당이 된다. 그리고 치킨 리틀은 슬라이스되어 배핀랜드에서 리틀아메리카까지 사는 사람들이 먹을 식량으로 공급된다. 한 시간마다 물통의 음료수를 마시고, 소금 캡슐을 삼킨다. 두 시간마다 5분씩 쉰다. 해가 질 때쯤 커버올을 벗고 저녁을 먹으러 간다(역시 치킨 리틀의 슬라이스). 그리고 자기 개인 시간을 보낸다."31)

프레더릭 폴(Frederick Pohl)과 콘블루드(C. M. Kornbluth)의 판타지 소설, 『우주

상인(The Space Merchants)』에서 미래의 식생활에 대해 상상해본 내용이다. '치킨 리틀'은 거대한 고깃덩어리로, 직경 수백 피트나 되며, 해조류를 먹으며 배양기 속에서 자란다. 이 아이디어는 공상과학소설 작가들보다 더 저명하고 현실주의적인 사람들의 흥미를 끌었다. 1932년, 윈스턴 처칠은 이렇게 썼다. "앞으로 50년 후면, 우리는 닭을 통째로 키워서 그 가슴살이나 날개만 먹고 만다는 어리석은 생각에서 벗어나게 될 것이다. 적절한 수단을 통해 그런 부위만을 키우면 되는 것이다."[32] 처칠의 예언은 미래의 식량 생산보다는 히틀러의 침략 무기 쪽에서 더 나왔지만, 그건 그의 타이밍이 어긋났기 때문일 수도 있다. 동물권리 운동 쪽에서는 내연기관이 수백만 마리의 수송용 소와 말들의 고통을 없애준 것처럼 결국 '시험관 고기'가 지금 식육용으로 희생되고 있는 수십억 마리의 동물의 고통을 없애주리라고 기대하는 사람들이 있다.

    우리는 이미 채식주의 햄버거, 소시지, 베이컨 등등의 가짜 고기 제품들을 보았다. 중국에서는 불교가 유행하면서 제례 의식에 고기가 쓰이는 일이 없어졌으며, 황제의 요리사들은 글루텐과 두부를 써서 여러 가지 고기 요리나 해물 요리와 유사한 맛의 요리를 만들어냈다. 그리하여 황제는 계속해서 중국의 전통 요리들을 즐길 수 있었다. 오늘날 이 전통은 아직도 중국계 채식주의자 식당에서 찾아볼 수 있다. 일부 채식주의자들은 '가짜 고기'에 반대하는데, 그것이 고기 요리야말로 음식의 중심이라는 인상을 지속시키기 때문이다. 그리고 일부 육식자들도 이를 싫어하는데, 그 맛과 질감이 고기와는 똑같지 않기 때문이다. '시험관 고기'는 가짜 고기 같지 않고, 진짜 고기와 같은 맛과 질감을 낼 수 있을지 모른다. 이론상으로는 배양기에서 고기를 키우는 편이 동물을 통째로 키우는 것보다 효율적이다. 처칠의 말처럼, 먹을 수 없는 뼈나 건강에 좋지 않은 지방, 그리고 내키지 않는 내장까지 만들 것 없이 곧바로 스테이크나 닭가슴살을 얻을 수 있기 때문이다. 배양 고기는 공장식 농장 고기보다 환경에 미치는 악영향도 적을 것이다. 어떤 배설물도 내놓지 않을 테니까.

과학자들은 이미 실험실에서 소량의 근육 조각을 생산했다. 2001년, 암스테르담 대학교의 과학자 한 사람이 두 명의 네덜란드 기업인과 함께 인공육 생성법 특허를 신청했다. 근육 세포를 영양소 용액에 넣고 그 분열을 유도하는 방식이었다. 네덜란드 사람들 말고도 미국에서 몇몇 과학자가 인공육 생성을 연구했으나, 아직은 성공 사례가 없다. 하지만 결국은 성공할 것으로 보인다. 진짜 문제는 그런 식으로 만들어지는 고기가 살아 있는 동물에게서 얻은 고기에 비해 경제성이 있느냐이다.

　어느 과학자는 지금 실험실에서 생성에 성공한 근육 조각이 킬로그램당 500만 달러에 해당된다고 했다! 하지만 불과 50년 전, 컴퓨터를 하나 만드는 데는 천문학적인 자금이 필요했으며, 따라서 그것을 보통 가정에서 하나씩 두고 쓸 수 있으리라고는 아무도 상상하지 못했다. 언젠가 배양 고기가 식량 생산의 효율적인 방법이 된다면, 우리는 육식에서 아무런 윤리적 문제점을 보지 않게 되리라. 물론 이때 원형 세포는 살아 있는 동물의 세포이다. 그러나 그런 세포는 무한히 분열-복제될 수 있으므로, 이론상으로는 한 마리의 동물이 전 세계 사람들에게 고기를 공급하고도 남게 된다. 사람의 식사거리가 되기 위해 어떤 동물도 고통을 받지 않게 되는 것이다.[33]

15
무엇을 먹을 것인가?

무엇을 먹을 것인지 구체적인 결론에 도달하기에 앞서, 우리는 대부분의 사람이 동의하리라고 여겨지는 다섯 가지 윤리적 원칙을 그려보았다. 이 원칙들은 먹을거리와 관련된 도덕 문제를 남김없이 포괄하지는 않지만, 가장 쟁점이 되는 윤리 문제들에 대한 판단에는 도움이 될 것이다.

1. 투명성: 우리는 우리가 먹는 음식이 어떻게 만들어졌는지 알 권리가 있다.

종종 듣는 말로, 도살장 벽이 유리로 되어 있다면, 우리는 모두 채식주의자가 될 것이라고 한다. 그것은 꼭 사실이 아닐 수도 있다. 어떤 사람들은 거의 무엇에든 익숙해지니까. 하지만 투명성은 점점 더 중요한 윤리적 원칙으로 인정 받고 있으며, 또한 악습의 예방 장치로도 유용성을 인정 받고 있다. 소비자들은 자신이 무엇을 사고 있으며, 그 물건이 어떻게 만들어졌는지에 대해 정확하고 편향되지 않은 정보를 얻을 수 있어야 한다.

2. 공정성: 식품 생산의 비용을 다른 쪽에 전가하지 말아야 한다.

식품의 가격은 그 생산 과정의 총비용을 반영해야 한다. 그리고 소비자가 그 가격을 치를 것인지 결정할 수 있도록 해야 한다. 아무도 가격을 치르려고 하지 않으면, 시장은 그 품목의 생산이 중단되도록 할 것이다. 그러나 식품 생산 방식이 다른 쪽에, 그쪽의 동의도 없이, 막대한 비용을 전가한다면(예를 들어 악취를 방출하여 인근 거주자들이 제대로 생활을 할 수 없도록 하는 식으로) 시장은 효율적으로 작동하지 못할 것이고, 그 결과는 불이익을 당하는 쪽에 공정하지 못할 것이다. 어떤 식품이 특별히 싸다면 그 이유는 다른 누군가가 대신 비용을 치르고 있기 때문(자신의 의지와 상관없이)이다. 어떤 방식의 식품 생산도 이런 점에서 불공정하다면 지속 가능한 방식이 될 수 없다. 그것은 미래의 세대에게 불이익을 주는 것이기 때문이다.

3. 인도주의: 중요하지 않은 이유로 동물에게 고통을 주는 것은 잘못이다. '동물해방'이나 '동물권리' 같은 한층 더 급진적인 사고의 소유자가 아니라고 해도, 대부분의 사람은 우리가 되도록 동물에게 고통이나 스트레스를 주지 말아야 한다는 데 동의할 것이다. 사람에게나 동물에게나, 친절함과 동정은 다른 감각 있는 존재의 고통에 무관한 것보다는 확실히 낫다.

4. 사회적 책임: 노동자들은 타당한 임금과 작업 조건을 보장받아야 한다.

종업원들과 공급업자들에게 최소한의 타당한 대우를 하려면, 아동 노동, 강제 노동, 성추행 등이 있어서는 안 된다. 작업장은 안전해야 하며, 노동자들은 원한다면 단체를 조직하고 단체 협상에 나설 수 있어야 한다. 인종, 성, 그리고 직무와 무관한 장애 등으로 인한 차별은 없어야 한다. 노동자들은 그들과 그들의 부양 자녀의 기본 욕구를 충족하기에 충분한 임금을 받아야 한다.

5. 필요성: 생명과 건강의 유지는 다른 욕망보다 정당하다.
생존하고 적절한 영양을 얻기 위한, 식품의 순수한 필요성은 그보다 덜 중요한 욕망에 앞서며, 자칫 부당할 수 있었던 많은 것을 정당화한다. 대조적으로, 어떤 음식을 단지 그 맛이 좋다는 이유로만 선택한다면, 같은 영양분을 다른 먹을거리 선택으로 섭취할 수 있음에도 그렇게 한다면, 그 선택은 더 엄격한 윤리적 기준을 적용받아야 한다.

이러한 원칙들에 의거하여, 앞서의 장들에서 얻은 지식을 떠올리며, 우리의 먹을거리 선택 중 몇 가지를 검토해보기로 하자.

공장식 농장의 먹을거리

대형 마트와 보통 식료품점에서, 우리는 모든 식품이 주류 식품업체의 상품이며(특별한 상표가 붙어 있는 것 외에는), 인도적·지속 가능적·환경친화적으로 만들어진 상품은 하나도 없다고 가정해야 한다. 특히 동물성 식품은 거의 전부가 공장식 농장에서 온 것이며, 그와는 다른 정보가 겉에 씌어 있는 극소수의 예외만 있을 뿐이다. '완전 천연 제품'이나 '농장에서 갓 들여온' 따위의 문구에 현혹되지 말자. 그런 문구는 종종 공장식 농장의 상품을 치장하기 위해 쓰이는 상투적 문구들이다.

공장식 농장 닭고기: 우리가 처음으로 검토했던 구입 식품, 즉 제이크와 리의 닭고기는 최악의 먹을거리 중 하나이다. 그 닭고기가 타이슨푸드, 골드키스트, 퍼듀, 어디 제품이든지 닭들이 살고, 옮겨지고, 죽는 조건은 공장식 농장 닭고기를 윤리적 먹을거리의 쇼핑 목록에서 최하위에 두기에 충분하다. 더욱이 브로일러 축사는 수자원을 오염시키며 그 주변 지역 거주민들의 생활을 망쳐놓는다. 닭 도살장에서의 작업은 더럽고, 위험하고, 보수가 박하며, 노동조합 운동은 탄압받는

경우가 많다.

공장식 농장 칠면조: 우리가 공장식 농장 닭에 대해 말한 모든 것이 공장식 농장 칠면조에게도 그대로 적용된다. 추수감사절에 앞서 그 점을 생각해보자. 유기농 대두로 만든 '두부칠면조(Tofurky)'를 '칠면조(turkey)' 대신 쓰면 어떨까? 그것은 구우면 바삭거리고 감칠맛이 나는 '껍데기'까지 갖추고 있다(더 많은 정보는 www.tofurkey.com으로). 진짜 칠면조를 먹고 싶은 사람은 적어도 그 칠면조가 유기농 환경에서 자랐는지, 풀밭에 나갈 기회가 있었는지 확인해보아야 한다.

닭장에 가둬 기른 닭의 달걀: 우리가 공장식 농장 닭에 대해 말한 모든 것이 닭장에 가둬 기른 암탉의 달걀에도 적용된다. 닭장에 갇혀 지내는 암탉들의 삶은 브로일러 닭들의 삶보다 더 비참하다. 아무도 닭장 달걀을 살 필요는 없다. 주머니 사정이 좋지 않다면, 달걀을 더 적게 먹으면서 더 비싸지만 맛은 더 뛰어난 풀어놓고 기른 닭(야외에도 나갈 수 있는)의 달걀을 먹는 게 몸에도 더 좋다(제6장에서 설명한 것처럼). 다른 선택은 모든 달걀 관련 식단을 베건식으로 바꿔버리는 것이다. 요리를 하거나 빵을 구울 때도 자연식품점이나 온라인으로 구매할 수 있는 달걀 대용품을 쓰면 된다.

공장식 농장 송아지고기: 식품 윤리를 고려하는 사람이라면 이미 이 품목은 지나쳐버리고 있을 것이다. '흰색' 상등육을 위한 송아지고기용 송아지는 태어나자마자 어미에게서 떨어지고, 몸을 돌리거나 걸을 수도 없는 우리에 갇히며, 짚이나 깔개 등도 아예 주어지지 않고, 절망적인 수준까지 빈혈이 된다. 이 모든 것이 비싼 값에 팔리는, 흰빛을 띠는 부드러운 육질을 만들기 위해서이다(실제로는 연분홍색이며, 흰색이 아니지만). 이만하면 할 말은 충분하다.

공장식 농장의 돼지고기, 햄, 베이컨: 돼지 농장의 암퇘지는 대부분 새끼 낳는 기계처럼 취급되며, 걷기는커녕 뒤로 돌아설 수도 없을 만큼 좁은 공간에 갇힌다. 이 돼지들은 일생 동안 비참하고 따분하게 지내야 한다. 그 새끼들은 언제나 콘크리트 건물의 내부에 갇혀 지내며, 잠자리로 쓸 물건도 없다. 집약적 돼지 농장은 뼈를 뺀 돼지고기 1파운드를 만들어내기 위해 6파운드의 곡물을 소비하며, 환경에 큰 부담을 준다. 연료 소비도 심하며, 종종 오염 문제도 막심하다. 우리는 이 역시 윤리적으로 합당한 식품이라고 볼 수 없다.

공장식 농장의 우유, 치즈, 그 밖의 유제품: 집약적 낙농장의 젖소들은 유전적 선택과 관리를 통해 몇 살 되지 않아서 막대한 양의 우유를 생산한다. 그 때문에 그들은 주기적으로 인공수정 임신을 하고, 갓 태어난 새끼와 이별한다. 어미소와 송아지 모두에게 극심한 스트레스를 유발하는 일이다. 그들은 야외로 나가서 풀을 먹을 자유도 없다. 늙거나 병들어 더 이상 걸을 수가 없게 되면, 아무 짝에도 쓸모없는 쓰레기 대접을 받는다. 그리고 트랙터로 끌어서 트럭에 싣고는 도축시켜버린다. 낙농장의 수소들은 대부분 송아지고기용으로 쓰인다. 또한 집약적 낙농장은 심각한 공해를 유발할 수 있다. 따라서 집약적으로 생산된 유제품은 피해야 마땅하다(불행히도, 이런 문제의 대부분은 대규모 유기농 낙농장에서도 그대로 나타난다).

집약적 생산 소고기: 소고기는 우리가 살펴본 다른 동물성 식품과 다소 다른 식으로 길러진다. 송아지들은 보통 최소한 6주간 어미 곁에서 자라며, 풀을 먹는다. 이후 사육장으로 옮기면, 닭이나 산란용 암탉, 송아지고기용 송아지, 돼지 등에 비해 넓은 공간이 부여되며 낙농장 젖소만큼 스트레스가 심하지도 않다. 그러나 극히 덥고 추운 날씨 속에 몸을 피할 곳이 없으며, 낙인 찍기, 뿔 자르기, 거세 등이 모두 마취 없이 진행된다. 그들은 1871년도 연방법에 따라 28시간까지 열차에 실려 물도 휴식도 없이 수송될 수 있다. 그리고 트럭이 주된 운송 방법이 되면서, 그나마의 시간제한조차 무의미해졌다. 미국 농무부는 지금 농장 동물의 수송 수단으로 95퍼센트를 차지하는 트럭에 대해 '28시간법'을 적용하는 것을 거부했으며, 따라서 소들을 무한정

트럭에 싣고 물, 사료, 휴식 등을 전혀 제공하지 않고 다녀도 아무 문제가 없다. 소들에게 사육장의 사료는 소화하기 어렵다. 병이 들기 쉬우며, 따라서 항생제를 먹인다. 그리고 심지어 항생제로도 그들의 수명을 오래 연장할 수 없는데, 대부분 그 전에 도살된다.

사육장 고기소들의 일생은 공장식 농장의 돼지나 닭보다 다소 나을지 모른다. 하지만 그에 반해 곡물을 소고기로 바꾸는 과정의 비효율성 문제가 있다. 즉 사육장 소고기를 먹는 사람은 닭고기를 먹는 사람보다 더 많은 토지, 비료, 화석연료, 물 등의 자원 소비에 책임이 있는 셈이다. 또한 그들은, 제13장에서 본 것처럼, 공공용지의 황폐화에도 간접적 책임이 있을 것이다.

공장식 농장의 고기, 달걀, 유제품에 대한 일반 평가: 제13장에서 설명했듯이, 밀집식 가축 사육 방식은 인간이 소비할 수 있는 식량의 양을 줄인다. 우리는 그런 방식을 가질 필요가 없다. 공장식 농장이 동물에게, 인근 주민에게, 그리고 지구 전체의 환경에 벌이는 짓은 사람들이 동물성 음식 위주의 식단에 익숙해 있어서 그것을 제외한 식사를 생각하지 못하기 때문에, 또는 그 맛을 좋아하기 때문에 정당화되고 있다. 그러나 그 방식이 가져오는 폐해를 생각할 때, 그것은 윤리적 정당화일 수 없다. 의식적으로 공장식 농장 제품을 구입함으로써 그 방식을 지지한다면, 그것은 잘못이다.

공장식 농장 제품에는 많은 대안이 있다. 가격과 편리함이 문제라면, 두부와 베건용 콩 햄버거가 공장식 농장의 닭고기와 가격이나 단백질 등에서 거의 비슷하다. 마른 콩과 렌즈콩으로 만든 요리는 단백질은 더 많으면서 값은 더 싸다. 많은 베건과 채식주의자들이 보카(Boca)의 '치킨 스타일' 패티와 치킨 너겟을 추천한다. www.healthy-eating.com에서 주문할 수 있는 조합 채소 단백질 역시 저렴한 값으로 얻을 수 있는 단백질원이다. 아니면 단백질을 좀 덜 먹을 수도 있다.[1] 제12장에서 본 것처럼, 충분한 칼로리를 섭취하는 성인은 거의 항상 적정량 이상의 단백질을 섭취한다. 따라서 굳이 고단백 음식을 찾을 필요가 없다.

지속 가능한 농법을 쓰며, 동물복지에 어느 정도 관심을 가진 생산자에게서 나오는 동물성 식품은 많은 지역에서 구입할 수 있다. 건강식품 가게와 자연식품 가게들, 그리고 식품 협동조합 가게들부터 자기 지역에서 찾아보자. 그런 곳에 찾는 물건이 없으면, 들여놓아달라고 부탁하자(그리고 다시 찾아가 보면 분명 들여놓았을 것이다!). 작은 마을이나 먼 지방에 살아서 그런 가게를 주위에서 찾을 수 없다면, 농산물 직거래 시장을 찾아가서 자신들의 영농 방식을 공개하며 농장 방문도 환영하는 지역 농민에게서 직접 물건을 사자.

갈수록 많은 식품이 집 앞까지 배달된다. 가령 미국에서는 www.healthy-eating.com에 접속하거나 The Mail Order Catalog, 413 Farm Road, P.O. Box 180, Summertown, TN 38483으로 편지를 보내면 된다. 또한 '잇 웰 가이드'도 이용해볼 만하다. 이 무료 온라인 디렉터리는 지속 가능한 방식으로 만들어지는 고기, 가금, 유제품, 달걀을 구할 수 있는 미국과 캐나다의 농장, 가게, 식당, 온라인 사이트별로 정리해놓았다. www.eatwellguide.org에 접속해서 자신의 우편번호를 써 넣으면, 유기농법에 지속 가능 농법으로 길러지고, 초원에서 자라는 동물들의 상품을 구할 수 있는 자기 지역의 포인트들을 알려준다.

물고기와 기타 해양 동물들

양식 물고기: 물고기 양식장은 물에서의 공장식 농장이라고 할 수 있다. 그리고 육지에서의 공장식 농장처럼, 그것은 밀집식 동물 사육법이 갖는 일반적인 문제를 가지고 있다. 즉 우리는 우리가 기르는 동물

을 먹이기 위해 우리 스스로 먹을 수도 있는 식량을 따로 길러서 운반해야 한다. 물고기 양식의 경우에는, 그것이 얼마나 바다에 피해를 주고 식량 자원을 낭비하는가는 그 물고기가 연어처럼 육식성인가, 아니면 잉어처럼 초식성인가에 달려 있다. 잉어는 중국에서 많이 양식하며, 먹는다. 그것은 비교적 먹을거리 선택의 범위가 좁은 농촌 사람들에게 중요한 단백질 공급원이 된다. 그러나 산업화된 나라에서는, 보통 더 육식성인 물고기를 먹으며, 그런 물고기의 양식은 수자원을 낭비한다. 물고기 양식은 종종 오염 문제도 일으킨다. 양식되는 물고기는 지나친 밀집 서식과 자유 박탈에 스트레스를 받는다. 물고기의 도살 방식은 사람이 그들의 고통에 얼마나 무관심한지를 보여준다. 이런 이유로, 양식 물고기는 윤리적으로 적합한 식품이 아니다.

야생 포획 물고기: 어쨌든 물고기를 먹겠다면, 야생에서 포획된 물고기는 분명 양식 물고기보다 나은 선택이다. 지속 가능한 방식으로 포획된 것이라는 전제 아래에서 말이다. 해양보존위원회의 '피시포레버' 마크를 확인하거나, '피시리스트'에서 자신이 사는 물고기 종을 확인해보라(www.thefishlist.org). 피시리스트란 환경 안보, 블루오션 연구소, 몬테레이베이 아쿠아리움, 해산물 선택 연맹 등이 운영하는 웹 사이트이다. 그러나 적절한 어종을 선택하는 것만으로는 충분하지 않을지도 모른다. 고품격 가게라고 할지라도 양식 연어를 야생 연어라고 내놓다가 적발된 일이 있기 때문이다. 그것은 환경적으로 좋은 선택을 하려는 의식 있는 소비자가 알지 못하는 사이에 오히려 환경적으로 최악의 선택을 할 수도 있다는 뜻이다.

그러나 제이크와 리의 명태처럼, 우리가 지속 가능한 어업으로 잡힌 물고기를 샀다고 해보자. 그 물고기는 자유롭게 살고 있었다. 따라서 그 물고기를 먹는 일은 공장식 농업 시스템처럼 동물에게 끊임없이 고통을 주는 시스템에 힘을 실어주는 의미가 없다. 그런 점에서, 물고기를 먹는 일은 마트에서 파는 대부분의 고기, 달걀, 치즈를 먹는 일보다 나은 윤리적 선택일 수 있다. 그렇지만 죽어가면서 물고기가 얻는 고통은 물고기 음식을 피하기에 충분한 이유가 된다. 적어도 굳이 물고기를 먹지 않아도 충분히 식품을 구할 수 있고, 단백질을 적정선 이상으로 섭취할 수 있는 가족이라면 그럴 것이다.

무척추동물: 오징어, 문어, 게, 가재, 새우, 굴, 대합, 홍합 등의 무척추동물을 먹는 문제와 관련된 윤리 문제의 핵심은 환경의 지속 가능성과 불필요한 고통의 유발 가능성이다. 환경 문제부터 보면, 무척추동물 중에는 너무 종이 많으며 너무 많은 양식 또는 어획 방식이 있어서, 우리가 새로 얻은 정보는 곧바로 오래된 정보가 되어버리는 상황이다. 피시리스트 사이트는 믿을 만한 지침을 줄 수 있지만, 바다와 해저에 환경 피해를 주는 일을 피하려면 우리가 무엇을 먹으며 그것이 어디에서 왔는지에 대한 정보가 절실하다.

이제 미국에서 가장 잘 팔리는 해산물이 된 새우는 대부분 수입산이며, 지속 가능하지 않은 방식으로 생산되는 것들이다. 따라서 피해야 한다. 바다가재와 왕새우는 미국이나 오스트레일리아산이라면 지속 가능한 방식으로 잡힌 것들이다. 하지만 그 외에는 아마도 아닐 것이다. 앞서 보았듯이, 체사피크 만의 블루크랩 어로에 대해서는 그 환경적 지속 가능성에 대해 논란이 거듭되고 있다. 하지만 아시아 나라들(미국의 주 수입 대상국들인)의 여러 게 어로 활동보다는 비교적 통제가 잘 되는 편이다. 어떤 지역에서는 가리비나 굴 같은 연체동물들이 저인망 방식으로 잡히며, 이는 해저 환경에 심각한 피해를 입히는데다 부수적으로 포획되는 어류와 기타 생물이 많이 나온다. 그러나 가리비, 굴, 홍합은 바다에 내려뜨린 밧줄의 형태로 지속 가능하게 양식이 되고 있다. 그 밧줄을 올리고 내리는 일은 해저 환경에 아무런 영향을 주지 않는다. 고통의 유발 문제는, 제7장에서 제시한 이유에 따라 오징어, 가재, 게, 새우 같은 갑각류에다 연체동물 중 문어의 경우 고통을 느낀다고 간주해야 한다. 하지만 대합, 가리비, 굴, 홍합 등의 쌍각조개류가 고통을 느낄 가능성은 그리 높지 않다. 따라서 이 조개류들이 지속 가능한 방식으로 생산될 때는, 그것들을 먹지 않을 그리 뚜렷한 윤리적 이유는 없다.

유기농, 로컬푸드, 공정 무역

유기농 식품: 유기농 마크 인증 시스템은 결코 완벽하지 않다. 유기농 인증 기준을 계속해서 통과하기 쉽게 만들고 있는 것은 영농 철학 또는 심지어 영농과 관련된 생활 방식을 싸잡아서 조사관들이 검증할 수 있는 체크리스트로 단순 환원하기 때문이다. 제11장에서 보았듯이 대기업들은 유기농에 손을 대면서 정해진 규칙을 아주 간신히, 위반 일보 직전까지 지켜가는 추세이다. 일부 소규모 농가들은 이 대기업들보다 유기농의 정신을 더 잘 지켜가고 있다. 그러나 여러 가지 이유로, 가령 인증 절차에 필요한 비용 문제 등으로, 그들의 상품은 '유기농' 마크를 얻지 못할 수도 있다. 그렇지만 대부분의 경우 유기농 마크 제품을 산다는 것은 화학비료의 유출이나 살충제 및 제초제 사용은 더 줄고, 농장 주변에 새와 짐승은 더 많아지며, 토질의 보전이 더 나아지는 것, 그리하여 결국 지속 가능한 생산이 이루어지게 되는 것을 돕는다는 의미가 있다.

유기농으로 재배된 작물은 유전자 조작과 무관하다. 따라서 야생식물로 유전자 범람을 초래할 위험이 없으며, 그리하여 자연 생태계를 파괴할 가능성이 없다. 유기농 농장에서 동물들의 복지는 적어도 재래식 농장에서보다는 낫다. 비록 대형 유기농 농장의 경우 그 차이는 매우 작지만. 반면 유기농 식품은 재래식 식품보다 비싸다. 하지만 시드 지만스키의 말처럼, 유기농 식품이 비싸다고 투덜대면서 4.5달러짜리 카페라테 한 잔을 사 마시는 것은 설득력이 약하다. 재래식 방식으로 생산된 식품을 사 먹으며 그 결과 남긴 돈을 세계 빈곤 퇴치 운동에 기부한다면야, 그것을 어떻게 평가해야 할지 쉽게 판단할 수가 없겠지만. 그러나 돈을 가지고 하는 투표에서 더 환경친화적인 농업 방식을 지지하는 일은 중요하며, 재력이 되는 사람들에게, 유기농은 좋은 선택일 수 있다.

로컬푸드: 다른 조건이 같다면 그 지역에서 나는 농산물을 먹는 게 나은 여러 가지 이유가 있다. 가장 중요한 이유는 화석연료의 사용 감소이다. 두 번째로는 투명성이 더 높아진다는 사실이다. 그러나 다른 문제가 개입될 수 있다. 그중 일부는 에너지 사용 문제와 직결된다.

- ◆ 현지의 철 이른 채소는 인공 가열 과정을 통해 재배될 수 있으며, 그것은 더 따뜻한 나라에서 재배되어 수송해오는 것에 비해 연료를 더 소비한다.
- ◆ 소규모의 지역 농산물을 여러 가게로 배송하는 일은 트럭으로 한 번에 더 멀리 있는 대형 마트로 배송하는 것보다 많은 연료를 소비할 수 있다.
- ◆ 대형 마트에서 한 번에 모든 쇼핑을 끝내지 않고, 지역 농장이나 시장을 돌며 물건을 사는 소비자들은 그보다 멀리 떨어진 곳의 생산자가 상품을 대형 마트로 가져올 때와 비슷한 연료를 소비할 수 있다.
- ◆ 해외에서의 식품 생산은 국내 생산보다 에너지 집약도가 덜할 수 있다. 그리고 그 차이는 수천 마일 밖에서 식품을 선적해오는 데 드는 에너지를 감안하더라도 상당하다.

현지 구매를 하기 전에, 제9장에서 본 것처럼, 우리의 지역 농민보다 훨씬 가난한 먼 나라의 농민들이 그들의 수출 상품을 구입해줌으로써 혜택을 볼 수 있다는 점도 고려하자. 이 모든 것은 그저 "로컬푸드를 사라!"고 외치는 일은 윤리적 지침으로는 너무 단순하다는 사실을 보여준다. 신중히 고려한 결과, 가장 나은 문구는 이럴 것이다. "로컬푸드를 사라. 단 제철 농산물인 경우에. 그러면 대체로 좋다. 하지만 때로는 수입산을 사는 편이 더 윤리적인 선택일 수도 있다."

공정 무역: 공정 무역 시스템은 소비자의 돈이 실제로 식품을 만드는 사람들의 손에 더 많이 들어가도록 만든다. 그런 사람들의 수입이 나아지면서 그들의 지역사회도 나아지고, 그에 따라 지속 가능 방식의 농업도 힘을 얻게 된다. 커피, 차, 초콜릿, 바나나 등등 공정 무역 상표가 있는 제품을 각자의 지역 가게에서 구입하자. 그 가게에는 없으나 분명 유통되고 있는 공정 무역 제품을 안다면, 그 가게에 그 물건을 들여놓아달라고 하자(미국에서는 www.transfairusa.org에서 공정 무역 상품 판매소를 찾거나, 온라인 구매를 할 수 있다).

인도적 사육 동물인가, 채식주의인가, 비건인가?

윤리적인 소비자라면 공장식 농장의 산물과 대부분의 해산물을 피해야 한다는 이야기를 했다. 우리는 제14장에서 좋은 삶을 살고 식육용이 아니었다면 존재하지 못했을 동물의 고기를 먹는 윤리적 문제를 검토했다. 우리는 동물이 정말로 잘 대우받는다고 할 때, 실제적으로 그 문제를 판단하기 쉽지 않은 경우가 많음을 보았다. 또한 동물을 파는 상품으로 다룰 경우, 생산자들은 그 동물의 이익에 반해 자기 이익을 극대화하는 쪽으로 생각하게 된다고도 했다. 일부 동물복지론자들은 그러한 경향을 방지하기 위한 인증 시스템을 개발했다. 미국에서 '인도적 농장 동물 사육협회'는 기준에 맞는 생산업자들에게 '인도적 사육 인증' 마크를 발급하고 있다. 영국에서는 영국 동물학대방지협회(RSPCA)가 '프리덤 푸드' 프로그램을 추진하여 큰 성공을 거두고 있으며, 오스트레일리아, 뉴질랜드, 브리티시컬럼비아에도 RSPCA의 다른 인증 시스템이 있다. 또 프랑스에는 '붉은 라벨'이, 오스트리아에는 '동물 지수'가 있다.

그러나 농장들이 그런 인증에 부합하도록 몇 가지 양보한 점이 있으며, 또 조사관이 없을 때 그런 기준이 얼마나 제대로 지켜지겠는가 하는 의심을 할 수도 있다. 설령 동물성 식품의 재료가 되는 동물이 잘 대우를 받으며 지냈다고 해도, 식품 생산 과정의 다른 부분에서 고통을 당할 수도 있다. 풀어놓고 기른 식육용 닭은 보통 매우 빨리 자라도록 종자가 개량된 닭이며, 그 닭의 부모 닭은 항상 배고픔을 면치 못한다. 교미가 곤란할 만큼 살찌지 않도록 하기 위해서이다. 낙농업자 중에서 송아지를 태어나자마자 어미소와 떼어놓지 않는 사람은 드물다. 그리고 수송아지의 운명은 어떻게 되는가? 도살 과정은 또 어떤가? 인증 시스템은 보통 그런 문제에 대해서는 침묵한다. 따라서 '인도적 사육'이라는 라벨을 붙인 고기라고 해도 인도적으로 도살되지는 않았을 수 있다. 고기를 먹는 사람은 그 동물의 진실에 대해 알 책임이 있다.

지금 육식을 하고 있는 선진국의 수억 명의 사람에게, 베건이 되는 것은 아직 너무 급진적이라고 여겨질 수 있다. 그래서 우리는 공장식 농장 생산물에 대한 다른 대안이 급히 필요하다. 상업적으로 성공할 수 있고, 동물친화적이며, 환경 면에서 지속 가능한 형태의 농업이라면 확실한 대안일 것 같다. 하지만 진정 양심적인 잡식주의자들은 시간과 노력을 들여 진정으로 인도적인 농장을 찾아야 한다. '인도적 사육 인증'이나 그 비슷한 인증 시스템이 도움이 된다. 그런 상표가 붙은 상품들은 비슷해 보이지만 그런 상표가 없는 동물성 식품보다는 대개 낫다. 하지만 그 기준이 충분히 높은 기준인지는 의문이다. 한 가지 가능한 도덕적 기준은 이렇다. "동물성 식품을 살 때는, 그 식품이 나온 농장을 방문한 경우에만 사라." 물론 방문을 통해 암탉의 부리를 자르거나 하는 일이 없는지 살펴야 한다. 그런 규칙 앞에서는,

많은 사람이 차라리 육류를 전혀 먹지 않는 편이 간단하다는 사실을 알게 될 것이다. 그래도 농장을 방문하는 노력을 들일 용의가 있는 소수라면, 자신들이 기르는 동물들을 정말로 아끼고, 동물복지의 높은 기준을 계속 준수하고 있는지 알아보아야 한다.

하지만 아직 어리고 건강한 동물을 먹기 위해서 죽인다는 것에 반대한다고 해보자. 그런 생각을 가진 사람은 윤리적 지향점에 따라 채식주의자가 되면서, 다만 달걀과 유제품은 계속 먹을 수가 있다. 하지만 산란용 암탉이 있다면 수탉도 있게 마련이고, 이 수탉은 상업적 가치가 없기 때문에, 교미를 마치자마자 거의 항상 도살된다. 산란용 암탉은 산란 능력이 떨어질 때 도살된다. 낙농업계에서도 대략 비슷한 일이 벌어진다. 수송아지는 태어나자마자 도살되거나 수송아지고기용으로 사육된다. 그리고 젖소는 자연적인 노년에 접어들기 훨씬 전에 햄버거용 고기가 되고 만다. 따라서 동물을 죽이는 일을 견딜 수 없다면 채식주의보다는 비건 식단을 지향해야 한다.

비건이 되는 것이야말로 농장 동물 학대에 전적으로 동참하지 않는 길이다. 비건은 우리가 동물을 학대해야 먹고 살 수 있는 게 아니라는 살아 있는 증거이다. 비건 식단은 환경친화적이기도 하다(작물을 재배하기 어려운 환경에 조성한 초지에서 풀을 먹고 자란 유기농 동물의 동물성 식품이 섞여 있는 식단보다는 좀 못하겠지만). 그리고 이제는 동물성 식품을 대체할 식품이 많이 나와 있기 때문에, 비건이 되는 것은 그 어느 때보다 쉽다. 두유와 쌀우유는 이제 거의 어디서나 판매되며, 콩 요구르트도 인기가 많다. 메리 앤 매서렉 같은 사람들처럼 아직 베이컨을 먹고 싶은 경우라면, 훌륭한 비건용 베이컨이 대형 마트의 자연식품 코너에 기다리고 있다. 또한 비건용 소시지도 여러 종류로 있으며, 그 밖에 채소 중심으로 만든 고기 대용품도 많다. 물론 비건용 요리책도 많이 나와 있으며, 일본, 중국, 태국, 인도, 중동, 이탈리아 등 다양한 요리의 레시피를 싣고 있다.

비만의 윤리학

"낭비가 없으면 부족함도 없다"라는 옛말이 있다. 우리는 이미 산업화된 사회에서 음식 쓰레기가 얼마나 많이 쏟아지는지 보았다. 그러나 미국에서 버려지는 식품의 양은 직접 쓰레기통에 들어가는 것만이 아니라 사람의 입에 들어가되, 적정한 영양 섭취량을 넘어서 먹는 식품까지 포함할 경우 훨씬 많아질 수 있다. 과식은 단지 건강 문제일 뿐만 아니라, 윤리적 문제도 될 수 있다. 그것은 제한된 자원을 낭비하며, 오염을 가중시키고, 동물의 고통을 늘리기 때문이다. 오늘날의 미국인은 1950년대의 미국인에 비해 육고기, 새고기, 물고기를 매년 평균 64파운드씩 더 먹는다.[2] 거의 50퍼센트 증가한 것이며, 미국인은 1950년대에도 결코 영양이 모자라지 않았다. 그 결과, 지금 미국인 10명 중 세 명이 비만이며, 약 3분의 2가 과체중이다.[3] 여기에는 윤리적인 함의 또한 있다.

만약 내가 과식을 거듭하고, 비만으로 인한 건강 문제가 생겨서 병원 치료를 받아야 한다면, 그 비용의 일부를 다른 사람이 부담하게 될 수 있다―나의 의료 보장을 위해 세금이 늘거나, 보험수가가 늘거나 함으로써. 《헬스 어페어(Health Affairs)》에 실린 최근의 연구 결과를 보면 과체중인 사람의 개인 건강보험 지출액이 건강한 체중의 사람보다 평균 1,200달러 많다고 한다.[4] 미국 질병통제소 보고로는 과체중자와 비만자에게 매년 들어가는 의료 비용이 사영보험에서 200~280억 달러, 세금에서 250~380억 달러 들어간다.[5] 이는 모든 미국인 성인이 매년 300달러의 부담을 진다는 말과 같다. 건강에 좋지 않은 음식을 먹는 것은 개인의 자유인 것 같지만, 궁극적으로 거기에 비용을 부담해야 하는 사람들에게는 공정하지 않다. 미국인들이 1950년대 수준으로 육류 섭취를 줄인다면, 국민 건강은 향상되며 건강보험료는 낮아질 것이다. 이는 또한 공장식 농장에서 고통받는 동물의 수를 8,000만 명의 미국인이 베건으로 바뀌는 것과 같은 규모로 줄여줄 것이다.

　음식에 대하여 기독교에서 논하는 죄악은 대부분 탐식(貪食)과 관련되어 있다. 하지만 기독교가 미국인의 생활과 문화에 그토록 큰 영향을 미치고 있는데도, 기독교가 과식을 줄이는 쪽으로 영향력을 행사하는 모습은 거의 보이지 않는다. 뚱뚱한 사람은 모두 죄인이라고는 할 수 없다. 또 어떤 사람은 식습관 장애나 소화 대사의 이상으로 비만이 되기도 한다. 그러나 단지 먹는 게 즐거워서 많이 먹고 살이 찐 사람들은 좀 더 자제할 필요가 있다. 오래된 미덕인 검소함과 함께, 탐식은 죄악이라는 관념은 오늘날 시급히 재조명되어야 한다.

먹을거리는 윤리 문제이다. 하지만 광신은 필요 없다

　때로는 윤리적 소비자 운동의 성공과 그것이 퍼뜨린 '깨어 있는 소비' 문화 자체가 윤리적 소비 운동 전체를 위협하는 듯 보인다. 하나의 윤리 문제가 다른 것 위에 쌓이고 과연 우리의 소비 행위가 노예노동, 동물 학대, 토지 황폐화, 습지대 오염, 농촌 공동화, 불공정 무역, 지구온난화, 열대우림 파괴 등과 관련이 있는지 없는지 골몰하게 되면, 너무 복잡해진 나머지, 차라리 다 잊어버리고 우리 기호와 살림살이에 맞춰 아무것이나 사고 말자는 생각이 들지 모른다.

　너무 살펴야 할 게 많다고 질려버렸다면, 뭔가 윤리적 이유에서 해야 할 일이 있다면, 그것을 그 어떤 조건에서든 언제나 해야만 한다는 생각부터 접어놓는 게 좋다. 정통 유대교나 이슬람교, 힌두교 같은 일부 종교에서는 특정 음식을 먹는 일에 엄격한 계율을 갖고 있으며, 그 신자들은 그 계율을 언제나 지켜야만 한다. 한번이라도 계율을 깨는 날이면 더럽혀졌다고, 또는 신에게 불충실했다는 느낌에서 벗어날 수 없다. 그러나 이처럼 계율을 중심으로 하는 관점만이 윤리학의 관점은 아니며, 최선의 관점도 아니라는 게 우리 생각이다. 윤리적 사고는 상황에 민감할 수 있다.

나이 많은 봅 아저씨가 우리 집에서 200마일 떨어진 곳에 사신다고 하자. 그리고 나는 그의 유일한 피붙이라고 하자. 그의 생일에 찾아뵙지 않는다면 그것은 잘못인가? 해답은 그가 나를 얼마나 보고 싶어 하는지, 내가 자동차를 가지고 있는지(없다면, 가령 버스를 타고 갈 수 있는지, 버스 값은 낼 만한지), 그 시간에 달리 무엇을 할 수 있는지 등에 달려 있다. 이런 문제를 생각하면서, 나는 그 결과를 따져보게 된다. 봅 아저씨를 방문하면 방문하지 않았을 때와 어떤 차이가 있을까? 그러기 위해서는 나나 다른 사람들이 어떤 대가를 치러야 하는가? 이와 마찬가지로, 먹을거리에 대한 타당한 윤리적 접근은 이렇게 자문하는 것이다. 내가 이 음식을 먹을 때, 먹지 않을 때와 어떤 차이가 있을까? 나의 먹을거리 선택은 나와 남들에게 어떤 영향을 끼칠까? 이런 자문에 스스로 답하면서, 자신의 개인적 이해관계를, 심지어 편리함 등을 고려하는 것은 잘못이 아니다. 그런 고려가 남들의 중요한 이해관계를 도외시할 정도가 아니라면 말이다. 광신도가 되지 않고도 윤리적 인간이 될 수 있다.

《크리스천 사이언스 모니터(Christian Science Monitor)》지에 '죄책감 없이 디너를 즐기기 위한 한 여성의 탐색'이라는 글을 실은 아만다 폴슨(Amanda Paulson)은 다렌 파이어스톤(Daren Firestone)이라는 사람의 윤리 이야기를 한다. 시카고의 법대생이었던 그는 고기를 먹지 않는다. 그러나 추수감사절 만찬의 남은 것은 버려지기 전에 먹는다. 그의 입장(고기는 먹지 않는다. 그러나 버려지도록 두느니 차라리 먹는다)에 찬성하든 찬성하지 않든, 그것을 윤리적 원칙으로서 부당하다고 흠잡을 여지는 없다. 예일 대학교의 철학과 교수인 셸리 케이건(Shelly Kagan)은 여객기 기내 급식에 대해 같은 입장을 가지고 있다. 일상에서는 채식주의를 실천하는 그는 비행기에서도 고기를 뺀 식단을 주문한다. 그러나 때로는 항공사 측에서 그런 메뉴를 마련하지 못했을 수가 있다. 그럴 경우에는, 또한 자신에게 돌아오는 고기가 포함된 식사가 자신이 먹지 않을 경우 내버려진다는 것을 아는 이상은, 그는 식사를 한다. 이런 상황(마트에서 고기를 구입하는 것과는 다른 상황)에서, 그의 고기 소비는 고기 수요에 아무 영향을 미치지 않을 것으로 보인다. 그의 행동은 옷을 더럽히지 않는 쓰레기통 다이빙과 같다. 그렇지만 소동을 일으키지 않음으로써, 케이건은 항공사 측에 채식주의 식사를 준비하지 않는 것은 별 문제가 아니라는 메시지를 보낸 셈이다. 그는 또한 옆자리에 앉은 승객에게 자신이 왜 채식주의를 하는지 설명할 기회를 저버린 것이라고도 볼 수 있다.

우리는 우리가 제시한 윤리적 기준의 사소한 일탈 문제에도 괘념하지 않는다. 우리는 집약적 유제품 생산이 비윤리적이라고 생각한다. 유제품은 많은 식품에 포함되므로, 그것을 완전히 배제하려면 상당히 힘들어진다. 하지만 윤리적으로 먹자는 것이 유대인들의 음식 금기 같은 것은 아님을 잊지 말자. 공장식 농장 제품을 피하기가 얼마나 어려운지 염두에 두고, 밀크파우더가 들어간 에너지바를 먹을 때 그런 공장식 낙농업체를 얼마나 지지해주는 게 되는지 생각해본다. 개인이 규칙을 얼마나 철두철미하게 지키는가는 핵심이 아니다. 동물 학대를 지지하지 않는 것(그리고 다른 사람에게도 그렇게 하도록 권하는 것)이 핵심이다. 다른 사람들에게 베건이 되는 일은 거의 불가능하겠다는 인상을 심어준다면, 동물들에게는 아무 도움이 안 된다.

그러면 우리는 얼마나 유연해질 수 있을까? 파이어스톤의 식사 원칙에는 그녀가 "파리는 예외"라고 부르는 것도 있다. 파리에 있는 고급 레스토랑에서 식사할 행운을 얻는다면(아니면 아주 드문 경우로, 다른 곳에 있더라도 정말 고급 레스토랑의 식사 기회를 잡으면), 그녀는 뭐든 내키는 대로 먹기로 스스로 정하고 있다.[6] 우리는 그녀가 그처럼 흔치 않은 식사 기회를 얻었을 때, 자신이 고기를 먹을 때 느끼는 즐거움에 기울어 그녀의 식사가 동물의 고통에 기여한다는 사실을 도외시하는지의 여부가 궁금했다. 그러나 우리가 그녀와 접촉했을 때, 그녀는 "파리는 예외"란 "공리주의적 계산보다 자신의 향락에 치우친 것"임을 간단히 인정했다. 하지만 그것이 그녀의 일반적으로 육식에 반대하는 자세를 비윤리적이라고 폄하할 이유는 되지 못한다. 그녀는 윤리적 자세를 견지하고 있다. 하지만 항상 엄격하게 윤리적 원칙을 지키기보다 자신이 하고 싶은 일에 더 무게를 둔다. 우리 중 그런 자세를 비난할 자격이 있는 사람은 얼마 안 된다. 그리고 정말로 비난하는 사람이 있다면, 그들 자신의 욕망이 절박한 상황에 있을 때 스스로를 속이는 사람일 것이다. 약간의 자기 향락은, 적정한 통제 아래 두기만 한다면, 우리를 파렴치한으로 만들지 않는다. 그리고 그것이 우리가 우리 원칙을 완전히 버렸음을 의미하지도 않는다. 사실 파이어스톤은 자기 자신에게 이따금 무절제를 허락함으로써(아마도 석 달에 한 번 정도), 자신의 원칙에 장기간 충실할 수 있다고 생각한다. 반면 그녀가 알고 지내는 채식주의자들은 어느 날 더 이상 베이컨 튀기는 냄새에 저항하지 못하고 나서, 채식주의를 깡그리 포기해버렸다고 한다.

'파리는 예외'의 반대편에는 '곤경은 예외'가 있다. 공장식 농업과 다른 비윤리적인 식품 생산 방식이 그토록 널리 퍼진 이유는, 그런 방식들이 한층 더 전통적 방식에 비해 싼 값으로 식품을 팔 수 있게 해주기 때문이다. 이런 식품을 유기농 식품으로 바꾸는 일은 일반적으로 식비를 더 지출해야 함을 의미한다. 더 비싼 식품을 권하면서, 우리는 유기농 식품과 인도적으로 생산된 고기를 부담 없이 구입할 수 있는 사람들이 그럴 수 없는 사람들보다 윤리적이라고 말할 수 없다. 봅 아저씨를 찾아뵈느냐 마느냐를 결정할 때처럼, 상황이 문제이다. 봅 아저씨는 나를 무척 보고 싶어 하지만, 주머니 사정상 버스비를 썼다가는 우리 아이들이 배를 곯은 채 잠자리에 들어가게 된다면, 내가 안 가기로 했다고 해서 아무도 나를 비난하지 않으리라. 하지만 선진국에서 그처럼 가난한 가정은 많지 않다. 미국에서는 스스로 가난하다고 여기는 가정에서 소다를 물보다 많이 마시는 게 보통이다. 월마트에서 쇼핑하며, 제이크는 콘도그나 스테이크펑거, 브레드 생선 팩 같은 사전조리 패키지 식품을 상당히 많이 샀다. 불행히도 이런 식품들은 그 가격에 비해 영양학적 가치는 별로 없다. 그보다 더 윤리적으로나 경제적으로나 훌륭한 식품은 어느 마트마다 있다. 반면 식비를 추가로 지출하지 않고 유기농 식품을 사기란 대부분 불가능하다. 그 점을 고려하고, 유기농 식품을 사는 것보다 공장식 농장 제품을 사지 않는 것이 더 가치가 있다는 점을 생각하면, '호주머니 사정상 큰 부담 없이 살 수 있는 범위에서만 유기농 식품을 산다'는 정도로 유기농 관련 의무감은 조절하고, 대신 공장식 농장 제품 구입은 더 엄격하게 피하는 것이 합당한 대안일 것이다.

  이 세상에서 인간이 벌이는 일 중에, 농업만큼 이 지구에 큰 영향을 미치는 일은 없다. 우리가 먹을거리를 구입하는 일은 거대한 글로벌 산업 시스템에 동참하는 일이다. 미국인들은 매년 1조 달러 이상을 식비로 쓴다. 자동차에 쓰이는 돈의 두 배 이상이고, 정부의 국방 예산에 비교해도 두 배 이상이다. 우리는 모두 식품의 소비자들이며, 우리 모두 어느 정도는 식품업체들이 유발하는 공해와 연관이 있다. 60억 명의 인구에 미치는 영향 말고도, 식품산업은 매년 500억 이상의 인간이 아닌 육지동물들에게 직접적인 영향을 주고 있다.[7] 그들 중 다수는 전 생애를 구속받고 있으며, 계획에 따라 태어나 공장의 부품과 같이 살다가 살육되는 길을 가고 있다. 여기에 더해 수십억 마리의 물고기가, 그리고 다른 해양 생물들이 바다에서 떠내어져, 사람이 먹을 수 있도록 토막 나고 있다. 화학물질과 호르몬제는 강과 바다에 흐르고, 조류독감과 같은 병이 번진다. 농업은 거의 모든 생명에 손을 뻗고 있다. 이 모든 것은, 다름 아닌 우리가 내린 먹을거리 선택으로 빚어진 일이다. 더 나은 선택은 가능하다.

감사의 글

이 책에 도움을 주신 분들은 너무나 많기 때문에, 우리는 불가피하게 그분들 중 일부에 대한 감사를 잊었을지도 모르겠다. 혹시 그런 분들이 계시다면, 미리 죄송하다는 말씀을 드린다. 하지만 적어도 우리는 어떤 분들에게 먼저 감사를 드려야 할지는 안다. 우리의 세 가족, 제이크 힐러드와 리 니어스티머 부부, 짐 모타밸리와 메리 앤 매서렉 부부, 조 파브와 조앤 파브 부부가 그들이다. 그들은 우리를 집으로 초대하여, 바쁜 일정에도 2년이 넘는 기간 동안 우리에게 많은 시간을 관대히 할애해주었다. 그들의 쇼핑 목록을 보여주고, 질문에 대답해주고, 제품 상표를 재삼재사 확인했으며, 우리가 조사를 하고 책을 쓰는 모든 과정에서 우리에게 힘을 빌려주었다. 그 외에 두 가정이 더 있으나, 이 책에는 싣지 못했다. 하지만 우리 프로젝트의 초기 단계에서, 역시 우리에게 내준 시간과 보여준 먹을거리 선택에 대해 감사를 표하지 않을 수 없다. 우리는 나중에 다섯 가족을 다루기에는 책의 편집이 어렵다는 점을 받아들이고, 어쩔 수 없이 그 두 가족을 제외해야 했다. 그들은 미주리 주 캔자스시티의 마크 바와 레베카 애덤슨 부부, 그리고 미네소타 주 미니애폴리스의 제리 셸튼과 조애너 셸튼 부부이다. 우리는 그들의 기여 덕택에 이 책이 나올 수 있었다고 여기며, 감사드린다.

우리는 메리 피넬리와 게이버릭 매트니라고 하는 두 사람의 비범한 보조연구자들을 두었다. 그들의 근면함, 연구 역량, 그리고 이 책의 여러 주제에 관해 보여준 탁월한 지식은 놀라운 것이었으며, 그들의 공헌이 없었다면 이 책이 가능했을지 의문이다. 킴 매코이는 오만가지 이름들, 기업들, 상표들, 라벨들, 웹 사이트들을 도맡아 정리하여 깔끔하고 알아보기 쉽게 표시된 도표로 만들어주었다. 그녀의 조직화 기술 덕택에 우리는 여러 회사나 상품에 관해 제대로 연락을 취하고 다양하게 정보를 취합하는 것이 가능했다. 또한 우리의 연구를 도와준 사람들로 샤우나 벤스턴, 조 코렐리, 오렌 로젠바움이 있다.

다이안 핼버슨과 마를린 핼버슨 자매는 동물복지협회의 인도적 축산업 전문가들로, 노스캐롤라이나 주의 돼지 사육장에 우리가 방문할 수 있도록 주선했으며, 미국의 절반을 비행기로 날아와 우리를 직접 농민들에게 소개해주었다. 그녀들은 우리가 던진 많은 의문에 답해주었고, 이 책과 관련된 여러 문제점을 해결해주었다. '돈워치(www.dawnwatch.com)'는 중요한 정보를 계속 얻을 수 있는 소스였다. '가금류관심협회(www.upc-online.org)'의 카렌 데이비스는 우리 책에서 닭에 대한 부분에 중요한 피드백을 주었다.

우리에게 자기 농장을 보여주려고 했던 농민이 너무나 드물었다는 사실은 그만큼 그 드문 사람들에 대한 우리의 감사가 크지 않을 수 없게 한다. 웨인 브래들리에게는 적절하게 감사를 드릴 수 없는데, 그가 익명을 사용하게 해달라고 했기 때문이다. 다른 사람들로는 노스캐롤라이나 주 크레스웰 지역 홈스 농장의 조지 홈스, 팀 홈스, 마이크 홈스, 노스캐롤라이나 주 루이스버그 인근 메이 농장의 마이크 존스와 수전 존스, 펜실베이니아 주 옥스퍼드 소재 브리지뷰 낙농장의 로드니 마틴과 주디스 마틴, 미주리 주 보이스다르크 인근 어텀올리브 농장의 킵 글래스와 재키 글래스, 미주리 주 매리언빌 인근 벅프레리그린스 농장의 릭 홉킨스와 다이애너 보츠퍼드, 미네소타 주 뉴프레이그 지역 세다서밋 농장의 데이브 마이나와 플로렌스 마이나, 뉴햄프셔 주 먼로 인근 피트앤드게리 유기농 달걀의 제시 래플레임과 샌드라 래플레임, 펜실베이니아 주 커크우드 지역 유기농 낙농장의 아덴 랜디스, 오스트레일리아의 빅토리아 주 롬지 지역에 사는 패트릭 프랜시스와 앤 프랜시스이다.

또한 너그럽게 시간을 할애해주고 우리의 질문에 전화로 대답해준 사람들로는 버몬트 주에서 유기농 낙농장을 운영하는 트래비스 포구스, 뉴욕의 '북동부 유기농협회' 소속 엘리자베스 헨더슨, 캘리포니아 주 페탈루마에 있는 스트라우스 패밀리 낙농장의 비비안 스트라우스, 코네티컷 주 이스튼 소재 셔우드 농장의 톰 셔우드와 그의 가족, 아이오와 주 매칼스버그 소재 TJ 패밀리 농장의 마크 첼밀랜드와 코니 첼밀랜드, 미시간 주 샬럿 소재 그레이징필드의 달걀 제조업자인 제인 부시, 펜실베이니아 주 레버스버그 소재 오버더문 농장의 린 갈링이 있다.

우리는 우리와 대화를 나누고 자신들의 업무 방식과 제품에 대해 알려준 식품업체 관계자들에게 감사를 표한다. 위스콘신 주 플레인의 세다그로브치즈 소속 밥 윌스, 뉴저지 주 브랜치버그 소재 애플게이트 농장의 스티브 맥도넬, 콜로라도 주 덴버 소재 치폴레의 스티브 엘스, 필라델피아 '화이트독' 카페의 주디 윅스, 텍사스 주 오스틴 소재 홀푸드마켓의 존 매키, 캘리포니아 주 오클랜드 소재 니만 목장의 빌 니만과 폴 윌리스, 매사추세츠 주 니담 소재 트레이더조스의 더그 라우치, 버몬트 주 모리스빌 소재 로즈엔드오르가닉스의 매트 코흐, 미시간 주 클린턴 소재 에덴푸드의 마이클 포터, 위스콘신 주 라파즈 소재 오르가닉밸리의 데이비드 브루스, 캔자스 주 레넥사 소재 '푸드인더스트리인사이더'의 케빈 머피, 콜로라도 주 덴버 소재 네스트프레시에그의 시드 지만스키, 뉴질랜드 프렌즈의 그래임 캐리, 미주리 주 체스터필드 소재 모아크의 봅 호지즈와 로널드 베넷, 콜로라도 주 볼더 소재 와일드오츠마켓의 크리스 헤닝, 아칸소 주 리틀록 소재 콜먼 낙농장의 월트 콜먼, 영국 코어퍼러티브 그룹 고객지원과의 데니스 힐튼, 맥도날드 사의 봅 랭거트 등이다.

시카고 소재 '식용동물사업 트러스트(FACT)' 소속인 리치 우드, 스티브 로치, 캐시 수스는 달걀 마크 부착 사업에 대한 자신들의 업무 관련 지식을 제공했으며, 동물성 쓰레기들을 반추동물의 사료에 쓰는 일을 규제하려는 FDA와 USDA의 활동에 대해서도 정보를 주었다. 메릴랜드 주정부의 천연자원과에 근무하는 어로생물학자인 브렌다 데이비스는 체사피크 만 게잡이 산업에 대한 정보를 제공했고, 알래스카의 국립해양대기관리국 소속 생물학 박사인 짐 이아넬리는 알래스카의 명태잡이에 대해 같은 기여를 했다. 《뉴 팜(New Farm)》지의 그레그 보우먼과 댄 설리번은 유기농업 관련 정보와 유기농 농민들과 접촉할 수 있는 방법을 들려주었다. 가축 관련 전문가인 템플 그랜딘 박사는 도살 절차 개선 방안에 대해 우리의 많은 의문에 답해주었으며, 여러 농장 동물 관련 문제에도 해답을 주었다. '죽이기 전에 동정을'을 이끌었으며 지금은 '미국 인도주의협회'에 있는 폴 샤피로와 박미연은 달걀에 인증 상표를 부착하는 과정에서 진실성을 찾기 위한 지속적인 노력을 하면서 그 상황을 우리에게 공유해주었다. '환경 안보'의 캐슬린 골드스타인은 다양한 종자의 물고기와 다른 해양 생물에 대한 정보를 주었다. '트랜스페어 USA'의 마이클 심킨은 공정 무역 관련 정보를 찾을 수 있게 도와주었고, '국제 사회환경 문제 검증 및 상표부착협회(ISEAL)'의 사샤 쿠어빌은 식품에 그 사회적·환경적 영향을 평가해서 상표를 부착하는 일의 복잡함을 설명해주었다. 옥스팜 아메리카의 마조리 빅터와 세스 페처스는 공정 무역 커피에 대한 우리의 질문에 대답해주었다. '유기농 운동 국제연맹 개발 포럼'의 우간다 측 회원인 찰스 왈라가는 개발도상국에 식품 수출이 주는 혜택에 대한 자신의 견해를 들려주었다.

영국에서는 '인도적 세계농업을 위한 모임'의 조이스 다실바가 영국과 유럽연합에서의 농업 개선에 대한 자신의 폭넓은 지식을 알려주었다. 또한 '애니멀에이드'의 앤드루 타일러는 시간을 내서 동물성 식품을 개발도상국의 빈민들에게 주는 문제에 대한 우리의 질문에 대답해주었다. 우리는 이쪽 주제에 관한 몇 가지 질문에 응해준 존 라빈스에게도 감사한다. 다렌 파이어스톤은 자신의 식사 관련 원칙에 대해 들려주었다. '월드워치' 연구소의 다니엘 니렌버그는 우리의 천연자원 상황표 작성에 도움을 주었다. '동물의 윤리적 대우를 위한 모임' 소속 브루스 프리드리히와 카렌 돈은 여러 가지 주제에 대해 답변을 주었고, 이 책의 초고를 읽고 중요한 조언까지 해주었다. 물 사용 문제에 대한 에릭 마커스의 조언 역시 중요한 공헌을 했으며, 그 역시 이 책 초고를 읽고 평가해주었다. 이 외에 조시 그린, 애거타 세이건, 브렌트 하워드도 초고 읽기에 동참했다.

프린스턴 대학교의 스티브 파칼라와 칼튼 대학의 필 카밀은 우리가 유기농과 관련해서 탄소 제거 문제를 조사할 때 전문 지식을 지원해주었다. 네브래스카 대학교의 앨런 콜록은 우리를 일부 네브래스카 주 사육장에 안내해주었으며, 자신의 연구 자료에서 소에게 스테로이드를 주입했을 때의 환경 문제에 대한 정보를 제공했다. 코넬 대학교의 데이비드 파이멘털과 존 라빈스는 소고기 생산에 얼마나 물이 필요한지에 대해 그들이 최근 발표한 결론에 대해, 우리에게 그 결론을 도출한 과정을 설명해주었다. 우리는 또한 캘리포니아 주립대학교 데이비스 캠퍼스의 린지 앨런에게도 감사한다. 그녀는 이전에 매스컴과 관련해 겪은 불쾌한 경험에도 불구하고, 우리와 자신의 연구에 대해 진솔한 대화를 나누었다. 워싱턴 주립대학교의 존 리거놀드는 유기농과 재래식 농법을 비교한 자신의 연구 결과를 우리에게 보내주었다. 프린스턴 대학교의 리 실버와 오스트레일리아 유전학 네트워크의 봅 펠프스는 GM 식품에 대한 전문 지식을 제공했다. 미주리 대학교의 글렌 그라임스 교수는 미국 돼지고기 산업의 동향에 대해 들려주었다. 캘리포니아 주립대학교 데이비스 캠퍼스의 조이 멘치와 브리티시컬럼비아 대학교의 데이비드 프레이저는 동물복지 문제에 대한 구체적인 질문에 답변해주었다. 브리스톨 대학교의 모한 라지는 닭의 도살 직전 기절 과정에 대해 가장 귀한 정보를 주었다. 예전에 타이슨푸드 사의 종업원이었다가 내부 폭로자이자 동물권리 운동가가 된 버질 버틀러는 자신의 경험을 말해주었다. '펜실베이니아 지속 가능 농업협회'의 헤더 하우스는 유기농 낙농장들과 개방식 달걀 농장에 대한 정보를 주었다.

'베건 아웃리치'의 매트 볼과 잭 노리스, 그리고 '책임 있는 치료를 위한 의사회(PCRM)'의 닐 바나드, 트룰리 앵커버그 노비스, 사라 파, 에이미 라누는 베건 식단과 영양 문제에 대한 조언자들이었다. 위스콘신 대학교 통합 농업 시스템 센터에 있는 존 헨드릭슨은 에너지와 식품의 수송 문제에 대해 지식을 제공했다. 뉴욕 대학교 와그너 공공문제 대학원 소속 제이슨 퍼먼은 월마트가 세금 납부자들에게 미치는 영향에 관한 우리 논의의 오류를 교정해주었다. 미주리 주 니오쇼에서 '모아크 팽창을 저지하기 위한 남서 미주리 시민모임' 일을 하고 있는 메이 벨 오스본은 그들이 미국 최대의 달걀 생산업체와 맞섰을 때의 경험을 들려주었다. '시에라클럽' 중서부 지부에서 일하는 알로마 듀는 '시에라클럽 대 타이슨푸드 사건'에 대한 정보를 제공했다. '페어필드 역사학회'의 데니스 배로는 코네티컷 페어필드의 역사에 관한 이야기를 해주었다. 에스더 싱어는 자기 친구들인 팀, 셰인, 가렛, 다냐를 소개해주었고, 그들은 기꺼이 하룻밤 동안 우리와 함께 쓰레기통 뒤지기를 해주었다. 에일린 콘은 우리의 계획과 관해 여러 격려와 지원을 아끼지 않았다.

제14장에 나오는 윤리 관련 논증에서, 우리는 코멘트를 해준 프린

스턴 대학교 인간가치센터 소속 교수들 및 교환교수들, 멜버른 대학교의 응용철학 및 공공정책 센터 연구원들, 그리고 2005년 8월에 다트머스 대학교에서 열린 국제공리주의연구협회의 학술대회에 참석했던 토론자들에게 감사한다. 조지워싱턴 대학교의 데이비드 데그라지아, 다트머스 대학교의 월터 시노트 암스트롱은 말로 코멘트해주었을 뿐만 아니라 상당량의 글로도 평을 해주었다.

  우리 에이전트인 캐시 라빈스는 이 책의 개념에 대해 우리 작업에 처음부터 동참했으며, 그녀와 함께 데이비드 핼펀 역시 종종 값진 조언을 해주었다. 우리는 캐시가 로데일 연구소의 스테파니 테이드에게서 열정적인 호응을 이끌어냈을 때 매우 기뻤다. 스테파니는 이 책의 전체 계획을 다듬는 일에 힘을 보태주었으나, 채 완성을 보기 전에 자리를 옮겼다. 크리스 포태시가 그녀의 자리를 대신했고, 그와 함께 일하는 것은 큰 즐거움이었다. 수없이 많은 방식으로, 그는 우리를 도와 이 책이 세상에 나올 수 있도록 했다. 우리는 또한 로데일 연구소의 레이 하버와 리즈 펄에게도 감사한다. 그들은 이 계획이 진행되는 동안 우리와 긴밀히 협조하며 계속해서 도움을 제공했다. 로데일 연구소가 이 책을 전폭적으로 밀어줌에 따라 우리는 막대한 힘을 얻었다.

  이처럼 많고도 다양한 정보, 조언, 평가를 얻을 수 있었던 우리는 그들의 도움에 무한한 감사를 드려야 한다는 사실을 잘 알고 있다. 그리고 이 책의 최종 책임은 우리에게 있다는 것도.

옮긴이의 말

이 책을 번역하면서 들었던 의문은, 과연 내가 이 책을 끝까지 번역하고 나서도 고기를 맛있게 먹을 것인가였다. 이 책은 여러 가지 논리로 육식의 부당함을 주장한다. 먼저 그것은 건강에 나쁘다. 대량 생산 체제하에서, 마치 싸구려 공산품처럼 먹을거리로서의 가치보다 상품으로서의 가치만 따져서 만들어지는 고깃덩어리라면 더욱 나쁘다. 그런 공장식 농업, 공장식 식품 생산은 환경도 위협한다. 싸구려 고기와 달걀, 우유를 생산하기 위해 얼마나 많은 열대우림이 파괴되고 있으며, 얼마나 많은 산과 바다가 오물로 더럽혀지고 있으며, 얼마나 많은 이산화탄소가 대기권으로 날아가 온실효과를 부채질하고 있는지, 이 책은 통렬한 경고를 연발한다.

그러나 이런 논리를 앞세운 육식 반대론은 종종 볼 수 있다. 이 책은 거기에 한 가지 논리를 덧붙인다. 그리고 그것은 사실 더욱 중요한 논리다. 적어도 이 책의 공동 저자 중 하나인 피터 싱어에게는.

『동물 해방론』으로 국내 독자들에게도 많이 알려져 있으며, 누가 뭐래도 지금 생존해 있는 윤리학자 중 지명도나 영향력에서 열 손가락 안에 들 사람인 피터 싱어는 동물을 죽여서 그 고기를 먹는 일에 대해 건강이나 환경 문제보다 더 중요한 윤리적 문제가 있다고 한다. 그것은 고통을 느끼는 존재에게 가하는 폭력과 살육이다. 먹을거리가 흔치 않았던 과거라면 어쩔 수 없었을지 모른다. "사람은 동물성 단백질을 섭취해야 건강을 유지할 수 있다"는 잘못된 영양학이 풍미할 때라면 또 모른다. 그러나 지금 오로지 남의 살을 씹고 삼키는 맛과 재미를 위하여, 동물을 먹어도 될까? 우리와 똑같이 고통을 느끼는 존재를 가두고, 때리고, 피를 뽑고, 목을 잘라도 될까? 더 많은 달걀을 얻자고 닭을 쫄쫄 굶겨도 될까? 더 살찐 돼지를 만들기 위해 움직이지도 못하게 가두어도? 끊임없이 젖을 짜낼 수 있도록 젖소를 쉴새없이 강제 임신시킨 다음, 송아지가 태어나자마자 어미에게서 빼앗고는 곧바로 죽여버려도 되는 걸까? 빼앗긴 새끼를 찾아 슬피 울며 발을 구르는 어미소의 절규를, 자동차 엔진에서 어쩌다 덜덜거리는 소리가 나는 정도로 생각해버려도 좋을까? 그러고도 우리는 인간적이라고, 양심이 있다고 말할 수 있을까?

　이런 주장을 들으면 곧바로 나오는 반론이 있다. "인도주의는 인간에게만 적용된다", "동물을 걱정할 여유가 있으면, 불쌍한 인간들부터 먼저 챙겨라." 그러나 피터 싱어는 그것이야말로 위험한, 무시무시한 생각이라고 한다. 엄연히 고통을 느끼는(마음의 고통을 포함하여) 존재를 '우리'보다 열등하며 그런 고통을 당해 마땅할 존재로 치부하는 생각, 그것은 흑인들을 '동물처럼' 사냥하여 사슬에 묶어 노예로 부렸던 인종차별주의자의 생각이 아닌가? 여성이 남성과 똑같은 권리와 능력이 있음을 부정하고 그녀들을 집 안에만 묶어두려고 했던 성차별주의자의 신념이 아닌가? 싱어는 동물의 권리를 인정하지 않는 입장을 '종(種)차별주의'로 정의한다. 그리고 종차별은 인종차별, 성차별과 마찬가지로 절대적인 비윤리이며, 비인도적인, 잔인한 사상이라고 한다.

　피터 싱어가 내세우고 있는 동물에 대한 동정(同情), 그것은 사실

인권 관념과 결부되어 있다. 불교, 기독교, 유교 등 세계종교에 의해 싹트고, 근대 유럽의 시민혁명에 의해 구체화된 인권 관념은 모든 인간은 개인적 특질에 따라 차별받지 않으며, 어떤 숭고한 목적이라도 그 목적을 위해 희생되지 않을 절대적인 가치를 갖는 존재라고 천명한다. 그것이 인종, 종교, 성(性) 등에 따른 차별 철폐로 이어지는 것은 자연스럽다. 그러나 종에 따른 '차별' 역시 마찬가지일까? 어떤 인간이라도 적절한 교육을 받는다면 자신에 대한 차별과 억압에 분노하고, 저항할 것이다. 그러나 동물은, 둘리틀 박사의 동물들처럼 동물 이상의 존재로 거듭나지 않는다면, 그렇지 않을 것이다. 사육과 도살 과정에서 동물은 고통을 당한다. 그러나 야생의 상태에서도 고통을 당할 것이다. 굶주림과 추위, 포식자의 습격, 질병 등등. 싱어는 그다지 납득할 수 없는 근거로(언제 가축들을 야생 상태에서 관찰한 적이 있었던가?), 야생 상태였다면 가축들이 좀 더 오래 살 수 있으리라고 한다. 그러나 그것이 그렇게 큰 의미를 가질까?

적어도 자연은 아무 의미를 두지 않을 것이다. 자연은 개체의 생성과 소멸에, 그 행복과 불행에 거의 관심이 없다. 자연은 종(種)의 흥망에만 주목한다. 자연은 절대적으로 잔인하므로, 전혀 잔인하지 않다. 새끼를 위해 목숨을 던지는 어미는 때로는 갓 태어난 새끼를 잡아먹는다. 두 가지 행위는 아무런 차이가 없다. 개체의 안녕에 관심을 갖고, 다른 개체의 불행과 고통을 볼 때 자신의 불행과 고통인 양 안타까워하는 정서는 인간적인 것이다. 종의 경계를 뛰어넘는, 동물에 대한 사랑과 배려는 인간이 도달할 수 있는 가장 고귀한 감정일지도 모른다. 하지만 어디까지나 '인간의 감정'이다. 르베 바르자벨은 말했다. "살생은 생명의 첫째 조건이다. 모두 부지런히 생명을 만들어내고, 파괴한다. 모든 생명은 새로운 먹이를 만들어내기 위해 다른 것을 취하고, 교미한다. ……모든 생명체는 다른 생명체가 잡아먹을 수 있도록 끊임없이 생명체를 만들어낸다." 그런 점에서, 싱어는 "종은 의식 있는 개체가 아니다. 계약 같은 것을 할 수 없다"며 반박하지만, 가축이 야생에서 벗어나 인간과 살게 되면서 진화 과정에서 유리한 계약을 맺은 셈이라는 주장(인간에게 필요한 만큼, 종이 보호하에서 번성하며 수많은 개체를 낳게 되었으니)에도 일리는 있지 않을까?

'인간의 감정'으로 동물들을 배려하더라도, 현실적 문제가 남는다. 이 책에서 얻는 결론은 결국 비건, 즉 고기는 물론 동물성 식품을 아예 먹지 않는 것이 최고의 윤리적 먹을거리 선택이라는 것이다. 하지만 아무리 모든 동물성 영양소가 식물성으로 대체될 수 있다고 해도, 그러려면 상당히 정교한 식단 선택이 필요하다. 그리고 그런 식단 선택이 가능한 사람들은 지구상에서 얼마 안 된다. 저자들은 비건 가족의 예로 파브 부부의 식생활을 보여주고 있다. 그러나 그 부부의 높은 생활수준, 재력과 시간의 여유가 왠지 눈에 밟히는 사람은 나뿐일까? 더 극단적인 논리로, 지금 모든 사람이 비건이 된다고 하자. 그러면 수천억 마리에 달하는 가축은 어떻게 될까? 애완동물로 키워질까? 대부분은 야생으로 돌아갔다가 생소한 환경과 먹이의 부족을 견디지 못하고 죽어갈 것이다(그들이 야생으로 돌아가도록, 원래의 농장 부지가 다른 용도로 개조되지 않는다고 할 때 말이다). 그러면 인간이 이제껏 저지른 중 최대 규모의 동물 학살이 되지 않겠는가? 어차피 그들은 전부 도살될 운명이었고, 축산업을 폐지하지 않는다면 더욱 많은 동물이 고통받고 죽어가게 된다고 할지도 모른다. 그렇다면 수백조의 희생을 방지하기 위한 수천억의 희생은 정당하다는 것인가? 그렇다고 하면, 인간과 동물의 생명의 가치에 근본적 차이를 둘 수 없다고 할 때, 인간이 멸종하는 편이 더 윤리적인 것이 아닐까?

그러나 그렇다고 해서 이 책이, 싱어의 사상이 무가치하다는 것은 아니다. 오히려 그 반대다. 다시 말하지만 동물에게까지 인도적 배려를 하려는 자세는 가장 고귀한 자세가 아닐 수 없다. 그는 동물을 인간에 앞세우지도 않는다. 다만 공평히 대하려고 할 뿐. 그러므로 이 책의 곳곳에는 먹을거리를 선택할 때의 인간을 위한 윤리적 고민도 (가령 로컬푸드나 공정 무역, 유전자 조작 식물 문제 등등) 뚜렷이 논의되고 있는 것이다. 그러한 자세는 일상에 매몰되지 않고, 편리한 것을 마다하며, 매 순간 더 윤리적이고 참되게 살려는 삶의 태도와 떨어질 수 없다. 사람이든 동물이든 돈의 종속변수로 만들어버리는 현대 사회 시스템에 대한, 대기업의 횡포와 비리에 대한 꿋꿋한 저항 정신도 빠지지 않는다.

결국 나는 아직 육식을 포기하지 않았다. 하지만 그것이 진정 엄격한 윤리적 성찰에 의해서일지, 나 자신의 안일함과 타자의 고통에 대한 무관심 때문은 아닐지, 의심이 들곤 한다. 어쩌면 더 많은 생각과 공부 끝에는, 나도 결국 채식의 길을 따를지도 모르리라.

하지만 그에 앞서, 언젠가 피터 싱어와 얼굴을 맞대고, 흉금을 터놓고 논쟁을 벌이는 날이 오기를 기도해본다. 말했다시피 그는 세계적인 철학자다. 하지만 책상머리에만 앉아서 두꺼운 책만 뒤적이고 있는 철학자는 아니다. 칠면조 사육의 실상을 알고자 스스로 잡역부가 되어 칠면조 우리 바닥을 기며 작업하고, '쓰레기통 다이버'들의 생활을 알기 위해 직접 쓰레기통 속에 뛰어드는 철학자다. 우리는 그의 100분의 1도 안 되는 영향력과 명성을 가지고서 목에 잔뜩 힘을 주고 점잔을 빼는 사람들을 얼마나 많이 보는가.

"피터, 그러니까 내 말은, 그게 아니라는 거야!"

"웃기지 마. 네가 착각한 거라고, 햄(Ham)!"

어디 용인민속촌 같은 곳에라도 가서, 함께 막걸리 잔을 기울이며, 인간과 동물과 윤리에 대하여 밤새워 토론을 벌이고 싶은 사람, 그가 피터 싱어다.

함규진

미주

저자 서문 1

1 로버트 버드 미국 상원의원, 2001년 7월 9일 발언. 이 발언은 다음 사이트에서 찾아볼 수 있다. www.animalsvoice.com/PAGES/writes/ editorial/investigations/legis/byrd_cruelty1.html
2 Robert F. Kennedy, Jr, "Crimes Against *Nature*," *Rolling Stone*, December 11, 2003; www.commondreams.org/views03/1120-01.htm.

들어가는 글

1 Michel Foucault, *Histoire de la Sexualité 2: L'usage des Plaisirs* (Paris: Gallimard, 1984a), Hub Zwart, "A Short History of Food Ethics," *Journal of Agricultural and Environmental Ethics* 12: 113-126, 2000에서 인용.
2 Plato, *The Republic*, Book II.
3 "Special Report: Profiles Supplement" *Advertising Age*, June 27, 2005, p. 5, www.adage.com/images/random/lna2005.pdf. 우리는 '식품, 음료, 당과류'와 '식당' 범주를 추가하여 전체 수치를 산출했다.
4 Marion Nestle, *Food Politics: How the Food Industry Influences Nutrition and Health*, University of California Press, Los Angeles and Berkeley, 2002. 또한 www.foodpolitics.com.
5 www.supersizeme.com.
6 밀킹 빌용 송아지들의 사육 방식에 대해 더 자세히 다룬 것으로, Peter Singer, *Animal Liberation*, Ecco, New York, 2001(first published 1975). 밀킹 빌 소비의 감소 추세에 대해서는, USDA Economic Research Service, *Food availability spreadsheets: Beef, veal, pork, lamb and mutton, and total red meats*, 21 Dec 2005, www.ers.usda.gov/Data/FoodConsumption/spreadsheets/mtredsu.xls
7 Nanette Hanson, "Organic food sales see healthy growth," MSNBC News, December 3, 2004, http://msnbc.msn.com/id/6638417; EU의 예는 다음을 참조. "Ikea embraces organic ingredients," *Food Navigator*, July 7, 2005 www.foodnavigator.com/news/news-ng.asp?n=61239-ikea-embraces-organic.
8 Vegetarian Resource Group, "How Many Vegetarians Are There?" *Vegetarian Journal*, 2003, No. 3, www.vrg.org/journal/vj2003issue3/

vj2003issue3poll.htm.
9 Humane Society of the United States, "Wild Oats and Whole Foods Show Compassion with Cage-Free Egg Policies," www.hsus.org/farm_animals/farm_animals_news/wild_oats.html; 매키의 언급은 2005년 11월 15일, 프린스턴 대학교에서의 연설에서 인용.
10 조앤 파브와의 인터뷰.
11 "McDonald's going organic—enough to change the image?" *Food Navigator*, January 29, 2003, www.foodnavigator.com/news/news-ng.asp?id=45953-mcdonalds-going-organic.
12 이 정보는 다음 소스에서 찾았다. Denis Hilton, Customer Relations, The Co-operative Group, Manchester, UK, March 2005; Rosie Murray-West, *Daily Telegraph*, December 2, 2002.
13 *Farming UK*, October 26, 2005, www.farminguk.com/bsp/10130/ews.asp?DBID=103-281-013-094&iPage=1&id=3679.
14 "Wild Oats Markets Will Sell Only Eggs From Cage-Free Chickens," *Environment New Service*, June 3, 2005, www.ens-newswire.com/ens/jun2005/2005-06-03-09.asp#anchor7.
15 Robert Verkaik, "Archbishop tells Church to help save the planet with green policies," *The Independent*, February 3, 2005.
16 Steve Kopperud, "Sitting on our hands won't help," *Florida Agriculture*, April 2003, www.floridafarmbureau.org/flag/april2k3/viewapr.html.
17 Charlie Arnot, "Producers Tell Story," *Feedstuffs*, January 17, 2005.
18 Mike Owens, "Corporate Hog Farms," KSDK News, July 12, 2005, http://ksdk.com/news/news_article.aspx?storyid=81786.
19 2005년 2월 17일의 케빈 머피와의 인터뷰, 그리고 이후의 이메일.
20 Peter Cheeke, *Contemporary Issues in Animal Agriculture*, Pearson, Upper Saddle River, NJ, 3rd ed., 2004, p. 332.
21 Christy Pitney, "Gotta Believe: Food Fuels Emotion-Based Ideologies," *Food Systems Insider*, March 1, 2005, www.vancepublishing.com/FSI/articles/0503/0503believe.htm.

1. 싸게 먹는 닭, 사실은 비싸다

1 Center for Nutrition Policy and Information, U.S. Department of Agriculture, *Nutrient Content of the U.S. Food Supply*, Home Economics Research Report No. 56, November 2004, p. 14. www.cnpp.usda.gov/Pubs/Food%20Supply/FoodSupply2003Rpt/Food Supply1909-2000.pdf
2 "Tyson Today," 타이슨푸드의 웹 사이트인 www.tyson.com을 보라.

3 "Tyson beefs up ingredients market," *Food Navigator*, July 3, 2003, www.foodnavigator.com/news/ng.asp?id=47010-tyson-beefs-up.
4 Bill Roenigk, Gaverick Matheny와의 전화 통화 내용(2004년 2월 23일).
5 Jennifer Viegas, "Study: Chickens Think About Future," *Discovery News*, July 14, 2005, http://dsc.discovery.com/news/briefs/20050711/chicken.html.
6 Susan Milius, "The science of eeeeek: what a squeak can tell researchers about life, society, and all that," *Science News*, Sept 12, 1998. www.findarticles.com/p/articles/mi_m1200/is_n11_v154/ ai_21156998에서 볼 수 있다.
7 T. C. Danbury, et al., "Self-selection of the analgesic drug carprofen by lame broiler chickens," *Veterinary Record*, 146 (March 11, 2000) pp. 307-11.
8 Jonathan Leake, "The Secret Lives of Moody Cows," *Sunday Times*, February 27, 2005.
9 National Chicken Council, *Animal Welfare Guidelines and Audit Checklist*, Washington, DC, March 2003, available at www.nationalchickencouncil.com/files/NCCanimalWelfare.pdf. On p. 6 여기서는 "밀집도가 1평방피트당 실중량 8.5파운드 이상이 되어서는 안 된다"고 규정되어 있는데, 2004년 당시 평균 시장거래 중량이 5파운드였으므로, (www.nationalchickencouncil.com/statistics/stat_detail.cfm?id=2 참조) 닭 한 마리당 85평방인치에 해당된다고 할 수 있다.
10 M. O. North and D. D. Bell, *Commercial Chicken Production Manual*, 4th edition (New York: Van Nostrand Reinhold, 1990), p. 456.
11 John Vidal, *McLibel: Burger Culture on Trial*, Pan Books, London, 1997, p. 311.
12 H. L. Brodie et al, "Structures for Broiler Litter Manure Storage," Fact Sheet 416, Maryland Cooperative Extension www.agnr.umd.edu/users/bioreng/fs416.htm에서는 어떤 비판적 언급도 덧붙이지 않고 오물 청소를 3년 동안 미룬다는 말을 인용하고 있다. 또한 다음을 보라. Animal Waste Management Plans" Delaware Nutrient Management Notes, Delaware Department of Agriculture, vol. 1, no. 7 (July 2000), 이 계산은 2년간 남아 있던 오물의 90퍼센트를 가지고 수행했다.
13 C. Berg, "Foot-Pad Dermatitis in Broilers and Turkeys," *Veterinaria* 36 (1998); G. J. Wang, C. Ekstrand, and J. Svedberg, "Wet Litter and Perches as Risk Factors for the Development of Foot Pad Dermatitis in Floor-Housed Hens," *British Poultry Science* 39 (1998): 191-7; C. M. Wathes, "Aerial Emissions from Poultry Production," *World Poultry*

Science Journal 54 (1998): 241-51; Kristensen and Wathes, op cit; S. Muirhead, "Ammonia Control Essential to Maintenance of Poultry Health," *Feedstuffs* (April 13, 1992): 11. On blindness caused by ammonia, see also Michael P. Lacy, "Litter Quality and Performance," www.thepoultrysite.com/FeaturedArticle/FATopic.asp?Display=388, and Karen Davis, *Prisoned Chickens, Poisoned Eggs: An Inside Look at the Modern Poultry Industry*, Book Publishing Company, Summertown, TN, 1996, pp. 62-64, 92, 96-98.

14 G. Havenstein, P. Ferket, and M. Qureshi, "Growth, livability, and feed conversion of 1957 versus 2001 broilers when fed representative 1957 and 2001 broiler diets," *Poultry Science* 82 (2003),:1500-1508.

15 S. C. Kestin, T. G. Knowles, A. E. Tinch, and N. G. Gregory, "Prevalence of Leg Weakness in Broiler Chickens and its Relationship with Genotype," *The Veterinary Record* 131 (1992): 190-4.

16 *The Guardian*, October 14, 1991에서 인용. 이는 또한 Animals Australia Fact Sheet, "Meat Poultry", http://www.animalsaustralia.org/default2.asp?idL1=1273&idL2=1293에서도 볼 수 있다.

17 John Webster, *Animal Welfare: A Cool Eye Towards Eden*, Blackwell Science, Oxford, 1995, p. 156.

18 G. T. Tabler and A. M. Mendenhall, "Broiler Nutrition, Feed Intake and Grower Economics," *Avian Advice* 5(4) (Winter 2003), p.9.

19 J. Mench, "Broiler breeders: feed restriction and welfare, *World's Poultry Science Journal*, vol. 58 (2002), pp. 23~29.

20 I. J. H. Duncan, "The Assessment of Welfare During the Handling and Transport of Broilers," In: J. M. Faure and A. D. Mills (eds.), *Proceedings of the Third European Symposium on Poultry Welfare* (Tours, France: French Branch of the World Poultry Science Association, 1989), pp. 79-91; N. G. Gregory and L. J. Wilkins, "Skeletal Damage and Bone Defects During Catching and Processing," In: *Bone Biology and Skeletal Disorders in Poultry*. C. C. Whitehead, ed. (Carfax Publishing, Abingdom, England, 1992). A COK Report: Animal Suffering in the Broiler Industry에서 인용.

21 Freedom of Information Act #94-363, Poultry Slaughtered, Condemned, and Cadavers, 6/30/94; United Poultry Concerns, "Poultry Slaughter: The Need for Legislation", www.upc-online.org/slaughter/slaughter3web.pdf에서 인용.

22 "Tyson to Probe Chicken-slaughter Methods," Associated Press, May 25, 2005.

23 전 타이슨푸드 사 사원 버질 버틀러의 양해를 얻은 발언(2003년 1월 30일). www.kentuckyfriedcruelty.com/virgil/asp. 또한 버틀러의 블로그를 보라. www.cyberactivist.blogspot.com

24 이 비디오와 여타 물증에 대해서는 www.peta.org/feat/moorefield. 또한 Donald G. McNeil Jr., "KFC Supplier Accused of Animal Cruelty," *New York Times*, July 20, 2004; www.nytimes.com/2004/07/20/business/20chicken.html.

25 Chesapeake Bay Foundation, "Fact Sheet: Oysters" www.cbf.org/site/PageServer?pagename=resources_facts_oysters. 또한 www.chesapeakebay.net/info/american_oyster.cfm.

26 이 사례 연구는 The Chesapeake Bay Foundation, *Manure's Impact on Rivers, Streams and the Chesapeake Bay*, July 28, 2004, www.cbf.org/site/DocServer/0723manurereport_noembargo_.pdf?docID=2143, 그리고 Peter Goodman, "By-Product: Runoff and Pollution," *The Washington Post*, August 1, 1999, p. A1에 근거한다.

27 Natural Resources and Environmental Protection Cabinet, Department for Environmental Protection, Division of Water, "Statement of Consideration Relating to 401 KAR 5:072–Not Amended After Hearing, June 29, 2000." www.water.ky.gov/NR/rdonlyres/FB5C9A21-1AFA-43CE-B0A7-E27CD967D778/0/REG_SOC.pdf

28 새러 셸튼(Sara Shelton)과 가이 하딘(Guy Hardin)의 발언.

29 로저 갬블(Roger Gamble), 패트리셔 갬블(Patricia Gamble), 나탈리 갬블(Natalie Gamble), 브리태니 갬블(Brittany Gamble), 낸시 그레이스(Nancy Grace), 로저 그레이스(Roger Grace), 페이 리어(Faye Lear), 진 롱(Jean Long), 버니 밀러(Bernie Miller), 린다 맥그리거(Linda McGregor), 엘라 킹(Ella King)의 발언.

30 린다 문(Linda Moon)의 발언.

31 *Sierra Club, et al. v. Tyson Foods, Inc., et al*, Case No. 02-CV-073, USDC, Western District of KY; www.sierraclub.org/environmentallaw/lawsuits/viewCase.asp?id=160

32 Sierra Club News Release, "Tyson Chicken Held Accountable for Pollution," January 26, 2005.

33 Alexander Lane, "Egg Farm Neighbors Say System is Broken," *New Jersey Star-Ledger*, October 31, 2004.

34 "Defunct Egg Farm Fined Again," *Marion Online*, February 15, 2005.

35 "Mayor Bill LaFortune's Remarks," House Bill 1879 Press Conference, March 15, 2005, www.cityoftulsa.org/OurCity/Mayor/documents/SupportforAttorneyGeneral-Poultry.pdf

36 Sierra Club, "The Rapsheet on Animal Factories," San Francisco and Washington, DC, 2002.
37 Margaret Stafford, "Tyson Pleads Guilty in Wastewater Case," Associated Press, June 25, 2003.
38 Mark Kawar, "Tyson, Freddie Mac help workers to buy homes," *Omaha World-Herald*, February 14, 2004, p. 1D를 보라. 타이슨 사의 이 직률과 그에 대한 타이슨푸드 측의 부인에 대해서는 Human Rights Watch, *Blood, Sweat and Fear: Workers' Rights in U.S. Meat and Poultry Plants*, Human Rights Watch, New York, 2004, p. 108n. 타이슨푸드 사는 이직률에 대한 정보 공개도 거부했다.
39 Department of Labor News Release, U.S. Newswire, October 13, 1999, cited by Deborah Thompson Eisenberg, "The Feudal Lord in the Kingdom of Big Chicken: Contracting and Worker Exploitation by the Poultry Industry" www.nelp.org/docUploads/eisenberg%2Epdf, p.7n.
40 Kari Lyderson, "Fowl Behavior," *In These Times*, March 19, 2001.
41 Steven Greenhouse, "Unions Finding That Employers Want More Concessions," *The New York Times*, July 11, 2003, p. A12; Human Rights Watch, *Blood, Sweat and Fear: Workers' Rights in U.S. Meat and Poultry Plants*, Human Rights Watch, New York, 2004, p. 82.
42 Barry Schlachter, "Cooped up: Contract growers hoping the chicken industry offers a steady nest egg may instead be trapped by debt," *Fort Worth Star-Telegram*, May 27, 2005.
43 예를 들어 Dennis and Alex Avery, "No More Chicken Run," *Wall Street Journal*, European edition, August 26, 2005.
44 UN News Centre, "UN task forces battle misconceptions of avian flu, mount Indonesian campaign." October 24, 2005, www.un.org/apps/news/story.asp?NewsID=16342&Cr=bird&Cr1=flu.
45 Dennis Bueckert, "Avian flu outbreak raises concerns about factory farms," *Cnews*, April 7, 2004, www.cp.org/english/online/full/agriculture/040407/a040730A.html.
46 Scientific Committee on Animal Health and Animal Welfare, *The Welfare of Chickens Kept for Meat Production (Broilers)*, European Commission, Health and Consumer Protection Directorate General, March 21, 2000.

2. '동물보호 조치 보증' 달걀의 숨겨진 실상

1 Ian Duncan, "Welfare Problems of Poultry," in John Benson and Bernard Rollin, eds., *The Well-Being of Farm Animals*, Iowa State Press,

Ames, 2004.
2 이 비디오는 www.cok.net 또는 '인도적 도축을 위한 모임'에 신청하여 볼 수 있다.
3 맥도날드의 그랜딘에 대한 언급은 "Global Animal Welfare Progress Report: 2002 Results," www.mcdonalds.com/corp/values/socialrespons/sr_report/progress_report.html
4 Temple Grandin, "Corporations Can Be Agents of Great Improvements in Animal Welfare and Food Safety and the Need for Minimum Decent Standards." 이는 2001년 4월 4일에 '축산연구소'에 제출된 논문이다. www.grandin.com/welfare/corporation.agents.html.
5 David Fraser, Joy Mench, Suzanne Millman. "Farm Animals and Their Welfare in 2000," *State of the Animals 2001*, Humane Society Press, 2001, p. 90.
6 United Egg Producers, *Animal Husbandry Guidelines for U.S. Egg Laying Flocks*, 2002, pp. 6-7.
7 Ian Duncan. "The Science of Animal Well-Being." in the Animal Welfare Information Center Newsletter, National Agriculture Library, 1993 (Jan.-March): 4.1, p. 5. Karen Davis의 *Prisoned Chickens, Poisoned Eggs*, Book Publishing Company, 1996, p. 68.에도 인용되었다.
8 "McDonald's & Farming," National Public Radio's "All Things Considered," program aired on April 15, 2002. http://discover.npr.org/features/feature.jhtml?wfId=1141753
9 Mary MacArthur. "Analyst Says Poultry Growers Oblivious to Poor Conditions," *Western Producer*, Dec. 12, 2002.
10 "U.S. Egg Producers to Phase Out Feed Withdrawal," *Food Production Daily*, May 27, 2005; www.foodproductiondaily.com/news/printNewsBis.asp?id=60285
11 Alexei Barrionuevo, "Egg Producers Relent on Industry Seal," *New York Times*, October 4, 2005.

3. 고기와 우유 생산 공장

1 Christopher G. Davis and Biing-Hwan Lin, "Factors Affecting US Pork Consumption," Economic Research Service, U.S. Department of Agriculture, Outlook Report No. (LDPM13001), May 2005, www.ers.usda.gov/publications/LDP/may05/ldpm13001/ldpm13001pdf
2 *Corporate Fact Sheet*; Overview, Kraft Foods. http://kraft.com/profile/factsheet.html
3 Renee Zahery, telephone message, February 1, 2005.

4 Ronald L. Plain, "Trends in U.S. Swine Industry," paper for U.S. Meat Export Federation Pork Conference, Taipei, Taiwan, September 24, 1997. www.ssu.missouri.edu/faculty/RPlain/papers/swine.htm; T. Stout and G. Packer, "National Trends Reflected in Changing Ohio Swine Industry," Ohio State University Extension Research Bulletin, Special Circular 156, Agricultural Economics Department, (n. d.) http://ohioline.osu.edu/sc156/sc156_48.html

5 U.S. Department of Agriculture, National Agricultural Statistics Service, Livestock Slaughter, 2004 Summary, March, 2005. http://usda.mannlib.cornell.edu/reports/nassr/livestock/pls-bban/lsan0305.pdf. 돼지 농장 수의 감소 추세는 매년 평균 약 7퍼센트이다.

6 Environmental Defense, "Factory Hog Farming: The Big Picture," November 2000, www.environmentaldefense.org/documents/2563_FactoryHogFarmingBigPicture.pdf.

7 Lynn Bonner, "Critics Say State Must Do More to Protect Rivers," *Raleigh News & Observer*, 17 August 1995; Minority Staff, U.S. Senate Committee on Agriculture, Nutrition and Forestry, "Animal Water Pollution in America: An Emerging National Problem, "105th Congress, 1st session, December 1997, p. 3. 우리는 이 정보를 Carolyn Johnsen, *Raising a Stink: The Struggle Over Factory Hog Farms in Nebraska*, University of Nebraska Press, Lincoln, 2003, pp. 14-15에서 찾았다.

8 Carolyn Johnsen, *Raising a Stink: The Struggle Over Factory Hog Farms in Nebraska*, University of Nebraska Press, Lincoln, 2003, pp. 21-26.

9 Paul Hammel, "Turning Hog Odors into Tax Deductions," *Omaha World-Herald*, March 5, 2002, cited in Carolyn Johnsen *Raising a Stink: The Struggle Over Factory Hog Farms in Nebraska*, University of Nebraska Press, Lincoln, 2003, p. 138.

10 American Public Health Association, "Precautionary Moratorium on New Concentrated Animal Feed Operations," *2003 Policy Statements*, pp. 12-14, www.apha.org/legislative/policy/2003/2003-007.pdf.

11 Ross Clark, "If only pigs could talk," *Sunday Telegraph* (London) March 23, 1997; Roger Highfield, "Computer Skills Show Just How Smart Pigs Are," *Ottawa Citizen* May 29, 1997. (originally published in the *Daily Telegraph*, London.)

12 David Wolfson, *Beyond the Law: Agribusiness and the Systemic Abuse of Animals Raised for Food or Food Production*, Watkins Glen, NY: Farm Sanctuary, Inc., 1999. See also "COK Talks with David Wolfson, Esq." www.cok.net/abol/16/04.php

13 실내에 갇히는 돼지의 수에 대해서는, National Animal Health Monitoring System, Animal and Plant Health Inspection Service, U.S. Department of Agriculture, *Swine 2000*, Part I: Reference of Swine Health and Management in the United States, 2000, Washington, DC, 2001, p. 26. 미국의 폐쇄식 돼지 농장 중 극소수만이 밀짚을 비롯한 깔고 잘 물건을 제공하고 있다. www.aphis.usda.gov/vs/ceah/ncahs/nahms/swine/swine2000/Swine2kPt1.pdf.

14 10대 양돈업체에서 칸막이에 들어가는 암퇘지의 숫자는 U.S. Department of Agriculture, Agricultural Research Service, Livestock Issues Research, "Research Project: The Emerging Issue of Sow Housing," 2004 Annual Report. 전체 추정치는 미주리 대학교 농업경제학과의 글렌 그라임스(Glenn Grimes) 교수로부터 나왔다(짐 메이슨과의 2005년 7월 5일자 인터뷰).

15 Scientific Veterinary Committee, Animal Welfare Section, The Welfare of Intensively Kept Pigs, 1997, 또한 Clare Druce and Philip Lymbery, "Outlawed in Europe," in Peter Singer, ed., *In Defense of Animals: The Second Wave*, Blackwell, Oxford, 2005.

16 2005년 당시 유럽에서는 2억 4,200만 마리의 돼지가 도살되었는데, 같은 해에 미국에서는 1억 300만 마리가 도살되었다. "EU output data revised," *Pig International Electronic Newsletter*, June 23, 2005 참조. 이는 '유로스타트'의 자료에 근거하고 있다. www.wattnet.com/newsletters/Pig/htm/jun05pigenews.htm.

17 Per Jensen, "Observations on the Maternal Behaviour of Free-Ranging Domestic Pigs" *Applied Animal Behaviour Science*, vol.16 (1986) pp. 131-42.

18 Governor's Office of Drug Control Policy, Iowa, "Iowa METH Facts," February 23, 2005, www.state.ia.us/government/odcp/docs/Meth_Other_Drug_Facts_Feb23.pdf.

19 버나드 롤린은 *Canadian Veterinary Journal*, 32:10 (October 1991), p.584에서 이것을 처음 제시했다. 이 칼럼은 다음 책에서 재인용되었다. Bernard Rollin, *Introduction to Veterinary Medical Ethics: Theory and Cases*, Blackwell, Oxford, 1999.

20 Jonathan Leake, "The Secret Lives of Moody Cows," *Sunday Times*, February 27, 2005.

21 Peter Lovenheim, *Portrait of a Burger as a Young Calf*, Three Rivers Press, New York, 2002. We are grateful to Peter Lovenheim for checking our text and clarifying some issues.

22 John Peck, "Dairy Farmer Workers Fight for Their Rights in Oregon," *Z Magazine Online*, vol. 17, no. 12 (December 2004), http://zmagsite.

zmag.org/Dec2004/peckpr1204.html; www.braums.com/FAQ.asp#9.
23 Eddy LaDue, Brent Gloy, and Charles Cuykendall, "Future Structure of the Dairy Industry: Historical Trends, Projections and Issues," Cornell University, Ithaca, NY, June 2003, http://aem.cornell.edu/research/researchpdf/rb0301.pdf, p.iii.
24 정확히 말해서, 1950년 665갤런에서 2004년 2,365갤런으로 355퍼센트 상승했다. Erik Marcus, *Meat Market*, Brio Press, Ithaca, NY, 2005, pp. 10-11, 이 수치는 USDA National Agricultural Statistical Services에서 가져왔으며 http://usda.mannlib.cornell.edu/reports/nassr/dairy/pmp-bb/2005/mkpr0105.txt에 업데이트된다.
25 USDA, National Animal Health Monitoring System, *Dairy 2002*, Part I: Reference of Dairy Health and Management in the United States, p. 54, www.aphis.usda.gov/vs/ceah/ncahs/nahms/dairy/dairy02/Dairy02Pt1.pdf.
26 Peter Lovenheim, *Portrait of a Burger as a Young Calf*, Three Rivers Press, New York, 2002, p. 87.
27 Peter Lovenheim, *Portrait of a Burger as a Young Calf*, Three Rivers Press, New York, 2002, p. 16.
28 Oliver Sacks, *An Anthropologist on Mars*, Knopf, New York, 1995, p. 267.
29 People for the Ethical Treatment of Animals, "Cows Grieve," www.goveg.com/-f-hiddenlivescows_giants.asp에서 인용.
30 Jon Bonné, "Can Animals You Eat Be Treated Humanely?" MSNBC News, June 28, 2004, http://msnbc.msn.com/id/5271434/.
31 Peter Lovenheim, *Portrait of a Burger as a Young Calf*, Three Rivers Press, New York, 2002, pp. 112-113.
32 Miguel Bustillo, "In San Joaquin Valley, Cows Pass Cars as Polluters," *Los Angeles Times*, August 2, 2005.
33 Michael Pollan, "Power Steer," *The New York Times Sunday Magazine*, March 31, 2002.
34 "Researchers, McDonald's Say U.S. Govt BSE Defense Not Working," *Cattlenetwork.com*, January 4, 2006, www.cattlenetwork.com/content.asp?contentid=16082.
35 Chris Clayton, "More than 1250 Nebraska Cattle Died in Heat Wave," *Omaha World-Herald*, July 27, 2005.
36 F. M. Mitlöhner, et al, "Effects of shade on heat-stressed heifers housed under feedlot conditions," *Burnett Center Internet Progress Report*, no. 11, February 2001; www.depts.ttu.edu/liru_afs/pdf/bc11.pdf; see also

F. M. Mitlöhner, et al, "Shade effects on performance, carcass traits, physiology, and behavior of heat-stressed feedlot heifers," *Journal of Animal Science*, vol. 80 (2002) pp. 2043-2050, http://jas.fass.org/cgi/content/full/80/8/2043.

37 A. M. Soto et al, "Androgenic and estrogenic activity in cattle feedlot effluent receiving water bodies of eastern Nebraska, USA." *Environmental Health Perspectives*. 112 (2004), pp. 346-352; E. F. Orlando et al, "Endocrine disrupting effects of cattle feedlot effluent on an aquatic sentinel species, the fathead minnow." *Environmental Health Perspectives*. 112 (2004), pp. 353-358; Janet Raloff, "Hormones: Here's the Beef," *Science News*, Vol 161, (Jan. 5, 2002), p. 10. www.sciencenews.org/articles/20020105/bob13.asp.

38 Carolyn Johnsen, *Raising a Stink: The Struggle Over Factory Hog Farms in Nebraska*, University of Nebraska Press, Lincoln, 2003, p. 24.

39 "EPA says it will inspect Idaho feedlots," *Cow-Calf Weekly* (BEEF), August 5, 2005.

40 U.S. Environmental Protection Agency, Region 5, *Results of an Informal Investigation of The National Pollutant Discharge Elimination System Program for Concentrated Animal Feeding Operations in the State of Michigan*, Interim Report, July 24, 2002; Tony Dutzik, The State of Environmental Enforcement, CoPIRG Foundation, Denver, 2002, www.environmentcolorado.org/reports/envenfco10_02.pdf에서 재인용. 이 글은 국가적 차원의 환경 관련 입법 결여의 문제를 논하고 있다.

41 Nebraska Department of Environmental Quality, Water Quality Division, 2002 Nebraska Water Quality Report, Lincoln, 2002, Carolyn Johnsen, *Raising a Stink: The Struggle Over Factory Hog Farms in Nebraska*, University of Nebraska Press, Lincoln, 2003, p 138에서 재인용.

42 Carolyn Johnsen, *Raising a Stink: The Struggle Over Factory Hog Farms in Nebraska*, University of Nebraska Press, Lincoln, 2003, p. 122.

43 U.S. General Accounting Office, *Humane Methods of Slaughter Act*, January 2004, www.gao.gov/new.items/d04247.pdf.

44 "AgriProcessors," 비디오는 '동물의 윤리적 대우를 위한 모임' 웹 사이트 (www.petatv.com/inv.html)에서 구할 수 있다.

45 Sholem Rubashkin, "Response." Shmais News Service, no date, www.shmais.com/jnewsdetail.cfm?ID=148; Department of Public Relations, Orthodox Union, "Orthodox Union Releases Industry Animal Welfare Audit of Agriprocessors," March 7, 2005, www.ou.org/oupr/2005/agri65.htm.

4. 맥도날드와 월마트의 양심

1 Quoted by Milton Moskovitz, "That's the Spirit," *Mother Jones*, July/August 1997, www.motherjones.com/news/feature/1997/07/moskowitz.html.
2 McDonald's Corporation, "Interview with Dr. Temple Grandin," www.mcdonalds.com/corp/values/socialrespons/sr_report/progress_report/grandin_interview.html
3 Associated Press, August 23, 2000; *Los Angeles Times*, September 7, 2000.
4 Food Marketing Institute, www.fmi.org/media/mediatext.cfm?id=522.
5 McDonald's Corporation, "Interview with Dr. Temple Grandin," www.mcdonalds.com/corp/values/socialrespons/sr_report/progress_report/grandin_interview.html.
6 David Fraser, Joy Mench, Suzanne Millman. "Farm Animals and Their Welfare in 2000," *State of the Animals* 2001, Humane Society Press, 2001, p. 90.
7 Kim Severson, "Humane Handling Taking Hold on Farms," *San Francisco Chronicle*, September 7, 2003, http://sfgate.com/cgi-bin/article.cgi?file=/chronicle/archive/2003/09/07/MN165897. DTL; 2005년 7월 25일자 다이안 핼버슨과의 인터뷰.
8 자세한 사항은 www.ansc.purdue.edu/CAWB/.
9 *McDonald's Global Policy on Antibiotic Use in Food Animals*, June 3, 2003, www.mcdonalds.com/corp/values/socialrespons/market/antibiotics/global_policy.html.
10 Associated Press, "Citing the Human Threat, U.S. Bans a Poultry Drug," *New York Times*, July 29, 2005.
11 www.mcdonalds.com/corp/values/socialrespons/sr_report.html.
12 Emory Heart Center, "What Would 100 Billion McVeggie Burgers Mean? Healthier Customers, Study Says," April 18, 2005. www.emoryhealthcare.org/news_events/press_room/ehc_news/McVeggie_Burgers.html.
13 Jennifer Waters, "Wal-Mart Grocery Share Seen Doubling," *CBS MarketWatch*, June 24, 2004, cited from RetailWire Discussions, www.retailwire.com/Discussions/Sngl_Discussion.cfm/9953.
14 Michael Barbaro, "A New Weapon for Wal-Mart: A War Room," *New York Times*, November 1, 2005.
15 John Dicker, *The United States of Wal-Mart*, Tarcher/Penguin, New

York, 2005, p. 122.
16 Pankaj Ghemawat and Ken Mark, "The Price is Right," *New York Times*, August 3, 2005.
17 John Dicker, *The United States of Wal-Mart*, Tarcher/Penguin, New York, 2005, p. 86.
18 Michael Barbaro, "Wal-Mart to Expand Health Plan for Workers," *New York Times*, October 24, 2005; Reed Abelson, "Wal-Mart's Health Care Struggle is Corporate America's Too," *New York Times*, October 29, 2005.
19 "Wal-Mart Sets the Record Straight" www.walmartfacts.com/newsdesk/article.aspx?id=1091
20 Charles Fishman, "The Wal-Mart you don't know," *Fast Company*, December 2003, www.fastcompany.com/magazine/77/walmart.html; 짐 케어리의 발언도 이 글에서 재인용했다.
21 Wal-Mart Stores, Inc., "Standards for Suppliers," www.walmartstores.com/Files/SupplierStandards-June2005.pdf.
22 Food Marketing Institute, "Status FMI-NCCR Animal Welfare Guidelines, Updated May 2005," www.fmi.org/animal_welfare/guideline_status_chart_May_2005.pdf.
23 John Dicker, *The United States of Wal-Mart*, Tarcher/Penguin, New York, 2005, p. 213.

매서렉-모타밸리 가족

1 Roger Scruton, "The Conscientious Carnivore," in Steve Sapontzis, ed., *Food for Thought: The Debate over Eating Meat*, Prometheus, Amherst, NY, 2004.

5. 상표는 얼마나 양심적인가—니만 목장 베이컨의 경우

1 2005년 5월 2일자 팀 홈스와의 인터뷰.
2 전형적으로 우리는 가로 2피트, 세로 7피트로 14평방피트 면적이다. 물론 임신용 축사 바닥 전체를 이런 우리들이 차지하지는 않는다. 대개의 경우 가운데 좁은 길을 두고 양쪽으로 두 줄씩 열을 지어 배치되어 있는데, 너비가 4피트 내지 5피트에 불과한 이 가운뎃길에서 사람이 다니며 호스로 물을 뿌려 청소를 하거나 우리를 정비하는 등의 작업을 한다. 축사 면적은 30×10 정도로, 100마리쯤 되는 암퇘지들을 수용한다. 따라서 홈스 가족 농장이 암퇘지의 임신을 위해 준비한 공간이면 그런 축사가 세 개는 들어갈 수 있다.
3 A. Stolba and D. G. Wood-Gush, "The Behaviour of Pigs in a Semi-Natural Environment," *Animal Production*, vol. 48 (1989) pp. 419-425.

4 2005년 5월 2일자 다이안 핼버슨과의 인터뷰.

6. 상표의 진실—'유기농 인증' 및 '인도적 사육 인증' 달걀

1 Jia-Rui Chong, "Vet in row after hens 'chipped' to death," *Los Angeles Times*, November 23, 2003; "Abuse charges filed against Moark egg company." *News Tribune* (Jefferson City, MO) July 30, 2005; "Moark must pay $100,000," www.hsus.org/farm_animals/farm_animal_news/Moark_Settles_Case.html. (October 25, 2005)
2 2005년 8월 닉 레벤도스키와 데이비드 브루스와의 인터뷰.
3 Helen Thomas, "The Free Range Fiddle," Background Briefing, Radio National, Australian Broadcasting Corporation, June 26, 2005, www.abc.net.au/rn/talks/bbing/stories/s1397934.htm.

7. 해산물은 안전한가?

1 Marine Stewardship Council, "Fish Facts" http://eng.msc.org/html/content_528.htm. 170억이라는 추정치는 www.fishinghurts.com/fishing101.asp, 이는 전체 해산물 중량을 개체당 중량(추정치)으로 나누어 산출한 것이다.
2 "Challenge to Fishing: Keep Unwanted Species Out of Its Huge Nets," Otto Pohl, *The New York Times*, July 29, 2003 www.nytimes.com/2003/07/29/science/29BYCA.html.
3 Garrett Hardin, "The Tragedy of the Commons," *Science*, 162 (1968) pp. 1243-48.
4 "A Run on the Banks: How 'Factory Fishing' Decimated Newfoundland Cod," Colin Woodward, *E Magazine*, March/April, 2001. www.emagazine.com/view/?507.
5 이 정보는 다음 소스에서 얻었다. Tim Fitzgerald, Environmental Defense Trust, Oceans Program, 257 Park Avenue South, New York, NY 10010, James Ianelli, Alaska Fish. Science Center, Seattle, March/April 2005. 또한 Pacific Rim Fisheries Program, Institute of the North, Alaska Pacific University, http://prfisheries.alaskapacific.edu/PRF_Statistics/usa/usa_fish_species_federal.htm도 참조.
6 Marine Stewardship Council http://eng.msc.org/html/content_1188.htm.
7 이 발언은 메릴랜드에 있는 안젤리나의 홈페이지(www.crabcake.com)에서 딴 것인데(2005), 나중에 삭제되었다.
8 낸시 로젠버그(Nancy Rosenberg)가 짐 메이슨에게 보낸 이메일(2005년 3월 10일 목요일).
9 www.blue-crab.org/spawning.htm.

10 Jose A. Ingles. Biological and Fisheries Assessment of the Blue Crab Resources of the Northeastern Guimaras Strait. A final report submitted to WWF-Philippines, 2000; K.L.Jayme, G. Romero and J. A. Ingles, 2003, "Community-based certification of the blue crab fishery of the northeastern Guimaras Strait, Negros Occidental, Philippines: lessons learned, prospects and directions." Paper presented at the Second International Tropical Marine Ecosystems Management Symposium (ITMEMS 2), Manilla, Philippines. March 24-27, 2003. Theme 11. www.reefbase.org/References/ref_literature_detail.asp?refID=14923; and Katrina Jayme, email communication, April 2005.

11 P. Redmaynem "Blue crab: Asian import," *IntraFish*, February 2004, p. 20, www.intrafish.com/pdf/download/2a71bcdc0cc482441f99-7ea72cea1f35/2004/2/20.pdf.

12 브렌다 데이비스(Brenda Davis)가 짐 메이슨에게 보낸 이메일 메시지(2005년 3월 19일, 수요일). 데이비스 박사는 메릴랜드 스티븐스빌 소재 메릴랜드 대학교 천연자원학과의 어류생물학 교수이다. 또한 다음을 보라. "King Crab," by Jon Goldstein, *Baltimore Sun*, Business, July 2, 2001.

13 John Ryan, "Feedlots of the Sea," *WorldWatch Magazine*, September/October 2003, www.worldwatch.org/pubs/mag/2003/165; WorldWatch Institute, "Factory-Fish Farming," *WorldWatch Magazine*, September/October 2003, www.worldwatch.org/pubs/mag/2003/ 165/mos/.

14 Marian Burros, "Stores Say Wild Salmon, but Tests Say Farm Bred," The *New York Times*, April 10, 2005.

15 WorldWatch Institute, "Factory-Fish Farming," *WorldWatch Magazine*, September/October 2003, www.worldwatch.org/pubs/mag/2003/165/mos/, 미국 농무부와 수산부, UN 식량농업기구의 자료를 바탕으로 했다.

16 Philip Lymbery, "In Too Deep–The Welfare of Intensively Farmed Fish," Compassion in World Farming Trust, Petersfield, Hampshire, 2002. p. 3.

17 Juliet Eilperin, "Fish Farming's Bounty Isn't Without Barbs," *Washington Post*, January 24, 2005, www.washingtonpost.com/wp-dyn/articles/A31159-2005Jan23.html.

18 Daniel Pauly, et al, "Towards sustainability in world fisheries," *Nature*, vol. 418, pp. 689-695.

19 Rees and Tydeman의 발언은 John Ryan, "Feedlots of the Sea," *WorldWatch Magazine*, September/October 2003, pp. 22-29, www.worldwatch.org/pubs/mag/2003/165에서.

20 Kenneth Weiss, "Bush Proposal Seeks to Cultivate Fish Farming in

Federal Waters, *Los Angeles Times*, June 8, 2005.
21 Juliet Eilperin, "Fish Farming's Bounty Isn't Without Barbs," *Washington Post*, January 24, 2005, www.washingtonpost.com/wp-dyn/articles/A31159-2005Jan23.html.
22 John Ryan, "Feedlots of the Sea," *WorldWatch Magazine*, September/October 2003, pp. 22-29, www.worldwatch.org/pubs/mag/2003/165; 그 완전한 내용을 보려면, "Sea cage fish farming: an evaluation of environmental and public health aspects (the five fundamental flaws of sea cage fish farming), "a paper presented by Don Staniford at the European Parliament's Committee on Fisheries public hearing on Aquaculture in the European Union: Present Situation and Future Prospects," October 1, 2002: www.watershed-watch.org/ww/publications/sf/Staniford_ Flaws_SeaCage.PDF.
23 "Farm Sea Lice Plague Wild Salmon," *BBC News*, March 29, 2005, http://news.bbc.co.uk/2/hi/science/nature/4391711.stm.
24 www.oceansalive.org/eat.cfm?subnav=fishpage&fish=85
25 www.mbayaq.org/cr/SeafoodWatch/websfw_factsheet.aspx?fid=27
26 Seafood Watch *Seafood Report, Shrimp* vol. III, *Farm Raised Shrimp, World Overview*, prepared by Alice Cascorbi, Monterey Bay Aquarium, 2004, p. iv, 이는 다음 소스에서 얻은 정보에 바탕하였다. Jason Clay, Senior Fellow, World Wildlife Fund-US. www.mbayaq.org/cr/cr_seafoodwatch/content/media/MBA_SeafoodWatch_FarmedShrimpReport.pdf.
27 Ibid.
28 Ibid.
29 Seafood Watch *Seafood Report, Shrimp* vol III, *Wild-Caught Warmwater Shrimp*, prepared by Alice Cascorbi, Monterey Bay Aquarium, 2004, p. 17.
30 U.S. National Marine Fisheries, Report to Congress, 2003: Status of Fisheries of the United States for 2002. Published April 2003. National Marine Fisheries Service, Silver Spring, MD, *Seafood Watch Seafood Report, Shrimp* vol. III, Wild-Caught Warmwater Shrimp, prepared by Alice Cascorbi, Monterey Bay Aquarium, 2004, pp. 15, 17에서 재인용.
31 *Good Stuff*, WorldWatch Institute, Washington, DC, 2004, sec. 26, www.worldwatch.org/pubs/goodstuff/shrimp/.
32 *Seafood Watch Seafood Report, Shrimp* vol. III, Farm Raised Shrimp, World Overview, prepared by Alice Cascorbi, Monterey Bay Aquarium, 2004, p. 11, citing Thor Lassen, "Mangrove conservation and shrimp

aquaculture." Presentation to World Aquaculture Society, March 1-5, 2004, Honolulu, Hawaii. www.mbayaq.org/cr/cr_seafoodwatch/content/media/MBA_SeafoodWatch_FarmedShrimpReport.pdf.
33 Acción Ecológica Declaración De Majagual. February 2003. www.accionecologica.org/sobeali3.htm; Taylor, N. "Hungry for change: Protected area and Ramsar Site 1000, La Barberie, has been destroyed by the shrimp company El Faro." *Honduras This Week* Online. April 14, 2003; cited in "Shrimp's Passport: How International Trade Agencies Monitor America's Favorite Seafood," *Public Citizen*, Washington, D.C., 2005, p. 12, www.citizen.org/cmep/foodsafety/shrimp/articles.cfm?ID=12971
34 Indian Supreme Court, Petitioner: S. Jagannath Vs. Respondent: Union Of India & Ors. Date of Judgment. November 12, 1996., cited in "Shrimp's Passport: How International Trade Agencies Monitor America's Favorite Seafood," *Public Citizen*, Washington, D.C., 2005, p. 18, www.shrimpactivist.org.
35 Seafood Watch *Seafood Report, Shrimp* vol. III, *Farm Raised Shrimp, World Overview*, prepared by Alice Cascorbi, Monterey Bay Aquarium, 2004, p.11, citing A Wistrand, "Shrimp Cultivation Puts Environment in Danger," published by Nijera Kori, a Bangladesh NGO. www.mbayaq.org/cr/cr_seafoodwatch/content/media/MBA_SeafoodWatch_FarmedShrimpReport.pdf.
36 Darry Jory, "Shrimp Farming in Venezuela: A Case Study," presented to the World Aquaculture Society Conference, Brazil, May 20, 2003 www.iiap.org.pe/publicaciones/CDs/CONFERENCIAS_WAS/WAS_BRASIL/Brazil/.
37 www.mbayaq.org/cr/seafoodwatch.asp
38 S. D. Sedgwick, *Salmon Farming Handbook*, Fishing News Books, Surrey, 1988, quoted in Philip Lymbery, "In Too Deep–The Welfare of Intensively Farmed Fish." Compassion in World Farming Trust, Petersfield, Hampshire, 2002, p.17.
39 Philip Lymbery, "In Too Deep–The Welfare of Intensively Farmed Fish." Compassion in World Farming Trust, Petersfield, Hampshire, 2002.
40 Dawnwatch, "CBS Hit Series "Judging Amy" Looks at Animal Cruelty," April 12, 2005, www.dawnwatch.com/4-05_Animal_Media_Alerts#JUDGING _AMY
41 James D. Rose, "The Neurobehavioral Nature of Fishes and the

Question of Awareness and Pain," *Reviews in Fisheries Science*. 10 No. 1, (2002), pp. 1-38, uwadmnweb.uwyo.edu/Zoology/faculty/Rose/pain.pdf.

42 Lynne Sneddon, V. A. Braithwaite, and M . J. Gentle, "Do fish have nociceptors? Evidence for the evolution of a vertebrate sensory system." *Proceedings of the Royal Society* vol. 270, No. 1520 (2003), pp. 1115-1121. 또한 "Trout Trauma Puts Anglers on the Hook?" *Science News*, April 30, 2003, www.royalsoc.ac.uk/news.asp?year=&id=1697 and Sanjida O'Connell, "Does she have feelings too?" *Daily Telegraph*, March 3, 2005.

43 Culum Brown, "Not just a pretty face," *New Scientist*, vol. 182, no. 2451, June 12, 2004, p. 42. See also K. P. Chandroo, I. J. H. Duncan, and R .D. Moccia, "Can fish suffer? Perspectives on sentience, pain, fear and stress," *Applied Animal Behaviour Science*, vol. 86 (2004) pp. 225–250.

8. 토산품 먹을거리만 먹는다?

1 Rich Pirog, et al, *Food, Fuel and, Freeways*, Leopold Center for Sustainable Agriculture, University of Iowa, Ames, Iowa, 2001. Available at www.leopold.iastate.edu/pubs/staff/ppp/food_mil.pdf.

2 벤턴빌의 월마트 유통 센터에 대한 이 묘사는 다음에 근거했다. Associated Press, "Vice President Cheney Visits Wal-Mart's Hometown," 그러나 비슷한 예를 들며 월마트 유통 센터에 대해 포괄적으로 다루고 있는 자료를 보려면, Brian Halweil, *Eat Here*, Norton, New York, 2004, p. 7.

3 Erik Millstone and Tim Lang, *The Atlas of Food*, Earthscan, London, 1963, p. 60.

4 Rich Pirog, et al, *Food, Fuel and, Freeways*, Leopold Center for Sustainable Agriculture, University of Iowa, Ames, Iowa, 2001. Available at www.leopold.iastate.edu/pubs/staff/ppp/food_mil.pdf.

5 Andy Jones, *Eating Oil*, Sustain & Elm Farm Research Centre, London, 2001, Case Study 1. www.sustainweb.org/chain_fm_eat.asp

6 Nick Marathon, Tamera VanWechel, and Kimberly Vachal. *Transportation of U.S. Grains: A Modal Share Analysis, 1978-95*. U.S. Department of Agriculture, Washington, DC, 2004. www.ams.usda.gov/tmd/TSB/Modal_Share.pdf; FAO, *FAOSTAT: Commodity Balances*, 2004. http://apps.fao.org/faostat/collections?version=ext&hasbulk=0&subset=agriculture.

7 K. Klindworth, *Agricultural Transportation Challenges for the 21st*

Century: A Framework for Discussion. U.S. Department of Agriculture, AMS Transportation and Marketing Programs, 1999, M. Hora and J. Tick, *From Farm to Table: Making the Connection in the Mid-Atlantic Food System*: Capital Area Food Bank, Washington, DC, 2001에서 재인용.

8 The Council on the Environment of the City of New York, "Greenmarket Farmers Market," www.cenyc.org/HTMLGM/maingm.htm.

9 www.ams.usda.gov/farmersmarkets; www.foodroutes.org

10 Robert Summer, et al, "The Behavioral Ecology of Supermarkets and Farmers Markets," *Journal of Behavioral Psychology*, vol. 1, March 1981, pp. 13-19, 또한 로버트 서머스(Robert Sommers)의 최근 미발표 논문들로 Brian Halweil, *Eat Here*, Norton, New York, 2004, p. 10에서 인용된 것들.

11 *Farmers' Markets: a business survey*, National Farmers' Union, London, September 2002.

12 Brian Halweil, *Eat Here*, p.165; Richard Evanoff, "A look inside Japan's Seikatsu Club Consumers' Cooperative," *Social Anarchism*, No. 26, (1998), http://library.nothingness.org/articles/all/en/display/247.

13 Jeanette Lee, "Colleges Buying More Food From Farmers," Associated Press, January 27, 2005, *Mercury News*, San Jose, CA Yale Sustainable Food Project, www.yale.edu/sustainablefood에 소개된 내용, 또한 Alison Leigh Cowan, "A Dining Hall Where the Students Try to Sneak In," *New York Times*, May 10, 2005.

14 삽입된 내용은 www.FoodRoutes.org(2005. 6)에서.

15 U.S. Department of Agriculture, National Agricultural Statistics Service, *Trends in U.S. Agriculture, Labor Force and Farm Labor*, 1900-1990, www.usda.gov/nass/pubs/trends/farmpopulation.htm; USDA/NASS, 2002 *Census of Agriculture*, Vol. 1, Table 1, www.nass.usda.gov/census/census02/volume1/us/st99_1_001_001.pdf 60; Bureau of Justice Statistics, Press Release, "Prison Population Approaches 1.5 million", November 7, 2004, www.ojp.usdoj.gov/bjs/ pub/press/p03pr.htm.(비교를 위해서 Brian Halweil, *Eat Here*. P. 199, n.6를 참조)

16 Bill Vorley, *Food Inc.*, International Institute for Environment and Development, London, 2003, p. 9.

17 Timothy Egan, "Amid Dying Towns of Rural Plains, One Makes a Stand," *The New York Times*, December 1, 2003.

18 Jon Bailey and Kim Preston, *Swept Away: Chronic Hardship and Fresh Promise on the Great Plains*, Center for Rural Affairs, Walthill, Nebraska, 2003, Pt I.

19 Rich Pirog, et al, *Food, Fuel and, Freeways*, Leopold Center for Sustainable Agriculture, University of Iowa, Ames, Iowa, 2001. www.leopold.iastate.edu/pubs/staff/ppp/food_mil.pdf에서 볼 수 있다.
20 Verlyn Klinkenborg, "Keeping Iowa's Young Folks at Home After They've Seen Minnesota," *The New York Times*, February 8, 2005.
21 U.S. Department of Agriculture, *Agriculture Fact Book 98*, www.usda.gov/news/pubs/fbook98/chart1.htm, fig 1-8; *Economic Research Service, USDA*, "Food Marketing and Price Spreads: USDA Marketing Bill," www.ers.usda.gov/Briefing/FoodPriceSpreads/bill/ table1.htm.
22 Michael Rosmann, AgriWellness Inc., and Paul Gunderson, National Farm Medicine Center, in discussion with Brian Halweil; Karen Pylka and Paul Gunderson, "An Epidemiologic Study of Suicide Among Farmers and Its Clinical Implications," *Marshfield Clinical Bulletin*, vol. 26, 1992, pp. 31-58. 이상의 소스는 Brian Halweil, *Eat Here*, pp. 69-70에서 얻었다.
23 Intergovernmental Panel on Climate Change, *Third Assessment Report: Summary for Policymakers: The Science of Climate Change*. IPCC Working Group I, p. 10. www.ipcc.ch에서 볼 수 있다. 가장 온도가 높았던 연도에 대해서는 Traci Watson, "2004 is 4th hottest year for world since 1861, U.N. report says," *USA Today*, December 15, 2004, www.usatoday.com/weather/news/2004-12-15-hot-year_x.htm
24 Richard Posner, *Catastrophe:* Risk and Response, Oxford University Press, New York, 2004.
25 기후변화를 윤리적 차원에서 접근하는 논의를 더 보려면 Peter Singer, *One World*, Yale University Press, 2002, chapter 2.
26 John Hendrickson, "Energy use in the U.S. Food System: A summary of existing research and analysis." *Sustainable Farming* (Ste. Anne de Bellevue, Quebec), vol. 7, no. 4. Fall 1997.
27 G. Schueller, "Eat Local." *Discover*. 22(5), 2001.
28 John Hendrickson, "Energy use in the U.S. Food System: A summary of existing research and analysis." *Sustainable Farming* (Ste. Anne de Bellevue, Quebec), vol. 7, no. 4. Fall 1997.
29 도로 운송 시의 BTU를 보려면, U.S. Congress, Office of Technology Assessment, *Saving Energy in U.S. Transportation*, OTA-ETI-589 (Washington, DC: U.S. Government Printing Office, July 1994), p. 44, http://govinfo.library.unt.edu/ota/Ota_1/DATA/1994/9432.PDF.
30 Alison Smith, et al, *The Validity of Food Miles as an Indicator of Sustainable Development,* ED50254, Issue 7, July 2005, p.67; A.

Carlsson, *Greenhouse Gas Emissions in the Life-Cycle of Carrots and Tomatoes.* 이는 스웨덴에서 소비되는 당근과 토마토에 대한 한 유형 연구 (IMES/EESS Report no. 24, Department of Environmental and Energy Systems Studies, Lund University, Sweden, March 1997, Tara Garnett, *Wise Moves*, Transport 2000, pp. 76, 82-4에서 재인용)에서 그 방법론, 자료, 결론을 빌려왔다.

31 Intergovernmental Panel on Climate Change, Aviation and *the Global Atmosphere,* Cambridge University Press, 1999; J. Whitelegg and N. Williams, *The Plane Truth: Aviation and the Environment,* Transport 2000 and Ashden Trust, London, 2001, Tara Garnett, *Wise Moves*, Transport 2000, p. 23에서 재인용.

32 J. Pretty and A. Ball, "Agricultural Influences on Carbon Emissions and Sequestration: A Review of Evidence and the Emerging Trading Options," Centre for Environment and Society Occasional Paper 2001-03, University of Essex, 2001.

33 Andy Jones, *Eating Oil,* Sustain & Elm Farm Research Centre, London, 2001, Case Study 2. www.sustainweb.org/chain_fm_eat.asp.

34 Alison Smith, et al, *The Validity of Food Miles as an Indicator of Sustainable Development,* ED50254, Issue 7, July 2005, p. 74.

35 카를로 페트리니가 브라이언 할웨일에게 보낸 이메일, Brian Halweil, *Eat Here*, p. 161에서 인용.

9. 무역, 공정 무역, 노동자의 권리

1 Diana Friedman, "The Del Cabo project; a Mexican collective exports organic produce to the U.S.A.," *Whole Earth Review,* Spring 1989. www.findarticles.com/p/articles/mi_m1510/is_n62/ai_7422469; Don Lotter, "The Del Cabo Cooperative of Southern Baja keeps 300 farm families busy growing organic crops for export," *New Farm,* July 20, 2004, www.newfarm.org/international/pan-am_don/july04/.

2 *United Nations Human Development Report, 2005,* p. 24. http://hdr.undp.org/reports/global/2005/pdf/HDR05_chapter_1pdf

3 United Nations Development Programme, *Human Development Report 2000* (Oxford University Press, New York, 2000), p. 30; *Human Development Report 2001* (Oxford University Press, New York, 2001), pp. 9-12, p. 22; and World Bank, *World Development Report* 2000/2001, Overview, p. 3, www.worldbank.org/poverty/wdrpoverty/report/overview.pdf, 다른 수치에 대해서는, *The Human Development Reports* are available at http://hdr.undp.org.

4 Nomaan Majid, "Reaching Millennium Goals: How well does agricultural productivity growth reduce poverty?" Employment Strategy Papers, International Labor Organization, 2004, http://www.ilo.org/public/english/employment/strat/download/esp12.pdf.
5 M. Ataman Aksoy and John Beghin, eds., Global Agricultural Trade and Developing Countries, World Bank, Washington, DC, 2005.
6 찰스 왈라가와 피터 싱어에게 보낸 이메일(2005년 4월). 또한 다음을 보라. Paul Collier and Ritva Reinikka (eds), *Uganda's Recovery: The Role of Farms, Firms and Government,* Washington, DC: World Bank, 2001.
7 찰스 왈라가와 피터 싱어에게 보낸 이메일(2005년 4월).
8 Oxfam International, *Rigged Rules and Double Standards: Trade, Globalisation and the Fight Against Poverty,* Oxfam, 2002, pp. 10, 48, 53-55. www.maketradefair.com/assets/english/report_english.pdf. 또한 다음을 보라. John Mellor, "Reducing Poverty, Buffering Economic Shocks–Agriculture and the Non-tradable Economy," in FAO Roles of Agriculture Project, *Expert Meeting Proceedings: First Expert Meeting on the Documentation and Measurement of the Roles of Agriculture, 19-21 March 2001.* FAO: Rome, 2001, p. 275. 이는 다음 웹 주소에서 찾아볼 수 있다. ftp://ftp.fao.org/es/esa/roa/pdf/EMP-E.pdf. 이 소스는 소피아 머피(Sophia Murphy)가 애그리컬처 사(지금은 옥스팜 미국 지사로 전환 준비 중이다)를 위해 작성한 보고서에서 찾았다.
9 브라이언 할웨일이 피터 싱어에게 보낸 이메일(2005년 2월).
10 케냐와 짐바브웨에 대해서는, C. Dolan, J. Humphrey, and C. Harris-Pascal, "Value Chains and Upgrading: The Impact of U.K. Retailers on the Fresh Fruit and Vegetables Industry in Africa," Institute of Development Studies Working Paper 96, University of Sussex, 1988, R. Kaplinsky, "Spreading the Gains from Globalization: What Can Be Learned from Value-Chain Analysis?" *Problems of Economic Transition,* vol. 47 (2004), pp. 74-115에서 재인용. 남아공산 배에 대한 분석 역시 카플린스키(Kaplinsky)의 글을 참조했다. 바나나 노동자들의 숫자에 대해서는 다음을 참조. FAO, *The State of Agricultural Commodity Markets: 2004.* FAO, Rome, 2004, p. 31.
11 찰스 왈라가와 피터 싱어에게 보낸 이메일(2005년 4월), 그리고 "The Development of the Organic Agriculture Sector in Africa: Potentials and Challenges," *Ecology and Farming,* no. 29, January-April, 2002.
12 Fairtrade Labelling Organisation International, www.fairtrade.net/sites/standards/general.html.
13 TransFair USA, "Community Impacts," www.transfairusa.org/content/

about/overview.php.
14 Scientific Certified Systems, "Starbucks C.A.F.E. Practices" www.scscertified.com/csrpurchasing/starbucks.html.
15 배경에 대해서는 Sasha Courville, "Social Accountability Audits: Challenging or Defending Democratic Governance?" *Law and Policy*, vol. 25 (2003) pp. 269-297. SA8000의 자세한 사항을 보려면 www.sa8000.org.
16 마이클 미첼이 피터 싱어에게 보낸 이메일(2005년 3월 8일).
17 International Institute of Tropical Agriculture, "Summary of Findings from the Child Labor Surveys in the Cocoa Sector of West Africa: Cameroon, Côte d'Ivoire, Ghana, and Nigeria," July 2002, www.iita.org/news/chlab-rpt.htm.
18 Reuters, Washington, "Lawmaker Shuns Valentine Candy, Cites Slavery Fear," February 10, 2005.
19 Oxfam International, *Rigged Rules and Double Standards: Trade, Globalisation and the Fight Against Poverty*, Oxfam, 2002, p. 55. www.maketradefair.com/assets/english/report_english.pdf. 또한 다음을 보라. www.divinechocolate.com; Fairtrade Labelling Organizations International, "Fairtrade Standards for Cocoa for Small Farmers' Organizations," (December 2005) www.fairtrade.net/pdf/sp/english/Cocoa%20SP%20Dec%2005%20ENpdf.
20 Brink Lindsey, *Grounds for Complaint? Understanding the "Coffee Crisis,"* www.freetrade.org/pubs/briefs/tbp-016.pdf.
21 R. H. Frank, T. Gilovich, and T. D. Regan, "Does studying economics inhibit cooperation?" *Journal of Economic Perspectives*, 7 (1993), pp. 159-171.
22 예를 들어 Joseph Henrich et al, eds., *Foundations of Human Sociality: Economic Experiments and Ethnographic Evidence from Fifteen Small-Scale Societies*, Oxford University Press, New York, 2004; Colin Camerer, *Behavioral Game Theory: Experiments in Strategic Interaction*, Princeton University Press, Princeton, 2003.
23 "CIW Anti-Slavery Campaign" www.ciw-online.org/slavery.html. 또한 John Bowe, "'Nobodies:' Does Slavery Exist in America?" *The New Yorker*, April 21, 2003.
24 "2003 Robert F. Kennedy Human Rights Award Laureates," www.rfkmemorial.org/legacyinaction/2003_CIW.
25 Evelyn Nieves, "Fla Tomato Pickers Still Reap 'Harvest of Shame,'" *Washington Post*, February 28, 2005, www.washingtonpost.com/wp-

dyn/articles/A58505-2005Feb27.html.
26 "Coalition of Immokalee Workers, Taco Bell, Reach Ground-Breaking Agreement," www.ciw-online.org/we%20won.html; Evelyn Nieves, "Accord with Tomato Pickers Ends Boycott of Taco Bell," *Washington Post*, March 9, 2005, www.washingtonpost.com/wp-dyn/articles/A18187-2005Mar8.html.
27 "Comments by Coalition of Immokalee Workers Co-Director Lucas Benitez at Press Conference, Announcing Settlement of the CIW's Taco Bell Boycott," March 8, 2005, www.ciw-online.org/lucasspeech. html.

10. 외식과 가정식, 윤리적 선택은?

1 메이어내추럴앵거스비프 사의 외주 담당 이사인 짐 노우드(Jim Norwood)와의 대화 내용(2005년 7월).
2 이 절에서 사용한 다른 소스들은 다음과 같다. John Mackey and Lauren Ornelas in discussion with Karen Dawn, "Watchdog," KPFK-FM, Los Angeles, May 3, 2004, reprinted as John Mackey, Karen Dawn, and Lauren Ornelas, "The CEO as Animal Activist: John Mackey and Whole Foods," in Peter Singer, ed., *In Defense of Animals*, Blackwell, Oxford, 2005. www.animalcompassionfoundation.org; www.wholefoodsmarket.com; Jon Gertner, "The Virtue in $6 Heirloom Tomatoes," *The New York Times Sunday Magazine*, June 6, 2004; Charles Fishman, "The Anarchist's Cookbook," *Fast Company*, July 2004; www.fastcompany.com/magazine/84/ wholefoods.html; Stuart Truelson, "Whole Foods Markets and Animal Rights Groups Team Up," *The Voice of Agriculture*, January 31, 2005, www.fb.org/views/focus/fo2005/ fo0131.html; Daniel McGinn, "The Green Machine," *Newsweek*, March 21, 2005, http://msnbc.msn.com/id/7130106/site/newsweek/; Seth Lubove, "Food Porn," *Forbes*, February 14, 2005, www.forbes.com/free_forbes/2005/0214/102.html; and personal communications with John Mackey.
3 John Dicker, *The United States of Wal-Mart*, Tarcher/Penguin, New York, 2005, p. 30.

조앤과 조 파브 가족

1 Humane Research Council, Vegetarianism in the U.S.: A summary of quantitative research, August 2005, available on request from info@humaneresearch.org; Vegetarian Resource Group, "How many vegetarians are there?" www.vrg.org/journal/vj2003issue3/vj2003issue3poll.htm.

2 Thomas Frank, *What's the Matter with Kansas? How Conservatives Won the Heart of America*, Metropolitan Books, New York, 2004, p.103.
3 Lantern Books, New York, 2000.

11. 유기농으로 가자

1 Organic Trade Association, drawing on various sources. See: www.ota.com/organic/mt/business.html; www.ota.com/organic/mt/consumer.html; and www.ota.com/organic/mt/food.html.
2 Erik Millstone and Tim Lang, *The Atlas of Food*, Earthscan, London, 2003, pp. 56-7.
3 Michael Sligh and Caroline Christman, *Who Owns Organic? The Global Status, Prospects and Challenges of a Changing Organic Market*, Rural Advancement Foundation International–USA, Pittsboro, NC, 2003, p. 1에서 인용.
4 U.S. Department of Agriculture, National Organic Program, "Organic Production and Handling Standards," www.ams.usda.gov/nop/FactSheets/ProdHandE.html.
5 Stephen Cadogan, "Babies Best Customers for Organic Food," *Irish Examiner*, February 17, 2005; Bernward Geier, "An Overview and Facts on Worldwide Organic Agriculture: Organic Trade a Growing Reality," ftp://ftp.fao.org/docrep/fao/006/ad429E/ad429E00.pdf, p. 9.
6 Brian Baker et al, "Pesticide residues in conventional, IPM-grown and organic foods: Insights from three U.S. data sets," *Food Additives and Contaminants*, Volume 19, No. 5, May 2002, pp. 427-446. 요약본을 구할 수 있는 곳은, www.consumersunion.org/food/organicsumm.htm.
7 Cynthia L. Curl, Richard A. Fenske, and Kai Elgethun, "Organophosphorus Pesticide Exposure of Urban and Suburban Preschool Children with Organic and Conventional Diets," *Environmental Health Perspectives* vol. 111 (2003), pp. 377-382.
8 Sir John Krebs, "Is Organic Food Better For You?" Cheltenham Science Festival, June 5, 2003, www.food.gov.uk/news/newsarchive/2003/jun/cheltenham.
9 Michael Pollan, "Behind the Organic-Industrial Complex," The *New York Times*, May 13, 2001.
10 Organisation for Economic Co-Operation and Development, *Organic Agriculture: Sustainability, Markets and Policies*, CABI Publishing, Paris, 2003, p. 10. Available at www1.oecd.org/publications/e-book/5103071E.pdf.

11 D. Tillman, "The greening of the green revolution," *Nature*, vol. 396 (1998) pp. 211-2.
12 Mark Shepherd et al, "An Assessment of the Environmental Impacts of Organic Farming," A review for Defra-Funded Project OF0405, May 2003, pp. 26-34. www.defra.gov.uk/farm/organic/research/env-impacts2.pdf에서 볼 수 있다.
13 John Reganold et al, "Long-term effects of organic and conventional farming on soil erosion," *Nature*, vol. 330 (1987) pp. 370-372.
14 D. G. Hole et al, "Does Organic Farming Benefit Biodiversity?" *Biological Conservation,* vol. 122 (2005) pp. 113-130.
15 "Organic farms 'best for wildlife,'" BBC News, August 3, 2005, http://news.bbc.co.uk/2/hi/uk_news/4740609.stm.
16 D. Tillman, "The greening of the green revolution," *Nature*, 396 (1998) pp. 211-2.
17 Janet Larson, "Dead Zones Increasing in World's Coastal Areas," Earth Policy Institute, June 16, 2004, available at www.earth-policy.org/Updates/Update41.htm; Ron Brunoehler, "Resurrecting the Dead Zone," *The Corn and Soybean Digest,* May 1, 1998, available at www.cornandsoybeandigest.com/mag/soybean_resurrecting_dead_zone/.
18 Arnold Aspelin, *Pesticide Usage in the United States: Trends During the 20th Century*. CIPM Technical Bulletin 105, Center for Integrated Pest Management North Carolina State University, Raleigh, N. C., 2003, Pt V. www.pestmanagement.info/pesticide_history/five.pdf; T. Kiely, D. Donaldson, and A. Grube, *Pesticides Industry Sales and Usage: 2000 and 2001 Market Estimates,* Office of Pesticide Programs, US Environmental Protection Agency, 2004.www.epa.gov/oppbead1/pestsales/01pestsales/market_estimates2001.pdf.
19 Department of the Interior, U.S. Geological Survey, *The Quality of Our Nation's Waters: Nutrients and Pesticides*. USGS Circular 1225, Reston, VA, 1999. http://water.usgs.gov/pubs/circ/circ1225/에서 볼 수 있다.
20 Mark Shepherd et al, "An Assessment of the Environmental Impacts of Organic Farming," A review for Defra-Funded Project OF0405, May 2003, available at www.defra.gov.uk/farm/organic/research/env-impacts2.pdf.
21 J. Pretty and A. Ball, "Agricultural Influences on Carbon Emissions and Sequestration: A Review of Evidence and the Emerging Trading Options," Centre for Environment and Society Occasional Paper 2001-03, University of Essex, 2001; see also J. Pretty et al, "The Role of

Sustainable Agriculture and Renewable Resource Management in Reducing Greenhouse Gas Emissions and Increasing Sinks in China and India," in *Philosophical Transactions of the Royal Society (Series A: Mathematical, Physical and Engineering Sciences)*, vol. 360 (2002) pp. 1741-1761.

22 Paul Hepperly, "Organic Farming Sequesters Atmospheric Carbon and Nutrients in Soils," Rodale Institute, www.strauscom.com/rodale-whitepaper/.

23 On carbon sequestration and organic farming, see J. Pretty and A. Ball, "Agricultural Influences on Carbon Emissions and Sequestration: A Review of Evidence and the Emerging Trading Options," *Centre for Environment and Society Occasional Paper* 2001-03, University of Essex, 2001; Robert Jackson and William Schlesinger, "Curbing the U.S. Carbon Deficit," *Proceedings of the National Academy of Sciences of the United States*, vol. 101 (November 9, 2004) pp. 15827–15829, www.pnas.org_cgi_doi_10.1073_pnas.0403631101.

24 David Pimentel et al, "Environmental, Energetic, and Economic Comparisons of Organic and Conventional Farming Systems," *Bioscience*, vol. 55 (2005) pp. 573-582.

25 Mark Shepherd et al, "An Assessment of the Environmental Impacts of Organic Farming," A review for Defra-Funded Project OF0405, May 2003, pp. 49-53; available at www.defra.gov.uk/farm/organic/research/env-impacts2.pdf.

26 Mary Shelley, *Frankenstein*, London, first published 1818.

27 National Research Council, *Environmental Effects of Transgenic Plants*. Washington, D.C.: National Academy Press, 2002.

28 Robert H. Devlin, "Major factors influencing reliability of risk assessment data derived from laboratory-contained GH transgenic coho salmon," 이는 '제8차 유전자 조작 식물 위험성 국제 심포지엄'에 제출된 논문으로, 데블린(Devlin) 박사가 친절하게 제공해 주었다. 또한 Rachel Borgatti and Eugene Buck, "Genetically Engineered Fish and Seafood," CRS Report for Congress, Congressional Research Service, The Library of Congress, December 7, 2004, www.ncseonline.org/nle/crsreports/04dec/RS21996.pdf.

29 Guelph Transgenic Pig Program, www.uoguelph.ca/enviropig/.

30 Food and Agriculture Organization of the United Nations, *The State of Food and Agriculture, 2003-4*. Rome, 2004, www.fao.org/documents/show_cdr.asp?url_file=/docrep/006/Y5160E/Y5160E00.HTM.

31 ibid.
32 Uma Lele, "Biotechnology: opportunities and challenges for developing countries," *American Journal of Agricultural Economics*, vol. 85, 2003, pp.1119-1125.
33 Food Standards Australia New Zealand, Report on the Review of Labelling of Genetically Modified Foods, December 2003, www.foodstandards.gov.au/_srcfiles/GM_label_REVIEW%20REPORT%20_Final%203_.pdf., Secs 9-10.
34 Associated Press, "Americans clueless about gene-altered foods," March 23, 2005, http://msnbc.msn.com/id/7277844/.
35 Lee Silver, *Challenging Nature: The Clash of Science and Spirituality at the New Frontiers of Life*, Ecco, New York, 2006.
36 Jacques Diouf, "Foreword" in Food and Agriculture Organization of the United Nations, *The State of Food and Agriculture, 2003-4*. Rome, 2004, p. viii. www.fao.org/documents/show_cdr.asp?url_file=/docrep/006/Y5160E/Y5160E00.HTM; G. J. Persley, "New genetics, food and agriculture: scientific discoveries–societal dilemmas," Paris, 2003, p. 8. www.icsu.org/2_resourcecentre/INIT_GMOrep_1.php4.
37 "Does Bt maize kill monarch butterflies," in Food and Agriculture Organization of the United Nations, *The State of Food and Agriculture, 2003-4*. Rome, 2004, Box 24, p. 71. 또한 John E. Losey, Linda S. Raynor, and Maureen E. Carter, "Transgenic pollen harms monarch larvae." *Nature*, vol. 399 (May 20, 1999), p. 214; Tom Clarke, "Monarchs safe from Bt," News@Nature.com, September 12, 2001.
38 Food and Agriculture Organization of the United Nations, *The State of Food and Agriculture*, 2003-4. Rome, 2004, p. 67. www.fao.org/documents/show_cdr.asp?url_file=/docrep/006/Y5160E/Y5160E00.HTM.
39 Andrew Pollack, "A Texas-Size Whodunit: On the Trail of Genetically Altered Corn from Azteca," *The New York Times*, September 30, 2000; "1999 Survey on Gene-Altered Corn Disclosed Some Improper Uses," Andrew Pollack, *The New York Times*, September 4, 2001.
40 Food and Agriculture Organization, *The State of Food Insecurity in the World, 2000*. Rome, 2000, p. 9.
41 Vaclav Smil, *Feeding the World: A Challenge for the Twenty-First Century*, MIT Press, Cambridge, MA, 2001, p. 315.
42 Julie Guthman, Agrarian *Dreams: The Paradox of Organic Farming in California*, University of California Press, Berkeley and Los Angeles, 2004, p. 169.

43 엘리자베스 헨더슨과의 인터뷰(짐 메이슨, 2005년 2월 22일), 또한 베스 홀츠먼(Beth Holtzman)의 엘리자베스 헨더슨과의 인터뷰로서 Valerie Berton, ed., *The New American Farmer: Profiles of Agricultural Innovation,* U.S. Department of Agriculture Sustainable Agriculture Research and Education program, Beltsville, MD, 2001. pp. 65-67, www.sare.org/publications/naf/naf.pdf에 소개된 것.

44 Rebecca Clarren, "Land of Milk and Honey," Salon, April 13, 2005, www.salon.com/news/feature/2005/04/13/milk/

45 Andrew Martin, "Organic Milk Debate," *Chicago Tribune*, January 10, 2005.

46 Steve Raabe, "Organic Farm Under Fire Over Pasture Rules," *Denver Post,* January 16, 2005.

47 Andrew Martin, "Organic Milk Debate," *Chicago Tribune,* January 10, 2005.

48 Michael Sligh and Caroline Christman, *Who Owns Organic? The Global Status, Prospects and Challenges of a Changing Organic Market,* Rural Advancement Foundation International–USA, Pittsboro, NC, 2003, p. 19.

49 Andrew Martin, "Panel Seeks to Put Organic Loophole Out to Pasture," *Chicago Tribune,* March 2, 2005.

50 Marion Nestle, "In Praise of the Organic Environment," *Global Agenda,* 2005, www.globalagendamagazine.com/2005/marionnestle.asp.

51 Center for Global Food Issues, www.cgfi.org.

12. 아이들을 베건으로 키우는 일은 비윤리적일까?

1 Michelle Roberts, "Children 'harmed' by vegan diet," *BBC News,* February 21, 2005, http://news.bbc.co.uk/1/hi/health/4282257.stm; Jim McBeth, "Vegetarian diet 'bad for children,'" *The Scotsman,* February 22, 2005, http://thescotsman.scotsman.com/index.cfm?id=199842005.

2 A. R. Mangels and V. Messina, "Considerations in planning vegan diets: infants," *Journal of the American Dietetic Association*; 101 (2001) pp. 670-77; "Position of the American Dietetic Association and Dietitians of Canada: Vegetarian Diets." *Canadian Journal of Dietetic Association Practice and Research,* 64 (2003), pp. 62-81, available at www.ncbi.nlm.nih.gov/entrez/query.fcgi?cmd=Retrieve&db=PubMed&list_uids=12826028&dopt=Citation.

3 Pramil Singh, Joan Sabaté, and Gary Fraser, "Does low meat consumption increase life expectancy in humans?" *American Journal of*

Clinical Nutrition, 2003;78(suppl):526S–32S.
4 www.vegsource.com/articles2/ncbs_vegan_study.htm
5 "Supplement: Animal Source Foods to Improve Micronutrient Nutrition in Developing Countries," Journal of Nutrition, November 2003, vol. 133, pp. 3875s-4054s. '전국육우협회'의 자금 지원에 대해서는 Charlotte Neuman et al, "Animal Source Foods Improve Dietary Quality, Micronutrient Status, Growth and Cognitive Function in Kenyan School Children: Background, Study Design and Baseline Findings" pp. 3941s-3949s, fn. 2.
6 www.veganoutreach.org를 보라. 잭 노리스의 글인 "Staying Healthy on Plant-Based Diets,"는 이 웹 사이트에서나 www.veganhealth.org/sh/에서 볼 수 있다. 이 글은 채식주의나 비건의 길을 가면서 영양 문제가 궁금한 사람들에게 아주 유용한 실제적 정보를 제공한다.
7 "Position of the American Dietetic Association and Dietitians of Canada: Vegetarian diets," Journal of the American Dietetic Association, vol. 103 (2003), p. 749.
8 Lindsay Allen, "Interventions for Micronutrient Deficiency Control in Developing Countries: Past, Present and Future," Journal of Nutrition, vol. 133 (November 2003) Supplement, pp. 3875S-3878S; Colin Tudge, So Shall We Reap, Allen Lane, 2003, p. 125.
9 Jonathan H. Siekmann, Lindsay H. Allen, et al, "Kenyan School Children Have Multiple Micronutrient Deficiencies, but Increased Plasma Vitamin B-12 Is the Only Detectable Micronutrient Response to Meat or Milk Supplementation." Journal of Nutrition, vol. 133 (November 2003) Supplement, pp. 3972S-3980S.
10 Colin Tudge, So Shall Ye Reap, Allen Lane, London, 2003, pp. 334-35.
11 Immanuel Kant, The Moral Law: Kant's Groundwork of the Metaphysic of Morals, translated by H. J. Paton, Hutchinson University Library, London, 1966 (first published 1785), p. 67.
12 Andrew Tyler, email, June 2005; Joyce D'Silva in conversation, London, July 2005.
13 Kristin Dizon, "Seattle man amazes everyone in 135-mile marathon–including himself," Seattle Post-Intelligencer, July 22, 2005, http://seattlepi.nwsource.com/othersports/233630_jurek22.html; Carl Lewis, "Introduction" in Jannequin Bennett, Very Vegetarian, Rutledge Hill Press, Nashville, TN, 2001.

13. 비건은 환경에 더 유익한가?

1 Frances Moore Lappé, *Diet for a Small Planet*, Ballantine, New York, 1971.
2 Erik Marcus, *Meat Market: Animals, Ethics, and Money*, Brio Press, Ithaca, NY, 2005, pp. 255, citing W. O. Herring and J. K. Bertrand, "Multi-trait prediction of feed conversion in feedlot cattle," *Proceedings from the 34th Annual Beef Improvement Federation Annual Meeting*, Omaha, NE, July 10-13, 2002, www.bifconference.com/bif2002/BIFsymposium_pdfs/Herring_02BIF.pdf.
3 Erik Marcus, *Meat Market: Animals, Ethics, and Money*, Brio Press, Ithaca, NY, 2005, pp. 256, citing Pork Facts, 2001/2002, National Pork Board, Des Moines, Iowa.
4 Tyson Foods Inc, 2004-5 Investor Fact Book, p5, http://media.corporate-ir.net/media_files/irol/65/65476/reports/ 04_05_factbook.pdf, citing figures from the National Chicken Council; Erik Marcus, *Meat Market: Animals, Ethics, and Money*, Brio Press, Ithaca, NY, 2005, pp. 255-56, citing Glen Fukomoto and John Replogle, *Livestock Management*, Cooperative Extension Service, College of Tropical Agriculture and Human Resources, University of Hawaii, Manoa, April 1999, and F. H. Ricard, "Carcass Conformation of Poultry and Game Birds," *Proceedings of the 25th World's Poultry Science Association Symposium on Meat Quality in Poultry and Game Birds*, Norwich, 1979, pp. 31-5.
5 G. Sarwar and F. McDonough, "Evaluation of protein digestibility-corrected amino acid score method for assessing protein quality of foods," *Journal of the Association of Official Analytical Chemists*, vol. 73 (1990), pp. 347-56; Food and Agriculture Organization/World Health Organization *Protein Quality Evaluation: Report of the Joint FAO/WHO Expert Consultation,* FAO Food and Nutrition paper 51, FAO, Rome, 1991.
6 Vaclav Smil, *Feeding the World: A Challenge for the Twenty-First Century,* MIT Press, Cambridge, MA, 2000, p. 145; Vaclav Smil, "Eating Meat: Evolution, Patterns, and Consequences," *Population Development Review,* vol. 28 (2002) p. 619.
7 Keite Camacho, "Brazil's Deforestation Worries Scientists," *Brazzil Magazine*, July 1, 2004, www.brazzil.com/content/view/2005/.
8 Gaverick Matheny and Kai Chan, "Human Diets and Animal Welfare: The Illogic of the Larder," *Journal of Agricultural and Environmental Ethics,* vol. 18 (2005), pp. 579-94.

9 *Newsweek*, February 22, 1981.
10 J. L. Beckett and J. W. Oltjen, "Estimation of the Water Requirements for Beef Production in the United States," *Journal of Animal Science*, vol. 71 (1993) pp. 818-826.
11 D. Pimentel et al, "Water resources: Agriculture, the Environment, and Society," *BioScience*, vol. 47 (1997), pp. 97-106. For simplicity of comparison, throughout this section we have converted metric figures to pounds and U.S. gallons.
12 D. Pimentel et al, "Water Resources: Agricultural and Environmental Issues," *BioScience*, vol. 54 (2004), pp. 909-918.
13 A. K. Chapagain and A. Y. Hoekstra, *Water Footprints of Nations: Volume 1: Main Report*, Unesco-IHE Institute of Water Education, Delft, November 2004, Table 4.1, p. 41.
14 USS Maddox Destroyer Association, www.ussmaddox.org/.
15 A. K. Chapagain and A. Y. Hoekstra, *Water Footprints of Nations: Volume 1: Main Report*, Unesco-IHE Institute of Water Education, Delft, November 2004, Table 4.2, p. 42.
16 Edward Abbey, "The Cowboy and His Cow," a speech given in Missoula, Montana in April 1985, reprinted in George Wuerthner and Mollie Matteson, eds., *Welfare Ranching: The Subsidized Destruction of the American West*, Island Press, Washington, 2002, p. 60.
17 World Resources Institute, *World Resources, 1998-99: A Guide to the Global Environment*, Washington D.C., 1998, p. 157.
18 George Wuerthner and Mollie Matteson, eds., *Welfare Ranching: The Subsidized Destruction of the American West*, Island Press, Washington, 2002.
19 *Welfare Ranching*, p. xiii.
20 Jack Rosenberger, "Wasting the West," *E Magazine*, July/August 2004, www.emagazine.com/view/?1855.
21 Australian Government, Department of the Environment and Heritage, "2005 Commerical Kangaroo Harvest Quotas," December 2004, www.deh.gov.au/biodiversity/trade-use/publications/kangaroo/quotas-background-2005.html.
22 Christie Aschwanden, "Learning to Live With Prairie Dogs," *National Wildlife* vol. 39, no. 2, April/May 2001, www.nwf.org/nationalwildlife/article.cfm?issueID=34&articleID=327.
23 U.S. Department of Agriculture, Wildlife Services, Table 10T "Number of Animals Killed and Methods Used by the WS Program, FY2004"

www.aphis.usda.gov/ws/tables/04tables.html.
24 "It's better to green your diet than your car," *New Scientist*, 17, December 2005, p. 19, www.newscientist.com/channel/earth/mg18825304.800.
25 The Editors, "Meat: Now, it's not personal," *World Watch Magazine*, July/August 2004, www.worldwatch.org/pubs/mag/2004/174/.

14. 육식의 윤리학

1 Hugh Fearnley-Whittingstall, *The River Cottage Meat Book*, Hodder and Stoughton, London, 2004, p. 24.
2 Michael Pollan, "An Animal's Place," *The New York Times Sunday Magazine*, November 10, 2002; see also Michael Pollan, *The Omnivore's Dilemma: A Natural History of Four Meals*, Penguin, New York, 2006.
3 Sholto Byrnes, "Roger Scruton: The Patron Saint of Lost Causes," *The Independent*, July 3, 2005, http://enjoyment.independent.co.uk/books/features/article296509.ece
4 Roger Scruton, *Animal Rights and Wrongs*, 3rd ed., Claridge Press, 2003.
5 Matthew Scully, "Fear Factories: The Case for Compassionate Conservatism–for Animals," *The American Conservative*, May 23, 2005; George F. Will, "What We Owe What We Eat," *Newsweek*, July 18, 2005; Matthew Scully, *Dominion: The Power of Man, the Suffering of Animals, and the Call to Mercy*, St Martin's Press, New York, 2003.
6 Joseph Ratzinger, *God and the World: Believing and Living in Our Time. A Conversation with Peter Seewald.* San Francisco: St.Ignatius Press, 2002, p. 78. 같은 방향을 취하고 있는 다른 기독교적 견해들을 보려면, Matthew Scully, *Dominion: The Power of Man, the Suffering of Animals, and the Call to Mercy*, St Martin's Press, New York, 2002; Andrew Linzey, Animal Theology, University of Illinois Press, Chicago, 1994.
7 예를 들어 Peter Carruthers, *The Animals Issue: Moral Theory in Practice*, Cambridge University Press, Cambridge, 1992.
8 Benjamin Franklin, *Autobiography*, New York, Modern Library, 1950, p. 41.
9 T. Colin Campbell and Thomas Campbell, *The China Study: The Most Comprehensive Study of Nutrition Ever Conducted and the Startling Implications for Diet, Weight Loss and Long-Term Health*, Benbella, Dallas, TX, 2005.
10 Jonathan Swift, *A Modest Proposal for Preventing the Children of Poor People from Being a Burthen to Their Parents or Country, and for*

Making Them Beneficial to the Public, first published 1729, reprinted in Tom Regan and Peter Singer, eds., *Animal Rights and Human Obligations*, Prentice-Hall, Englewood Cliffs, NJ, 1976, pp. 234-237.

11 이런 쪽에서 강력한 주장을 취하고 있는 예로, Paola Cavalieri, *The Animal Question: Why Non-Human Animals Deserve Human Rights*. Tr. Catherine Woollard, Oxford University Press, New York, 2001.

12 Stephen Budiansky, *The Covenant of the Wild*, HarperCollins, New York, 1992.

13 Hugh Fearnley-Whittingstall, *The River Cottage Meat Book*, Hodder and Stoughton, London, 2004, pp. 23-25.

14 Henry Salt, "The Logic of the Larder," first published in Henry Salt, *The Humanities of Diet*, The Vegetarian Society, Manchester, 1914, reprinted in Tom Regan and Peter Singer, *Animal Rights and Human Obligations*, Prentice-Hall, Englewood Cliffs, NJ, 1976, p 186.

15 Derek Parfit, *Reasons and Persons*, Clarendon Press, Oxford, 1984, Part IV.

16 Roger Scruton, "The Conscientious Carnivore" in Steve Sapontzis, ed., *Food For Thought: The Debate over Eating Meat*, Prometheus, Amherst, NY, 2004, p. 88.

17 Gaverick Matheny and Kai Chan, "Human Diets and Animal Welfare: The Illogic of the Larder," *Journal of Agricultural and Environmental Ethics*, vol. 18 (2005), pp. 579-94; and personal correspondence with Gaverick Matheny, April 2005.

18 Steven Davis, "The Least Harm Principle May Require that Humans Consume A Diet Containing Large Herbivores, Not A Vegan Diet," *Journal of Agricultural and Environmental Ethics*, vol. 16 (2003) pp. 387-394.

19 Gaverick Matheny, "Least Harm: A Defense of Vegetarianism from Steven Davis's Omnivorous Proposal," *Journal of Agricultural and Environmental Ethics*, vol. 16 (2003), pp. 505–511.

20 Todd Purdum, "High Priest of the Pasture," *New York Times Style Magazine*, Living, Spring 2005, pp. 76-79. 대니얼 샐러틴이 자기 아버지에 대해 밝힌 말은 2005년 2월 14일 개최된 제13차 위스콘신 목축업협회 연차총회에서 나왔다. www.grassworks.org/Conference/conference.htm 참조.

21 Joel Salatin, "Family Friendly Farming," *AcresUSA*, June 2000. www.acresusa.com/toolbox/reprints/familyfriendly_jun00.pdf에서 볼 수 있다.

22 Anne Fanatico, *Sustainable Poultry: Production Overview*, ATTRA-National Sustainable Agriculture Information Service, March 2002, http://attra.ncat.org/attra-pub/poultryoverview.html.
23 Herman Beck-Chenoweth, *Free-Range Poultry Production and Marketing*, Back40Books, Hartshorn, Missouri, 2001. 이 인용문은 같은 저자의 다음 글에서 따왔다. "Free Range, Pastured Poultry, Chicken Tractor–What's the Difference?" www.free-rangepoultry.com/compare.htm 참조.
24 George Devault, "'Chicken Day' at the Farm of Many Faces," *The New Farm*, August 2002, www.newfarm.org/features/0802/chicken%20day/print.html.
25 식량 조달 목적의 사냥에 반대하는 여론의 규모는 일정하지 않다. 하지만 대체로 최소 12퍼센트이며, 일부 주 여론조사에서는 34퍼센트까지도 나왔다. Mark Damian Duda and Kira C. Young, "American Attitudes Toward Scientific Wildlife Management and Use of Fish and Wildlife: Implications for Effective Public Relations and Communications Strategies," *Transactions of the 63rd North American Wildlife and Natural Resources Conference*, 1998, pp. 589-603 참조. www.responsivemanagement.com/download/reports/AmericanAttitudes.pdf.
26 *River Cottage Meat* Book, p. 153.
27 www.meetup.com, visited January 30, 2006.
28 Anonymous, "Why Freegan?" Food Not Bombs Houston, December 30, 2002, http://fnbhouston.org/20021230-2815.html.
29 '프리거니즘'에 대해서는 http://freegan.info/ 등의 웹 사이트를, 그리고 Adam Weissman의 저작을 보라.
30 Lance Gay, "Food Waste Costing Economy $100 billion, Study Finds," Scripps Howard News Service, August 10, 2005, www.knoxstudio.com/shns/story.cfm?pk=GARBAGE-08-10-05&cat=AN
31 Frederick Pohl and C. M. Kornbluth, *The Space Merchants*, Ballantine, New York, 1952.
32 Winston Churchill, *Thoughts and Adventures*, Thornton Butterworth, London, 1932, pp. 24-27.
33 인공 고기 배양에 대한 더 많은 정보를 보려면 www.new-harvest.org.

15. 무엇을 먹을 것인가?

1 우리는 월마트와 다른 주요 마트 체인의 가격을 체크하고, 말린 렌즈콩, 콩, 완두콩에 포함된 단백질이 그램당 0.5센트에서 1.5센트 사이의 값에 해당된다는 계산을 얻었다. 땅콩버터에 포함된 단백질 1그램은 약 2센트 정도 되었다. 냉

동 에다마메 대두와 리마콩의 경우는 단백질 1그램당 각각 4센트, 6센트였다. 두부는 그램당 6센트였다. 닭고기에 포함된 단백질을 보니, 닭고기 형태에 따라 그램당 3센트에서 9센트까지 했다. 콩 패티 햄버거와 가짜 닭고기 등 베건용 대체 고기는 그램당 6센트 내지 11센트였다. www.healthy-eating.com 등에서 판매하는 단백질 정제는 그램당 1센트였다(가격 체크는 2005년 8월 기준이다).

2 Judy Putnam, "U.S. Food Supply Providing More Food and Calories," *FoodReview*, vol. 22, no. 3 (September 1999), Table 1, p. 6; www.ers.usda.gov/publications/foodreview/sep1999/frsept99a.pdf.

3 Javachandran Variyam, "The Price is Right: Economics and Obesity," *Amber Waves*, February 2005, www.ers.usda.gov/AmberWaves/February05/Features/ThePriceIsRight.htm.

4 Kenneth E. Thorpe et al., "The Rising Prevalence of Treated Disease: Effects On Private Health Insurance Spending," *Health Affairs*, vol. 10, June 27, 2005. 온라인상으로는 http://content.healthaffairs.org/cgi/content/abstract/hlthaff.w5.317.

5 U.S. Department of Health and Human Services, Centers for Disease Control, "Overweight and Obesity: Economic Consequences," 2005, www.cdc.gov/nccdphp/dnpa/obesity/economic_consequences.htm

6 Amanda Paulson, "One woman's quest to enjoy her dinner without guilt," *Christian Science Monitor*, October 27, 2004, http://csmonitor.com/2004/1027/p15s02-lifo.htm.

7 UN 식량농업기구의 2003년도 자료를 사용했다. http://faostat.fao.org/faostat/collections?subset=agriculture 참조.

옮긴이 함규진

1969년 서울에서 태어났다. 성균관대학교 행정학과를 졸업하고 동 대학 정치외교학과에서 박사학위를 받았다. 동양 및 한국 정치사상에 중점을 두고 연구와 집필 활동을 하고 있으며, 현재 성균관대학교 국가경영전략연구소 연구원으로 재직하고 있다. 저서로는 『왕의 투쟁』 『다시 쓰는 간신열전』 『역사법정』 『세상을 움직인 명문 vs 명문』 『고종, 죽기로 결심하다』 등이 있고, 논문으로 「예의 정치적 의미」 「유교문화와 자본주의적 경제발전」 「정약용 정치사상의 재조명」 등이 있다. 『히틀러는 왜 세계정복에 실패했는가』 『록펠러 가의 사람들』 『마키아벨리』 『팔레스타인』 『유동하는 공포』 등을 우리말로 옮겼다.

죽음의 밥상

초판 1쇄 발행 2008년 4월 29일
초판 30쇄 발행 2024년 6월 24일

지은이 피터 싱어, 짐 메이슨 옮긴이 함규진

발행인 이봉주 단행본사업본부장 신동해
표지디자인 이석운 본문디자인 김경진 김경미 교정 정미용
마케팅 최혜진 이은미 홍보 반여진 허지호 정지연 송임선
국제업무 김은정 김지민 제작 정석훈

브랜드 산책자
주소 경기도 파주시 회동길 20
문의전화 031-956-7355 (편집) 02-3670-1123 (마케팅)
홈페이지 www.wjbooks.co.kr
인스타그램 www.instagram.com/woongjin_readers
페이스북 www.facebook.com/woongjinreaders
블로그 blog.naver.com/wj_booking

발행처 ㈜웅진씽크빅
출판신고 1980년 3월 29일 제406-2007-000046호

한국어판 저작권 © 웅진씽크빅, 2008
ISBN 978-89-01-08002-4 03100

산책자는 ㈜웅진씽크빅 단행본사업본부의 브랜드입니다.
이 책의 한국어판 저작권은 EYA (Eric Yang Agency)를 통한 The Robbins office, Inc. 사와의 독점 계약으로 웅진씽크빅에 있습니다.
이 책 내용의 전부 또는 일부를 이용하려면 반드시 저작권자와 ㈜웅진씽크빅의 서면 동의를 받아야 합니다.

※책값은 뒤표지에 있습니다.
※잘못된 책은 구입하신 곳에서 바꾸어드립니다.